「情の理」論

情動の合理性をめぐる心理学的考究

遠藤利彦

東京大学出版会

The Rationality of Human Emotions:
A Psychological Perspective
Toshihiko ENDO
University of Tokyo Press, 2013
ISBN 978-4-13-011140-9

目 次

序 章 …………………………………………………………………… 1

第Ⅰ部 情がもたらす理

第1章 情動とは何か，いかに見なされてきたか ……………… 7
1.1. 情動観の変遷　7
1.2. 情動とは何か　15

第2章 情動の機能性について考える ……………………………… 27
2.1. 個体内現象として見る情動の働き　27
2.2. 個体間現象として見る情動の働き　35
2.3. ポジティヴな情動の働き　49

第3章 表情がもたらすものとは何か ……………………………… 55
3.1. 表情は情動を映す鏡か　55
3.2. 表情は情動に関する情報をどれだけ，またどのように発するのか　65
3.3. 構成要素的アプローチにおける表情　69

第4章 情動の発達・情動が拓く発達 ……………………………… 79
4.1. 情動はいかに発達するか　79
4.2. 情意理解の礎としての社会的感性　90
4.3. 視線と表情の理解が拓く発達的可能性　99
4.4. パーソナリティのオーガナイザーとしての情動　103

第5章 情動の両刃性について考える ……………………………… 117
5.1. 合理的でも非合理的でもある情動　117
5.2. 様々な理論的視座から見る情動の合理性・非合理性　123

第6章 「情の理」を活かす——「情動的知能」再考 …………………… 131

  6.1.「情動的知能」をめぐる狂騒　131
  6.2.「情動的知能」とは何か，それはどうあるべきか　136
  6.3.「情の理」からEIを再考する　147
  6.4. EIを育む——真に情動的に賢くなることとは　161

第II部　情をささえる理

第7章　情動はいかに生み出されるか ……………………………………… 173

  7.1. 身体と情動——身体的変化・生理的覚醒から見る情動の生起　173
  7.2. 認知と情動——認知的評価理論から見る情動の分岐的発生　177
  7.3. 認知的評価を介さない情動の発動　182
  7.4. 情動生起のマルチパス　186

第8章　自己と情動——その密なる関係性を探る ……………………… 195

  8.1. 自己意識的情動というファジーなカテゴリー　196
  8.2. 自己と情動　197
  8.3. 改めて自己意識的情動とは何か　202

第9章　情動の進化論 ………………………………………………………… 209

  9.1. 心的モジュールあるいはその束ねとしての情動　209
  9.2. 進化的適応プログラムとしての基本情動　212
  9.3. 自己意識的情動の進化　219
  9.4. 基本情動理論の陥穽　224

第10章　情動の文化論 ……………………………………………………… 233

  10.1. 情動の文化的バリエーション　233
  10.2. 文化は情動をいかに構成するのか　244
  10.3. 文化は情動の何を構成するのか　250
  10.4. 文化が情動を構成するとはそもそもどういうことなのか　256

第 11 章　情動の究極の基体とは何か ………………………………… 263

　11.1. 情動の発動および経験をめぐる3つの理論的立場　264
　11.2. コンポーネント・プロセス・モデルに見る情動の本性　275
　11.3. 進化と文化——その織りなす綾　289

終　章 ……………………………………………………………………… 295

　　引用文献　305
　　あとがき　347
　　人名索引　349
　　事項索引　351

序　章

　私たちは日々，泣き笑い，また怒り，恐れおののきながら生活している。あるいは，時に自らを誇り，驕り昂ぶり，時に言い知れぬ罪悪感や恥に苛まれ，時に他者を妬み，嫉み，そして時に見知らぬ他者の窮状にも涙し，つい手をさしのべてしまう。それら，種々の情動の経験や表出は，私たちにとって，ある意味，きわめて自明のものでありながら，私たちは，意外にもその本態の何たるかを知らないのかも知れない。

　心理学も長らく，理性（reason）と熱情（passion）の対立的構図を前提視する西欧哲学の系譜の中で，他種とヒトを分かつ最も顕著な特質としての理性，すなわち言語や思考や記憶や判断といった人の心の認知的機能の方により多くの関心を向け，その一方で，熱情，すなわち人の心の情動的側面については，その探究を相対的に怠ってきたと言わざるを得ない。"passion"という言葉は基本的に"passive"と語源を同じくするが，このことが含意するように，熱情や情動は，人が意図して引き起こすものではなく，むしろ突然，人に襲いかかり，瞬時にして人をその為すがままに受け身の忘我状況に置き，人，本来の自律的で理性的な精神生活をかき乱す無秩序で非合理的なものという扱いを受けてきたのである。

　しかし，近年，こうした情動観は確実に影を潜めつつある。情動は，理性あるいは認知と対立するものではなく，むしろ，それらと表裏一体あるいは渾然一体の関係をなして在り，人の種々の適応を高度に支えるものと考えられるようになってきている。それは1つには，情動の，人と人との間をつなぎ，調節する社会的機能の重要性が見直されてきているからに他ならない。そして，また，生物学的機能という観点から，情動が，人の長い進化の歴史の中で，個体の生き残りや繁殖を高度に保障する役割を果たしてきた，と考える見方が徐々に大勢を占めるようになってきたということも見逃せないだろう。混沌・無秩序・非合理の象徴とされ，法則性の外に在り，いわば心の「ならず者」（"Out

Law") とばかり考えられてきた情動が, ここに来て, 実はある緻密な法則性の内にあり ("In Law"), それに基づいて発動されるもの, そして, 様々な場面で人を社会的にも生物学的にも, 合理的な行動へと導き得るものと考えられるようになってきているのである。

本書が企図するところは, 急速に研究が進む情動に関する近年の心理学的知見に拠りながら, 情動と理性の対立的な構図を抜本的に見直し, 特にその機能性と法則性という視座から, 情動の本性および基体に関して筆者なりの私論を展開することである。その際, 筆者は, 旧来のように「情」と「理」を明瞭に分かつ枠組みの中にあって,「理」の対極にあるものとして「情」の本質を掴むのではなく, むしろ, まさに本書のタイトルたる『「情の理」論』を地で行くべく,「情」の中に元来, 潜んで在る「理」を見極めることにしたい。

ちなみに, ここで言う「情の理」とは大きく2通りの意味を有する。1つは,「情がもたらす理（ことわり）」, すなわち情動が可能ならしめる条理 (rational sequences) であり, より具体的には, 私たちの種々の適応に資する情動の合理的な機能性という意味である。そして, もう1つは「情をささえる理（ことわり）」, すなわち情動を作動させる理法 (laws) であり, より具体的には情動の発動に関わる秩序立った法則性, および情動の進化的・文化的成り立ちに関わる機序という意味である。本書は, この2つの意味での「情の理」を, それぞれ, 第Ⅰ部と第Ⅱ部に分けて論じることを通して,「情」の本性に迫るという道筋を辿りたいと考える。

さて, 本書の構成であるが, 第Ⅰ部「情がもたらす理」では, まず第1章で, 心理学における情動観の変遷を, それに先立つ西欧哲学の伝統も含めて辿り, さらに本論が問題にする情動とは何かを定義づけることとしたい。第2章では, 情動の機能性を, 基本的に個体内機能と個体間機能に分けて見極め, 情動が何故に私たち人にとって, 必須不可欠と言い得るかについて論究しよう。第3章では, 近年の情動研究の中でも最も分厚く研究されている情動の表出的側面を取り上げ, 特に人の顔の表情が, いかなる情報をどのように発しているかについて考察を行う。第4章では, 情動が個体発生のレベルで, いかなる起源を有し, また発達するのかを整理・概観した後で, 情動が発達に対して果たす役割, 特にそれが関係性やパーソナリティの組織化に深く関わっている可能性を論じ

る。第5章では，情動についてただ二分法的に合理的か非合理的か，あるいは機能的か反機能的かを論じることがいかに不毛であるかを審らかにし，それが元来，両刃の剣として理解されるべきことを提示する。そして，第Ⅰ部の締め括りとして，最近，とみに隆盛著しい「情動的知能」について，その現在の取り上げられ方がいかに不適切であるかを示した上で，真の情動的な賢さが，元来，情動に潜んで在る理知を最大化するという視点から，再考されなければならないという提言を行うことにしよう。

　第Ⅱ部「情をささえる理」では，まず第7章で，情動の発動機序について，身体や認知の関与も含め，これまで心理学ではいかなる理論的説明が施されてきたかを概観することを通じて，情動がどのような法則性に支えられて在るのかについて考察を行うものとする。第8章では，情動の発動に自己および自己意識がいかに絡み得るかについて論考を行い，特に，ヒトにおいてとりわけ重要な意味を有する自己意識的情動がどのような機序によって生み出されるかを検討しよう。第9章では，情動が生物の系統発生的歴史の中で徐々に形をなしてきたものであり，ヒトにおいても，それは生得普遍的なものとして予め組み込まれて在るという情動の進化論について論究した上で，特に進化論的色彩を強く帯びている基本情動理論の特質と問題点に関して批判的吟味を行う。第10章では，情動を進化の産物とする立場に真っ向から異を唱え，むしろ，各種情動をそれぞれの社会・文化に特異な構成物として仮定する情動の文化論，特に情動の社会構成主義理論を概観・整理した上で，結局のところ，文化が情動を構成するとはいかなることを意味するのかについて筆者なりに試論することにしよう。そして，第Ⅱ部の総括として第11章では，特にシェラー（K. Scherer）のコンポーネント・プロセス・モデル（構成要素的アプローチ）に依拠しながら，情動の究極の基体を，喜び，怒り，悲しみ，恐れといった日常言語で表されるものの中にではなく，それとは全く異なる次元の中に見出していくべきであるという筆者なりの主張を示した上で，情動の進化論と文化論の対立を超えて，それらを整合的に結び合わせるためのあり得べき1つの仮説的な見方を提示して本書の結びとしたい。

第Ⅰ部
情がもたらす理

第1章 情動とは何か，いかに見なされてきたか

第1章のはじめに

　序章でも記したように，心理学は長く，暗黙裡に，理性（reason）と熱情（passion）を対立的関係にあるものと見なし，「ヒト」を「人」たらしめる顕著な特質としての前者，すなわち言語，思考，記憶，判断といった人の心の認知的機能の方により大きな関心を向けてきたと言える。逆に熱情，現代の術語で言えば，特に情動は，人の心の非合理性や無秩序性あるいは破壊性や反機能性の象徴とされ，たとえ取り上げられることがあっても，様々な不適応事態や狂気などとの関連で問題にされることが多かったと言わざるを得ない。

　本章が目指すところは，こうした非合理的な情動観が，心理学の歴史の中でどのように生み出され，そして展開されてきたのかを，それに先んじて在った西欧哲学の伝統にも目を向けながら，ごく簡単に辿り，そして，現在，それはいかに変革されつつあるかについて，その概要を示すことである。また，本書は，全体を通して情動の多様な側面を取り上げ，そこに潜む「情の理」を様々な形で見極めていくこととするが，それに先立ち，まずは，その基礎作業として，そもそも情動とは何か，それはどのように概念化され，また定義づけられるべきかについて，筆者なりの整理をしておくこととしたい。

1.1. 情動観の変遷

1.1.1. 西欧哲学における情動

　現代心理学の殆どは，基本的に西欧哲学の延長線上に築かれていると言える。その意味で，西欧哲学において，情動がどのように扱われてきたかを知ることは，本論の目的から必須不可欠であると考えられる。ここでは，オートリー（Oatley, 2004）やソロモン（Solomon, 2003, 2004a, 2004b, 2007, 2008）などにも依拠しながら，西欧哲学における情動の位置づけが歴史的にいかに変遷してきたか

について至極簡単に概観しておくことにしたい。

　情動に関する刮目がいったい，いつの時代に始まったのか，筆者はその真たるところを正確に知るものではない。しかし，少なくとも古代ギリシアの時代には，様々な論者の言説の中に，情動なるものへの言及を見出すことができる。例えば，プラトン（Plato）は，その師，ソクラテス（Socrates）の教えに倣い，人の魂が理性と熱情という全く異種なる2頭の馬車馬によって引かれる様を思い描いていた（Evans, 2001）。彼の想念の中では，あくまでも，理性は魂を正しき方向へと導く端正美麗な「賢馬」であり，他方，熱情は魂を悪しき方向へと導く胡乱醜悪な「悍馬」であった。この「賢馬」と「悍馬」は時に「主人」（master）と「奴隷」（slave）にも擬えられ，まさに奴隷たる「情」は主人たる「理」に専ら付き従うべきものとして在り，そして，その主従関係が確かに遵守され，維持されている時こそが，人の心が最も崇高・安穏なものとして在り，また最大限に合理性と機能性とを発揮し得る状態と把捉されていたのである。

　その時代，アリストテレス（Aristotle）こそ，いわゆる中庸（メソテース[mesotes]）の徳の教えにあるように，極端に走らない限りは，怒りなどのネガティヴな情動も含め，人の種々の情動が人の善なる生活には必須不可欠であり，その支柱になると説いていた訳であるが（アリストテレス, 1971, 1973），今から思えば，そうした情動に対する，ある意味，機能的な見方は，かなりのところ，例外的なものとして在ったのかも知れない。時の中心はやはり，ソクラテスやプラトン寄りの考えであり，特に，古代ギリシアから古代ローマにかけて，ゼノン（Zeno de Citium）に始まり，エピクテトス（Epictetus）やマルクス・アウレリウス（Marcus Aurelius）によって発展させられるストア哲学は，ソクラテスやプラトン以上に理性至上主義を高らかに謳い，熱情や情動とは世界に対する誤認識から発するものであり，それらから完全に解放された状態こそが，人の魂に究極の安定と平静，いわゆるアパティア（apathia）をもたらすのだと主張していたのである（e.g. Solomon, 2003, 2008）。そして，このストア哲学のまさにストイックな（ストア哲学的な＝克己禁欲主義の）思潮が，その後，7つの大罪の戒めに象徴されるがごとく，中世キリスト教の中に脈々と受け継がれ，長く，そして広く西欧人の精神構造における一種の通奏低音をなしていくことになるのである（Oatley, 2004）。

近世に入ると，キリスト教神学の絶対的支配性は徐々に弱まっていく訳であるが，その根本的な哲学思想が（古代ギリシアへの回帰という意味での）合理主義と理性主義によって色濃く染め抜かれていたことに変わりはない。しかしながら，そこにおける情動に対する関心は，ひたすら，それを獣的・獰猛・無秩序と見なし，ただ排されて然るべきものとする扱いでは必ずしもなくなってくる。例えば，ルネサンス期にあって，徐々に宗教改革への足音が高まる中，自らはカトリックの中に留まりながら，『痴愚神礼賛』を著したエラスムス（D. Erasmus）は，そこで，痴愚の女神モリアに，人の真の幸福や生きがいが，実は聖職者が掲げるような教条主義的な理性やそれに厳正に従ったふるまいの中にではなく，むしろ，種々の情動に駆られた，一見，愚行とおぼしきものの中にこそあるのだということを諄々と語らせている（Erasmus, 1511/2006）。

　また，17世紀になると，デカルト（R. Descartes）は，情動の発動機序に関する論考を行い始める。彼は，その『情念論』において，人は危機などの様々な事象に遭遇すると，まずは心が介在しないで，あくまでも自動機械としての身体が，瞬時に多様な情動反応を引き起こすのだとした。しかし，人の情動は，機械としての身体しか有さない動物とは違い，そこで終わりではなく，骨格筋や内臓等における身体レベルの反応が，即座に脳の中の松果体へと伝達され，その松果体が，非物質的存在として在る心と交信することによって，そこに主観的な情感が生み出され，またその心の働きがやはり松果体を介して身体をコントロールするに至ると仮定したのである（Descartes, 1649/2008）。彼の心身二元論は，その後，様々な物議を醸すことになる訳であるが，彼が，基本的に，情動経験が，（今からすれば松果体という仮定そのものは不当であったとしても）心身が交錯する場で発生すること，すなわち，その発生には，ただの（彼が言うところの動物精気による）身体的興奮のみならず，知覚，欲求，信念といった心の働きが不可避的に関与することを看破したという意味は大きく，さらに，6つの原初的情動を仮定し，それらが人の日常生活の構成素として重要な役割を果たすとした点も，例えば，現代の基本情動理論（→第9章）の走りとして大いに刮目に値するものと言えるだろう。

　スピノザ（B. Spinoza）もまた，デカルトの情念論を批判的に展開させる中で，喜び，悲しみ，欲求という3種の情動を中核として他の様々な情動の体系

的な分類を試みており，また情動が基本的に身体の観念（身体的変化の覚知）として在ることを主張し（Spinoza, 1677/1951），いわゆるジェームズ―ランゲ説（→第7章）の呼び水になったという点などにおいて，看過することのできない論者と言える。それこそ，次章で取り上げるダマシオ（Damasio, 2003）などに言わせれば，デカルトとともに現代の情動論の礎を築いた1人と言っても過言ではないのかも知れない。もっとも，スピノザにおいては，他者への愛といった能動的情動による至福への道が説かれる一方で，大概の情動は，世界に対する誤った思考や不当な期待に対する受動的反応として生じ，人を失意や無気力，そして不幸なる状態の中に落とすという，多分にストア哲学的な発想が根強く生きており（Oatley, 2004），そこに合理的な情動観を見出すことは相対的に困難であるように考えられる。

　その後の啓蒙主義の時代にあっても，その基調は依然として理性重視の考え方であった訳であるが，この時代になると，情動と理性の間の明確な線引きを疑い，常にではないにしても，情動的であることが実は理性的でもあり得ることを主張する論者が徐々に現れ始める。例えば，18世紀に至って，ヒューム（D. Hume）は，情動が，事象の知覚に加えて想念，すなわち，おそらくは今で言うところの認知的評価によって生じること，また良くも悪くも人を究極的に動機づけるのは情動であるという意味で，情動が理性の奴隷ではなく，むしろ理性が情動の奴隷として位置づけられるべきことを言明している（Hume, 1739/2010）。また，スミス（A. Smith）は，その『道徳感情論』において，情動を社会という織物を編み合わせる糸であるとした上で，私たちの道徳性の根幹には深く，理性以上に情動が横たわっていることを見抜き，人の進むべき道筋が理性に従うことよりも，むしろ情動と理性との協調的な関係性を具現することの中にあると主張したことで知られている（Smith, 1759/2003）。とはいえ，同じく啓蒙主義の代表的論者であるカント（I. Kant）などは，人の理性や判断力に対して厳しい批判の目を向けながらも，理性と彼が心的性向（inclination：情動，気分，欲求など）と呼んだものとの間に，厳格な対立的構図を堅持し，後者が人の道徳性や合理性には非本質的なものであること，むしろ，時には，精神の病と化し，それらを大きく揺るがし破壊してしまう危険性があることを再び強調したのである（Kant, 1793/1964）。

19世紀に入り，ドイツ観念論や実存主義などの新たな哲学的思潮が台頭し，鎬を削り合う中，学知のレベルでは，情動およびそれと理性との関係性をめぐって，さらなる分析と考究が進められたことは確かである。例えば，ニーチェ（F. Nietzsche）は『道徳の系譜』の中で，人の理性に対して疑いを立て，むしろ，熱情や情動を人の心の中核に据え，情動それ自体が時に理性以上に理性的に働くことを記している（Nietzsche, 1887/1964）。もっとも，このニーチェの発想は，情動一般に対して合理性や機能性を仮定するものではなく，あくまでも，そうした機能的な情動が存在する一方で，人を愚に走らせ，悲惨な破壊を生み出すような情動もまたあるということを主張するものだったと言えるかも知れない。そして，20世紀に至り，人類は2度の世界大戦を経る中で，ニーチェが示した情動の正の側面ではなく，むしろ負の側面を否応なく強く印象づけられることになってしまったのだと言えよう（Solomon, 2008）。そこで，人は，古典的な理性礼賛の波の中に，再度，どっぷりと浸されることになり，そうした中で，情動はまたも周辺的な位置づけに甘んじざるを得なくなったのである。

　もっとも，21世紀に入ったこの今，情動と理性を単純な二分法や対立的構図で捉える見方は哲学の域においても確実に退潮してきていると言えよう（Nussbaum, 2003）。情動は，今なお，時に危険（Lingis, 2000）あるいは醜悪（Ngai, 2007）と形容されることがあっても，そう形容される背後には，それが私たちの日常や人生にもたらす高度な機能性や深い意味などが仮定され，また，それ自体が独自の知性や理性を内包するものとして，様々に考究されるに至っているのである（e.g. de Sousa, 2011; Evans & Cruse, 2004）。

1.1.2. 心理学における情動

　「賢馬」と「悍馬」，あるいは「主人」と「奴隷」といった，理性と情動に関わる喩えは，多少，形を変えながらも，洋の東西にかかわらず，多くの社会・文化において，暗黙裡に共有されてきたものと言えるのかも知れない。例えば，仏教の教えの中でも，情動は自己や物質へのとらわれの結果，生じるものであり，本来そこから脱却した域にこそ，人間のあるべき姿があると暗黙裡に仮定されてきたようである（福田, 2003, 2006）。人を人たらしめるのは理性，すなわち人の心の認知的側面であり，熱情，すなわち人の心の情動的側面は，人間本

来の崇高なる精神生活をかき乱す無秩序で非合理的なものという扱いを受けてきたのである。

そして、こうした情動に関する見方は、半ば当然のことながら、西欧哲学の系譜を受け継ぐ心理学の歴史の中でもほぼ同じであったと言える。心理学は長く、理性と熱情の対立的構図を当然のものと見なし、解明すべき対象を相対的に前者の方に絞り込んできたのである。人間の情動的側面が取り上げられることがあっても、それはどちらかと言えば、人の心の影の部分、すなわち不適応や狂気などとの関連で問題にされることが多かったと言わざるを得ない。確かに、心理学の黎明期にあって、その今につながる1つの方向づけをなした、精神分析の祖たるフロイト（S. Freud）は、情動そのものが悪ではないこと、すなわち、精神の病の根源が（イドなどに象徴される）情動的要素それ自体にはなく、むしろ、それは（超自我などに象徴される）理性的要素が情動的要素の発露を不自然に抑え込んでしまうところにあるのだということを強調した（Freud, 1917/1977）という意味で、旧来型の情動・理性観よりも一歩先を行っていたと言い得るのかも知れない。また、心理学の勃興と発展にもきわめて深く関与した進化論の祖たるダーウィン（C. Darwin）は、第3章でもふれるように、ヒトを含めた脊椎動物（主に哺乳類）の情動表出にかなりの共通性・普遍性が認められることを強調し、それが系統発生の歴史のある時点において生物学的に固定されたものであると仮定した（Darwin, 1872/1991）という意味で、情動やその表出が単に心の無秩序性や誤謬の現れとは捉え得ないものであることを示したと言い得るのだろう。しかし、この2人でさえも、ヒトにおける情動を、かつて、進化史における遠い昔に有効に機能していた可能性はあるものの、現代人の社会生活においてはもはや無用の長物でしかなく、この先、さらに進化が進めば、いつかは滅び行く運命にあるものと考えていたようである（Keltner & Gross, 1999）。

無論、19世紀の後半から20世紀の前半にかけては、心理学の祖たるジェームズ（James, 1884, 1890）が、いわゆる「悲しいから泣くのではなく、泣くから悲しい」の言に象徴されるように、主観的情感が身体反応を生み出すという常識的見方に異を唱え、むしろ、その逆の因果関係が真なのだと主張したことによって、その後のキャノン（Cannon, 1927）などによるジェームズ説の批判的検

討も含め，情動に関する科学的研究が，それなりに大きな進展を見せた時代であると考えられる（→第7章）。しかし，その議論の中核は，あくまでも情動の生理学的基盤や機序を問うものであり，情動が私たちの日常生活の中で，いかなる働きをなしているかということについては，あまり関心が向けられることはなかったようである。

　20世紀の心理学をほぼ半世紀以上にも亘って支配し続けた行動主義に至っては，情動を，科学的研究の対象として歯牙にもかけなかったと言っても過言ではなかろう。情動は，それこそ行動主義心理学者が，曖昧模糊として客観的な科学的近接が不可能だとした「心」の最たるものであったし，また，人の行動の法則性に適わないもの，時にはそれをかき乱すもの以外の何ものでもなかったのである。例えば，そこでは，親が子どもに対してごく自然に抱き，表す愛情でさえも，本源的に人の生活には何ら意味を持たないものと見なされていた。行動主義に染まった多くの学識者は，子どもに対する抱擁や接吻といった愛情の度重なるあからさまな表出は，子どもの発達に明らかに害悪をもたらすものであり，親はそれを何としてでも克服すべきだと放言していたのである（Niedenthal *et al.*, 2006）。そして，その1つの具体的な形が，きわめて高名な行動主義心理学者たるスキナー（B. F. Skinner）の発案による，いわゆる「エアー・クリブ」（air crib：ガラス面に囲まれ，空調設備の整った，ベビーベッドとベビーサークルを組み合わせたような育児箱，既定のプログラムに従って育児を徹底管理する）であり，彼は，情動を排した子どもに対する関わりの中に育児の理想型を見ていたのである。彼が，ソローの『ウォールデン——森の生活』に想を得て書き上げた心理学的ユートピア小説『ウォールデン・ツー』（Skinner, 1948/1983）からは，彼が，情動がいかに人間の心の平穏や身体的な健康などに対して無用かつ有害であると考えていたかを窺い知ることができる。

　この後，20世紀も半ばを超え，後半に差し掛かる頃になると，行動主義は徐々に衰退の道を辿ることになる訳であるが，その時点でもまだ，情動は心理学の研究の中では相対的にマイナーなものであったと言わざるを得ない。確かに，時に「認知革命」とも言われる大きな動きの中で，行動主義ではブラック・ボックスとされた「心」（情報処理過程）の中身に，科学的なメスが入れられることになるのだが，そこで中心的に問われたのは，知覚であり，認知で

あり，他方，情動や動機づけはそこでも，ある意味，蚊帳の外だったのである（認知主義の計算論的アプローチにはそぐわないものとされた）(Konner, 2010)。

しかし，近年，こうした反機能性（あるいは無機能性）や非合理性を前提視する情動観は大きく揺らいできている。情動は，理性あるいは認知と対立するものではなく，むしろ，それらと協調的に結びつき，人の種々の適応を支えるものと考えられるようになってきており (e.g. Izard, 1997; Lazarus, 1999), "mind"（心）の科学は "heart"（情動）への注目なくしては成り立たないというスタンスが徐々に取られ始めているのである (Evans, 2001)。現在，研究者の中には，情動が多くの場合，人の認知的情報処理を攪乱するどころか，その組織化に中心的な役割を果たすものであると仮定する者や，あるいはまた認知，生理，身体の働きを整合的かつ機能的に束ね上げ，調整するものであると考える者が在るくらいなのである。それは，一方では生物学的機能という視点から，情動が，ヒトという生物種においても今なお，個体の生き残りや繁殖を高度に保障する役割を果たしていると考える向きが大勢を占めるようになってきたからであり (e.g. Johnson-Laird & Oatley, 1992; Oatley, 1992; Cosmides & Tooby, 2000), 他方では社会的機能という視点からも，顔や声を通して発せられる種々の情動が人と人との間をつなぎ調節し，また社会やその価値観および制度を維持する上で必要不可欠な働きをしているという認識が一般化してきているからに他ならない (e.g. Averill, 1980; Planalp, 1999)。

この四半世紀の間に，例えば，フライダ (Frijda, 1988, 2006) が自身の論文タイトルや書名に『情動の法則』("Laws of Emotion") と謳い，またオートリー (Oatley, 1992) もまた自身の書名に『最もうまく練り上げられた心の仕組み』("Best Laid Schemes") と題したことに象徴されるように，情動は生物学的にも社会的にも，実はある緻密な法則性の内にあり，様々な場面で人を機能的かつ合理的な行動へと導き得ると考えられるようになってきている (Frijda, 2006)。それでは，こうした理論上の大きな転換は，どのような知見に支えられて生じてきたのだろうか。そして，情動には，具体的に，いかなる法則性が潜み，またどのような機能性や合理性が内包されていると言えるのであろうか。本書の目的は，次章以降で，様々な角度からそれらを探り当てることである。

1.2. 情動とは何か

1.2.1. 情動関連語の意味的布置

　既述したように，本書が目指すところは，「情」が発する合理的な機能性，および「情」を支える法則性や機序について考究を行うことである。しかし，それに先立って，本書が問題にする「情」，特にその中核となる情動とは何かということについて，筆者なりの定義づけ，あるいは少なくとも概念的な整理をしておくことが必要となろう。ただし，この定義の問題は思いの外，厄介なものとして在る。10人の研究者がいれば10種類の定義が成り立つというほど，情動あるいは感情に関わる諸現象は微妙で多面的な性質を有していると言える。哲学者のド・スーザ（de Sousa, 2011）などは，情動とは何かという問いに対する答えを求めようとすると，身体，欲求・動機づけ，主観的経験，認知など，情動のいかなる側面にどのような意味づけを行うかということによって，少なくとも29もの定義が成り立ち得ることを示している。その直中にあれば，誰もがその当事者として，直感的に了解できるものであるにもかかわらず，その本質を記述しようとするとたちまち，その輪郭がぼやけてしまう，あるいはその全貌が見えにくくなってしまうようなところが情動というものにはあるのである。

　本書では，「情動」という術語を英語で言うところの"emotion"を想定して用いることにするが，この情動という言葉は，少なくとも私たちの日常的な文脈では，あまり耳慣れないものと言えるのかも知れない[1]。喜怒哀楽のようなものを指して言うならば，通常，私たちは，それらをただ「感情」という言葉で言うに違いない。しかし，内包にしても外延にしても，感情という言葉の意味を突き詰めて考えていくと，それはきわめて多義的なものと言わざるを得な

---

1) 英語圏において"emotion"という術語が使われ始めたのはここ2世紀くらいの間に過ぎないことが知られている（Dixon, 2001）。それまでは，それに相当する言葉として，"passion"や"sentiment"や"feeling"，また文脈によっては"affection"という言葉が日常的に用いられていたらしい。"emotion"という言葉は，ワーズワース（W. Wordsworth）らの詩人によって19世紀の初め頃から，端から，日常的な言葉というよりは主に文学的術語として用いられ，それと同時に科学的文脈でも徐々に多用されるに至ったようである（Oatley, 2004）。

い。それは，英語で言うところの"emotion"のみならず，"feeling"も"mood"も"affect"も，おそらくはそれ以外の心的現象も含み込む，きわめて広義の言葉と言うことができるからである。ここではまず，私たち日本人がごく普通に感情と言った場合に，その言葉の意味範疇にどのようなものが含まれ得るのかについて，簡単に整理することから始め，その中における情動＝"emotion"の位置づけを確認しておくことにしたい。

　一般的に，英語でいう"feeling"は読んで字のごとく何かを感じること，すなわち，晴れやかな気持ちやホッとした気持ちといった，主に私たちが自ら主観的に感じ取る心の動きのことを指して言う（＝「主観的情感」）。私たちが日常的に何気なく感情という言葉を用いる時に，それは，こうした気持ちのようなものを指し示している場合が比較的多いのかも知れない。しかし，このような気持ちの直中にある時，私たちは少なからず，背筋が寒くなったり，頭に血が上って熱くなったりといった特異な生理的変化を経験することがあるだろう。また，顔の表情や声の調子を多少とも変化させ，さらに逃げる，闘うなどといったある特定の行為傾向（action tendency）を示すようなこともあるかも知れない。こうした主観的な心の動き，生理，表出，行為傾向といった様々な側面が密接に絡み合いながら発動される経験のことを，特に英語では"emotion"という術語で呼ぶことが一般的なようである（＝「情動」）。"emotion"という言葉は意味的に，外とか発散とかを示す接頭辞"e"と動作・運動を示す"motion"に分解することができると言われている。つまり，ただ内側で感じているだけではなく，それが外に向けて強く押し出され，結果的に何らかの動作や行為に至るという一連のプロセスが，元来，この言葉の中核的意味として想定されているということである（e.g. Lazarus, 1991; Strongman, 2003）。一般的に，明確な表情や生理的変化を伴う，喜び，怒り，悲しみ，恐れ，嫌悪，驚きといったものがこの"emotion"に相当すると考えてよいだろう。

　通常，"emotion"は，ある重要な事象に接した際に私たちが経験する，比較的強い一過性の（短時間で終結する）反応を指して言う訳だが，私たちが経験する感情なるものの中には，例えば，何となく憂鬱な感じとか，いらいらして落ち着かない感じといった，程度はさほど強くはないものの，かなり長時間に亘って（場合によっては何日間も）持続するようなものがあることも確かで

ある。英語では，こうした比較的微弱で持続的な感情経験を特に"mood"という術語で表すようである（=「気分」）。また，これは，"emotion"ほど，その原因となる出来事が明確ではなく，必ずしもはっきりと自覚できないような小さなストレスの累積や，微妙に体調がすぐれないなどのやや漠然とした理由で生じるところにも特徴があると言える（e.g. Ferguson, 2000）。さらに，"emotion"の場合，一度それを経験すると，それは意識の中心を占め，大概，それを引き起こした事象以外のものに私たちの注意は向かなくなる傾向があるが，"mood"の場合は，どちらかというと意識の背景に位置し，私たちの様々な活動に微妙な影響を与えはしても，それらを完全に中断させてしまうといったことは比較的稀であると言えるかも知れない。クマを間近で見て恐れという"emotion"を経験すると，もう他のことをしている余裕はなくなり，ただその恐れに駆られて一目散に逃げようとするものだが，ただ憂鬱な状態という"mood"では，あまりやる気が出ないといったことは起こり得るものの，私たちは，とりあえず歯を磨き，食事を取り，仕事へ出かけるといった一連の活動を，大概の場合は何とかこなすことができるのではないだろうか。

　また，私たちは時に，空腹感や渇きあるいは痛みや甘さ，場合によっては疲れといったある種の感覚経験も，感情という言葉で呼んでしまうことがあるかも知れない。ある一部の研究者（e.g. Johnston, 1999）は，こうした快・不快のいずれかを伴う感覚経験に対して，"affect"という言葉を当てている（=「アフェクト」）。これは，身体内外から来る特定の感覚的出来事（刺激）に特異的に結びついて経験されるという点で，"emotion"や"mood"とは明瞭に区別できると考えられる。例えば，喜びにしても怒りにしても"emotion"の場合は，ある出来事に対する反応だとは言っても，その出来事は1回1回非常に多様であり，そうした点からすると，私たちは出来事そのものよりも，むしろ，それが自分自身にとって持つ意味（例えば喪失とか獲得など）に応じて，喜びなり怒りなりを経験しているのだと言える。そこには，出来事に対する評価や解釈といった比較的高次の心理的プロセスが介在していると考えられるのである。それに比べると，"affect"の生起は五感レベルの特異な刺激によって直接的に決まるものであり，その意味で，より原初的な感情反応と言えるのだろう（Johnston, 1999）。ただし，研究者によっては，この"affect"をまさに日本語

で一般的に言うところの感情なるもの，すなわち，すべての感情的な現象の一切合切を包括する最も汎用的な呼称として用いる向きもあり（というよりは，むしろ，こちらの意味での使用の方が多数派を占めていると言えなくもなく），特別な注意が必要と言える。

　この他に，私たち日本人が日常的に用いる感情という言葉には"emotional attitude"のようなものも含まれると考えられる（＝「情動的態度」）。これは，一般的に，いわゆる好き・嫌い，憎悪・敬愛・思慕といった，個人がある特定の対象あるいは他者に対して一貫して取り続ける感情的なスタンスを指して言い，今ここで生じた事象に対する一過性の反応ではないという点で"emotion"や"affect"などとは区別されると言えよう（e.g. Ekman, 1992）。むしろ，特定の関係性の中で保持される"emotional attitude"は，その関係性の文脈で，その時々に生じる様々な事象に対して私たちが経験することになる"emotion"の質を微妙に変質させるものと考えられる（McDougall, 1908; 1923）。例えば，同じようなトラブルでも，日頃から思慕を抱く人との間で生じた場合と憎悪を抱く人との間で生じた場合では，かなり異質な"emotion"を個人に経験させることになろう（通常，前者では当惑や悲しみが，後者では怒りが経験されやすいと言えよう）。なお，比較文化的視点から，しばしば，日本人特有の感情経験として注目される甘えは，殆どの場合，特定の持続的な関係性が前提になるという点で，本来，この"emotional attitude"の一種と見なすべきものであると考えられる（遠藤，2012a）。

　なお，さらに"temperament"（＝「気質」）や"emotional trait"（＝「情動的特性」，あるいはまた"emotional disorder"（＝「情動的障害」）なども，広く感情という術語の下位に位置づける場合があるようであるが，これらは，無論，情動や感情の形を取って外的に現れ得るものではあるものの，基本的には，個々人の安定した内的属性を指して言う術語であるため，本論では，これらを感情現象とは見なさないでおくこととしたい。

　ここまで見てきた種々の感情現象を整理しておくとすれば，"emotion"（情動），"mood"（気分），"affect"（アフェクト），および"emotional attitude"（情動的態度）は，無論，相互にある程度のグレーゾーンは有するものの，基本的に，感情現象の中の異なる種類として位置づけ得るのに対して，"feeling"

（主観的情感）はそれらの多くに通底して在るものと位置づけるのが妥当であろう。もっとも，ダマシオ（Damasio, 1994, 1999）などによれば，"feeling"は，"felt emotions"（feeling of emotions），すなわち，私たちの身体内部で密かに進行する中枢神経，自律神経，神経化学物質等の諸活動を，意識の上でモニターした鮮明な質感のようなもの，近年の現象学や脳科学の術語で言えば，いわゆる「クオリア」（qualia）に相当するものと，"felt feelings"（feeling of feelings），すなわち，そのクオリア的な情感の状態に再帰的な意識が向けられ，そしてまた，多くの場合，カテゴリカルな情動語が貼りつけられた結果生じる，いわば情感についての情感の，2種に分けて把捉する必要があるという。例えば，日常的な情動語で言えば，同じく怒りとして経験されるようなもの（felt feelings）でも，潜在的に，その1回1回の情感は，事象の種類やその時々の認知や身体の状態などによってきわめて多様な質感を伴うもの（felt emotions）であり得るということである。

　いずれにしても，私たち日本人は，日常，上述したような多様な心的現象およびその下位側面を多くの場合，あまり区別することなく感情という言葉で一括りにして表現しているのだろう。しかし，それでは，このように感情と総称されるものに共通するものは結局のところ，何と言い得るのであろうか。おそらく，その1つの答えは，これらすべての現象には，基本的に，私たち個人のある事柄あるいは状態一般に対する何らかの評価（appraisal：自身の潜在的な利害関心からして，それはいかなる意味を持つのか，いいのか悪いのか，また自身には対処可能なのか否かなど）が絡むということかも知れない。そして，驚きや興味などのごく一部の例外を除き，中立的であるということはまずなく，程度の差こそあれ，快か不快いずれかの感情価（affective valence）を必ず伴うということである。驚きや興味にしても，そこには新奇性（novelty）のような事象に対する特異な評価が密接に関係しているものと考えられる。ここでは，感情現象を正負あるいは快・不快いずれかの，あるいはその点ではほぼ中立であっても，新奇性のように他の何らかの意味を負った評価的な反応のことであると考えておくことにしたい。そして，その快・不快などの独特の質および程度に従って，多かれ少なかれ，その後の私たちの種々のふるまいを方向づけるものだと理解しておくことにしよう。

1.2.2. 情動の特質

さて，本書では「情の理」を論じるにあたって，「情」の中核として，上述した中の，特に情動＝"emotion"とその一側面としての主観的情感＝"feeling"を主に取り上げて考究していくこととするが，この情動に関しては，もう少しばかり詳細な説明を付しておくべきであろう。

前節ではごく簡単に，情動を，事象に対する認知的評価によって立ち上がり，特異な主観的情感，生理的変化，表出的特徴，行為傾向といった複数の構成要素が絡み合いながら発動される一過性の反応であると定義した訳であるが，こうした情動の多要素性に関しては（無論，何を要素と見なすかについては多少の見解の相違が認められるものの）殆どの論者の見解が一致していると言える（e.g. Plutchik, 1980, 2002; Shiota & Kalat, 2011）。例えば，ムーアズ（Moors, 2009）は，情動を，認知，主観的情感，動機づけ，生理的変化，表出／運動の5つの要素から成るものとし，認知は刺激や事象の評価，主観的情感は自己内のモニタリングやその結果としての制御，動機づけと生理的変化は2つが連動することで特定行為に向けた準備状態（行為傾向）の生成，表出／運動は特定行為の実際の発動，といったそれぞれの機能性を有するという理論的整理を行っている。

この内の，認知的評価に関しては，先にもふれた通り，また第7章でも詳述することになるが，それは第三者的視座からの客観的な好悪の判断ではなく，あくまでも事象に遭遇した個々人の利害関心（欲求，目標，価値，全般的な安寧など）に適うか否かといったきわめて私的で主観的な判断として在り，殆どの場合，瞬時にほぼ自動化された形でなされるという点が重要であろう。また，動機づけと生理的変化，すなわち行為傾向の生成および結果的な行為の発動という点に関して言えば，その背後で，心身の様々な側面がある目標に向けて整合的・協調的かつ機能的に調整されて在ること（coordination）が，多くの研究者によって指摘されていることにも注意を向ける必要があろう（Frijda & Scherer, 2009）。こうした視座は，情動が基本的に心身両面に対して一種のカオスを引き起こすと暗黙裡に仮定されていた古典的な情動観とは，ある意味，真逆の方向性を有していると考えられる。

さらに，これに付加して言えば，こうした心身両面において，ある特定行為への準備が生成されて在る状態とは，私たちの注意や意識が，遭遇事象やそれ

への対処へと優先的に振り向けられている状態とも言える。情動とは基本的に，強力な強制力を持って，私たちの意識の中に強引に割り込み，情動のきっかけとなった事象に私たちの注意を釘づけにし，私たちを，ある行為の遂行に向けて，大概の場合，それこそ「居ても立ってもいられない」心的状態に一瞬のうちにしてしまうのである (Oatley, 1992)。そして，こうした状態を，一種の情報処理モードの切り替えと見なすような立場もある (LeDoux, 1996, 2002)。私たちが，一度，自らの利害関心に関連する事象と遭遇すると，先行して在ったいかなる情報処理も一旦，そこで強制終了され，代わりに，特定の情動プログラムが瞬時に立ち上がり，その事象への適応に向けてあらゆる心的リソースが総動員され，それまでとは全く異質の超高速計算処理がなされるというのである（比喩的に言えば，汎用型だったコンピュータが突如，特殊化された計算装置に切り替わり，その事態打開のためだけのアウトプットを迅速に導き出すよう作動する）(Cosmides & Tooby, 2000)。この立場によれば，ある特定の利害に関わる事象およびその意味に対して，ひたすら個体の適応に適うよう，高度に，あるいは必要最小限に絞り込まれた，しかし，その分，きわめて迅速で効率的な各種情報計算処理モードが，例えば怒りであり，恐れであり，悲しみといった各種情動ということになるのだろう（→第9章）。

　主観的情感に関しては，ムーアズが挙げている構成要素の中では，相対的に議論の多いところかも知れない。例えば，ある一群の研究者によれば (e.g. Buck, 1984; Malatesta & Wilson, 1988)，情動の本質は，すべてシグナリングという一点に集約されることになるという。これは，情動が，表出や行為を通した他個体に対するシグナリングということのみならず，自己に対しても枢要な情報をフィードバック的に送出しているという点を強調するものである。すなわち，情動は，個体の状態や生じている現事象に関する情報を他個体に伝達すると同時に，個体自らにも自身が今どのような状態にあり，そして何をどのようになすべきかを教えるものだということであり（モニタリング），その結果として，然るべき行為傾向の生成や現実の行為の発動・調整・制御がなされるというのである。しかし，このように主観的情感を，情動の中核として際立って重視する立場がある一方で，それを，身体レベルで生じた情動そのもののいわば随伴現象に過ぎないとして，情動の内にではなく，むしろ情動の外に置いて

見るべきだと主張するような立場もあるようである（Moors, 2009）。さらには，ラッセル（Russell, 2003）のように，実質的に主観的情感を情動の中核として見なしはするものの，それを身体状態の正確な随伴現象でも，ましてやモニタリングでもなく，かなり曖昧で恣意的な状況解釈の産物に過ぎないと見なすような向きもあるのである（→第11章）。

　このようにいくつか未解決の問題はあるが，ムーアズが挙げている情動の構成要素およびそれに結びついた機能の仮定は，概ね，多くの論者が共感を寄せるところと言ってよいのかも知れない。しかし，このことは，情動の定義づけをめぐる議論が今に至って収束しつつあるということを必ずしも意味するものではない。それというのは，こうした仮定されている構成要素のどれ1つを取っても，それを情動の中の決して欠かせない要素，あるいは情動という現象のすべてに必ず通底して在るユニークな要素とは見なし得ないからである（Frijda, 2007; Parrott, 2007）。例えば，フライダ（Frijda, 2007）はシャワーを浴びている最中に，石鹸がたまたま手から滑り落ち，それを探り当てようとしている状況には，認知，主観的情感，動機づけ，生理的変化，表出／運動といった情動の構成要素と言われるものの殆どが多少とも関与していると言い得るが，そこに情動それ自体の発動を仮定してみることはおそらくできないだろうと述べて，情動の定義的特性なるものが容易には見出せないという難しさを強調している。

　これは，換言すれば，情動の発動に何が必要条件としてあり，あるいはまた十分条件として在るのかということが一意的に定まらないということを意味している。ほぼすべての情動に，上で見たような構成要素の何かが何らかの形で関わっているとは確実に言い得ても，何がどのように関与している場合に，それが絶対的に情動であるとは確言し難いのである。意識的な制御などの介在により，具体的な表出や行為が生じない場合があることは，ある意味，当然のことながら，それだけではなく，明確な動機づけや行為傾向などが必ずしも十分に認められない場合もあるし，主観的情感も微弱で曖昧であったり，あっても潜在的な身体状態とは大きく乖離しているような場合があったりするのである（Parrott, 2007）。認知的評価については，それが特に深く個体の利害関心に絡むようなものである場合においては，それを情動の十分条件とまでは見なし得

ないとしても，少なくとも必要条件とは見なし得るのではないかと考える論者が相対的に多くなってきているように思われる（e.g. Clore & Ortony, 2008）が，これについても，第7章で詳述するように，認知なき，あるいは評価なき情動の発動機序を想定する論者も依然として後を絶たない状況であり（Berkowitz, 2000; Berkowitz & Harmon-Jones, 2004; Öhman, 2000; Zajonc, 2004），議論の行方は未だ混沌としている。

このように，情動，それは，科学の中で最もファジーな概念の1つであると言えるのだろう（Frijda & Scherer, 2009）。あらゆる情動に適うような究極の定義づけは，今のところ，困難であるし，こうした事情はおそらく，この先も大きくは変わらないように思われる。ただし，先に述べた，事象に対する何らかの認知的評価によって始動し，常に等質の組み合わせではなくとも，既定の構成要素を複数伴って生起してくる一過性の反応という情動の特徴づけは，無論，あらゆる情動に対して悉皆的にではなくとも，少なくとも，日常，私たちが経験する大概の情動にはかなりのところ当てはまりのよいものではないかと考えられる。本書では，暫定的に，こうした定義案を前提として，以後の議論を進めていくことにしたい。

なお，論者の中には，種々の情動を性質や発動要件に従って，いくつかのレベルに分けて把捉しようとする向きもあるようである。例えば，一部の研究者（Griffiths, 1997; Zinck & Newen, 2008）は，種々の情動を3種に分ける理論枠を提示している。これによれば，元来，ヒトという生物種に生得的に備わっており，最小限の半ば自動的な評価によって生じるような情動は一次的な情動あるいは基本情動とされる。また，評価の段階から意識的で高次な認知処理が介在するような情動は二次的な情動と呼ばれ，さらにその高次認知過程に深く社会的価値や基準あるいは自己評価や自己概念が絡むような場合の情動は三次的な情動（主に社会的情動や道徳的情動など）と称される。そして，レベルが高次化するに伴い，ヒト全般における共通性や普遍性が薄れ，徐々に文化による特異性が生じてくると仮定されるのである。筆者は，必ずしも，この枠組みに従うものではないが，本書，特に第II部における議論は，情動の基底に潜むものとしての自己と社会，あるいは進化的要因と文化的要因を精細に取り上げるものであり，その意味で，こうした情動の分類ということに関しても部分的に考究を

行うことになろう。

第1章のむすびとして

本章では，心理学において長く支配的であった非合理的・破壊的な情動観の源流を遡り，それが心理学の中で初めて興ったものではなく，そのはるか以前から，西欧哲学の基底に厳然と横たわってきたことを明らかにした。そして，今，その伝統的な情動観が大きく転回しつつあることを述べた。無論，その転回には様々な研究知見の蓄積や理論的発展が絡んでいる訳であるが，筆者は，とりわけ，ダーウィンに由来する進化思想が，近年，進化心理学という看板を掲げて，心理学の中にしっかりと1つの定席を得たことが枢要な意味をなしたのだと考えている。なぜならば，これは主に第5章で詳述することになるのだが，そこではいわゆる人の適応ということに関する見方に関して，ラディカルな変更が行われたと考えられるからである。例えば，強い怒りや恐れに苛まれている時，また人を激しく嫉み，蔑んでいるような時，常識的に言えば，あるいはまた伝統的な心理学の視点からしても，私たちは幸福感からほど遠く，まさに不適応の直中にあるということになるのだろう。しかし，進化生物学がもたらした適応度（fitness）という概念は，心理学徒の目を，今ここでの心身の安寧というところばかりではなく，もっとも長期的な，場合によってはトータル・ライフでの遺伝子の維持・拡散というところへも，向かわせることになったのだと考えられる。そして，情動は，多くの場合，その後者の視座においてこそ，初めて合理性を，特にその機能性や法則性を垣間見せるという性質を有していると言い得るのである。これについてはまた，次章以降で精細に論じることにしよう。

本章ではまた，情動とは何かということについても概説を行い，あくまでも本書限定という但し書きつきではあるが，暫定的な定義づけを行った。情動というのは，日々，私たちの日常において，きわめて顕在的なものとして在りながら，いざ厳密に学問的分析を図ろうとすると，それを頑なに拒むようなところがある。そこには，いくつかの理由が考えられる訳であるが，その一番の理由は，本文中でもふれた情動の多要素性というところにあるのかも知れない。その性質を認識しつつも，ある論者は，情動の表出的側面に，別の論者は行為

傾向に，さらに別の論者は認知的評価に，さらにまた別の論者は生理的変化にと，それぞれに研究上の焦点を定め，情動の本性を見極めようとしてきた訳であるが，結局のところ，その帰着するところは，「群盲，象を撫ず」がごとく，多要素が絡み合う情動の全体像を統合的に掴みきれないという事態だったのだろう（e.g. Cornelius, 1996）。1回の情動経験として在りながら，どの要素に着目して研究するかによって，その見え方の印象は時にきわめて大きく乖離するものであったのである。もっとも，ようやく近年，その全体像の整合的な描出を可能ならしめるような理論枠が案出されつつあるように思われる。本書では，それに依拠しながら，特に第11章において，情動の本性と全体像に対して筆者なりの近接を試みることにしたい。

第2章　情動の機能性について考える

第2章のはじめに

　第1章で概括したように，近年，とみに非合理的な情動観が影を潜め，むしろ合理的な情動観が，情動研究の基本的スタンスに成り代わってきている。しかし，こうした理論上の大きな転換は，どのような知見に支えられて生じてきたのだろうか。そして，何よりも，情動には具体的に，いったい，いかなる機能性が潜んでいると言えるのだろうか。既にふれたように，情動には，主観的情感（feeling）や神経生理的変化のように個体内に閉じて進行するプロセスと，それが顔の表情や声の調子のように外に漏れ出て他個体の覚知するところとなり，いわば個体間に開かれて作用するプロセスの，二重過程を想定することができる（Malatesta & Wilson, 1988）。

　これを受けて，本章では，情動が，それを経験している当事者自身の中でどのような性質や機能を有しているのかという個体内的な視点と，人と人との関係あるいは集団の中でいかなる社会的機能を担っているのかという個体間的な視点とに分けて，こうした問題を掘り下げて論じていくことにしたい。また，これまであまり注目されてこなかったポジティヴな情動にも焦点をあて，その隠れた働きを探索してみることとする。

2.1. 個体内現象として見る情動の働き

2.1.1. 7種の個体内機能

　ここでは，まずレヴェンソン（Levenson, 1999）に従って，情動の個体内機能について概説していくことにしたい。彼は情動の個体内機能として以下7種のものを仮定している。

　第1の機能は，心身のホメオスタシスを一時的に解除し，個体の適応に絡む重要な環境刺激に対して迅速な対処を可能ならしめることである。換言するな

らば，個体の利害に関わる事象が生起した，その場その時の状況を凌ぐのに適切な，ある行為を起こすために必要となる，心理的な動機づけと生理的賦活状態を瞬時に整える機能ということになろう。

　第2の機能は，その一旦崩れたホメオスタシスを復旧・回復させることである。レヴェンソンによれば，すべての情動の働きを"one-size-fits-all"で説明することは無理であり，恐れや怒りといったネガティヴな情動が主に第1の機能に関わるとすれば，後述もするように，喜びなどのポジティヴな情動は，その第1の機能と相補的な役割を果たすという。ネガティヴな情動によって生じたホメオスタシスの崩れは，内臓や心臓血管系を初め身体各所に大きな負荷をかける。それが長期化すれば，当然のことながら，生体に負の影響が及ぶことになる。ポジティヴな情動は，ホメオスタシスの回復に寄与し，その有害な影響を弱める働きをするというのである。

　第3の機能は，こうした第1および第2の機能に付随して生じる，意識の集中状態の生成あるいは認知・行動のヒエラルキーの移し換えに関わるものである。すなわち，情動は，それまで個体がいかなることに従事していても，その進行中の思考や行動に強引に割り込みをかけ，それらを一旦無効にし，当該の事象に優先的に認知・行動的リソースやエネルギーを配分する働きをするのである（Oatley, 1992）。

　レヴェンソンが仮定する第4と第5の機能は，情動発動時における記憶や学習といった認知処理過程に関わる機能である。

　第4の機能は，情動の原因を作った当該事象への対処に適切な記憶の連合構造を提供するということである。情動は，それを惹起した事象に関連する種々の記憶を賦活させ，それらを，現在，直面している状況の解決のために活用させるというのである。

　第4の機能が主に，既に個体が記憶庫の中に有している情報の効率的活用に関わるものであるとすれば，第5の機能は，現在，直面している重要事象に関わる新たな情報の効率的取り込み・学習やその組織化に関わるものである。レヴェンソンによれば，主観的情感は一般的に情動そのものが消失した後も一定時間残り，レスポンデント条件下では刺激に対する無条件反射として，またオペラント状況下では強化子として機能し，そこで経験された事象の意味を増幅

した形で記憶の中に迅速に根づかせ得るのだという。

　レヴェンソンが掲げる第6と第7の機能は，純粋に個体のレベルというよりは他個体との関係性の中で顕在化するものである。またこれまでの第1～第5の機能が，まさに個体がある情動の直中にある時に，あくまでもその当該事象に対して（多くの場合，少なくとも生物学的適応という点からすれば）適切な心身の状態や学習の体制を瞬時に作り出すことに寄与するものであるのに対し，これらの機能は，当該事象以外の事柄に対して，ある重要な情報を付与するものである。それらは，主に情動経験の当事者として在る個体が，他者とともにある状況の中で，自らの情動の質を覚知することを通して，自己や他者の重要な特質についての認識を深めることに寄与するプロセスであると言える。

　第6の機能は，特に，ある状況に集団で接した際に，自らと情動の質を同じくする，あるいは異にする個体を知ることを介して，性，年齢，文化，民族など，自らが所属する集団がいかなるものであるか，その集団の弁別的認識を可能にすることである（group differentiation）。例えば，あるスポーツの国際試合を観戦している際に，その展開に一喜一憂する様を互いに意識し合うことを通して，観客が徐々に，自らと同国人と異国人を見分け得るようになるようなことである。

　第7の機能は，自ら経験する情動の質が，集団という枠を超えて，さらに1人1人の個別的特徴の差異的認識を招来するということである（individual differentiation）。同一の状況に接しながら，異質な情動反応を見せる他者の存在は，翻って，自身にとっての状況の意味の特異性やパーソナリティなども含めた自らの特質を否が応でも強く認識させることになろう。

2.1.2. 応急措置的デフォルト処理機構としての情動

　上述したレヴェンソンの見方は多岐に亘っているが，それらは大きく3つのクラスターに分けて考えることができる。1つ目は情動の動機づけ機能に関わるもの（上の第1と第2），2つ目は情動の学習機能に関わるもの（上の第3～第5），3つ目は情動による自己認識機能に関わるもの（上の第6と第7）である。これまでの研究の流れを俯瞰するに，特に多くの関心が寄せられてきているのは第1と第2のクラスターだと言えよう。この節では，第1のクラス

ターについて，それを「応急措置的デフォルト処理機構」として位置づけてみることにしたい。

　言うまでもなく，喜び，怒り，恐れ，悲しみといった情動を私たちが経験する時，そこには通常，大きな個体内の変化，すなわち，それぞれに特異な主観的情感および生理的状態が随伴していると言える。特にネガティヴな情動に見舞われた時，私たちの心身は，多くの場合，瞬間的に「居ても立っていられない」状態に置かれ，その状態から抜け出ることに強く動機づけられることになる（Oatley, 1992）。例えば，山中で突然，ハチの大群が襲ってきた時に，私たちはおそらく強い恐れの情動を覚えることになるが，それはその場から咄嗟に逃げ，そこをうまく切り抜けるための動機づけと適切な行為傾向（action tendency）（Frijda, 1986, 1988, 2006）を発動させるものと考えられる。その中で，私たちは，すばやく走り動くために内臓や心臓血管系および筋組織等の身体状態を整合的に準備し，また，ハチの動きに注意を集中し，自らが置かれた状況を知覚した上で，逃げ延びるにはどの方向と道筋が適切かなどを判断し，どのタイミングでいかなる動きを起こすかなどの意思決定を難なくやりこなしているのである。

　しかし，そもそも，こうした意識や情報処理およびエネルギーの優先的投入の対象となる事態とはいかなるものなのだろうか。近年，ネオ・ダーウィニアンと呼ばれるある一群の研究者は，それを生物学的な意味での重要事項であると見ている（Cosmides & Tooby, 2000; Nesse, 1990; Tooby & Cosmides, 1990）（→第9章）。彼らによれば，人間における種々の情動は，少なくとも人類がまだ狩猟採集民としての生活を送っていた頃の生態学的環境に，うまく合致するよう自然選択されてきたのだと言う。すなわち，各種の情動は，かつて人類がたびたび遭遇したであろう，例えば，捕食者からの逃走，未知なるものとの接触，攻撃や脅威からの防衛，子どもの養育，配偶関係の確立といった適応上の難題に対して（Tooby & Cosmides, 1990），あるいは個体が追求・従事していた重要な目標の遂行が中断された場合に（Mandler, 1975; Oatley & Johnson-Laird, 1987），迅速で合理的な対処を可能にすべく，一種のデフォルト処理機構として進化してきたのだというのである。別の言い方をすれば，情動とは，進化論的適応に絡む原型的な出来事や意味に特化した超高速の計算処理装置，あるいは，普段は

休眠・不活性の状態にありながら,ある特定の手がかりや条件の生起を待って突如として作動し始める「デーモン・プログラム」のようなものと言えるのであろう (Cosmides & Tooby, 2000)。

このようなことからすると,切羽詰まった時に,ジャスト・フィットではなくとも,とりあえず,それをしておけば急場を凌げるという応急措置システムのようなものが情動の本性の一部であると考えられる。それは,ある意味,その場で「何もしないよりはまし」「何をしようか物思いにふけって手遅れになるよりはまし」,そして「ただでたらめに何かをするよりはまし」といった原理に支えられているものと言えるのかも知れない。それこそ,第9章で詳述する基本情動理論に依拠するならば,長い進化のプロセスは,いろいろな難題に対して最も成功確率の高いプランや方略を,喜び,悲しみ,怒り,恐れといった各種パッケージ・プログラム,すなわち様々な種類の情動という形で,私たちヒトに,あるいは他の生物種に,明確な遺伝的基盤をもって備えさせたということになるのだろう (e.g. Ekman, 1992, 1999; Izard, 1991)。

2.1.3. ソマティック・マーカー:プランニングとその遂行を支える情動の働き

上述したような情動の急場における応急措置的処理機能は,当然のことながら,様々な認知過程を伴うものでもある。そして,時に,情動は,それを引き起こした事象に関連する種々の記憶,すなわち,かつて経験した「痛い目」や前に吸った「甘い汁」に絡む既有情報を,顕在的あるいは潜在的な形で活性化し,それらを現在,直面している状況の未解決要素に対する合理的行動のプランニングに役立て得るものと考えられる。まさに,それがレヴェンソンの枠組みにおける第2のクラスターに相当するものであり,それは第1のクラスターと殆どの場合,表裏一体の関係をなして機能するものと言えるのかも知れない。

ここで注意すべきことは,そこで活性化される記憶の大半が,元来,それ自体が何らかの情動を伴って形成されたものだということである。別の言い方をするならば,情動は,現在,直面している重要事象に関わる新たな情報の効率的取り込み・学習やその組織化にも深く関わるものと言えるのである。私たちが主観的に経験する情動の強度は,実際の適応上の帰結に比してはるかに大げさであるが,それが大げさであるからこそ,個体はその状況において適応的な

行為に強く動機づけられ，またそれに関する記憶表象を瞬時に強力に作り得るのだと理解することができる（Johnston, 1999）。例えば，熱いアイロンに実際に誤ってさわってしまった乳児が強烈な苦痛を経験し，それが内的シグナルとなって，アイロンの危険な意味を急速に学習することもあれば，アイロンの近くに位置し，今まさにそれにさわろうとしている乳児が，それを見た養育者の大きな叫び声を通してひどく驚き，そのアイロンの危険な意味を学習するということもあるのである。情動は，重要事象の記憶形成において，まさにアンプ（増幅器）のような働きをするということであろう（Lazarus, 1991）。

　近年，情動のこうした側面との関係で，今から150年以上も前の，ある脳損傷の症例が再び脚光を浴びている。その男，フィニアス・ゲージ（Pheneas Gage）は鉄道敷設作業中のダイナマイト爆発によって前頭前野（より正確には前頭葉と中脳・間脳との連接部位である眼窩前頭皮質や前頭前複内側部など）に大きな損傷を受けた。事故後のゲージについては，言語や記憶や思考など，いわゆる知性に関わる機能および感覚や運動の機能に特に大きな落ちこみは認められなかったものの，気分が極度に変わりやすく，また，場当たり的，衝動的にふるまい，そして，社会生活の中でのごく日常的な計画や決定にも支障を来すようになったということが知られている（Macmillan, 2000）。これは，特に情動の発動に密接に関わる大脳辺縁系などの低次の脳構造が，いわゆる理性脳と呼ばれる大脳皮質の抑制から解かれ，まさに情動の暴発を招いたという側面と，逆に，大脳皮質の論理的思考が低次脳の情動機能から切り離されたために，個体自らの利害を勘定に入れ，意思決定をする適当なさじ加減ができなくなってしまったという側面の両方が，ゲージに降りかかったということを意味する（Lutz, 1999）。

　このゲージの症例については，近年，脳神経学者のダマシオ（Damasio, 1994, 2004）が，現代のゲージともいうべき，ほぼ同じ前頭葉の特定部位に損傷を受けた複数患者の症例とともに再検討しているが，ダマシオが特に注目しているのは，ゲージの症状に見られた2つの側面のうちの後者，すなわち情動が認知機能に対して及ぼす影響についてである。ダマシオは，こうした脳損傷が，殆どの症例において，情動とプランニングの重篤な障害に結びついていることを見出した上で，情動の本質的な機能の一部が，私たちの一連の行動のプランニ

ングとその遂行を淀みなく整合的に行わせることにあり，そうした情動の支えを失った，ある意味，純然たる知性は殆ど役に立たないのではないかとまで主張するに至っている。ダマシオが診た症例の中には，きわめて高いIQを脳損傷後も変わらず保持している者がいたのだが，彼らはゲージ同様，ただ仕事に必要なファイルを揃えるだけといった，ごく日常の当たり前のことが悉くできなくなってしまったのである。私たちの日常の行動は，ある意味，無数の選択・意思決定の連続と言えるものである。今ここで直面している事象に関連する情報に意識を集中し，それを基に適切な判断を瞬時に行わなければ，私たちは日常の何気ない行動にも難を来してしまう（Shallice & Burgess, 1991）。そして，その特定情報への選択的注意と瞬時の意思決定および一貫した行動のプランニングを司っているのが，他ならぬ情動およびそれに伴う主観的情感だというのである。

　ダマシオによれば，個体の利害・適応に密接に関与する経験は脳内に限定されて在る表象のみならず，その際の特異な身体状態のイメージ＝「ソマティック・マーカー」(somatic marker) を伴って記憶の中にしっかりとマークされるという。そして，生体がそうした過去事象に類似した事象に再び接した際に，その記憶がまさに"gut feeling"，すなわち独特の身体感覚あるいは直感として経験され，それが瞬間的に，当該事象に対する情報処理や判断にバイアスを及ぼすのである（もっともダマシオは身体を経由しないバイパス的回路の存在も仮定している）。別の見方をすれば，情動とは元来，個体が経験を通して学習するための基礎となる評価システムであり，情動の真の重要性は，独特の内的コンテクスト，すなわちダマシオのいうソマティック・マーカーを供給することを通して，私たちがいつどこで，どのように学習するかを制御し，私たちを取り巻く世界についてどんな推論を行うかを決定する役割の中に在るということになるのだろう（Johnston, 1999; Prinz, 2004）。

　ダマシオは，ローリスク・ローリターンのカードの山とハイリスク・ハイリターンのカードの山とがある状況で，前者からカードを引き続ける方が最終的にトータルで高い利益を得られるのに対し，後者から引き続ける場合は結果的に大損をしてしまうという構造を持った模擬ギャンブルゲーム（「アイオア・ギャンブル課題」）を考案し，それを前頭葉損傷の患者群と比較対照群とに行

わせている。もちろん，実験参加者には，そうした利害構造は，あらかじめ全く知らされていない訳であるが，対照群は回を重ねるうちに徐々に一貫してローリスク・ローリターンのカードの山からカードを引くようになったのに対し，患者群は，どんなに損害を被っても一貫してハイリスク・ハイリターンのカードの山からカードを引き続ける傾向があったのである。つまりは何度も「痛い目」に遭いながら，本来，それに伴うはずの失敗の身体的感覚，すなわちソマティック・マーカーを身体に刻み込み，活用できないがゆえに，まさに性懲りもなく，同じ過ちを繰り返し続けたということである。

　ここで注意すべきことは，ダマシオが仮定する，こうしたプロセスにおいては，元の事象の顕在的な記憶表象の活性化が必ずしも必要とならないということである。すなわち，元の事象経験の内容が詳細に，またリアルに思い出され，それが現在の事象に対する判断を導くということでは必ずしもなく，それは多くの場合，「なぜかはっきりとは言えないが，ただなんとなく好き，嫌い」，あるいは場合によっては，好き嫌いといったことさえ意識には上らない，まさに直感として，私たちの行動を瞬時に一貫した方向に導いているのだという。

　見方を換えれば，このダマシオのソマティック・マーカー仮説は，情動が，人を厄介な「フレーム問題」(e.g. Dennett, 1984) から解放することに寄与しているという可能性，つまりはプランニングや意思決定を支える重みづけ信号として機能し，行為の選択肢の瞬間的切り捨てや絞りこみに関与していることを主張するものでもあると考えることができる。それは，ダマシオが診た患者の多くが，それこそ過去にあった「痛い目」や前に吸った「甘い汁」の情動的記憶を活かすことができなくなり，日常の些細な決定にも，かなりのところ，論理的しらみつぶしをもって対処しようとする結果，長時間，迷ったあげく，生活がうまく立ち行かなくなってしまったことを考えれば，こうした情動の働きが持つ意味はきわめて甚大であることが窺えよう。ダマシオは，患者の問題の本質を，問われたことに対して有効な解決策を考えることができないことの中にではなく，むしろ，いくらでも多くの解決策を考え得ても，その内の1つを情動的直感によって選択し，確実に実行に結びつけられないことの中に見ているのである (Damasio, 1994)。

2.2. 個体間現象として見る情動の働き

2.2.1. 情動のコミュニケーション機能

ここまでは，主観的情感や生理的変化といった主に個体内で生じる情動の側面について考えてきたが，情動にはもう１つ，表出という重要な側面がある。情動は，それぞれ特異な顔の表情や声の調子などを有し，多くの場合，そうした表出を通して，周囲の他者の感知するところとなり，その他者との関係を確立したり維持したり壊したりし，時にそこに確かなコミュニケーションを生み出す可能性があると言える（Buck, 1984; Campos et al., 1989）。すなわち，その時点で，情動は単に個体内に留まらない個体間の現象ともなるのである。

ケルトナーとハイト（Keltner & Haidt, 1999, 2001）によれば，情動は，その多様な表出を通して，個体の内的状態・人格・状況の特質などに関する情報を他個体に付与するという（情報付与機能）。情動は多くの場合，ある人のある特定事象に対する評価を示すものであり，悲しみにしても喜びにしても，その表出は，その個体の周りにいる他者に，その個体と事象，およびその関係性に関わる種々の情報を多重に発信することになる。また，個体が発した情動は，相同的にあるいは相補的にある特異な情動を他個体に経験させることにもなるという（情動誘発機能）。例えば，私たちは他者の喜びの表情を見ると自らもにこやかになり，また怒りの表情を見ると恐れを感じたりするものである。さらに，情動は，それに接した他個体が，ある特異な社会的行動を起こしたり，抑えたりするように仕向けるという（行為喚起機能）。例えば，悲しみに暮れる人に接した時，多くの場合，その周囲に位置する人はその人を慰め，その人に何らかの向社会的行動を取ったりするだろうし，また頻繁に微笑む人に対しては，時に，友好的な態度で話しかけたりもするだろう。

そして，こうした情動的コミュニケーションは，時に，殆ど意識を介在させることなく，きわめて瞬間的に生じることも知られている。ある研究は，いわゆる閾下知覚（subliminal perception）に相当する 8 ミリ秒の喜びあるいは怒りの表情を呈示後，それらの観察者に，前者では微笑顔との関連が深い大頬骨筋の活動が，一方，後者ではしかめ面との関連が深い皺眉筋の活動が顕著に認められたことを報告している（Dimberg, 1982, 1988）。また，このような機能は，

私たちが発達早期に何らかの情動を発した時点から実質的な始まりを見せているとも言える。近年の発達の早期段階に関する研究は，単に情動を表出するだけではなく，認識する者としても在る子どもに焦点を当て，その認識に学習性のものではない生得的要素が潜むことを半ば前提視しているようである。例えば，身近に位置する他者と自覚的意識なく瞬時にして同様の情動状態になる，いわゆる「情動伝染」(emotional contagion) は発達のきわめて早期段階から認められているし (Hatfield et al., 1994)，また，子どもは，経験を通して養育者の怒りの表出と，叱責などのネガティヴな働きかけとの連合を学習するはるか以前から，他者の怒りの表出には自ら困惑した表出と撤退・回避の行為傾向を，逆に他者のポジティヴな表出には，自らポジティヴな表出と近接の行為傾向を示すと言われている (Haviland & Walker-Andrews, 1992)。これらが示唆することは，乳児が，先行する記憶表象には必ずしも依存せず，ある種，無媒介的に，ある特定の情動表出に適切に反応することで，結果的に，関係性の構築・維持・破壊などが適応的な方向に導かれる可能性があるということであろう。

さらに，これとの関連で言えば，既に生後1年目の終わり頃には認められるという「社会的参照」(social referencing) は，他個体の情動表出が発する情報を他個体の注視点にある事象と結びつけることを通して，その事象の意味の効率的な学習が可能になることを意味し，その文化的学習ツールとしての存在意義は計り知れないと言われている (Tomasello et al., 1993) (→第4章)。もっとも，これは子どもの事象に対する情動的反応が養育者などの身近な他者の影響をきわめて受けやすいことを意味しており，それらの他者が場にそぐわない不適切な情動を頻繁に示すような場合には，その子どもは，病的な不安や恐怖症などに容易に陥りやすいということにもなるようである (Mineka & Cook, 1993)。

2.2.2. ダーウィンの表情論とその現代的展開

このように，情動には人と人との関係性を構築したり，維持したり，あるいは破壊するような機能が高度に含まれていると考えられる訳であるが，こうした情動の個体間機能が有効な形で成り立つためには，当然のことながら，1つの重要な要件が満たされていなければならない。それは，基本的に，すべての人が各種情動の表出に対して（完全ではないにしても）ある程度は共通の認識

の枠組みを持っている必要があるということである。人がそれぞれ，情動に伴う表情や発声に異なるものを読み取るとすれば，当然，対人関係には，多くの齟齬や誤解が生じ，それらはコミュニケーション・ツールとしての意味を失うことになるからである。

　こうした問題に対していち早く，科学的なメスを入れたのは，言うまでもなく進化論の祖たるダーウィン（Darwin, 1872/1991）ということになる。実のところ，ダーウィン自身は，ヒトの情動を，この先，さらに進化が進めば，やがては滅び行くものと見なしていたようである（→第3章）。しかし，彼は，ヒトと他生物種の表情の近似性（種間近似性）およびヒトという種内における表情の共通性（種内共通性）[1]に関する様々な証左を挙げながら，ヒトの情動や表情もまた長い系統発生の歴史を通じて生まれてきたということを前提視していた。情動や表情が進化の産物であるということは，つまり，それらの基礎には明確な生得的・遺伝的メカニズムが存在するということであり，基本的に，それらが，人間1人1人の経験や学習にはあまり左右されない性質を有していると認識していたのである。ダーウィン自身は，これに関連して，ヒトという生物種において以下2つのことが成り立っているはずであると仮定していた。①情動と表情の間には密接な対応関係が存在し，ある情動状態にある時，通常，ヒトは皆，等しく同じような表情をつくる。そしてまた，②同じ表情に接した時，通常，ヒトは誰でも等しく，その背後にある情動状態を認識することができる。すなわち，どんな地域・文化の人でも，基本的には同じ法則性に従って情動を経験し，またそれを表情として示し，さらにはその表情を読み取ることができるということである。

　そして，こうしたダーウィンの仮定は，現代に至るまで約半世紀に亘って実験的に検証されてきている。この問題に関心を持った複数の研究者が様々な表情写真を用いて，その認識に文化によらない共通性があるのかを確かめようと

---

[1] ダーウィンは，ビーグル号での航海の間に出会った，タヒチ，ニュージーランド，フェエゴ諸島などの現地人との関わりを通して，ヒトの情動表出の普遍性について思い至り，さらには，宣教などの目的で世界各地に渡った英国人に，手紙で，それぞれの土地の人の情動表出の特異性について尋ねることを通じて，自身の認識の妥当性について確信を深めたと言われている（36通の返信があり，そのどれもが，英国人に認められない特異な表情などは殆ど認められないという回答を寄せてきたという）。

してきたのである (e.g. Ekman & Friesen, 1986; Izard, 1991)。特に,エクマンらの研究 (Ekman & Friesen, 1971) は,現代的な文明から隔絶され,異文化との交流をそれまでに殆ど持ち得ていない人々を研究の対象にすることによって,表情認識から（直接的な交流や種々のメディアを通した間接的接触などによる）学習可能性の要因を排除し得たという点において金字塔的な意味を有していると言われている。エクマンらが選んだのは,当時,発見されてからまだ10年ほどしか経っておらず,新石器時代とほぼ同じような生活を営むニューギニアのフォレ (Fore) 族の大人と子どもであり,実験は特定の情動を引き起こしそうな短い例話を提示し,それにふさわしい（米国人の）表情写真の選択を求めるという形で行われた。結果は,ほぼ予測された通りであり,大人でも子どもでも,驚きと恐れを除いて,喜び,怒り,嫌悪,悲しみなどの表情に関して,かなりのところ,正確な認識を示し得たのである。また,エクマンは,フォレ族の人々に特定の状況に結びついた情動を表出するように求め,それを収めた表情写真を今度は米国の大学生に提示し,その認識の正確さを問う研究も行っている (Ekman, 1972, 1973)。その認識率は,非常に高いというほどのものではなかったが,やはりある程度,表情の認識が正確であることを統計的に有意に証明するものであった。

　実のところ,エクマンの研究者としてのキャリアは文化人類学者として始まっており,彼は当初,むしろ情動や表情の文化相対性（→第10章）を証明しようと目論んでいたらしい。しかし,その結果は皮肉にも,それをほぼ全否定するものであり,彼は,その後,少なくとも,喜び,怒り,悲しみ,恐れ,嫌悪,驚きの6つに関しては,それらが,ヒトという種に共通・普遍の情動であると言明するに至り (Ekman, 1992),その仮定を骨子とする,いわゆる基本情動理論 (Basic Emotion Theory) の主唱者としての地位を今や不動のものとしているのである。もっとも,現在,このエクマンらの実験およびそれに基づいた理論的仮定については,様々な批判が寄せられるところであり,第3章や第9章で詳述するように,それがまた,情動研究の新たな流れを形成してもいるのだが,そうした批判は主に情動のコミュニケーション機能の範囲や機序などをめぐるものであり,無論,情動のコミュニケーション機能それ自体を否定するものではさらさらない。いずれにしても,情動の表出は,時に言語以上に,

私たち相互の関係性に深く関わるものであることは確言してよいところであろう。

なお，エクマンらの実験は，表情の種類の特定に関わるものと言えるが，同じく表情認識の問題でも，特にそのすばやさを取り上げたような研究もある。もし情動の読み取りが人と人との関係における何らかの適応に深く関わるのであれば，自身の危機に関係するような，より脅威的な他者の表情に対しては，私たちがより敏感にまたすばやく反応し得るという可能性があるのではないだろうか。ハンセンら（Hansen & Hansen, 1988）は，こうした問いに答えるべく，喜びの表情を浮かべる大勢の人の中に1人だけ怒りの表情を浮かべている人が写った写真と，逆に大勢の怒った人の中に喜んでいる人がたった1人だけいるという写真を実験参加者に提示し，その1人だけ違った表情の人をできるだけ速く見つけ出すよう求めた。結果は，歴然としたもので，1人だけ怒りの表情を浮かべている人を見つけ出す方が，1人だけ喜びの表情を浮かべている場合よりもはるかにその検出時間が短くて済んだ。さらに興味深いのは，写真に写る人数を増やした時で，1人だけ喜びの表情を浮かべている写真条件では，その取り巻きの人の数が多くなるにつれて，検出時間が増大にしたのに対し，1人だけ怒りの表情を浮かべている写真条件では，その反応時間にさして大きな変化は認められなかったのである。こうした結果は，攻撃を予示する怒りのような表情に対して，私たちヒトが，おそらくは恐れの情動をもって（e.g. Öhman & Wiens, 2004），より迅速かつ敏感に反応し得るよう，予め生物学的にプログラムされているということを物語っているのかも知れない（→第7章）。

2.2.3. 集団・文化レベルにおける情動表出の役割

情動の表出は，上で見たような二者の関係性のみならず，より広く集団，文化などにも多様な影響を及ぼし，また逆に，それらの特質によってその生起や性質を大きく左右されるものでもあると考えられる（e.g. Markus & Kitayama, 1994a）。先にふれたケルトナーとハイト（Keltner & Haidt, 1999, 2001）は，上述した二者間レベルにおける情動の働きを第1のレベルとした上で，さらにこの他に，集団に関わる第2レベルの機能性を，そして文化に関わる第3レベルの機能性を仮定している。

ケルトナーらが仮定する第2と第3のレベルの機能は，上述した第1レベルの延長線上に位置するものである。彼らが仮定する第2の個体間機能は集団レベルのものであり，それは，ある集団内で発生する情動的な事象に絡む種々の情動の表出を介して，集団の成員が，自身の役割や地位を相互に認識し，また時にそれをより明確化したり，それに沿ったパフォーマンスを現に取ったりすることに寄与する（情動の集団を統制する役割）。例えば，怒りや侮蔑，恥，罪，畏怖といった情動の表出は，成員間の優位・劣位，支配・服従といった種々の関係性と密接に連関することが想定されよう（Mesquita & Frijda, 1992; Haidt, 2003; Mesquita, 2001）。あるいはまた，集団の成員がある事態に対して共通に経験し表出する不安，怒り，喜びなどの情動は，他集団との差異化を明瞭にし，成員の集団への帰属意識や士気の向上などに深く影響することも考えられる（情動の集団の凝集性を高める役割）。ちなみに，先にレヴェンソンが情動の第6および第7の個体内機能として仮定する集団や個人の弁別に絡む情動の働きについてふれたが，それが，あくまでも情動を経験した主体の認識上への影響を問題にするのに対し，このケルトナーらの仮定は，単に個人の認識ではなく，現に集団内外の人間構造が情動を介して，いかに変動し得るかを問題にするものであることに注意されたい。

　ケルトナーらが仮定する第3の機能は，情動の文化レベルでの働きに関わるものである。彼らによれば，人は，ある特定文化に特徴的な情動に頻繁にさらされることを通して，文化的アイデンティティを確立・維持することになるという。また，情動はある特定文化の中で何が是とされ，また非とされるか，その文化的価値を，社会化の過程において子どもに伝達することに大きく寄与するらしい（Haidt, 2003）。さらに，彼らは，半ばステレオタイプ化した文化特異な情動経験や表出およびそれらについての言説が，文化的イデオロギーや権力構造の正当化や永続化を暗黙裡に支えているところがあるのではないかとも推察している。

2.2.4. 情動の自他の利害関係におけるバランス調整機能

　上述した情動の個体間機能は，基本的には，情動の種類を問わず，情動が発動された，その場その時に，それを感知した他者に，いかなる情報が伝達され，

また，どのような効果が及び得るかということを問題にしたものと言える。しかし，ある特定の情動に関して言えば，そもそも，今ここでの短期的な利害というよりはむしろ，未来における，あるいは生涯にわたる究極的な適応度 (fitness)[2] における，より長期的な社会的利害に深く関係している可能性がある (Frank, 1988, 2003, 2004; Ridley, 1996)。それは，今ここでの利益を遠ざけ，むしろ損害を受け入れるように仕向ける情動の働きが，時に，長期的視点から見れば，その個体に高度な社会的および生物学的な適応をもたらすというような事態が数多く想定されるということを意味する (Frank, 1988)。

例えば，私たちは集団の中で不公平にも自分だけが莫大な利益を得ている状況で，何か他の人たちにすまないといった罪の情動を覚え，それ以上の利益追求を自ら止めてしまうようなことがある (e.g. Moll et al., 2008)。それどころか，そうした利益をもたらしてくれた他者がいたとすれば，その他者に，強い感謝という情動をもって，せっかく得た自分の取り分の中から相応のお返しをしようとしたりする (e.g. McCullough, 2008)。また，先んじて何の助けや施しも受けていないような関係性でも，他者が何かに困窮していれば，つい共感や同情のような情動を覚え，自身の利害を度外視してでも，他者に尽くしてしまうようなことがある (e.g. Keltner, 2009)。あるいは，自身が他者から散々，不利益を被りながらも，赦し (forgiveness) のような情動に駆られて，その他者を責め立てるのを止め，被った不利益を反故にしてしまうようなこともある (e.g. McCullough, 2008)。こうした場合の罪悪感にしても感謝にしても，また共感や同情にしても，あるいは赦しにしても，個体の短期的利害という視点のみからすれば，そこに損害はあっても利益はなく，いずれも非合理ということになる訳であるが，なぜ，そのようないわば「善なる情動」あるいは「仁なる情動」

---

[2] 適応度とは，個体が自己の遺伝子の維持・拡散にいかに成功し得たかを，トータル・ライフの観点から捉える生物学的適応性の指標である。一般的に，生物個体は，己の適応度の最大化のために，自らの生存と成長，そして配偶と繁殖，さらに子孫の養育に強く動機づけられると仮定される。もっとも適応度は，個体自らが配偶し繁殖を行わなくとも，親やきょうだいを初め，血縁個体がその繁殖により大きな成功を収め得るよう協力すれば間接的に高め得る訳であり，こうした適応度のあり方を特に包括適応度 (inclusive fitness) という術語で呼ぶこともある。第9章で詳述することになるが，進化論的情動論では各種情動が，何らかの形で，この適応度あるいは包括適応度に寄与すべく進化してきたと理解される。

(Keltner, 2009) が私たちには備わっていると言えるのだろうか。

　ヒトは高度に社会的であり，関係や集団の中での適応が，結果的に生物的適応に通じる確率が際立って高い種と言える (e.g. Dunbar, 1996)。進化論者が一様に強調するのは，ヒトという生物種においては，例えば，狩猟採集にしても捕食者への対抗にしても子育てにしても，集団生活が単独生活よりもはるかに多くの利点を有していたということであり (e.g. Nesse, 1990)，また，それを維持するために必然的に集団成員間における関係性や利害バランスの調整のメカニズムが必要になったということである (Cosmides & Tooby, 2000; Tooby & Cosmides, 2008)。そして，そこに最も密接に絡むものとして互恵性の原理，すなわち相互に何かをもらったりそのお返しをしたり，また助けられたり助けたりするという形で，集団内における協力体制を確立・維持するために必要となる一群のルールがある (e.g. Frank, 1988, 2003, 2004)。しかし，この互恵性原理の危うさは，自己犠牲的な行為を個体に強いることであり，個体は，自らの生存や成長のために自己利益を追求しなくてはならない一方で，それに歯止めをかけ，他個体に利益を分与しなくてはならず，そのバランスをどこで取るかが究極の難題となる。さらに互恵性原理が長期的に個体の適応に適うものであるためには，それを脅かし壊す，他者および自己の裏切り行為を注意深くモニターし，検知する必要が生じてくる。コスミデスとトゥービー (Cosmides & Tooby, 2000) によれば，これらの複雑な処理を可能にするものとして，罪，感謝，抑うつ，悲嘆，嫉妬，義憤，公正感などの情動が進化してきた可能性があるのではないかという。そして，彼らは，これらの情動が，今ここでの手がかりから短期的視点でなされた自己利益の認知的および情動的な判断を一旦反故にして，複雑な社会システムの中での適応，および個体の長期的あるいは究極的な利益に適う行動の「再較正」(recalibration) を可能にしているのではないかと推察している。

　また，トリヴァース (Trivers, 1985) は，集団の中における個体の生物学的適応を最大化する戦略として，「しっぺ返しの戦略」(まずは相手に対して利他的あるいは自己犠牲的な行動を起こすが，次は相手の出方を待って，好意的返報ならば引き続き協力を，裏切りには報復をもって反応するという方略) を仮定した上で，人の情動レパートリーのある特定のものが，この戦略に適うよう

進化してきた可能性を論じている[3]。彼によれば，例えば罪という情動は，互恵性のルールを自らが破った時に経験されるものであり，相手につけ入りまんまと搾取することに自ら不快を感じ，その行為に歯止めをかけるように機能する情動であるという。また，感謝は，相手側にかかるコストと自分の利益の比を計算に入れた上で，相手からの利他的行動に対して，それに見合ったお返しを必ず行うように動機づける情動であるという。さらに，道義的怒りは互恵性に違反した個体を罰し，集団の中に不公正が蔓延することを未然に防ぐよう働く情動であるらしい。人間の生活が，集団の中での互恵的な利他性を前提にして成り立ってしまっている以上，それを促しはしても破壊するような行為は控えた方が，生き残り，繁殖する上で，多くの場合，有利であることは間違いない。人が持つ多様な情動レパートリーの中で，少なくとも，ある種の情動，特に一般的に社会的情動と総称されるものは，個体間の良好な関係性を長期的に維持するシステムとして，そして，多くの場合，いわゆる「コミットメント」（commitment）の確実な遂行を促すよう，すなわち，一見，その場その時では自身にとって何の得にもならないような他者志向的で利他的な行為に，個体を強く駆り立て，きつく括りつけるべく，進化してきたと言えるのだろう（Frank, 1988; Ridley, 1996）。

　ちなみに，その後の研究の展開として，コンピュータ・シミュレーションによって，トリヴァースが提示した「しっぺ返し戦略」以上に「改悛型しっぺ返し戦略」なるものの有効性がいわゆる進化的安定戦略（evolutionarily stable strategy）として示されるに至っている（Axelrod, 1997）。これは，基本的に「しっぺ返し」なのではあるが，自らが（意図せずして）裏切りを行った結果，相手側の報復に遭った場合には，それに耐えて，次にはあえて協力的行動で応答するという戦略のことである。言うならば，これは，自身が起こしてしまっ

---

[3] ハイト（Haidt, 2005）は，孔子の『論語』やユダヤ教の『タルムード』などを引用した上で，古今の賢者が，人間にとって最も高尚な言葉や原理として，愛と返報性を挙げていることを記している。それは，まさにトリヴァースの言う「しっぺ返しの戦略」そのものとも言い得るものであり，まず他者への愛に駆られて，他者に施し，他者を助け，次には，それに対するその他者の応じ方に合わせて，返報的に，自身の然るべき行為を選び，為すことの重要性を，様々な賢者が説いてきたことを示唆している。このことは，ある意味，こうした賢者が，ヒトに元来，仕組まれて在る種々の社会的情動の機能を看破し，それに素直に従うことの有効性を強調してきたと解し得るのかも知れない。

た一度の過ちをまさに情動的に「改悛」して，再び自身にとって重要な社会的関係性の回復・維持を図ろうとする心理システムと特徴づけることができる。そして，それは私たちの素朴な日常的感覚にも非常によく合致するものと言えるのかも知れない。

2.2.5. 社会的情動という「神の見えざる手」

　より特異的に，私たちの公正感やそれが満たされない場合の義憤などに関わるような研究も，いわゆる行動経済学の領域を中心に多数行われてきている。例えば，一般的に「最後通牒ゲーム」(ultimatum game) と呼ばれる実験は，実験参加者に，ある一定額のお金が与えられ，誰かと2人でそれを配分するという状況を想定させた上で，配分額を提案する側の役割を取らせ，自身がいくら取り，相手にいくら渡すかを答えさせるものである (Güth et al., 1982)。この実験で重要なのは，相手側がその提案を受け入れれば2人ともが提案通りの額を手にすることができるが，受け入れなければ双方とも一銭も手にできないということである。純粋に経済的原理から言えば，1円でも獲得できれば明らかにそれは利益であり，仮に10万円の配分が，提案者が99,999円で，回答者が1円であっても，その提案には合理性があることになる。しかし，現実的にそうした提案をする者は殆どなく，今では，様々なデータから，実験参加者が示す一般的な回答は，限りなくフィフティ・フィフティに近いものであり，相手側の取り分を総額の20%未満と設定するような者は全体の5%にも満たないことが知られている (e.g. Nowak et al., 2000; Sigmund, 1995)。そこには，自己の利己性に歯止めをかけ，他者との利益バランスがより公平になるように仕向ける何らかの情動の介在を想定することができよう。ノーベル経済学賞を受賞したことで知られるセン (Sen, 1982) は，自己利益の最大化のみを行動動機とする「経済人」(Homo Economicus) は「合理的な愚か者」に他ならず，社会的には殆ど成功し得ないはずであるということを主張しているが，「最後通牒ゲーム」実験の結果は，まさに，私たちが純然たる「経済人」などではなく，むしろ，かなりのところ「感情人」(Homo Emoticus) としての血筋を引いていることを如実に示していると考えられる (Sigmund et al., 2002)。

　さらに，ヒトの「感情人」の性質を如実に示すものに，いわゆる「公共財ゲ

ーム」(public good game) を用いたものがある。フェールとゲヒター (Fehr & Gaechter, 2002) による公共財ゲームは，実験参加者が相互に多く協力することによって個々により大きな利益がもたらされる仕組みになっている。ただし，そこには，全く協力しなくともまんまと利益を，時に協力した場合以上に，せしめてしまえる余地があり，実験参加者は協力するのかしないのか，するとすればどれだけの協力をするかということの選択を迫られることになる[4]。その結果は，ゲームが続けられる内に，実験参加者の協力関係は崩れ始め，それと同時に，徐々に多くの実験参加者がゲームから脱落しようとする傾向があるということを示すものであった。ここで注意すべきことは，協力した側が相応の利益を得，特に何ら損害を被らない場合にも，こうした傾向が現に現れた（もっと利益が得られる可能性があるかも知れないのに，あえてそれを止めようとした）ということである。そして，そこに通底してあった情動が，非協力者に対する不公正感あるいは強い義憤であったということは想像に難くなかろう。

しかし，この実験には続きがあり，ルールを変更し，実験参加者が自ら一定のコストを支払って，その非協力者に罰金を科すことができるようにすると

---

[4] この公共財ゲームでは，実験参加者は以下のような教示を受ける。「ここに4名のプレーヤーがいて，それぞれ100万ずつお金を持っている。各プレーヤーはそれをそのまま自宅に持ち帰ることもできるが，ある賭けをすることによってもっと多くの金額を入手することもできる。その賭けとは，もしプレーヤーの1人が，自分の持っているお金から，いくらかを賭け金入れの［銀行］に入金すると，その［銀行］は，その入金した額の2倍を平等の割合で4人のプレーヤーすべてに分け与えるというものである。もし，すべてのプレーヤーが100万を［銀行］に入金すると，［銀行］はその総額400万の2倍，すなわち800万を4等分して200万ずつ各プレーヤーに分け与えることになる。つまり，この賭けでは，プレーヤー全員ができる限り多くの金額を銀行に入金することが，この4人のグループにとって明白な利益となることになる。そして，実験参加者は，「もしあなたがこの4人のプレーヤーの1人だとしたら，どのようにふるまうか」と問われるのである。
　4人全員が預け入れれば等しく200万ずつ手にする。3人が100万を銀行に入れ，1人がそのまま100万を懐に抱え込んでいたら，300 × 2 = 600万が4等分され，1人あたり150万手にすることになるが，この場合，銀行に入金しなかった1人は100 + 150 = 250万手にすることになる。2人だけが100万を銀行に入れ，2人がそのまま100万を懐に抱え込んでいたら200 × 2 = 400万が4等分され，1人あたり100万手にすることになるが，この場合，銀行に入金した2人は辛うじて元金100万を取り戻すことになる。だが，入金しなかった2人は100 + 100 = 200万手にすることになる。1人だけが100万を銀行に入れ，3人がそのまま100万を懐に抱え込んでいたら，100 × 2 = 200万が4等分され，1人あたり50万手にすることになるが，この場合，銀行に入金した1人のもとには結果的に50万しか残らないことになる。だが，入金しなかった3人は100 + 50 = 150万手にすることになる。

（たとえ徴収された罰金が協力者に再配分されるようなことがないとしても），そのゲームは長く安定して高度な協力関係を維持したまま続けられるようになったのだという。すなわち，非協力者に対する憤りが，しっかりとその者への懲罰に結びつくように仕組まれると，全体的な協力関係がうまく回り始め，結果的に実験参加者個々にもより大きい利益が安定してもたらされるようになったということである。これが示唆的なのは，義憤に駆られて，罰金を科すためにわざわざ，さらなるコストを支払ってしまうという行為が，少なくとも短期的な利害バランスという観点からすればきわめて非合理的であるということ，しかし，その時点では非合理的でありながら，長期的および集団全体という視点から見ると，その行為が実は回り回って個々の利益として還元される可能性があるということであろう。この結果には，「利他的な罰」（altruistic punishment），すなわち，非協力者の存在をきわめて不快に感じ，たとえ自らは何ら損害を被っていない場合でも，あえて自己犠牲を払い，その非協力者を罰し，集団内の互恵的な協力体制を優先的に維持・回復させようとする人間の情動の仕組みが如実に反映されているものと考えられる。

　もっとも，非協力者に対する懲罰の効果は，集団規模が大きくなると徐々に薄れていくということも知られているようである（内田，2006）。しかし，私たちの情動は，こうした状況にもある程度対処できるようにさらに複雑に仕組まれているのかも知れない。フェールらによる別の研究（Fehr & Fischbacher, 2003）は，コンピュータ・シミュレーションによるものではあるが，裏切り者を罰するのみならず，裏切り者を罰しないまま放置しておく者をも罰することができるようにすると，たとえ集団規模が大きくなっても，高度に互恵的な協力関係が長く維持されるようになることを明らかにしている（こうした設定にすると数百人規模の集団でも 70〜80％の協力率が維持されるという）。かつて日本の武家社会には仇討ちの慣習があり，その仇討ち本懐が遂げられない限り，家の再興が叶わないという，少なくとも被害者がさらに大きなコストを負うという意味では，ある種，理不尽な状況が罷り通っていたと言えるだろう[5]。

---

[5] こうした慣習は日本に限ったものではなく，例えば 19 世紀のコルシカ島では，仇討ちしない者に対してリンベコー（rimbecco）という制裁が行われていたようである（Elster, 1999）。

しかし，おそらく，その背景には，不正者を罰しないこと，罰しないままの状態を続けることに対する，周囲による，あるいは被害当事者自身による，いわゆる「情けない」「不甲斐ない」といったある種，侮蔑的な，当事者においては自責・自己卑下的な情動の関与が少なからずあったのではないだろうか。そして，それらが不正者に対する懲罰を徹底させていたとも考えられよう。また，『忠臣蔵』における赤穂浪士に対する社会的反応のように，仇討ち本懐を遂げた者に対する周囲からの賞賛の情動や当事者における誇りの情動もまた，不正者に対する懲罰を強く動機づけ，より確実なものにしていたと言い得るのかも知れない。

18世紀の哲学者スミス（A. Smith）は，今では経済学の祖と称されることが多いが，彼は『国富論』（Smith, 1789/2000）に先立って『道徳感情論』（Smith, 1759/2003）を著したことでも知られている。そこで彼が述べているのは，種々の情動が社会という複雑な織物を編み合わせる糸のようなものであるということであり，現代の情動科学にはるかに先行して，上述したような情動の社会的調整機能を看破していたと言い得る。彼は，まるで現代の「ミラーニューロン」（mirror neuron）の発見（Rizzolatti *et al*., 1996）を予見していたかのように，私たちが他者の痛みや苦しみに自らの同じそれらをもってつい反応してしまうこと，また，他者を不快にさせるようなことを嫌悪する一方で，むしろ他者を喜ばせようとし，その他者の喜びを自らの喜びとすることなど，私たちの情動の社会的な性質を見事に言い当てているのである。

一部の進化心理学者によれば，ヒトは，協同と葛藤が伴う小規模の社会的ネットワークに埋め込まれて進化してきたのであり，そこでは絶えず自身の利益と他者の利益のトレードオフをどのように行うかという比率計算をする必要があったという（Tooby & Cosmides, 2008）。スミスが『国富論』においてただ一度だけ記している「神の見えざる手」は今やあまりにも有名な言となっている訳であるが，それは一般的に言われているように，私たち個々がただひたすらに私利を追求すれば，（需要と供給のバランス等に）自然な調整が働き，結果的に社会全体の利益が達成されるということばかりを意味するものでは必ずしもないように思われる。むしろ，それが真に意味するところは，私たちがいくら自己本位的に己の利益を追求しようとしても，私たちの内なる種々の情動に

よってそれらは少なからず阻まれることになり，そして，そうした情動が暗々裏に他者との関係性の調整をも推し進める結果，集団全体の利害バランスが相対的に適切に保たれ得るということなのではないだろうか。その意味では，私たちの内に備わった社会的情動こそが，実は本当の「神の見えざる手」と言い得るものなのかも知れない。

2.2.6. 非当事者的情動と社会性

　上では情動の個体間機能の1つとして，自他の利害バランスの調整について論じてきた訳であるが，一点，付言しておくべきことは，私たちが，自らが直に損害を被った当事者ではなく，全くの非当事者であっても，時にある種の情動経験を覚え，それこそ「他人事ではない」という反応をしてしまうという点である。従来，情動研究は主に，ある事象が個体に降りかかった時に，その当事者である個体が経験する情動をターゲットにしてきたと言えるが，考えてみれば，私たちは日常，他者に降りかかったネガティヴな事象に，共感的に苦痛を覚えたり，いい気味だという情動を感じたりするし，また他者にポジティヴな事象が降りかかった場合には，共感的喜びを覚える一方で，強烈な妬みを経験したりするものである (Smith, 2000)。

　実のところ，こうした非当事者的な情動も，ただ，今ここでの個体の適応という観点からは理解が難しく，やはり長期的な視点で見た場合の関係性あるいは集団内の利害バランスの調整などに何らかの形で関与している可能性が想定されるのである。例えば，悪しき情動の典型としてカトリックの7つの大罪の1つにも数えられる妬み (envy) について，かつてラッセル (B. Russell) は，他者が得た幸福状態をつい妬ましく思ってしまう私たちの心的傾向を，それこそが民主主義の礎であると言明したということで知られている (Russell, 1930/1991)。おそらく，それが意味するところは，結局のところ，私たち人が，他者の利害にも無関心ではいられず，自己の利害状態との比較において，利害の圧倒的な不均衡や不公正な状況を是正しようと強く動機づけられるということであり，実のところ，私たちは時に最も卑しむべきものとされる，こうした情動にも支えられながら，辛うじて，この高度に社会的な生活を営んでいるのかも知れない。こうした情動の性質や働きについては改めて，第8章で論考を試

みることにしたい。

2.3. ポジティヴな情動の働き

2.3.1. 遅れてきたポジティヴ情動への刮目

　ここまでの記述は，相対的に多くネガティヴな情動を想定したものであったと言える。それは，ある意味，心理学における情動研究が，圧倒的にネガティヴな情動を中心に展開されてきたことと無関係ではない (Niendenthal et al., 2006)。ネガティヴな情動が，例えば悲しみならば引きこもりや抑うつ，怒りならば攻撃性や心臓血管系の病のように，種々の問題と結びつきやすいのに対し，ポジティヴな情動においてはその度合いが弱いため，一般的に注意を引くことが少なく，また，一部の論者 (e.g. Izard, 1977; Tomkins, 1962) を除き，ポジティヴな情動にはいかなるものが存在するのか，それを明確な基準をもってリストアップするような作業でさえも相対的に立ち後れてきたと言わざるを得ないのである (Fredrickson, 1998)。

　無論，ポジティヴ情動の最たるものと言い得る喜びについては，その役割の中心が，心的苦痛（distress）が生体に害悪をもたらす刺激を回避させる働きをするのとは逆に，生体に（適応度に寄与するような）利益をもたらす刺激に近接を促し，またそれを維持させようとする働きの中にあることが指摘されてきている (e.g. Bloom, 2011; Lazarus, 1991)。それは，個体が報酬的な事象や刺激と遭遇し，現実的に何らかの心的あるいは物的な報酬に与った場合に，それへの関与を持続させるような動機づけを与えると同時に，それに関わる記憶を迅速に根づかせ，以後，それに類する刺激を欲し求めるよう促すというのである。また，それを明確に情動反応と言い得るか否かは措くとして，ザイアンス (Zajonc, 1980, 1984) が見出した「単純接触効果」(mere exposure effect)，すなわち，たとえ閾下知覚であっても接触刺激に対して自覚的意識なく好意を形成してしまうという現象（→第7章）は，その接触刺激が積極的に報酬的ではなくとも，ただ確実に無害である（脅威的でない）ことに対する反応傾向と言うことができ (Zajonc, 2004)，その意味では，ある種の快感情（positive affect）は，ただ単純に，安全性（無害性）への近接に個体を方向づける役割を果たしてい

ると言い得るのかも知れない。

　もっとも，ポジティヴ情動の機能性の仮定は，大概はこの程度までであり，それ以上，深くそれを追究しようとする向きは相対的に希薄であったと言えよう。しかし，近年，いわゆるポジティヴ心理学への注目が高まってきていることもあり (e.g. Seligman, 2002)，こうした現状は徐々に改まりつつあるようである。無論，一部には（先に第1章で見たような定義からして）それらを真に情動と見なし得るかどうかに関して議論もあるのだが，喜び，充足，興味，愛情といったポジティヴな情動のそれぞれについて，その性質と機能を精細に問おうとする動きが着実に生じてきているのである (Shiota & Kalat, 2011)。

2.3.2. 回復器・防衛器としてのポジティヴ情動

　こうした流れの中で，ポジティヴな情動の重要な機能の1つとして着目されているのが「回復器」(undoer) としての働きである。先述したように，ネガティヴな情動が，ある行為を迅速に準備すべく生体のホメオスタシスを崩すのに対して，ポジティヴな情動は，その一旦崩れたホメオスタシスを効率的に復旧・回復させる (undo) ことに寄与しているのではないかというのである (Levenson, 1999)。ネガティヴな情動によって生じたホメオスタシスの崩れは，内臓や心臓血管系をはじめ，身体各所に大きな負荷をかける。それが長期化すれば，当然のことながら，生体に様々なマイナスの影響が及ぶことになろう。ポジティヴな情動は，ホメオスタシスの回復に寄与し，その有害な影響を弱めることを通して，個体の身体的健康を長期的に維持する役割を果たしていると考えることができるのかも知れない (Fredrickson, 1998, 2001)。

　現に，ある研究は，映像刺激を通して不安を喚起し，心臓血管系の活動を高めた後に，再び，充足 (contentment)，マイルドな愉悦 (amusement)，悲しみ，ニュートラルな状態のいずれかを誘導する映像を呈示したところ，前二者のポジティヴな情動の場合で，活性化された心臓血管系の活動が最もすばやくベースラインに戻ったということを報告している (Fredrickson & Levenson, 1998)（ちなみに，バス [Buss, 2000] のように，ポジティヴ情動をそれ自体が心身の「デフォルト設定」であると見なすような立場もある）。

　また，回復機能というよりは，むしろ防衛機能と言うべきであろうが，ポジ

ティヴ情動が，ナチュラル・キラー細胞などの活動と密接に連動しており，その頻度の高さが，身体に高度な免疫機能をもたらすのではないかと仮定する向きもある（Valdimarsdottir & Bovbjerga, 1997）。現に，心臓病患者における回復・生存率（Helgeson & Fritz, 1999）やインフルエンザに対する罹患しにくさ（Cohen et al., 2006）を扱った研究では，ポジティヴ情動あるいはそれに関連する楽観性が，それらに対して正の効果を及ぼすという知見が得られているようである。

　こうしたポジティヴ情動の回復器や防衛器としての役割は，とりわけ，子どもの発達の文脈でより重要な意味を有するのかも知れない。子どもは大人からすればきわめて些細なことにも頻繁にネガティヴな情動を経験する訳であるが，その一方で容易にポジティヴな情動を喚起されやすいものとも言える。子どものポジティヴな情動の経験は，子どもがネガティヴな情動状態から被ることになる心理面および身体面での悪しき影響をごく自然に減じているのかも知れない。逆にネガティヴな情動のみが優位化し，相対的にポジティヴ情動の経験が乏しいような家庭環境においては，子どもの心身の発達全般が時に大きく揺るがされてしまう危険性があると言える（Cassidy et al., 1992）。例えば，現に，ネガティヴな情動に強く支配された家庭の情動的雰囲気が，子どもの抑うつや小児ぜんそくの重篤度に影響を及ぼすといったことが明らかにされているようである（Wood et al., 2007）。

2.3.3. ポジティヴ情動の拡張・構築機能

　「回復器」のようなポジティヴな情動の働きは前提としてネガティヴな情動が生起した状況で初めて問題になると言えるわけであるが，それでは，こうした状況にない場合のポジティヴな情動の生起には取り立てて特別な意味はないのだろうか。これについて，フレドリクソン（Fredrickson, 1998, 2001）は「拡張・構築」（Broaden and Build）モデルという興味深い仮説を提唱している。それによれば，ポジティヴな情動は，ネガティヴな情動とは逆に，個体の注意の焦点を広げ，個体に，環境から，より広くまた多く情報や意味を取り込ませた上で，思考や行動のレパートリーを拡張させる働きをしているのではないかという。より具体的には，ポジティヴな情動状態にある時，人は，記憶の中の通常は意味的にかなりかけ離れているような事柄に対して積極的にアクセスし，

それらを結びつけることができるようになり，また，より広く一般的な知識構造を活用し，より包括的なカテゴリーで物事を考えることができるようになるため，全般的に創造性が増大する傾向があるらしい（Bless & Fielder, 1995; Isen et al., 1987; Isen et al., 1992）。その上，環境と，普段ではあまりしないような関わり方をし，行為の選択肢や問題解決の方法の幅を飛躍的に広げ得るのだという（e.g. Renninger et al., 1992）。

フレドリクソンら自身は，実験的にポジティヴな情動を誘発する中で，例えば，図形の近似性判断において実験参加者の注意が細かな形態上の特質よりも，全体的・大局的な特徴に向かいやすくなること（Fredrickson & Branigan, 2005），また顔認識課題において（一般的にその精度は異人種に比して同人種の顔の方が高いことが検証されているが，そうした）人種バイアスが小さくなること（Johnson & Fredrickson, 2005）などを確かめている。また，フレドリクソンは，食行動や消費などに伴う充足感（contentment）が，報酬や成功体験の迅速で正確な記憶に促進効果をもたらし得ることをも仮定している（Fredrickson, 1998）が，これについてはラットなどを用いた脳神経学的な研究によって間接的にその妥当性が示唆されているようである（e.g. Foster & Wilson, 2006）。

上述したことは，主に「拡張」に関わるものと言える訳であるが，フレドリクソンは，その重要な帰結として，個体が，将来，長期的に活用し得るようになる身体的および心理的なリソースを，着実に「構築」することができるようになるとも考えている。例えば，多くの種で認められる，年少個体間の，おそらくは多分に喜びや愉悦を伴った，少々荒っぽい身体的遊び（rough and tumble play）もそうしたものの一種と言えるのかも知れない。それは，筋組織や心臓血管系の健全な発達を促し，また，生涯，種々の危機的状況や社会的衝突などへの対処において必要となる多くのスキルの練習機会を提供する可能性があると考えられる。喜びや幸福感は，一般的に，様々な課題の学習を動機づけ，それに関わる能力や技術の向上を導くことになるのだろう。また，興味や好奇情動は，より直接的に，将来，役立つことになる知識のレパートリーを増大させることにつながるものと言える。

さらに，ある個体によるポジティヴな情動の表出は，それそのものがそれを感知した他個体にとって一種の社会的報酬として働き，他個体に愉悦をもたら

すと同時に，その他個体との関係性の構築や維持に関心があることを表示し得るものと考えられる（Gonzaga *et al.*, 2001; Haviland & Walker-Andrews, 1992）。第4章でもふれるが，例えば，親子関係の文脈で言えば，子どもの微笑などのポジティヴな情動の表出は，それ自体が親にとって大きな報酬的価値を持ち，それに駆られて親は益々，子どもに対して養護的感情を強く抱き，より適切な養育的行動へと動機づけられるというようなことがあるのだろう。また，ポジティヴな情動を経験している個人は，他者が発する種々の社会的情報を好意的なバイアスをもって認知する傾向があるため，結果的に他者に対して友好的な態度や利他的行動を多く向けやすくなるという（Isen, 1987）。それは，その時点においても，無論，大きな社会的機能を有している訳であるが，そればかりではなく，将来に通じる様々な社会的リソースの構築，例えば，安定したポジティヴな人間関係の確立・維持や互恵的な規範の獲得・遵守などの点においても，生涯に亘って，きわめて重要な役割を果たし得るものと言えるだろう（Niendenthal *et al.*, 2006）。

第2章のむすびとして

　この章では，従来，破壊的・非合理的とされることの多かった情動が，現今の研究の流れの中で，いかなる合理的な機能性を有すると仮定されるに至っているかを，個体内の視座と個体間の視座に分けて考究し，さらに近年，とみに注目を集めつつあるポジティヴな情動についてもその働きについて概説を行った。情動の個体内機能の主たるものは，動機づけも含めた適切な行為の準備・発動機能と，それに伴って生じ，またそれを支えることにもなる重要事象の迅速な学習機能などに分けて考えることができた。一方，情動の個体間機能の主たるものとしては，他個体との間をつなぎ，時に断つこともするコミュニケーション機能と，他個体との利害バランスの調整に関わる再較正機能を挙げることができ，特に後者については，それが私たちの日常社会において「神の見えざる手」として働いている可能性を論じた。ポジティヴな情動に関しては，報酬的刺激への近接およびその維持の他，回復器・防衛器としての機能や拡張・構築機能などを仮定し得ることを示した。

　もっとも，情動にはかくも多様な機能性が想定できるにせよ，それらが，私

たちにとってきわめて自覚されにくいものとして在ることに変わりはない。おそらく，情動の機能性は，ダーウィン以来の進化論的枠組みの中にあって，初めて明瞭に見えてきたところがあるように思われる。なぜならば，特にネガティヴな情動を経験している際の私たち人の主観的状態は，基本的に，心理学が長らく適応性の中核に据えてきた幸福感や心的安寧などとは相反するものとして在るからであり，それは，個体のトータル・ライフに亘る適応度（fitness）の維持・増大という，いわば遺伝子の論理で捉えてこそ，整合的に理解され得るものだからである（→第5章・第9章）。そして，それだけに，基本的に一過性のものとして在る情動が，いかに，長期的な意味での個体の適応度に寄与すると言い得るのか，それを実証することは，至難の業であることを私たちは肝に銘じておかなくてはならないと言えよう。情動の合理的な機能性ということに関しては，あくまでも仮説の域を出ないものであり，今は未だ，その仮説のさらなる精緻化に精励すべき時なのかも知れない。

　また，情動の反機能性や非合理性を強調してきた歴史的経緯と同じ意味で，その機能性や合理性ばかりに光を当てる論じ方もまた，明らかにバランスを欠くものだということを私たちは聢（しか）と自覚しておくべきであろう。本来，情動の本源的性質は，合理性と非合理性がまさしく表裏一体となっているところにこそ潜んでいると見なすのが至当であると考えられる。この情動の両刃性については，章を改め，第5章でより精細に論究することにしたい。

第3章 表情がもたらすものとは何か

第3章のはじめに

　前章では情動の機能としてどのようなものが想定されるかについて，それを個体内と個体間における働きに分けて論考を行った。そして，後者の一種に位置づけられるものとして情動のコミュニケーション機能を挙げた。私たちの社会生活において，それが枢要な働きを担っていることは疑うべくもない。しかし，よりミクロなレベルで，情動の表出，殊に顔の表情が，どのような情報をどこまで，またいかなる機序によって伝達し得るのかということについては，未だ見解の一致を見ておらず，きわめて熱い議論が交わされている。顔の表情が放つのは，実のところ，情動に関する情報ではないかも知れず，また仮に情動に関する情報であったとしても，それは，必ずしも，喜び，怒り，悲しみ，恐れといったカテゴリカルな情報ではない可能性も否めないのである。本章では，現今の情動研究の中でも特に喧しいこの領域に再焦点化し，情動が表情を通じて，真にいかなる情報を伝達し得るのかについて，拡張的な議論を行うこととしたい。

3.1. 表情は情動を映す鏡か

3.1.1. 情動の漏れ出しとしての表情：表情の情動起源説

　ヒトの顔の表情に対する，現代にもつながる科学的関心が，進化論の祖たるダーウィン（Darwin, 1872/1991）によって，実質的に始まったことを訝る者はまずなかろう。しかし，前章でもふれた通り，実のところ，ダーウィン自身は，ヒトという種において，情動やその表出が，さして特別な適応価を有しているとは把捉していなかった。彼からすれば，感情的落涙にしても，哄笑にしても，ヒトにとってはこれといった適応的意味を持たないものだったのである。彼の表情論は実のところ，彼に先行する表情研究者ベル（Bell, 1806/2001）の言説，

すなわちヒトの顔筋の一部は，他個体にその内的状態を伝えるべく，ヒトという種に唯一特権的に与えられたものであるという考えを否定しようという意図から出発したものである（Fridlund, 1994）。ダーウィンは，あくまでもヒトという種と他生物種の進化論的連続性を示す証左として，表情の近似性に着目したまでであり，ヒトの表出がヒトに固有の生態学的環境においてもなお有利であったからこそ存続し，かつヒト独自の形態的特徴をも獲得するに至ったという立場は取らなかったのである。彼にとってヒトの情動表出の多くは，たまたま消えずに残った遠い過去の「生ける化石」のようなものであり，やがては消えゆく運命にあるものと見なされていたのである（Fridlund, 1992a; Oatley & Jenkins, 1996）。

　ヒトの表情の適応価に関わる議論はひとまず措くとして，ダーウィンが指摘したように，ヒトの情動表出と多くの他生物種のそれとが形態的に近似していることは私たちの直感に反するものではないし，またそのことは多くの研究者によっても実証的に確認されてきている。特に，遺伝子構造の大半を共有しているとされる，ヒトを含めた各種霊長類における表情の類同性は，その形状の近似性はもとより，それが生起する状況的特質の近似性からも，際立っていると言わざるを得ない。例えば，チンパンジーの社会的生活に関する研究で世界的に知られるグドール（Goudall, 1986）は，たとえ初心者であっても，チンパンジーの情動状態について誤った解釈をすることはないと言明している。つまり，ヒトのそれとあまり変わりがないため，人間を見る目で観察すれば十分，事が足りるというのである。彼女によれば，チンパンジーの子どもはヒトの子どもと同様に時に癇癪を起こし，悲鳴を上げたり，地面をたたきつけたりするし，また母親との相互作用では顔や声にいっぱいの喜びを表出したりする。また，彼女はチンパンジーの成体がいかなる状況でいかなる情動を表出するかについても精緻に観察し，さらに，恐れ，困惑・苦痛，威嚇，（遊びに伴う）喜びなどの顔や声に現れる表情のパターンや，毛が逆立つなどの生理的覚醒の兆候などについてもリストアップしているが，それらは人間の世界の（特に今なお原初的な生活を営む人々の）それと見紛うほどのものであるようである（Oatley & Jenkins, 1996）。

　また，現代心理学の礎を築いた1人として数えられるヘッブ（D. O. Hebb）も，

人間が日常素朴に用いている，いわゆる喜怒哀楽といった情動カテゴリーをもって，チンパンジーの行動を最も的確に了解し，予測することができると述べている (Hebb & Williams, 1946)。ヘッブの活躍した時代はいわば行動主義全盛の時代であり，その生態などに関して，情動を初め，心に関わる日常的な語彙を用いての記述を行うことは非科学的なものとして退けられていた。ヘッブが参加したチンパンジーの研究でも，当初，観察者は純粋にその行動的側面を客観的に記述し，そしてそれをもってチンパンジーの生態を明らかにすることを求められていたという。しかし，程なく，そうしたアプローチが，チンパンジーの行動の予測可能性をいっこうに高めないということが明らかになったようである。そのアプローチに依拠していては，いつ，いかなる時にチンパンジーが攻撃的になるかを的確に読み取ることができず，観察者が危険にさらされることも少なくはなかったらしい。ヘッブは，試行錯誤を繰り返す内に，結局，自らが人間世界において用いている情動カテゴリーをもって，まさに人と接するかのようにチンパンジーと接し，理解しようとすれば，チンパンジーからの無用な攻撃を避け，むしろチンパンジーの友好的で応答的な側面を垣間見ることができるということに気がついたという。

　このように，従来の顔の表情に関する一般的な見方は，他生物種における表情も含め，相対的に，表情と情動との緊密なリンクを前提視するものと言える。すなわち，表情とは，基本的に個体の潜在的情動状態が外に漏れ出したものであり，そして，そうであるがゆえに，表情は，個体の内的状態を覗かせる窓あるいはそれをそのまま映し出す鏡として機能するものと措定されていたのである (e.g. Parkinson, 1995; Planalp, 1999; Russell & Fernandez-Dols, 1997)。

　ダーウィン自身が，ヒトにおける情動やその表出の適応価に懐疑的であったとはいえ，その後を引き継いだいわゆるネオ・ダーウィニアンは，ヒトにおける種々の情動やその表出もまた，やはり，少なくとも人類が狩猟採集民としての生活を送っていた頃の生態学的環境に，うまく合致するよう自然選択されてきたという考え方を採るに至る (e.g. Nesse, 1990; Tooby & Cosmides, 1990)（→第9章）。すなわち，各種の情動は，かつてヒトがその生活環境の中で繰り返し遭遇していたであろう，種々の適応上の難題に対して迅速で合理的な対処を可能にすべく，一種のデフォルト処理機構として進化してきたのだというのであ

る（Johnson-Laird & Oatley, 1992; Oatley, 1992)。こうした考え方によれば，情動とは，遭遇した危急の事態の種類に応じて，適応度（生存や繁殖の可能性）の維持・向上という観点からして確率論的に最も適切な心的状態（ある行為へと駆り立てる動機づけ）および身体状態（ある行為を可能にする生理的賦活）を瞬時に整える役割を果たすものということになる（e.g. Frijda, 1986; Oatley, 1992; Plutchik, 1980; 2002)。そして，顔の表情を初めとする種々の表出は，その内的状態（心的状態と生理的状態）の随伴物あるいは直接的な「読み出し」（read-out）（Buck, 1984）ということになるのである。

　表情が潜在的情動状態の漏れ出しや読み出しということになれば，それは必然的に一定のシグナル性を帯び，それを感知した他個体に何らかの影響を及ぼすことになる。例えば，古典的な比較行動学では，幼個体による泣きなどの表出が，社会的解発子（social releaser）として，それを感知した成個体から養護的な行為パターンをかなり固定的な形で惹起すると仮定されていた（e.g. Tinbergen, 1951）訳であるが，それは，泣きが幼個体の内的状態として在る心理的・生理的苦痛のダイレクトな反映であるからこそ適応的意味をなすということになるのだろう。結果的に，幼個体の内的状態に合致した，もっと言えばそれを生み出した危急の事態に対する適切な対応が，他個体によって迅速にもたらされることになるからである。

　つまり，情動は，元来，緊急事態下での応急措置的行為を可能にする，心的および生理的準備状態を瞬時に整えるものとして進化してきたが，その本来，随伴物であった表情や身体姿勢も個体間の関係性という文脈において，シグナルとしての適応的機能をいわば二次的・派生的に獲得するに至ったということになろう（Archer, 1992)。別の言い方をすれば，こうした見方では，情動の主要3側面，すなわち，心的状態（主観的経験・情感），生理的変化，そして表出のすべてが，喜び，怒り，悲しみ，恐れといった，種々の情動ごとに特異な対応性を持ちながら，そして整合的全体をなして，生き残りの上で合理的な機能を果たすと仮定されているということになる。

　実のところ，こうした仮定は，第9章で詳述する基本情動理論（e.g. Ekman, 1984, 1992; Izard, 1991; Tomkins, 1962, 1963, 1991, 1992）のある意味，最も中核的な条項と言えるものである。無論，基本情動理論派が，常時，表情が潜在的情動

状態のそのままの映しであると考えている訳では当然ない。例えば，前章でもふれたエクマン（Ekman, 1972, 1984）によれば，ヒトの情動表出は，個体が置かれた社会文脈的状況の特質に応じて，文化に潜在する社会的表示規則（social display rule）に従い，時に弱められたり強められたり，また中性化されたり，さらには他の表出に置き換えられたりすることになる。しかし，いずれにしても重要なのは，元々，表情のメカニズムが，情動と緊密にリンクして進化してきたという点である（「表情の情動起源説」）。それだからこそ（表情は基本的に各種情動を特異的に映し出す鏡であるからこそ），基本情動理論派は，前章でもふれた表情認識の通文化的普遍性に関する実験結果（e.g. Ekman & Friesen, 1975; Izard, 1971）をもって，各種情動レパートリーそれ自体の生物学的普遍性を決定的なものであると結論づけてきたのである。

3.1.2. 意図伝達のツールとしての表情：表情のコミュニケーション起源説

ダーウィン以来の「情動の鏡としての表情」という見方は，ある意味，素朴に私たちの日常的直感に適うものと言えるが，近年，これを根幹から揺るがすような見方が次第に広まってきているように思われる（e.g. Bavelas & Chovil, 1997; Chovil, 1997; Fridlund, 1994; Russell, 1997; Scherer, 1992）[1]。元々，一部の行動生態学者の間では，情動あるいは内的状態の漏れ出しが，生物個体の生き残りの点で，適応的に働くことは稀少であり，むしろ不利に働く場合の方が圧倒的に多いのではないかということが囁かれていた（e.g. Dawkins & Krebs, 1978）。同種間にせよ，異種間にせよ，常時，内的状態を外にさらしている状態とは，競合する相手にいくらでもつけ入る隙を与えているのと同じだというのである。

---

1) 表情と情動との関連性について本文でふれる以外のスタンスを採る者もある。フライダ（Frijda, 1986）は，表情が行為傾向（action tendency）の直接的現れの一部であると主張する。すなわち，表情は，ある状況下において特定の評価がなされた際に，姿勢の変化や身体の動きを含む全般的な行為パターンの一部として，直接的な機能的重要性を有するというのである。これはいわば，ダーウィン（Darwin, 1872/1991）の言う「有用な連合的習慣の原理」（例えば，元来，攻撃したり，拒絶したりするための目や口元の機能的動きが，そのまま表情として固定するなど）を拡張したものだと考えることができる。もっとも，フライダにおいては，行為傾向こそが情動の中核的・定義的要素であるため，表情を情動の随伴物であるとする仮定が必ずしも不当であることにはならない。本文で論じた，一般的な「表情＝情動の鏡」という考え方と異なるのは，フライダが，表情が内的状態の反映であるという仮定を必ずしも採らないという点である（Frijda & Tcherkassof, 1997）。

こうした論者に言わせれば，生物個体の様々な表出は，内的状態の真正な吐露などでは決してなく，そもそも，自己の利益を図り他個体を操作するための，あるいは個体間交渉を有利に進めるための「宣伝」(advertisement)のようなものということになる (e.g. Hinde, 1982, 1985a, 1985b)。実のところ，こうした疑念は，ヒトというよりも，どちらかと言えば，ヒト以外の生物種の表情に関して主に提示されたものであったが，フリドランド (Fridlund, 1992a, 1992b, 1994, 1997) は，ヒトの表情に関しても，あるいはヒトの表情に関してはなおさら，「情動の鏡としての表情」観が，理論的整合性という点から見ても，実証的証左という点から見ても，きわめて訝しいことを表明するに至るのである。

　フリドランドは顔の表情を科学的に分析しようとすれば，そこに情動や主観的情感 (feeling) といった概念は一切，必要がなくなるとまで言明する。彼によれば，表情は情動の随伴現象として進化した訳ではなく，むしろ端から個体の意図 (intention：例えば，攻撃，宥和，服従，友好など，これから起こそうとする一連の行為意図) を他個体に効率よく，そして，あくまでも自己の利益に適うよう伝達する社会的ツールとして進化してきたということになる (「表情のコミュニケーション起源説」)。すなわち，表情は，個体内現象としての情動の二次的派生物としてではなく，初めから他個体の存在を前提とした個体間交渉を一次的要因として，生じてきたというのである (e.g. Parkinson, 1995)。

　従来の「情動の鏡としての表情」説の理論的な弱さは，表情が観察者から一方的に読まれ活用される立場に置かれる (表出者自身よりも観察者の利益が先に来てしまう) という点である。そこに個体間の関係性が生まれたとしても，それは常に双方，観察者の立場で，互いの鏡を通して内的状態の読み合いをするというものでしかない。フリドランドに言わせれば，こうした状況下においては，表情を抑えるよう，もっと言えば表情がやがて失せるよう選択圧がかかったはずであるという。すなわち，一方的に内的状態を読まれるということの対抗手段として「鏡を隠す」あるいは「窓を覆う」という措置が取られたはずだというのである。しかし，ヒトにおいて，これほどまでに，表情の読み取りの認知機構のみならず，表情そのものを生成する機構が複雑・精妙化していることを考えると，これはいささか不可思議なことと言わざるを得ないであろう。

　こうしたことを1つの論拠として，フリドランドは，表情とそれに対する敏

感性が共進化してきたのは，すなわち，ただ読み合いとしてだけではなく，伝え合い，そして読み合うという真の表情コミュニケーションが成立してきたのは，表情が，端から（主に観察者側に利益が及ぶ）内的状態の漏れ出しではなく，（主に表出者側の利益に結びついた）主体的な意図伝達の手段としてあったからに違いないと主張するのである．彼の主張は，表情が，情動とは本来，独立の現象であり，まさに最初からコミュニケーションのために進化してきたことを強調するものであるが，それを裏づけるために，彼は，大きく2種類の実証的証左を挙げる．1つは，エクマン（Ekman, 1972, 1984）やイザード（Izard, 1971, 1977）などに代表される従来の表情認識実験の方法論的危うさに関わるものである．もう1つは，表情が元々，個体が孤立した状況では生起しにくく，他個体との関係性の中でこそ，圧倒的に多く生起しやすいということに関わるものである．

　表情認識実験は，基本的に，各種表情写真と情動カテゴリーとの間に，チャンス・レベルよりも高い認識の一致率が認められることを通して，またそれが社会・文化の違いに相対的に左右されにくいことをもって，「情動の鏡としての表情」およびその生得普遍性（あるいは基本情動理論そのもの）の妥当性を結論づけてきたと言える．フリドランドは，主にラッセル（Russell, 1994）が従来の表情認識実験パラダイムに対して向けた批判的論考に依拠しながら，従来の実験が，手続き的にいかに不適切なものであり，そこで得られた知見がいかに生態学的妥当性を欠いたものであるかを問題にする．表情写真そのものの性質，呈示方法や呈示順，さらには実験参加者の回答形式などを考慮すると，結果は現実を反映したものというよりも，研究者によって周到に作られたものと結論せざるを得ないというのである（→第9章）．

　また，同様のことはパーキンソン（Parkinson, 1995）によっても指摘されている．彼は，特に人為的にポーズを作らせて作成した表情の写真ではなく，日常生活場面で自然に生じた表情の写真を実験に用いると，被験者がそれを情動という観点から認識することは非常に困難になる（e.g. Naab & Russell, 2007; Wagner et al., 1986）ということを重く見ている．従来の表情認識実験では，（ある意味，既に高度に象徴的意味を負わされた）ポーズ写真を用い，その読み取り易さ（readability）を元々，高く設定しているからこそ，当然のごとく高い認識

率が得られたに過ぎないというのである。フリドランドを含め，従来の表情認識実験に批判的な論者 (e.g. Parkinson, 1995; Russell, 1994) は総じて，仮に実験手続き上の不備に目を瞑ったとしても，そこで得られている表情刺激と情動カテゴリー間の一致率は（確かにチャンス・レベルよりは高いにせよ），両者の間に本質的な連関が存在することを証明するほどに高いものではないと結論している。

さて，表情が元来，他者の存在を前提とした社会的文脈でより明確にまた頻繁に生起しやすいことは，既に複数の論者によって，ある程度，実証されていることと言える (e.g. Brightman et al., 1977; Kraut & Johnson, 1979; Gilbert et al., 1987)。例えば，ブライトマンら (Brightman et al., 1977) は，甘くて美味しい，あるいは逆に塩辛くてまずいサンドイッチを，ある人が1人で，あるいは他者とともに食すという状況設定をした上で，それらのビデオ録画を観察した者が，共食条件のみで，食されているサンドイッチの種類を正しく判別できたということを明らかにしている。逆の言い方をすれば，個食条件下の表情は，生起自体が少なく，また微弱であったため，判別困難だったのである。ちなみに，こうした表情の生起や強度に対する「聴衆効果」(audience effect) は，発達のかなり早い段階から既に認められることが知られている。ジョーンズら (Jones et al., 1991; Jones & Raag, 1989) は，生後10ヶ月の乳児を魅力的な玩具で遊ばせておき，その背後の椅子に母親を座らせるという実験状況を作った。そして，母親が常に子どもに注意を向け続ける条件と特別に注意を向けない（子どもに対して無関心を装う）条件を設定し，両条件下における子どもの微笑の生起頻度を比較した。結果は，母親が子どもを見ている条件での微笑（特に振り向いて母親に微笑みかけること）が無関心条件よりも有意に多くなるということを示すものであった。すなわち，子どもは，母親の存在を意識し，表情を通して何らかのコミュニケーションを確立しようとしたのだと解釈できよう。フリドランド (Fridlund, 1994) は，こうした知見を受けて，表情が本質的に社会的なものであると推測するのである。つまり，もし，表情が単に個体内現象として在る情動あるいは内的状態が漏れ出したものであるとすれば，他者存在の有無という文脈状況が，本来，表情の生起にさして影響を及ぼすはずはないからである。

　無論，フリドランドも表情が社会的文脈外において，全く生じないと考えて

いる訳ではない。彼は，それが時に他者存在なく生起するメカニズムについても考察を行っている。そのメカニズムとは言ってみれば，人はたとえ物理的他者が不在でも，多くの場合，表象的他者を介在させて，精神活動を営んでいるということである。平たく言えば，1人状況においてもなお，私たちが様々な表情を浮かべることがあるのは，内的状態がただ漏れ出したからではなく，頭の中に想定された他者に対して何かコミュニケートしている（例えば，過去の相互作用を回想したり，予期される相互作用を想定したりするなど）からだというのである。これは，ある意味，内的な他者の目を通して初めて自己が映し出されるとしたジェームズ（James, 1890）やミード（Mead, 1934）の発想，および近年の，精神活動がすべて，無意識裡に想定された，ある他者との対話（dialogue）という形で成り立っているというハーマンズ（Hermans, 1996）の考えに通底するものと言えるかも知れない。フリドランドは，物理的には同じく1人状況でも，同時に他の部屋で友人が自身と同じフィルムを見ていると思い込まされた方が（表象的他者との内的対話がより生じやすくなった分），そうでない場合よりもはるかに表情の量および強度が強まったという自身の研究知見（Fridlund, 1991）に依拠しながら，こうした自説の正当性を主張している[2]。

「情動の鏡としての表情」という常識的な見解を根本から洗い直したフリドランドらの功績は決して小さくはないと見るべきであるが，ここで1つ確認しておくべきことは，実際のところ，どのような立場の論者であれ，日常的状況において，表情が（時に内的状態と乖離した状態で）コミュニケーションの術として用いられることを否定する者はまずいないということである（e.g. Buck,

---

2) 実のところ，フリドランドは各種表情と情動との対応を訝る証左こそ示してはいるものの，表情と意図（あるいは社会的動機）との対応を直接証明するデータを自らは提示していない。しかし，それを直接検証するような試みも一部なされている（Yik & Russell, 1999）。それによれば，文化の違い（カナダ，中国，日本）によらず表情と意図（例えば「やぁ，元気でいる？」「やめて，傷つけないで」などの短文で示された社会的メッセージ）との間に，かなりのところ予測通りの合致が認められたという。ただし，その一致の程度は，表情と情動カテゴリーのそれと殆ど変わるところがなく，その研究では，表情が情動と意図の両者に関わる情報を発していると結論されている。他にも，（情動状態の質に影響を及ぼすと仮定される）刺激と（社会的動機に影響を及ぼすと仮定される）社会的文脈の種類を様々に操作し，それらの表情に対する影響を検討した研究の多くがこれとほぼ同様の見解を示し，表情は，その時々の状況に応じて潜在的情動状態をより特異的に示したり，または社会的動機をより強く反映したりすると結論づけているようである（e.g. Hess et al., 1995; Jakobs et al., 1999）。

1984)。問題なのは,あくまでも,その起源がどこにあるのかという点であろう。表情を情動の鏡とする立場,特に基本情動理論は,あくまでもコミュニケーションの術としての表情が,本来の情動の漏れ出しというところから(個体発生的に見ても系統発生的に見ても)徐々に転用されてきた結果だと把捉する(e.g. Ginsburg, 1997)。それに対してフリドランドらは,端から,表情が,情動とは独立に,他個体に意図や社会的動機を伝達すべく,あるいは他個体を操作すべく,まさにコミュニケーションの術として在ったことを強調するのである。現時点においてどちらかを採り,またどちらかを捨てるだけの決定的な論拠は未だ揃っていないというべきであるが,日常においてどれだけ頻繁に表出されるかということは別にして,それぞれの情動に特異的に結びついた表出のパターンが現実的にある程度,認められることからすれば,表情の進化の原点に情動を全く仮定しないという見方には,かなり,無理があるように考えられる。おそらく,ヒトの表情は,アーチャー(Archer, 1992)などが指摘するように,元来は,情動の漏れ出しとして在ったが,徐々に,潜在的な情動とは必ずしも結びつかない形でも,すなわち純粋に意思の伝達手段としても機能するよう,独自の進化を遂げてきたと見なすべきであろう。その意味で,私たちの表情は,高度に意図的コミュケーションのツールとしてありながら,今なお,時に,内に溜まった潜在的情動状態が突如,炸裂するかのごとく外に噴出してしまうもの(affect bursts)でもあるのだと言えよう(Krumhuber & Scherer, 2011)[3]。

---

[3] 本書では,それが潜在的情動状態であるにしてもコミュニケーション意図であるにしても,何らかの内的状態が表情に現れるという因果の矢印を前提として議論を行っている。しかし,その逆の矢印を想定できない訳ではないのかも知れない。例えば,第7章でもふれるが,顔面フィードバック理論(facial feedback theory: e.g. Izard, 1977; Laird, 1974; Strack *et al.*, 1988)あるいは顔面血流理論(facial efference theory: e.g. Zajonc, 1985)を信奉する論者は,表情の構成が先にあってそれが主観的情感を規定するという因果の矢印があり得ることを主張する。これによれば,例えば私たちが他者との相互交渉場面で,あくまでも動作模倣として取った相手と類似の表情から,結果的にそれに対応した主観的情感が生み出されるといったプロセスが想定されることになる。また,取り立てて,こうしたメカニズムの関与がなくとも,パーキンソン(Parkinson, 1995)が指摘するように,思考が先にあって言語が生み出されるばかりではなく,言語の使用を通して徐々に思考が形を成してくることがあるのと同じ意味で,常に主観的状態が先にあって情動が表出されるばかりではなく,情動の表出を通じて主観状態が確固たるものに変質してくるということもあるのかも知れない。そうした意味で,表情と主観的情感との間には,本来,双方向的な影響過程があると考えて然るべきなのだろう。

3.2. 表情は情動に関する情報をどれだけ，またどのように発するのか

3.2.1. 表情の「語用論」と「意味論」

前節では表情の起源をめぐって見解の対立があることを示した訳であるが，心理学における現今の表情論には，この論点での相違も含め，大きく3つの理論的立場があると言える。1つは，前節でもふれ，そして第9章でも詳述することになる基本情動理論であり，それは，喜び，悲しみ，恐れ，怒り，嫌悪，驚きなど，カテゴリカルなものとして在る，いわゆる基本情動が，それぞれに特異な表情パターンと1対1対応の緊密な結びつきを有していることを前提視する立場である。もう1つの立場は，次元論（→第11章）と呼ばれるものであり，それは表情が，情動について何らかの情報を発するものの，それがきわめて限定的であることを主張するものである (e.g. Russell, 1994)。さらに，もう1つの理論的な立場は，構成要素的アプローチあるいはコンポーネント・プロセス・モデル（→第11章）と言われるものであり，それは，表情が情動に関して豊かな情報を発するものの，その情報が必ずしもカテゴリカルな情動そのものを示すものではないと仮定するものである (e.g. Scherer, 1984a, 1992, 1994)。この三者の主張が異なるのは，表情が情動に関する情報をどの程度，またどのような形で発するのかという点においてであると要約することができる。

まず，表情そのものが情動に関する情報をどの程度，発するかという点において，次元論と，他の二者は大きく分岐することになる。次元論の代表的論者であるラッセル（Russell, 1994, 1995, 1997）の主張は，表情があくまでも情動に関する情報を部分的にしか伝えないというものである。もっと言えば，表情は，その背後にどのような潜在的情動状態があるのかということに関する判断を可能ならしめるほど，弁別的な情報を発しないということである。彼によれば，表情は，準物理的（quasi-physical）な特質[4]と，潜在的情動状態の快—不快

---

[4] この準物理的特性の知覚とは，ただ形態的特質を純粋に物理的な形で知覚するだけではなく，それが叫びなのか泣きなのか笑いなのかというところまでは意味処理するが，それがどのような情動に結びついているかまでは処理しないレベルを指して言う。大ざっぱに表出個体が何をしているか，どこに注意を向けているかについての情報処理とも言い得る (Russell, 1997)。

の次元および生理的覚醒の次元の程度のみを限定的に表示する（観察者の視点から言えば，観察者は表情から自動化された形で，非情動的な情報としての準物理的特質を知覚した後，すぐに情動的な情報としての快―不快と生理的覚醒それぞれの次元の程度を抽出する）。観察者は，表情単独から，その表出個体の情動の質を知ることはできず，あくまでもそれは，表情に含まれた二次元の情報と（表出者，そして場合によっては知覚者の）文脈・状況的特質との絡みで，あくまでも推察されるものとして在るのだという。

　ラッセルの次元論的立場は，ある意味で「状況の中の顔」（face in context）に殊の外，関心を払い，情動的意味の文脈依存性を強調する点において，「表情の語用論」とでも呼び得るものかも知れない（表情の意味は，文脈状況との関係で初めて決まる）[5]。それに対して，基本情動理論は，表情写真のみから情動のカテゴリカルな判断が可能であると仮定し，それを検証してきたという意味で，「顔そのもの」（face alone）が状況文脈とは独立に固有の意味を発するという立場を堅持してきたと考えられる。そこでの表情は，情動判断に関わる少なくとも必要最小限の情報をほぼすべて与えるものということになる。

　実のところ，この後，述べる構成要素的アプローチも，状況文脈との関連を問わない，顔そのものの情動的意味を一貫して問題にしてきているという意味で，基本情動理論により近似した立場であると言える。おそらく，ラッセルらの立場を「表情の語用論」と形容するのであれば，基本情動理論と構成要素的アプローチは，表情自体に不変の中核的意味が内包されていると把捉している点で，差し詰め，「表情の意味論」ともでも呼び得る立場ということになろう（Wiertzbicka, 1999）。無論，これらの立場でも，表情が生起する状況文脈が考慮されない訳ではないが，そこでの状況文脈は，表情自体が持つ固有の情動的意味に対して，あくまでも追加的情報を付与するものという位置づけになる。

　もう1点，これに関連して付言しておくならば，ラッセル流の次元論と他2

---

[5] 文脈的情報が表情の認知に及ぼす影響力を示した1つの実験に，アヴィーザーら（Aviezer et al., 2008）の研究がある。この研究では，嫌悪の表情を，一般的には怒りが経験されるはずの文脈との関連で判断させると，嫌悪が経験されるはずの文脈における判断に比して，格段に，その正答率が低下することを明らかにしている（後者の正答率が87％であるのに対し，前者の正答率は13％）。

つの立場との差異は，表情の持つ意味を，相対的に観察者側に置いて考えるか，それとも表出者側に置いて考えるかの違いであると言い換えることもできる。ラッセルの立場では，表情はそれ自体に弁別的な情動の意味はなく（表出者は，固有の情動的意味を発信する主体ではなく），あくまでも観察者側がそこにラベリングというある種の言語行為を導入することによって，初めて情動の意味を獲得する（帰属される）ということになる（Ginsburg, 1997）。それに対して，他2つの立場においては相対的に，表情自体に固有の意味，換言するならば「社会的アフォーダンス」(social affordance) (e.g. Haviland & Walker-Andrews, 1992) とでも呼び得るようなものが潜在し，それがある程度普遍的に，他個体からある特異な反応を引き出す（アフォードする）性質を有しているのだと把捉されているように考えられる。

3.2.2. ゲシュタルトとしての表情，多重発信体としての表情

それでは，基本情動理論と構成要素的アプローチの違いはいったいどこにあるということになるのだろうか。それは，表情が情動に関する情報をどのような形で発するのかというところに潜んでいると考えられる（Wiertzbicka, 1999）。既述したように，基本情動理論では，喜び，悲しみ，恐れ，怒り，嫌悪，驚きといった有限個の基本情動と呼ばれるものが生物学的基体（各種状況への迅速な適応を可能にする神経回路および身体システムの基本単位）として存在し，それぞれに1対1対応で緊密に結びついた表情の全体的パターンが確固として存在するとされる（e.g. Ekman, 1984, 1992; Izard, 1977, 1991）。換言するならば，基本的に表情は（常に完全体ではなくとも）ゲシュタルトとしての全体をなして，1つのカテゴリカルな情動的意味を発するということになる。

それに対して，構成要素的アプローチは，ゲシュタルトとしての全体ではなく，むしろ，同時生起した目や眉や口元など，顔の各部位の特異な動きがそれぞれ個別に（それに予め対応した）内的状態の情動的意味を表示すると仮定する（Scherer & Ellgring, 2007a）。構成要素的アプローチにおいて，情動とは，いわば，いくつかの評価次元に沿って，その都度，構成・組織化される一過性・一回性の状況対処プロセスのことであり（e.g. Ortony & Turner, 1990），顔の各部位はそれぞれの評価次元の意味に応じて固有の動きをすると把捉されるもの

なのである (e.g. Scherer, 1984a, 1992, 2009a; Smith, 1987, 1989)。従って，ある個体の表情に接した観察者は，その表情から，各部位の変化を抽出処理し，個体が，自らが置かれた状況に対してどのような評価をし，そして，どのような内的状態にあるかを，いわば複数要素の組み合わせという形で，より精細にまた多重に知り得ることになるのである (Scherer & Ellgring, 2007b)。

　もっとも，基本情動理論が，表情を構成する各部位の意味を全く度外視している訳ではない。スミスとスコット (Smith & Scott, 1997) の論考によれば，基本情動理論は彼らが「純然たるカテゴリー・モデル」(purely categorical model) と呼ぶ考え方とは明らかに一線を画すものということになる。彼らが言う純然たるカテゴリー・モデルにおいては，表情は，ある意味，(表音文字からなる) 言葉と等価のものと見なされる (e.g. Mandler, 1984)。すなわち，言葉が複数文字の連なり全体として特定の意味を発しても，それを構成する文字1つ1つには固有の意味がないのと同じように，表情もあくまで全体として1つの意味を有するのであり，それを構成する顔の諸部位には元々特異な意味は潜んでいないということである。例えば「からす」と「からし」は「か」と「ら」の文字を共有しているが，両者に意味的連関が全くないのと同じように，ある2つの表情の形態が部分的に似ていても全体が異なれば，それらは全く異なる情動的意味を有するということになる。この点に関して，基本情動理論は多少とも違った見方を示す。顔の諸部位の部分的近似性は，情動経験そのものの類同性を示すというのである。例えば，眉の引き上げと目の見開きを共有する驚きと恐れは，そうした重なりのない恐れと喜びよりも情動経験の上でより近いものなのである (e.g. Ekman & Friesen, 1978)。これは，顔の各部位も相応の意味を有するということを前提視していることを意味し，基本情動理論が構成要素的アプローチと全く相容れない主張を行っている訳では必ずしもないということを示唆する。

　しかし，ここで強調しておくべきことは，基本情動理論には，喜びなり，怒りなり，悲しみなり，有限個の情動が，生物学的適応のセットとして，神経回路に確固として組み込まれているのであり，そして，それぞれに対応したプロトタイプ的な表情が厳然として存在するのだという大前提があるということである。日常場面で生起する表情は現実に種々雑多ではあっても，その意味処理

は，そのいくつかのプロトタイプとどれだけの類似性を有しているかによって，まずは，カテゴリカルに行われるのである。エクマン（Ekman, 1992）に言わせれば，顔の各部位から特異な意味抽出がなされることがあるにしても，それは始めに全体的パターンの知覚・認知があってこそ成り立つものなのである（あくまでもゲシュタルトとしての全体的意味処理が優先される：全体は要素の総和以・上・の意味を持つ）。

それに対して，構成要素的アプローチは，端から，ゲシュタルトとしての表情に関する意味処理というものを仮定しない（もっと言えば，予め固まりをなしてハードウェアに組み込まれているという基本情動それ自体の存在を否定する）。繰り返しになるが，この立場にとって，表情が発する意味とは，顔の複数の構成要素それぞれが発する個別の意味だけであり，1回1回の表情は，あくまでもその寄せ集め，あるいはその総和以・上・で・も・以・下・でもないものとして理解されることになるのである（Scherer, 1984a, 1992, 2009a）[6]。仮に，私たちがある表情に対して，特定の情動カテゴリーを結びつけて考えることがあっても，それは，解読の際に，ある社会・文化に潜在する情動に関する知識（素朴理論）を無意識裡に働かせて付加的に推論した結果に過ぎないということになる（Ortony & Turner, 1990; Wierzbicka, 1999）。

3.3. 構成要素的アプローチにおける表情

3.3.1. 顔の各パーツの動きは何を物語るか

ここではもう少し具体的に，構成要素的アプローチ，あるいはコンポーネント・プロセス・モデルが，いかに表情が情動的情報を発信すると主張している

---

[6] 実のところ，構成要素的アプローチを採る論者の中にも，カテゴリカルな情動的意味の扱いをめぐって，若干異なる見解を採る者がある。スミスとスコット（Smith & Scott, 1997）は，表情の心理学的意味に関して理論的に3つのモデル，すなわち本文中でもふれた「純然たるカテゴリカル・モデル」，「構成要素モデル」（componential model），「純然たる構成要素モデル」（purely componential model）を想定することができるとした上で，自らの立場が，「構成要素モデル」に属すると言明している。スミスらによれば，表情は，全体としてのカテゴリカルな意味と構成要素ごとの意味とを同時に発するのだという。彼らの考えに従えば，本文中の構成要素的アプローチに関する記述は，主に彼らが「純然たる構成要素モデル」（Ortony & Turner, 1990）と呼ぶ立場に当てはまるものということになろう。

かについて見てみることにしよう。第11章で再び取り上げるが，構成要素的アプローチは，その時々の刺激や状況に対する多次元的な評価に対応して（発声や生理的変化といった他の側面における種々の構成要素と連動しつつ），目，眉，鼻，口などの各種顔面部位が，それぞれ特異な動きを起こすと仮定する。

例えば，シェラー（Scherer, 1992, 1994）は，表情構成の1つの典型例として，思いがけない障壁が非常に不快な形で生じ，個体の潜在的利益に悪影響を及ぼしそうな状況下にあって，ただし自分自身にはそれを克服するだけの力があると個体が評価しているような場合に，各種顔の部位が漸加的・累積的にどのような動きを見せ得るかについて例解している（図3.1）。彼によれば，個体が遭遇した状況に対して，連続的に，しかし，きわめて急速に，新奇性（それは自身にとって目新しいものであるか否か），不快さ（それは自身にとって不快か否か），目標との不一致（それが自身の潜在的目標あるいは利益関心と合致しているか否か），対処可能性の高さ（自身にはこの状況に対処するだけの力があるか否か）といった視点からの評価チェックが行われ，それぞれの評価結果に応じて，種々のパーツの特異な動きが累積的に付加されていくのだという[7]。つま

[7) 基本情動理論もまた，一般的に典型的な怒りの表情には，シェラーが仮定するのと同じ，以下4つの顕著な特徴があるとする。①眉間にしわを寄せる。②歯をむき出しにするような形で四角く口を開ける。③唇を固く結ぶ。④まぶたをつり上げる。基本情動理論派によれば，これらの要素群は，（意識的）制御が働かなければ基本的にはいつも同期・連動して発動される。つまり，自分の身の安全または自分自身の所有物が（対処可能な程度の）危機にさらされた時，あるいは自分の意図していたプランが遮られた時，それらは一緒に発動されることで，全体として初めて適応的な意味（信号機能）を有すると仮定されているのである。
　しかし，オートニーとターナー（Ortony & Turner, 1990）などによれば，眉間のしわは，ある予期しない障壁によってゴールに到達できないことを意識した際に発動される。歯をむき出しにする口の形は，原因を作った対象に対して攻撃欲求を向ける時に発動される。唇を固く結ぶという動きは，通常は何か不快な行為を取ろうという決意，直接的な攻撃というよりも目標を遮るものを除こうとする決意などに結びついて発動される。また，まぶたをつり上げるという動きは，視覚的環境に対して特別な注意を払う時に発動されるのだという。オートニーらの主張は，これらの要素が必ず分離不可能なセットをなして，いつも一緒に発動される訳ではないということである。それぞれの要素と怒りの間にはそもそも必然的結びつきなど存在しない。それらはあくまである特殊な状況下においてのみ組み合わさり，怒りの表出のプロトタイプを構成するに過ぎない。従って，これらの要素が発動されない怒りも存在するし（例えば身体的攻撃が不可能な状況下では歯をむき出しにした口の形は生じない），また，これらの要素が怒り以外の情動と結びついて発動されることもある（例えばまぶたをつり上げる動きは驚きや恐れの情動が経験されている際も観察される）。つまり，どのような構成要素の組み合わせになるかは，本質的にその時々の状況次第であるということである（予め一群の諸要素が分離不可能なセットをなして生得的に結合している訳ではない）。

りは，顔の各部位が示す特異な動き1つ1つが相互独立に，ある評価次元の評価結果と結びついているために，顔の表情は，潜在的に，その表出個体が，今，どのような事象に接し，どのような評価をしているのか，その情報処理の様子を，また，どのような心的状態にあってこれからどのような行為を起こそうとしているのか，その動機づけおよび行為傾向の方向性を，そして場合によっては，他個体に対して何を伝達しようとしているのか，そのコミュニケーション意図の内実を多重に発信することになるのである（Scherer, 1994）。逆に言えば，同様の刺激評価チェックの枠組みを持った観察個体は，その枠組みに沿って多次元的に，表出個体の潜在的情動状態を解読することが可能であるということになろう。

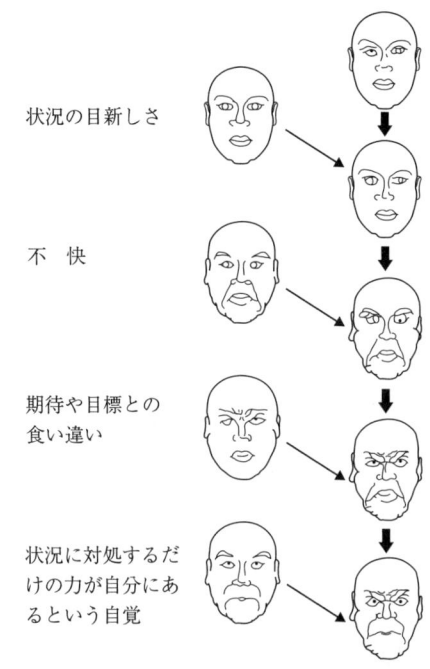

図 3.1　評価次元（の評価結果）の累積による顔の表情の変化（Scherer, 1992 を一部改変）

　スミスとスコット（Smith & Scott, 1997）もまた，こうしたシェラーのモデルに近似した見方を示している。彼らによれば，人の表情は，本来，非常に微妙な動きからなるものであり，（基本情動理論が仮定するような）完全な形態をなして明瞭に表出されることはきわめて稀であるらしい。しかし，その微妙な表情の変化からも，その背後にある細やかな心的状態を時に私たちが読み取り得るのは，顔の全体的パターンよりも，個々の構成要素の微妙な動きから個別に意味抽出を行っているからに違いないという。また，彼らは，人の情動経験が，大概は喜怒哀楽いろいろなものが混ざり合ったブ・レ・ン・ド・（Ellthworth & Smith, 1988）として在り，そしてまた，私たちが，そうした混淆した潜在的情動状態を他者の表情から時に十分に理解し得るのは，やはり，表情が，ゲシュ

タルトとして単一のカテゴリカルな意味だけではなく，種々のパーツごとに様々な意味を同時発信しているからであろうと推察している（構成要素の組み合わせから，表出者の複雑・混淆した心的状態の解読が可能になる）。

　そして，スミスらは，ダーウィン（Darwin, 1872/1991），フライダ（Frijda, 1969），シェラー（Scherer, 1992）の諸仮定，さらには自身の予備的データ（Smith, 1989）に基づきながら，顔の種々の構成要素が放つ意味を，大きく4つのクラスターにまとめることができると主張する。それによれば，1つ目は快─不快に関わるクラスターであり，そこには目標を阻む障害の知覚や何らかの行為に向けて努力が必要になりそうだという予期なども含まれる（シェラーにおいては快の次元と目標障害の次元に峻別されるものがここでは1つにまとめられている）。2つ目のものは注意活動に関わるクラスターであり，そこには新奇性や状況の不確かさの知覚なども含まれる。3つ目のものは，主に，状況に対する対処・統制可能性の見込みに結びついたクラスターである。そして，4つ目のものは，他3つとは異質で，情動経験全般の賦活あるいは活性化のレベルに結びついたクラスターであるという。その上で，スミスらは1つ目から3つ目までのクラスターに対応した計7つの意味次元に対して，顔の各部位の動き（眉間のしわ，眉の引き上げ，上瞼の引き上げ，下瞼の引き上げ，口角の動き，口の開閉，口唇の引き締め，あごの引き上げ）がどう特異的に結びついていると考えられるのかを，自身の仮説（Smith, 1989）も含め，表3.1のような形に整理・要約している[8]。スミスらは，顔の構成要素とその潜在的意味との対応性をシェラーらよりも相対的に緩やかなものと見なし，各部位の意味の詳細が，文脈状況によってかなりのところ左右される可能性を想定しているようである。

　もう1人，独自の視点から，顔の表情が持つ意味について構成要素的アプローチに近いスタンスを採っている論者としてワーツビッカ（Wiertzbicka, 1992, 1994, 1999）の名前を挙げることができる。彼女は，情動をある特定文化に特異な言語・概念カテゴリーをもって研究すること，もっと言えば，専ら英語圏の情動カテゴリーおよびその翻訳語をもって，ある特定情動の通文化的普遍性を

---

8) スミスらが4つ目のクラスターとして挙げる活性化のレベルは，顔の特定部位に結びついたものではなく，各種構成要素が連動して示す変化の全般的強度（瞬間的にどれだけ大きな変動が認められるか）によって顕現すると仮定されている。

表 3.1 顔の各部位の動きに関連すると予想される意味 (Smith & Scott, 1997)

意味	顔の動き							
	眉間の しわ	眉の 引き上げ	上瞼の 引き上げ	下瞼の 引き上げ	口角の 動き	口の 開閉	口唇の 引き締め	あごの 引き上げ
主観的快	−(D, F, S)				+(D, F, S)	+(S)	−(S)	−(S)
目標に対する障害／目標とのずれ	+(Sch, D?)							
予期される努力	+(S, D?)							
注意活動		+(D)	+(D, F, S)			+(D)		
確実性		−(S)		+(S)				
新奇性		+(Sch)	+(Sch)					
対処・統制可能性		−(D, S)	−(S, Sch)			−(D, Sch, D)		

注：［＋］は顔の動きが意味次元のレベルの上昇に従って増加するという仮説を示し，［−］は顔の動きが意味次元のレベルの下降に伴い増加するという仮説を示す（例えば対処・統制可能性のレベルが低いという場合に眉を引き上げる）。口角についての［＋］はそれらが主観的快の上昇によって上がり（基本的には大頬骨筋の収縮による），主観的不快の上昇によって下がる（基本的には口角下制筋の収縮による）という仮説を示す。記号に続く文字は誰がその仮説を提唱したかを示す。［D］は Darwin (1872/1991) を，［F］は Frijda (1969) を，［Sch］は Scherer (1984a, 1992) を，そして［S］は Smith (1989) を示す。

唱えてきた基本情動理論に対して批判的であり，情動経験が基本的にそれぞれの文化に潜在する情動概念や情動語と切り離して論じることのできないものだということを強調する。しかし，彼女は，情動の構成に対する文化の影響をきわめて重く見る社会構成主義者 (e.g. Averill, 1980; Harré, 1986; Lutz, 1988)（→第10章）などとはやや異なり，情動現象の基盤に通文化的あるいは生物学的普遍性が厳然と存在すること，そして，それに照準を合わせた実証的検討が現実に可能であり，また潜在的に実り豊かものになり得ることを主張する。顔に限って言えば，少なくともある種の表情が発する意味は，文化特異な慣習に照らすことなく，通文化的に，また普遍的に理解および解釈が可能であるという。彼女が唱道する情動に対する適切なアプローチとは，彼女が言うところの「自然意味論的メタ言語」(natural semantic metalanguage) を用いた情動現象の記述・分析であり，彼女は，それをもって，顔の各種構成要素それぞれの不変的・中核的意味を探索するのである。

　ワーツビッカによれば，喜び (joy)，悲しみ (sadness)，怒り (anger)，恐

れ（fear）といった情動語があくまでも文化的人工物であるのに対し，例えば，よい（good），わるい（bad），欲しい（want），知る（know），言う（say）といった語彙は，人間の思考一般に存在し，言語間においてもほぼ同等・共通であると把捉し得るという。自然意味論的メタ言語とは，こうした普遍的語彙（普遍意味論的語根：universal semantic primitives）を基に，彼女自身が構成した比較文化的研究のためのツールのことである。彼女は，これを用いることで，例えば心理学など，ある学問的背景を持った専門的観察者の視点からではなく，非専門的行為者の視点から，私たちが日常的（自然）に，自らの情動をいかに経験しているか，顔を通して，相互にどのようなメッセージを伝え合っているかなどを理解することができると主張するのである[9]。彼女が言うには，顔の構成要素は，多くの情動状態に関係し，他の要素との関わりで，また文脈状況との関わりで，多様な意味を獲得する。しかし，普遍意味論的視点から見て，各構成要素に，文脈状況によらない，あるいは象徴や慣習とは本質的に無縁である，一定不変の中核的意味が潜在していることもまた確かであり，そうした最小の意味単位を同定することが表情および情動研究の大きな課題になるだろうという。彼女自身が仮定する表情の意味単位は以下8つのものであり，彼女は，日常の行為者・情動経験者の視点から，それぞれに対して妥当とおぼしき自然意味論的メタ言語の候補をいくつか挙げている。

①眉間にしわを寄せる—「私は今考えている」「私は今何かがしたい」「私は今したいことをしていないことを知っている」など。②眉を引き上げる—「私は今何かを知りつつある」「私はもっと知りたい」「私は今考えている」など。③（眉を動かさずに）目を見開く—「私は今何かを知りつつある」「私はもっと知りたい」「私は今何もできない」など。④口角を引き上げる—「私は今何かよいことを感じている」など。⑤口角を引き下げる—「私は今何かいやなことを

---

[9] ワーツビッカ（Wiertzbicka, 1999）は，基本情動理論に対するラッセル（Russell, 1997）の批判（→第9章）およびその次元論的な考え方（→第11章）に一定の評価を与えながらも，彼のモデルが，専門的な観察者の視点に立ったものであることを指摘し，それが日常的な私たちの表情に対する意味解釈とはほど遠いものであることを問題にする。例えば，基本情動理論であれば恐れに分類されるような表情に接した時に，私たちは一般的に「強烈な不快度」「きわめて高い覚醒」などと，その背後にある心的状態を解釈することはないだろうというのである。

感じている」「私は今何もできないと知っている」など。⑥口を開ける―「何が言えるかわからない（何か言いたいのに言えない）」など。⑦唇を固く結ぶ―「私は今何かがしたい」「これをしたら何かいやな感じになる可能性があることを私は知っている」「だから私はそれをしたくないとは思わない」など。⑧鼻にしわを寄せる―「私は何かわるいことを感じている」「私は何も知りたくない」など。

　シェラーやスミスらが，各種評価次元に対応づけて，顔の各部位の動きを仮定するのに対し，ワーツビッカは，種々の表情の中に典型的に現れる8つの動きそれぞれにどのような不変的意味があるかを考究している訳であるが，その依拠するところはこれまでの多くの表情研究から得られた知見であり，その意味で，彼女の仮定は（記述の仕方こそ違うものの）シェラーやスミスらの理論枠と，相対的に大きな重なりを持つものと言える。彼女もまた，こうした最小の意味単位が，多くの場合，複数，（無論，同じ部位に関わるものは不可能であるが）同期連動して，あるいは連鎖的に継起することで，表出者の複雑な心的状態を効率的に伝達し得るのだと把捉しているようである。

3.3.2. 実証的な証左を吟味する

　前項では，表情に関する三様の構成要素的アプローチの理論枠を提示してきた訳であるが，これらに関する実証的証左は現段階においてどれだけ得られているのだろうか。実のところ，これがまさしく，構成要素的アプローチの現時点における最大の問題点であり，また課題なのであるが，先行する理論枠の提示に対して実証的検討の方は相対的に立ち後れていると言わざるを得ない。比較的新しい理論であるとはいえ，今後，多側面からのデータの蓄積が大いに待たれるところである。ここでは，乏しいながら，現時点までに得られている部分的な証左を多少とも吟味しておくことにしたい。

　必ずしも構成要素的な枠組みからではないが，これまでに最も多く，研究者の関心を集めてきた顔の部位および動きは，眉間のしわ（皺眉筋［corrgator supercilii］の収縮）と口角の引き上げ（大頬骨筋［zygomaticus major］の収縮）と言えるだろう。一般的にこれまで，眉間のしわは，不快刺激および不快情動（e.g. Cacioppo et al., 1986）あるいは何ものかに対する心的集中（Cacioppo et *al.,* 1985) と結びついて，一方，口角の引き上げは快刺激および快情動 (e.g. Cacioppo *et al.,* 1986; Ekman *et al.,* 1980; Smith *et al.,* 1986) と結びついて，生じることが実証的に示されてきたと言える。しかし，従来の研究はいずれも，顔の各部位の動きが，刺激に対するいかなる評価あるいは評価次元に対応して生じるかを特定するものではなかった。

それに対して，スミスら (Smith, 1989; Pope & Smith, 1994) の研究は，構成要素的な理論枠から，眉間部と頬部（口角部）の筋活動が，関与が想定される各種評価の中でも，特にどのような評価と最も本質的なつながりを有しているかを同定しようとしている点で着目に値するものと言える。スミス (Smith, 1989) は，実験参加者に，目標を阻む障害の知覚や，何らかの行為に向けた努力が必要そうであるという予期などの絡む，様々な状況を仮想させ，眉間部と頬部の筋活動に変化が生じるかを，筋電図 (EMG) をもって測定している。その結果は，頬部ではなく，眉間部の筋活動が障害の知覚や努力の予期に対応して増大することを示すものであり，また，特に障害の知覚とより強い連関を有していることを示唆するものであった。

ポープとスミス (Pope & Smith, 1994) の研究は，さらにこのスミスの研究を体系化した形で発展させたものである。前回と同じく，実験参加者は，障害の知覚や努力の予期などが絡む，快または不快の6つのシナリオを提示され，想像の上で自らをそうした状況に投入するよう教示される。その間，眉間部と頬部の EMG 測定が行われるとともに，シナリオごとに，その時々の心的状態を，快，障害の知覚，努力の予期，動機づけとの一致 (motivational congruence) の4次元に沿って自己評定することを求められる。結果としては，眉間のしわと努力の予期との間には有意な連関は見られず，眉間部の筋活動は，障害の知覚および動機づけの不一致の評定と正の相関を，また，主観的快の評定とは負の相関を示していた。ただし，重回帰分析を施すと，主観的快の影響は消えてなくなり，眉間のしわが障害の知覚や（それに理論的にかなり近似した）動機づけとの不一致をより直接的に反映するものであることが示唆された。一方，頬部の筋活動は，主観的快と正の相関を，また障害の知覚および動機づけの不一致と負の相関を示していたが，重回帰分析を施すと後二者の影響が消えてしまい，頬部の筋活動，すなわち口角の引き上げがより直接的に主観的快を反映

するものであることが確認された。スミス（Smith, 1989）は当初，予測として眉間部の筋活動が快および努力の予期とより本質的な連関を有していることを想定していた訳であるが，これらの結果は，むしろ，眉間のしわが不快状態と連関することがあるにしても，それは，あくまでも障害の知覚を通してであって，その，より本質的な規定因は障害の知覚にこそあるとしたシェラー（Scherer, 1984a, 1992）の仮説をより支持するものと言えるだろう。

　以上，眉間部と頬部（口角部）に関して，構成要素的観点から，一部，興味深い実証的知見を取り出している研究を概観してきた訳であるが，他の表情部位ということになると，さらにその研究数は限られてくる。その理由として，1つには，眉の引き上げや目の見開き，あるいは唇を固く結ぶ動きなどが，スミスらが用いた状況仮想課題などではなかなか引き出し得ないということを挙げることができよう。それらの意味を実証的に検討するためには，倫理的な問題に抵触しない限りにおいて，現実に新奇な刺激を呈示したり，より切迫した状況を準備したりするなど，実験パラダイムの抜本的な見直しが必要となるかも知れない。また，それらの構成要素が，他の部位の動きと同期連動あるいは継起しやすいために，結果的に個々の意味抽出が相対的に困難であるということも，これらの実証的検討を阻んでいる一因かと考えられる。

　また，ここで見た実証的証左は，先述した基本情動理論や次元論からの表情へのアプローチとは，根本的に異なっている。何が異質かと言うと，基本情動理論や次元論では，大半の研究が，他者の表情に接した観察者がその表情の中からいかなる意味を解読（decode）するかを問題にしているのに対し，スミスらの研究は，基本的に，表情の表出者が，自身の顔の各部位の動きの中に，様々な心的状態の意味をいかに符号化（encode）しているかを問題にしたものであるという点である。基本情動理論などでは，この符号化と解読のプロセスはいわば表裏一体の関係をなしており，表出者の心的状態として在る，あるカテゴリカルな意味を持った情動状態が，多くの場合（社会的表示規則などが絡まない限り），表情を通して，観察者側にダイレクトに伝わると仮定される。従って，観察者が他者の表情に何を読むかということが，そのまま，表出者本人が，表情にどのような情動的意味を込めているかということとパラレルに論じられることになるのである。しかし，符号化と解読の両プロセスが，顔の各

部位の動きとそこから抽出される意味との対応性において，同等に論じられるとは限らない．ある部位に込める意味とそこから読み取る意味とに一定の食い違いがあるということも，可能性としては決して考えられないことではないだろう．その意味からすれば，今後の構成要素的な表情研究は，他者表情の解読という観点からも，精力的に行われる必要があると言えよう．

第 3 章のむすびとして

　本章では，情動の表出が，個体と個体の関係性の確立や維持あるいは破壊において枢要な機能を有しているということを前提視した上で，より詳細な機序として，顔の表情が情動に関わるどのような情報をいかに発信するかということに絡む諸議論を概観・整理し，各種表情が，喜び，怒り，悲しみ，恐れ，嫌悪，驚きなどの情動のカテゴリカルな意味をただ伝えるものではない可能性を提示した．そして，特に後半は比較的新しい理論的枠組みと言い得る構成要素的アプローチの視座から，より複雑な情動的情報の多重発信体として表情を捉え得ることを示し，これからの表情論の形を模索した．もっとも，現段階においてもなお，表情の機序と機能に関する決定的な理論モデルは未だ得られておらず，それをめぐる議論はますます複雑・多様化してきていると言っても過言ではない．今後，心理学における表情論がどのような展開を見せるのか，その動静をじっと見護ることにしたい．

　ちなみに，本章で取り上げ論じた基本情動理論，次元論，構成要素的アプローチ（コンポーネント・プロセス・モデル）は，何も表情に特化した理論ではない．それらは，それぞれ，現代を代表する情動の総合理論と言い得るものである．第 7 章で情動発動の生起メカニズムを探り，さらに第 11 章において情動の究極の基体は何かということについて抜本的な再考を試みるが，そこでは，これら 3 つの立場を再び精細に吟味することになろう．

第4章 情動の発達・情動が拓く発達

第4章のはじめに

　既に見てきたように，情動は，私たちの日常生活において，確かにしばしば厄介で嫌忌の対象ともなるが，ある意味，意外なところで，様々な正の働きをなしているものと考えられる。本章では，これまでとは視点を換え，情動の機能性や合理性を，発達という文脈の中で考究したいと考える。すなわち，子どもが経験し表出する様々な情動，そしてその子どもを取り巻く養育者等が発する種々の情動が，子どもの発達をいかに導き，切り拓くことになるのかということについて考察をめぐらすことにしよう。

　それに先立って，本章ではまず，子どもにおいて情動がいかに萌芽し発達するかについて，情意理解の側面も含め，概括しておくことにする。その上で発達のオーガナイザーとしての情動について試論することにしたい。なお，本章では，狭義の情動のみならず，一部に社会的感性など，広く，その他の情動現象も含めて記述を行うものとする。

4.1. 情動はいかに発達するか

4.1.1. 情動はそもそも発達するのか

　第7章でも再びふれることになるが，1980年代前半，情動と認知の関係をめぐって，ザイアンス（Zajonc, 1980, 1984）とラザルス（Lazarus, 1982, 1984）の間で激しい議論の応酬があったことはよく知られるところである。情動の発動に，ある種の認知活動，すなわち状況に対する評価が必要かつ十分条件として必ず先んじるとするラザルスに対して，ザイアンスが真っ向から異を唱え，情動と認知は基本的に独立のシステムであり，認知の介在がなくとも情動は十分に発動し得る（認知は情動の十分条件であっても必要条件ではない）と切り返したのである。ザイアンスおよび彼を支持する立場は，様々な論拠を示して自

説の正当性を主張した訳だが，その1つに，認知の発達が十分ではない新生児にも多様な情動が既に認められるということが挙げられていた。確かに，新生児がどんな出来事があったかを正確に知った上で泣きわめいているとは言い難い。それは，何が起きたのかがわからないまま，とにかくとっさに反応してしまっているという印象を私たちに強く抱かせるものである。

　実のところ，出生直後から，乳児に多様な情動らしき表出が認められることは確かであり，仮に「表出＝情動」という立場を採るならば，喜び，悲しみ，恐れ，怒り，驚き，嫌悪といった，ある種の情動は，発達早期から既に存在しているのだと言えなくもないのかも知れない（Izard, 1991）。現に，情動の進化的起源および生得的基盤を強調する基本情動理論（→第9章）の論者の中には，少なくともある特定の情動，すなわち，彼らが基本情動と呼ぶものは，出生時に既に子どもに備わっており，情動そのものは基本的に発達しないのだと主張するような向きもある（Ackerman et al., 1998）。彼らによれば，情動とは，発達初期からプリセットされているものであり，時間軸の中で発達するのは，情動そのものではなく，情動と他の周辺的要素，例えば，特定の認知活動との結びつき（感情―認知構造［affective-cognitive structure］）（Izard, 1991）でしかないのである。すなわち，認知の発達によって，ある情動がどのような事象によって引き起こされるか，あるいは，個体がいかにその表出を抑制し得るかといったところに発達的変化は現れるものの，喜び，怒り，悲しみ，恐れといった情動経験そのものは，一生涯不変のものとしてあり続けるというのである。

　また，基本情動理論の仮定では，それぞれ，特定の主観的状態，生理的変化，表出パターン，行為傾向などが，特異な連関をなして，いわばパッケージ化されているものがまさに喜び，怒り，悲しみ，恐れといった基本情動なるものであり，パッケージの内の1つの要素の発動が認められたということは（少なくともそこに意識的な制御でも加わらない限り）同じくそこに潜んで在る他の要素もまた同期連動して生起しているということを意味する。つまり，乳児の顔にある表情が見出されたということは，それに対応した情動全体が発動されていることの証しと見なされるのである（Griffin & Mascolo, 1998）。また，これに近しい立場として，仮に明確な表出が認められなくとも，それは各種の情動を引き起こし得るような事象に未だ乳児が遭遇していないだけのことであり，潜

在的には多様な情動レパートリーを既に乳児が有しているのだと仮定する向きもあるようである（e.g. Sroufe, 1996; Witherington et al., 2001）。

　しかし，言語を介した自己報告法はもとより，生理的指標や脳機能画像法などの適用も含め，乳幼児の情動への実証的近接がきわめて難しいと認識される中（e.g. Shiota & Kalat, 2011），こうした情動の発達観を採る論者は相対的に少ないと言えるかも知れない。それというのは，発達早期における情動らしき表出はそれに対応する明確な先行事象が認められない場合がより一般的であり，また同一の事象に対して，様々な情動らしき表出が一貫性なく入れ替わり立ち替わり立ち現れるようなことも少なくはないことが知られているからである（Camras, 1991, 1992, 1994; Camras & Fatani, 2008）。つまり，少なくとも乳幼児期早期においては，情動らしき表出が認められたとしても，それは未だ明確な事象との有意味なつながりを持たない，かなりでたらめであいまいなものである可能性が高いということである（Oster et al., 1992）。確かに，私たち大人においては多くの場合，基本情動理論が仮定するように，表出，主観的経験，生理的変化，行為傾向などが明確な対応性をなしていると言えなくもない訳であるが，発達の初期段階ではこうした対応性が未だ十分にはでき上がっておらず，それこそ，構成要素だけが存在し，やがて1つのまとまりとして組織化されるのを待っている状態と見なして然るべきものなのかも知れない。たとえ，ある表出が観察されたからと言って，その背後に然るべき主観的情感や生理的変化といった他の要素までもが存在しているとは確言し難いのである。

　こうしたことを受けて，情動の発達に関しては，情動らしき表出のみならず，それが生起した文脈状況にも慎重に目を向けることが重視されてきており，先行事象と表出との間にある程度，明確かつ整合的な関連性が確実に認められるようになった時点において初めて，ある特定の情動が現出したと判定される場合が，むしろ，より一般的になってきているように考えられる。すなわち，この立場では，暗黙裡に情動発動の要件として認知的評価の役割を重んじるラザルス寄りの見方を採っていることになり，子どもが遭遇した事象に対して然るべき評価をなし得なければ，基本的に情動は生起し得ないはずであるということを前提視しているものと言えよう。この立場の仮定に従えば，発達過程の中で子どもが様々な認知的コンピテンスを徐々に身につけ，遭遇した事象をより

複雑にまた多次元的に評価し得るようになるにつれて，漸次的に各種の情動が生み出されてくることになるのである。

4.1.2. 生後1年目における情動の発達

　情動の発達に認知の枢要な役割を仮定し，情動現出の基準を状況との整合的な関連性の中に見る代表的な論者にルイス（e.g. Lewis, 1997, 2008a）の名を挙げることができる。彼の理論モデル（図4.1）によれば，子どもは出生時点において，一方を（泣きやいらだちという形で現れる）苦痛（distress）とし，他方を（充足の様子や環境に対する注意といった形で現れる）快（pleasure）とする双極的な情動反応を示すという。もっとも，環境に対する興味（interest）については，それが，こうした双極的構造とは独立の次元をなしていると考えることも可能であり，見方によっては，充足，興味，苦痛という計3種類の情動が予め子どもに備わっていると考えることもできるらしい。このことは，身体的・生理的な観点からの大ざっぱな正負いずれかの意味判断と，事象の新奇性に対する原初的評価のような認知能力は生得的に準備されている可能性が高いということを示唆する。

　生後3ヶ月頃までに，快の情動から分岐する形で喜び（joy）が現出するという。実のところ，乳児は，誕生後間もない時期から既に微笑を発している。ただし，それは睡眠時などに見られる，いわゆる生理的微笑であることが殆どであり，人の顔などの，親近性の高い事象・対象を認めて，微笑したり，全身で快的興奮を示したりするという所作は，少なくとも生後2〜3ヶ月頃にならないと観察されないらしい。また，この頃になると，母親との相互作用の中断などに随伴して，悲しみ（sadness）も現れてくるとされている。すなわち，この時期には，好悪の評価が，単なる身体的・生理的刺激を超えて，各種の人との関わり，すなわち社会的刺激に対しても及ぶようになると考えられる。さらに，だいたい時を同じくして，口中の異物や不快な味のするものを吐出するような反応と結びついて，単なる苦痛の表情とは違った，嫌悪（disgust）の表出が認められるようになるとも言われている。

　生後4〜6ヶ月頃になると，怒り（anger）が，腕や足の自発的な動きが外的な力によって抑止されるなど，各種のフラストレーション状況と明確に結び

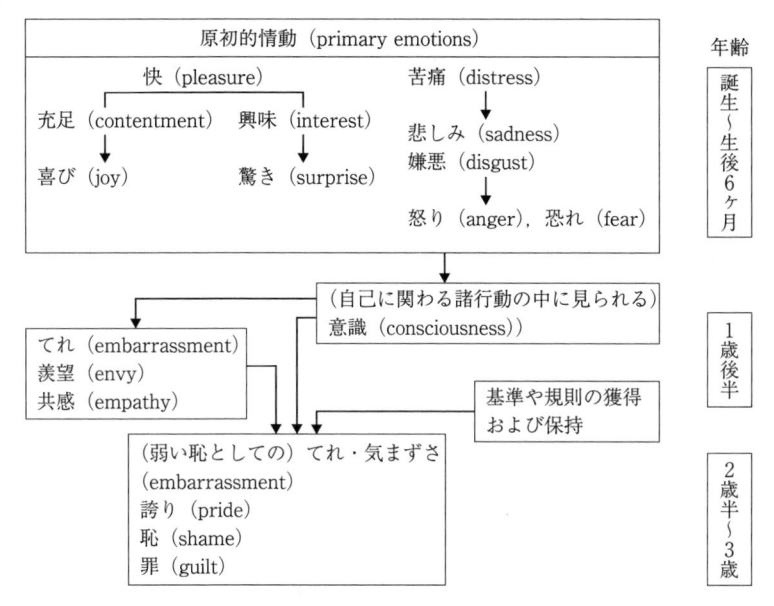

```
┌─────────────────────────────────────────────────┐  年齢
│         原初的情動（primary emotions）          │ ┌──┐
│    快（pleasure）       苦痛（distress）        │ │誕│
│ 充足（contentment） 興味（interest）      ↓     │ │生│
│   ↓          ↓      悲しみ（sadness）           │ │〜│
│ 喜び（joy）    驚き（surprise） 嫌悪（disgust） │ │生│
│                           ↓                     │ │後│
│                     怒り（anger），恐れ（fear） │ │6 │
│                                                 │ │ヶ│
│                                                 │ │月│
└─────────────────────────────────────────────────┘ └──┘
        │    │         ↓                            ┌──┐
        │    │   ┌──────────────────────────────┐   │1 │
        │    │   │（自己に関わる諸行動の中に見│   │歳│
        │    │   │ られる）意識（consciousness）│   │後│
┌────────────┐   └──────────────────────────────┘   │半│
│てれ(embarrassment)│                               └──┘
│羨望(envy)       │         ┌──────────────┐
│共感(empathy)    │         │基準や規則の獲得│
└─────────────────┘         │および保持      │
       │    │               └──────────────┘        ┌──┐
       ↓    ↓         ↓                             │2 │
┌──────────────────────────────┐                    │歳│
│（弱い恥としての）てれ・気まずさ│                  │半│
│    (embarrassment)            │                   │〜│
│ 誇り（pride）                 │                   │3 │
│ 恥（shame）                   │                   │歳│
│ 罪（guilt）                   │                   └──┘
└──────────────────────────────┘
```

図 4.1　ルイスの情動発達の理論モデル（Lewis, 1997, 2008a）

ついて，観察されるようになるという[1]。怒りは，一般的に，自身の目標とそれを阻む障壁の認知，およびその状態を何らかの形で克服しようとする心的努力を基礎として，また別の角度から見れば目的と手段の関係に関する知識を前提として，成り立ち得るものと言える。評価という観点から言えば，苦痛や悲しみの生起に際しては，ある事象が自らに関係すること，およびそれが負の意

---

[1] 必ずしも明確な対処行動とは結びつかない原初的な怒りに関しては，より早期の生後2ヶ月頃から既に認められるという見方もある。ルイスら（Lewis et al., 1990）は，乳児が自らの腕に巻きつけられたひもを引っ張ると音楽がなるという実験装置を用いて，その随伴的な経験が中断された（引っ張ってももはや音楽がならない）際の乳児の情動表出を観察している。それによれば，2ヶ月児でも，そうした中断に対して，随伴的経験がもたらされる場合よりも有意に多く，怒りやむずかりの表情を示したという。これは，乳児が，自らのフラストレーションを覚知する能力を既に有し，それに対応した情動反応を見せている可能性を示唆する。しかしながら，中断に際して，多く観察されるようになったのは，単に怒りやむずかりの表情だけではなく，恐れや悲しみらしき表情でもあったことから，生後2ヶ月という早期段階から既に，怒りが確固として存在しているとは必ずしも言い切れないところがあるのも事実であろう。

味を持っていることの評価のみが必要となるが，怒りの場合は，それらに加えて，自らの力でその事象を克服し得るという見込みが関わっていると考えられるのである (Smith & Lazarus, 1993)。これに関わる発達的な傍証と言えるかも知れないが，乳児は，実験者によって自身の腕の動きを無理に抑止された時に，生後4ヶ月では未だ，その腕を見つめながら怒りを表出するのに対して，生後半年を超えると，腕を抑止した実験者と近くにいる母親への注視を行いながら怒りを示すようになるという報告がある (Sternberg & Campos, 1990)。子どもは発達に伴い，自身の潜在的な対処能力を覚知するようになると，例えば自身の目標を阻んだ者への抗議や状況克服に向けた他者への援助要請などを伴う，より典型的な怒りを経験し，かつ表出し得るようになるのだと言えるのかも知れない。

　恐れ (fear) の現出は，怒りよりもさらに少し遅れると言われている。それは，相対的に望ましく安全な状態に関する表象と現在直面している状況との比較を基礎にして初めて生じ得るものと考えられる。例えば，生後半年以降に顕著に見られるようになる子どものいわゆる人見知りは，母親などの身近な対象に関する表象の成立を前提とし，それと現前する見知らぬ人との比較を通して生起してくるものと解釈されている。恐れは，少なくともこうした相対的に高次な認知処理が必要とされる分，多少とも遅れて現れてくるのであろう[2]。驚き (surprise) もまた，生後6ヶ月前後までに現れるとされている。それはより早期からあった興味から分岐してきたものと解釈でき，期待していたもの（表象）と現事象との間にずれが生じた際に，あるいは新たな発見があった際などに生起する。例えば，この頃の乳児が，背の極端に低い大人に対して，子どもという期待が裏切られたような場合に，あるいは腕の動きに合わせて，それと糸でつながっている玩具などが動くことを発見するといった随伴性探索の学習過程において（うまくその規則性が発見できた段階で），驚きの表情を多く見せるということが観察されているようである (Lewis, 1997)。

---

[2] こうした人見知りなどに結びついた情動反応を一種の警戒反応 (wariness) とし，真の恐れの発生をさらに遅く生後9ヶ月以降に据えてみる立場もある (Sroufe, 1996)。

4.1.3. 移動能力と情動の変質

このように生後1年目における情動の発達は，ある種の認知活動の現出とともに，分岐・多様化すると言ってよかろう。ただ，その一方で，こうした情動の発達に，この時期に急速に進む身体移動能力の発達が密接に関わっていると考える研究者も少なくはない。移動能力は，個体と環境の関係の意味を，さらに言えば外界に対する評価の構造を，大きく変質させる可能性があるからである。事象をいかに知覚し，また評価するかということは，それに対して個体が潜在的にどのような行為をなし得るのかということと本質的に切り離せないものとして在るのである（Adolph et al., 1993）。

こうした移動能力と情動の関係を示す証左を，いわゆる視覚的断崖の実験に見出すことができる。キャンポスら（Campos et al., 1978）によれば，生後2ヶ月くらいの子どもでも，視覚的断崖のすぐ近くに置かれると，その深い方をのぞき込んで，明らかに心拍数を低下させるという。しかし，より興味深いのは，生後9ヶ月くらいの子どもになると，同じくその断崖に対して特別な反応を見せながらも，生後半年くらいまでの子どもとは逆に，心拍数の増加を示すということである。一般的に心拍数の低下は，興味と密接な関連を持つことが，また心拍数の増加は，否定的な情動反応，特に恐れと密接な関連を持つことが知られているが，こうした心拍数の違いの背景にはハイハイによる移動の経験が関与している可能性が高いと考えられる。すなわち，自発的な移動がままならない段階では，断崖は奥行きを持ったものとして知覚されはするものの，それと転ぶといった経験は未だ結びついておらず，恐れを誘発するものではない。しかし，移動の経験は，深さがしばしば身体のバランスを崩す経験に結びつくこと，そして，それが時に自らにとってマイナスの意味を持ったものになり得ることを乳児に学習させることにつながり，結果的に恐れを喚起するものに転化するのだと言えるのである。

また，移動能力の高まりは，その当然の帰結として，子どもと養育者の間に物理的距離をもたらすことになり，より明確で分化した情動の表出をしないと，子どもは養育者から適切な関わりをしてもらいにくくなることが想定される。子どもは，自らの置かれた状況や自らの内的状態をより明確に伝達すべくシグナルとして情動を使う必要に迫られ，結果的に，各種情動の現出や分化に拍車

がかかるのだと考えられよう (e.g. Lewis, 2008a)。

　さらに，子どもが移動できない段階では，親は怒りや恐れといったネガティヴな情動を子どもに対してあまり表出しないが，子どもの移動が始まると状況が一変することが知られている (Zumbahlen & Crawley, 1996)。親は，子どものぎこちない動きに伴う種々の危険を察知して，頻繁にネガティヴな情動を表出するようになるのである。親の情動表出の様相は，情動伝染あるいはモデリングといった様々なメカニズムを介して子ども自身の情動表出に影響を及ぼし得る。また，情動を介した親の制止や禁止は，子どもの意図としばしば衝突し，そこに新たなフラストレーションがもたらされることも想定されよう。このように，子どもの移動能力の発達は，親の側に喜びや誇りといったポジティヴな情動を多くもたらす一方で，ネガティヴな情動をも誘発し，子どもは，親が醸し出す，そうした濃密な情動的雰囲気の下で，より大人に近い情動の構造を急速に獲得していくと考えられるのである (Bertenthal et al., 1984)。

4.1.4. 生後2年目以降における情動の発達

　生後2年目以降の情動の発達は，それ以前とは様相を大きく異にする。ルイス (Lewis, 2007, 2008a) は，先に見た，生後1年目の後半くらいまでに現れる，喜び，興味，驚き，悲しみ，嫌悪，怒り，恐れといった情動を一次的な情動とし，一方，この後に現出してくる情動を二次的な情動として，両者の間に一線を画している。その大きな違いは，一次的な情動が，その生起に自己意識 (self-consciousness) (→第8章) を必要としないのに対し，二次的な情動は自己意識の関与あるいは自己および他者 (そしてまたその社会的関係) という観点からの事象の評価がなければ，いかなる意味でも生起し得ないという点である。

　自己の起源と発達については様々な議論があるが，1つの有力な見方 (e.g. Kagan, 1998; Lewis, 1991, 1995) によれば，自己発達の大きな転換点は，1歳半前後にあり，その時期を過ぎた頃から，(自己言及的言語の使用を含む) 自己に焦点化した行動や (鏡像認知などに現れる) 客体としての自己の特徴の認識などが飛躍的に増大するという。より具体的に言えば，自分と他者との異同，または他者あるいは社会的基準から見た自分といったものを徐々に意識するよう

になるというのである。ルイスは，こうした自己意識の萌芽を待って，まずは1歳半前後に，（自分が他者に注目されていることを意識して）てれ (embarrassment)[3]，（自己と他者の別を理解した上で他者の窮状および内的状態を意識して）共感 (empathy)，そしてまた（他者にはあって自分にはないことを意識して）羨望 (envy) といった情動が現れてくると仮定している。そして，現に，ルイスら (Lewis et al., 1989) は，鏡像認知課題（鼻や額に密かにつけられた口紅の痕を，乳児が鏡を通じて発見し，それに手を伸ばして拭き取ろうとするかを観察する）を用いて客体的な自己の特徴の認識が成立しているか否かを問い，この課題に通過できた，すなわち一種の自己意識が成立しているとおぼしき子どもにおいて，（人前で踊るよう求められるなどの）実験場面におけるてれの表出が有意に多かったことを報告している。

　てれ，共感，羨望が現出した後の情動の発達は，自己の異なる側面の発達を背景として，さらに様相を異にするらしい。ルイスによれば，てれ，共感，羨望などの生起には，確かに自己意識（自己に対する注意）は関与するものの，自己評価 (self-evaluation)（あるルールや基準からして自分はいいのか悪いのかという評価）は介在していないという。社会的な基準やルールなどを内在化し，また他者による賞賛や叱責などに敏感になり始めるのは，少なくとも2歳（生後3年目）以降と見られる (e.g. Lagattuta & Thompson, 2007)。ルイスは，こうした基準の内在化およびその基準に沿った自己評価の現出が新たな情動発達の素地をなすと考えるのである。2歳の後半にさしかかると，子どもたちは，自らの基準からして自分の行動が失敗したと感受した場合には罪 (guilt) や恥 (shame) を，一方，成功したと感受した場合には，誇り (pride) を経験するようになるらしい。現に，ルイスら (Lewis et al., 1992) は，3歳児が，易しい

---

[3] 一般的に心理学の文脈では"embarrassment"の訳語として当惑や困惑という言葉を当てる場合が多いが，本章では，特に発達早期のそれに対しててれという言葉を用いることにした。実のところ，ルイス (Lewis, 1999) は，"embarrassment"に，発達早期に現出する純粋に自己意識的情動としてのそれと，自己評価的意識の成立を待って発達的にやや遅れて現出する"mild-shame"としてのそれの2種類があると仮定し，両者を峻別する必要性を説いている。当惑や困惑は（ネガティヴな自己評価を伴う）後者の訳語としては妥当であろうが，前者の訳語としてはやや不適切であり，日本の日常的養育の状況からすると，てれの方がその意味をより正確に反映し得るように考えられる。

問題で失敗した時には難しい問題で失敗した場合よりも恥を表出しやすく，逆に難しい問題で成功した時には易しい問題で成功した場合よりも誇りを表出しやすいことを見出しているが，このことは，この時点での情動が，単に出来・不出来という結果そのものではなく，それが子どもの基準からしてどれだけ重要であるかという，いわば結果の意味の大きさに関連していることを示唆するものと言えよう。ちなみに，ルイス（Lewis, 2007, 2008a）によれば，生後3年目から子どもは既に，自分のふるまいの成否や是非を自己そのもの（あるいは能力などの自己の中核的特性）に原因帰属する様式と，あくまでもその一時的な行為の好悪に原因帰属する様式を身につけており，例えば，同じ失敗に対しても，前者のような全体的帰属（global attribution）（「ものを壊したのは自分ができない，だめな子だから」）をすれば恥の情動を，後者の特異的帰属（specific attribution）（「ものを壊してしまったのは，自分の扱い方がよくなかったから」）をすれば罪の情動を経験することになるのだという[4]。

　もっとも，こうしたルイスの情動発達の見方は1つの理論モデルとして大いに刮目すべきものではあるが，現段階において，これが絶対的な妥当性を備えているとは必ずしも言い切れないところがある。乳児の日常的観察に重きを置く論者の中には，もう少し早い段階から既に，複雑な情動が豊かに生じていることを仮定する向きもあるのである。例えば，レディ（Reddy, 2005）は母子相互作用の緻密な観察に基づきながら，てれ，はにかみ（shyness）や見せびらかし（showing-off）といった，一般的には自己意識的情動と見なされ得る情動が，事象の意味からして，それに整合する状況において，既に0歳代の後半には生起している可能性を示唆している。彼女によれば，こうした情動は，必ずしもルイスが仮定するように客体的な自己意識の成立を前提とはせず（少なく

---

[4] ルイス（Lewis, 1992, 2007, 2008b）は，失敗が，自己全般に帰属される場合には恥が，自己の特異的・部分的な側面に帰属される場合には罪が経験されるとしている。すなわち，自分の身体的特徴や能力など，半永続的特性を否定したり，自分という存在そのものが悪いという原因帰属をしたりするような時には恥が経験され，一方，ある状況下で起こした自分の特定行為などに失敗の原因を帰属するような時には，罪や悔い（regret）が経験されるということである。また，ルイスは，成功の帰属に関しても，自己全般への帰属と自己の部分的な側面への帰属の2種があるとし，それぞれに対応する情動として順に驕慢（hubris）と誇り（pride）があるとしている。

ともその時点ではまだ自己意識的情動としてはなく），他者とのやりとりの中で他者の情動にふれたり，他者から自身への注視にさらされたりする中でごく自然に生じてくるものであり，自己意識および他者意識は，むしろ，こうした情動経験の延長線上に萌芽してくるのではないかという。

　このように未だ複数の見方があり，子どもの情動発達の正確な実像は見えていないと言うべきであるが，少なくとも生後3年くらいの間には，各種認知能力の発達に伴い，子どもの情動が細かく分化し，情動のレパートリーという点からすれば，大人のそれにかなり近い様相を呈してくることはほぼ確かであると言えるかも知れない。もっとも，主要な情動のレパートリーを一通り備えるということと，それらをどのような状況でいかに経験し表出するか，またどれだけ適切に制御・調整し得るかということとは，基本的に別種のものと見なすべきであろう。例えば，計画の遂行や論理性などに深く関わる前頭皮質の発達は少なくとも10代後半まで連綿と続くものとされ（Sowell et al., 2001），それに伴う種々の認知発達は，3歳以降も，各種情動の現れ方に微妙な差異をもたらし得るものと考えられる。また，思春期における内分泌系も含めた身体的変化は，情動の強度やその衝動的現出などにかなりの変化を及ぼすという指摘もある（e.g. Forbes & Dahl, 2010）。さらに，各種情動の経験頻度という点から言えば，ネガティヴ事象の減少傾向や生活そのものの安定化，あるいは社会的知恵の獲得や幸福状態維持に対する動機づけの高まりなどにより，特に成人期以降，加齢に伴って，徐々にポジティヴ情動が増大し，ネガティヴ情動が減少するという調査結果もあるようである（Carstensen & Charles, 1994; Carstensen et al., 2000）。情動の種類のみならず，他の側面にも目を向ければ，情動は生涯を通して発達し続けるといっても過誤はないのだろう。

　ここまでは主に情動を自ら発動する側の視座から，情動そのものの経験や表出に関する発達について概括を行ってきた訳であるが，当然のことながら，これらと切り離せないものに，子どもが，他者の情動やその他の感情現象をいかに受け止め，反応し得るようになるのかという側面における発達がある。以下では，そうした情意理解の起源と発達について言及した上で，さらにそれが翻って，子どもの他の側面の発達にいかに寄与し得るかということについて考究を行うことにしたい。

4.2. 情意理解の礎としての社会的感性

4.2.1. 人刺激に対する特異な感情的反応

　私たちが，ほぼ無自覚的に他の事象に対してとは明らかに異種の反応を示すものの1つに，刺激対象としての「人」が在る。私たちは，例えば顔や身体あるいは発声といった，自らと同種たる他者が発する様々な社会的刺激に対して，他の事象一般に対してはない際立った迅速性や的確性をもってそれらを処理し，ある特定の心理的スタンスを形成するのである（e.g. Kanwisher, 2000）。それらに対する特異な感情的反応（affective reactions），すなわち社会的感性が私たちにとって特別なものであることは，近年の脳科学的知見によっても裏打ちされるところであり，私たちは他の刺激の場合とは異なる独自の脳神経学的回路に支えられてそれらの処理を行っているのだという（e.g. Pelphrey et al., 2005）。

　そして，近年，こうした一連の「人」刺激に関する社会的感性が，他者の情意理解の礎をなすものとしてとみに注目を集めている（Frith & Frith, 1999）。ここでは，こうした社会的感性の起源が発達過程のどこにいかなる形で認められるのか，またそれは発達過程の中でどのように変質し得るものなのかについて見てみることにしたい。その上で，この社会的感性がどのような意味で情意理解への呼び水となるのかについても考えてみることにしよう。

　結論から言えば，子どもは，真に生得的か否かは別にして，きわめて早い段階から，「人」刺激全般に対して独特の感受性を有しているようである（Hobson, 2005; Neisser, 1993）。視覚的刺激の中ではとりわけ顔および顔的な形態（e.g. Johnson & Morton, 1991）あるいは歩行などに伴う人の動きなど（バイオロジカル・モーション：例えば，暗室状況で呈示される人の身体各所に装着された複数の光点から成る動きのパターン）（e.g. Bertenthal, 1993）に対して，聴覚刺激の中ではとりわけ人の発声や発話など（e.g. Vouloumanos & Werker, 2004）に対して，乳児が特別な選好傾向を示すということが数多くの実験によって明らかにされているのである。

　さらに，乳児は，単に「人」刺激に対して一様に反応するというのではなく，その中でも細かく選り好みを示すということも明らかにされている。例えば顔に関して言えば，乳児は顔の表情の差異（e.g. Haviland & Lelwicka, 1987）はもと

より，顔の形態に結びついた性別や年齢に対しても，かなり正確な識別能力を示し (e.g. Quinn et al., 2002)，なおかつ，とりわけ養育者の顔 (Field et al., 1984) や自分と月齢の近い子どもの顔 (Sanefuji et al., 2006) あるいは成人において一般的に魅力的とされる顔 (Slater et al., 2000) あるいはいわゆる「平均顔」(Langlois & Roggman, 1990) などに対して選好を示すというような知見が得られているのである。また，発声に関しても，出生直後から，乳児は，快や不快の声を明確に聞き分けることはもちろん，自らの母親とそれ以外の者の声や発話パターンを識別し，前者のそれに対してとりわけ強い選好を示すというようなことが知られているようである (e.g. DeCasper & Spence, 1986)。

4.2.2. 社会的感性の発達における初期経験の役割

上述したような「人」刺激に対する識別および選好の傾向は，生後間もない段階から，その萌芽が認められており，そこから，こうした「人」刺激に対する社会的感性を，ヒトという種に共通普遍に組み込まれて在る生得的モジュールと見なすような立場もある (e.g. Pinker, 2002)。確かに，自身と同種たる「人」を迅速かつ的確に他とは識別し，なおかつ同種の中でも特定対象への特異的な感情的反応を向ける傾向は，例えば親子のアタッチメント関係や仲間関係の形成，および，より後年においては異性選択や配偶関係の構築などに高い適応価を有することが想定され，それらが長い進化の過程を経てヒトに備わったのだという主張はあながち否定できるものではない。いわゆる「心の理論」(theory of mind) やその欠損と自閉症との深い連関を主張することで知られるバロン－コーエン (Baron-Cohen, 1995) などの考えも然りであり，そこではいくつかの「人」認知に関わる生得的なモジュール（あるいは脳のシステム）が既定の順序性とタイミングに従って解発され，先行するモジュールが後続のモジュールに然るべき情報の受け渡しをすることによって（より具体的には，発達初期に現れる「意図検出装置」や「視線方向検出装置」が把捉した情報が，少し遅れて「注意共有メカニズム」の作動に関わり，さらにそこで蓄積された情報が「心の理論」モジュールを立ち上げるというように），まさに個体内に閉じた形で，子どもの心理社会的理解が段階的に成り立ってくることが仮定されるのである。

しかし，このような見方には近年，様々な批判が寄せられており，むしろ，こうした社会的感性や能力が出生後の様々な社会的相互作用の中で，立ち上がり，徐々に発達するという見方を採る論者が増えつつあるようである（e.g. Flavell, 2004）。例えば，顔に対する選好ということに関して言えば，新生児は確かに「顔らしき」刺激を好むのではあるが，それは必ずしも顔の形態そのものである必要はないらしい。チュラティらの研究グループ（Cassia et al., 2004; Turati et al., 2002）によれば，新生児が特に好む視覚刺激の要件は，刺激の上部と下部の密度上の非対称性であり，上半分に構成要素が相対的に多くある場合に，子どもはとりわけその刺激を好んで見るのだという。例えば，顔の構成要素の中でもとりわけ顕在的なものとして目と口を考えることができるが，目が２つなのに対し，口は１つであるため，それだけで顔図式を作った場合は，顔の上半分の密度がより高いことになり，乳児はたとえそれらが普通の顔のように左右対称に配置されていなくとも（どちらか一方に偏っていても）その刺激を選好するらしい。また，目と口がその配置パターンを通常のままに留めていても，それらすべてが楕円形の下半分に集中してあるあるような図式は好まれず，逆に，口が２つの目の上に置かれていても，すべての要素が楕円形の上半分に配置された刺激には相対的に注意を向けやすいのだという。これらのことは，乳児が有する選好の対象が，真に顔ゲシュタルトそのものではなく，あくまでも上部の密度が相対的に高い上下の非対称性という物理的属性であることを示唆している。

　もっとも，ここで注意すべきことは，子どもを取り巻くごく平均的な生育環境において，こうした物理的属性に最も適うのは，子どもの周囲に位置する養育者等の顔に他ならないということである。つまり，ある知覚的バイアスをもって環境を探索する結果，子どもは，顔という社会的刺激をきわめて頻繁に視覚的に経験し，それが脳に強力にインプットされることになるのである。近年の発達的神経科学は，発達早期に，ヒトの乳児の顔処理に関わる脳部位が皮質下から皮質へと移行することを見出している（e.g. Johnson, 1999）が，これはまさに顔処理のメカニズムが最初から生得的にそこにある訳ではなく，ある知覚的バイアスや選好傾向に従って，結果的に寄せ集められた経験および一種の熟達化のプロセスによって，漸次的に構成されるということを含意している。

実のところ，特定の顔の好みにしても，主たる養育者の性別によって，それが徐々に異なってくることが知られている（母親が主たる養育者の場合は女性の顔により高い選好と識別性を，父親が養育者の場合は男性の顔により高い選好と識別性を示す）し（Quinn et al., 2002），乳児の顔の認識にも徐々に同種効果（それまで可能であった例えばサルの顔貌の識別ができなくなる一方で同種たるヒトの顔に関してはその識別能力が残り，より精妙になる）（Pascalis et al., 2002）や人種効果（養育者および自身と同人種の顔に対して異人種の顔よりも高い識別性を示す）（Sangrigoli & De Schonen, 2004）が現れるようになるという知見もある。また，特定の音声に対する選好に関しても，母親の胎内環境において既に子どもが母親の発声や発話のパターンに頻繁に接してきているという経験の効果が重視されている（DeCasper & Spence, 1986）。さらに，バイオロジカル・モーションに対する特異的な知覚傾向に関しても，早くは生後2日の段階でそれが認められたという報告（Simion et al., 2008）もあるにはあるが，それが成人と同様の性質や精度に達するのは早くとも5歳頃と言われており（Pavlova et al., 2001），そこにそれまでの人の動きに対する知覚経験の蓄積が関与していることは想像に難くない。

　ヒトの乳児が，何かを選択的に好み，また何かを忌避するといった知覚や行動上のバイアスを生得的・遺伝的に持って生まれてくる可能性はいかなる意味でも否みようがない（e.g. Karmiloff-Smith, 1996）。しかし，その初期バイアスは完成体としての能力そのものでは決してなく，あくまでも経験や学習を方向づけるものとして在ることに注意すべきであろう（Richardson, 2000）。一連の「人」刺激に対する社会的感性が特別な脳神経回路に支えられて在るという種々の知見は確かに「生得的モジュール」という見方を支持するかに見えるが，仮にこの発想を受け容れるにしても，それは，ある能力の完成体として，最初期から私たちの中に生まれつき備わって在るという訳ではなく，発達過程の中で，それこそ多様な環境との相互作用経験の蓄積の中で，徐々に特殊化，すなわち「モジュール化」されてくると見なすべきものなのかも知れない。

4.2.3. 社会的感性から情意理解へ

　さて，その発達の機序や過程はさておき，子どもが非常に早い段階から刺激

対象としての「人」に対して特別な関心や注意を向けることはほぼ確かなことと言える訳であるが，それはその後の子どもの発達にいかなる役割を果たし得るのだろうか。これに関して示唆に富む知見の1つは，社会性に大きな難を示す自閉症スペクトラムの子どもにおいて，以下に述べるように，目や視線あるいは表情なども含め，人が発する社会的刺激全般に対して，発達のごく初期段階から際立った関心の稀薄さが認められるということである（遠藤，2008a）。

　従来，バロン－コーエンなどに代表される生得論者は，自閉症に関して，注意共有メカニズムと（その必然的な帰結としての）「心の理論」モジュールの欠損をアプリオリに仮定してきた（Baron-Cohen, 1995, 2001）。それは，多分に，自閉症の様々な症状が，持って生まれた遺伝子の特異性によって前成的に規定され，また自生的に発現してくるような印象を与えるものであり，各種の症状が時間軸上における環境との関わりの中で漸次的に発生するという視点は相対的に希薄であると言える。確かに，自閉症者が各種の「心の理論」や共同注意の課題において特異なパフォーマンスを示し，また日常においても心的交流あるいはコミュニケーションという点からして，常識からやや逸脱した他者との関わりを持つことは事実であり（e.g. Hill & Frith, 2003），その意味で，自閉症者が端から生得的にそうした能力やその基盤となる機構を欠いているのだという主張が一定の支持を集めたという事情も全く理解不能な訳ではない。

　しかし，より最近の研究は，この後ふれる共同注意などが特に問題になる三項関係状況以前の，二項関係状況における，相互注視も含めた情動的・社会的交流の中に，自閉症のより本質的な特異性を見出しつつあると言えるのかも知れない（e.g. Dawson *et al.*, 1998; Hobson, 2002, 2005）。例えば，リーカムら（Leekam *et al.*, 2000）は，精妙な実験を通じて，自閉症児が三項関係状況における視線追従に問題を抱えるということに加え，彼らが自己と他者という二項関係状況において，大人から注意を引くような働きかけ（大人がじっと子どもを見つめる，名前を呼ぶ，こっち見てと言うなど）を受けても，その反応性が相対的に微弱であるということを見出している。また，日常の行動記録に基づくかなり多くの研究が，後に自閉症児と診断される子どもが，乳幼児期において人の顔を見る時間がきわめて少なく，どちらかと言えば，それを避けているようでもあり（e.g. Osterling & Dawson, 1994），また養育者等との対面的な相互交流状況でのア

イコンタクト (e.g. Buitelaar, 1995; Wimpory et al., 2000) あるいは情動表出を伴うそれの頻度がきわめて乏しく，故に，養育者は一般的に彼らの注意を引くために，軽くたたいたりするなどの身体的刺激を多く与えなくてはならないということを明らかにしている (Joseph & Tager-Flusberg, 1997)。このように，定型の乳幼児にとってはごく当たり前に魅力的なものとして在る人の顔や目や声あるいは様々な情動表出といった，いわゆる社会的刺激に，自閉症児の関心は相対的に向きにくいと言える訳であるが，こうした「定位上の問題」(orienting problem) は，彼らがそうした刺激に注意を向けることが「できない」(inability) という能力的な欠損を意味するものでは必ずしもないらしい。それは，むしろ，そうしたものにあまり注意を向け「ようとしない」(unwillingness) という動機づけの不足と言うべきものであるという (e.g. Mundy & Neal, 2001)。

　こうしたことから，一部の論者は，相互注視やそれに絡む情動的交流といった二項関係の希薄さが，結果的に，次なる三項関係の発達に必要不可欠な社会的刺激の入力に大きな制約を課すことになり，その本来，在って然るべき社会的経験の圧倒的な過少さが共同注意や社会的参照，そして情意理解や社会性全般の発達を阻害することになるのではないかと推察するに至っている (e.g. Hobson, 2005; Leekam, 2005)。定型からやや逸脱した，ごく初期段階における，元来はただ刺激の選好や忌避の傾向として在るものが，時間軸の上で，結果的に自閉症を後成的に作り上げていくというのである (Mundy & Neal, 2001)。こうした仮説の，よりミクロなレベルでの検証は，まだまだこれから先のことと言える訳であるが，それは，遺伝的規定性が強いと言われる自閉症においても，その障害が決して個体内に閉じて暗々裏に進行するという性質のものでは必ずしもなく，環境との関わりを通して漸次的に構成される可能性を提示したという意味において，相応の評価を得て然るべきものと言えるのかも知れない。

　こうした自閉症論が示唆するところは，逆に，定型的な発達においては，ごく自然に環境から様々な社会的入力を得ることで，多段的により高次の情意理解能力や社会性が構成されてくるということになるが，その道筋においては，養育者等の周囲の大人が果たす積極的な役割を度外視することもできないだろう (遠藤, 2005a, 2008a)。乳児が「人」刺激に対して関心を向けやすいということはとりもなおさず，周囲の大人からすれば，自身が乳児によって頻繁に注視

の対象になることを意味している。他者の視線や種々の情動表出は，私たち大人にとっても，その他者との相互作用へと駆り立てる一種の社会的モティヴェーター（social motivator）として働き，そして多くの場合，半ば不可避的に，その背後にある他者の様々な心的状態に関する推測を促すことになる訳であるが，それは基本的に養育者と子どもの関係性においても変わりがない。というよりは，こうしたことが最も濃密な形で生じやすいのがまさに親子関係と言えるのだろう（Blass *et al.*, 2006）。マインズ（Meins, 1997）は，養育者が子どもの視線や表情などを何らかのシグナルと思い込み，それらに誘発されて，時に実態以上に，その心的状態をやや過剰に読み取り，気遣ってしまう傾向を"mind-mindedness"と呼び，それが，例えば子どもに対する心的語彙の使用なども含めた適切な社会的働きかけに通じ，結果的に子どもの情意理解や社会性の発達を先導するという可能性を仮定している。そして現に，養育者の早期段階における"mind-mindedness"の豊かさが，その後の幼児期における「心の理論」の発達に促進的に寄与することを実証的に明らかにしているのである（Meins *et al.*, 2002）。

　こうした知見は現時点では，まだまだ部分的なものに止まるが，発達早期から認められる種々の「人」刺激に対する多少の知覚的バイアスが，自他の様々な情動あるいはその他の感情的反応を誘発する中で，子どもの情意理解や社会性の発達を後成的に導くというプロセス（e.g. Hobson, 2005; Racine & Capendale, 2007）については，今後，益々，精力的かつ精緻に検討される必要があると言えよう。

4.2.4. 原初的共感性とミラーニューロン

　実のところ，子どもは単に「人」刺激に対して特異的な注意を向けるだけの存在ではない。それと同時に，感応し共鳴する存在でもある。具体的には，（一部にそれに懐疑的な見方［e.g. Blumberg, 2005］もあるが）出生直後から，子どもは，舌出しなどの対面する大人の表情を模倣し得ることが知られている（新生児模倣）。また，顔の表情に限らず，他者の示す動作一般に対して随伴的にそれとかなり近似した動作をもって反応するという傾向も認められている（共鳴動作）。さらに，他者の情動状態に巻き込まれ同様の情動を示す情動伝染

や,他者の動きや発話のリズムに身体的に同調し,それにタイミングよく応じるような相互同期性などの存在もよく知られるところである。これらもまた先に見た乳児の視線や情動（らしき）表出と同様に,養育者の関心を引きつけ,養育者側からの乳児に対する心的帰属や種々の社会的働きかけを誘発することを通じて,結果的に乳児の情意理解の発達に寄与することが想定される訳であるが,それに加えて,そもそも,こうしたいわば原初的共感性とも呼び得る行動傾向それ自体に他者の心的理解のための基本的メカニズムが潜在しているという見方もある。

　元来,殊に新生児模倣に関しては,その発見者の1人であるメルツォフ（A. N. Meltzoff）が,能動的様式間対応づけ（Active Intermodal Mapping）,すなわち自身が起こし得る行為の内部受容感覚と,視覚的に特定された他者の行為を,共通のフレームワークで表象・処理・変換するメカニズムを仮定することによって説明しようとしたことが知られている（e.g. Meltzoff & Gopnik, 1993）。そして,彼は,このメカニズムを子どもが生得的に備えて生まれ,それが出生直後から作動することによって,その後の子どもにおける自他の心的理解への道が切り拓かれるという可能性をこれまで一貫して主張してきているのである（Meltzoff, 2005）。

　そして,メルツォフのこうした発想は,近年のいわゆるミラーニューロン（mirror neuron）の発見によって,あくまでも部分的にではあるが,その実証的裏づけを得たと言っても過言ではなかろう。ミラーニューロンとは,ある動作や情動表出などに関わる知覚系と運動系の処理を一括的に担うという特異な性質をもった神経組織を指して言う訳である（Rizolatti & Sinigaglia, 2008）が,子どももかなり早い段階から,これを備えており,他者の動きをダイレクトに自己の脳内に映し込むことができるため,それによって,子どもの中で,他者の心的状態のシミュレーションがほぼ自動化された形で生じている可能性が想定できるのだという（他者の動作を知覚するニューロンが,自身が同じ動作を起こす際のニューロンでもあるため,他者の動作の知覚によって賦活されたニューロンのふるまいが,結果的に自身が同じ動作を行う際の内的状態を表現することにもなる）。かつて,ニーチェ（Nietzsche, 1887/1964）は,共感すること,すなわち,他者の身体のふるまいを模倣し,さらにそれを通して他者の感情を

内的に再現・模倣することによって，他者を理解することが可能になるのだと述べていたが，それに深く関わる脳内基盤が，発達早期からある程度，存在し機能している可能性が現に示唆されてきているのである。

　もっとも，先にも見た養育者の"mind-mindedness"などにも深く関わるところだろうが，ミラーニューロンの成り立ちに関しては，端からそれありきではなく，むしろ養育者による，それこそミラーリング（映し出し）によって，徐々に成立してくるという見方もある（Iacoboni, 2008）。ミラーリングとは，一般的に子どもに対面する養育者が，子どもの情動表出に対して，半ば無意識理に自らも同じような表情や声の調子となり，それが結果的に子どもにも伝わる過程を指して言うが，まさに子どもは，自身の情動状態を，それが養育者という鏡に映し出されることを通じて覚知し，そして延いてはその経験の蓄積が原初的共感性の基盤たるミラーニューロンの発達に通じるというのである。養育者の子どもの情動状態の映し出しや照らし返し，あるいは包容（containment）（Bion, 1962）といったものの重要性は従来，精神分析的発達論の中で強調されてきたものである（e.g. Fonagy, 2001）が，それに符合する見方が，実証的な脳神経科学の領域においてなされ始めていることには，瞠目すべきものがあろう。

　無論，こうした見方は未だ仮説の域を出ないものであり，また特に乳児に関わるデータは稀少な状況にあるが，先にもふれた自閉症児においては，このミラーニューロンにも特異性があることが報告されてきており，その意味においても，子どもの社会的感性や情動表出が養育者等の特定の感情的反応を呼び込み，その中で，ミラーニューロンが漸次的に構成されるという考え方は，今後，真摯に追究されて然るべき問題であると言えるだろう。もっとも，人の共感性や心的理解には，こうしたミラーニューロンなどの低次の過程のみならず，大脳皮質（眼窩前頭皮質や前頭前腹内側部など）に支えられた高次の過程が複雑に絡み合っている可能性が指摘されており（Decety, 2012），その全体的機序の解明，そしてそこに養育環境がいかに関与し得るかについての究明には，まだまだ長い道のりがあると言うべきなのかも知れない。

4.3. 視線と表情の理解が拓く発達的可能性

4.3.1. コミュニケーション・ツールとしての目

　私たちが他者の気持ちを読み取る時に，ごく自然に注意を向けているものに他者の目およびその向きや揺らぎがある。それらは私たちの対人的相互作用においてきわめて枢要な働きをなしている。人の目は単に「見る」ための知覚装置として在るのみならず，積極的に「見られる」ための被知覚体としても在ると考えられ，瞳孔に対して強膜の面積が大きく，かつそのコントラストがはっきりしている人の目の物理的構造は，視線の位置や移動が周囲の者により明瞭に伝わりやすくなるべく，コミュニケーション・ツールとして独自の進化を遂げてきた可能性が示唆されている（小林・橋彌，2005）。

　子どもが早くから人の顔にただならぬ関心を示すことは既に述べた通りであるが，発達とともに顔の中でもとりわけその目に注意を向けるようになる。現に，他の霊長類等と比較した時に，ヒトの乳児はとりわけその養育者の目をじっと見つめ，結果的に親子間の相互凝視が，早期段階から際立って多いということが知られている（Rochat, 2001）。もっとも，発達早期の子どもにとって他者の目は強く関心を引く刺激ではあっても，未だ，他者の意図の所在を示すようなものとしてはない。子どもは他者の目をただ「見る」段階から出発し，一定の時間を経て徐々に視線の先にある対象を「察し」，そして，やがてその裏に隠された様々な心の状態を「読む」段階へと移行していくものと考えられる（遠藤，2005b）。まさに子どもは，こうした一連の視線理解の発達とともに，他者との広く深いコミュニケーション・ネットワークに参入し得るようになるのであり（Butterworth & Jarrett, 1991），また，他者が視線に込めた様々な情報を活用することで，社会的・物理的世界に関する知識を実に効率よく拡大していくことが可能になるのである（Tomasello, 1995）。その意味で，視線理解は人生早期において最も重要な発達的要素の1つと言える。

　誕生後間もない頃から乳児は閉じた目よりも開いた目に注意を向けるという報告もある（Batki et al., 2000）が，これまでの研究を総括すると，乳児が特に2つの目に特別な関心を寄せるようになるのはだいたい生後2ヶ月頃からであり（Johnson & Morton, 1991），また3ヶ月頃からは時に他者の視線の動きに連動

して自らの視線をすばやく動かし (Hood et al., 1998), およそ4ヶ月までには他者の視線が正面に向いている場合と脇に逸れている場合とを区別し得るようになるらしい (Vecera & Johnson, 1995)。こうしたことは, 少なくとも生後3～4ヶ月の段階から既に, 反射的な視覚定位のメカニズムが作動していることを意味し, また, それ故に, この頃になると視線が養育者等との社会的相互作用を媒介し得るようになることが想定される。例えば, トマス (Thomas, 2002) は, 3ヶ月児を対象に, 母親の子どもに対する注視が母子相互作用にどのような影響を及ぼし得るかを検討しているが, それによれば, 母親が目を閉じている時よりも開けている時に, 子どもは最も活発に活動し, 対面する他者の目の開閉は, その人が相互作用の相手としてふさわしい存在か否かを乳児が知るための重要な手がかりとして機能している可能性があるという。また, 遅くとも生後半年くらいまでには, 対面する他者の視線のきわめて微細な水平方向の動きでも敏感に察知し, 自らとアイコンタクトをより長く維持する大人に多く微笑を発するようになると言われている (e.g. Farroni et al., 2002; Symons et al., 1998)。

4.3.2. 共同注意の萌芽と発達

上述した知見は, いわば子どもと他者という二項に閉じた関係における視線コミュニケーションに関わるものである。生後1年目の後半には, ある意味, 革命的とも言い得るような出来事が生じてくる。乳児は, それまでのように, もはや単に視覚刺激としての目そのもの, あるいはその開閉の状態や動きに対して反応するだけではなく, 時に, 視線が, 自己と他者という二項の外側にある第三の何ものか「について」のものであるということ, すなわち視線の指示的あるいは志向的な性質を徐々に理解し始めるのである。このことは, 視線を通して, 他者の意図が現在どこに注がれているのか, 場合によっては, 他者がどんな心の状態であるのかを知り得るようになることを含意し, 子どもは, ある特定の対象をはさみ, それに他者と共に注意を向けることによって, その対象に関わる心の状態を他者との間で相互に理解し合えるようになっていく。これが一般的に「共同注意」(joint attention) と呼ばれるものであり, これによって拓かれる三項関係コミュニケーションの開始は, 子どもが, 直接は見聞きできない心の世界へと実質的に参加し始めるということを含意している

(Tomasello, 1993, 1995)。

　バターワース（Butterworth, 2001）は，この共同注意の発達を3つの段階に分けて考えている。それによれば，まずは彼らが生態学的（ecological）共同注意と呼んだ行動形態が生後6ヶ月前後くらいから現出する。それは，他者に明確な首の回転などがあり，なおかつ自分の視野内に他者が注意を向ける顕著な対象が存在する場合に限り，時に他者との間で，同一対象に対する注意を共有することができるという段階である。この共同注意の形態は，頭部回転や明瞭な物体といった知覚的に顕著な生態学的手がかりに半ば反射的に引きずられる形で生じたものと解釈できる。

　生態学的共同注意は，未だ子どもが自発的に意図して起こすものではない。こうした自発的な共同注意の萌芽が認められるのはだいたい生後9ヶ月頃からであり，そしてこのことが，意図性の相互理解という要素が共同注意に加わり始めるということを意味している。この頃になると乳児は，たとえ目立った対象が明確な形で存在していなくとも，養育者の頭部回転や目の動きを凝視した上で，それらが止まったところに自らの視線をすばやく合わせようとし始める。また，そこに顕著な対象が探せない時には再び，養育者の方を振り返るようなことも生じ始める。このことは，子どもが他者の視線の先に何かおもしろそうなものがあることを予め期待して，それを自発的に探し求める行為であると解釈できる。バターワースは，この頃の共同注意を，他者の目という点とその先にある対象という点との間に直接的には見えない線を察知することが可能になっているという意味で幾何学的（geometrical）共同注意と呼んでいる。

　もっとも，この頃の共同注意においても，子どもはまだ，他者の視線の行き先が自分の背後などの視野外にある場合には，後ろを振り返ってその対象を探すことをしない。純粋に目の動きだけを手がかりに，視野外も含め他者の視線を確実に追い，対象を同定し得るようになるのは生後18ヶ月頃からになるという。バターワースは，こうした共同注意が，直接的には知覚できないところも含め，空間に関する表象が明確に成り立って初めて生じるという意味で，それを空間表象的（spatial-representational）共同注意としている。

　ちなみに，こうした共同注意に関しては，それが問題にされ始めた当初から，その言語発達（語彙の獲得）に及ぼす重要な働きが指摘されてきた（Scaife &

Bruner, 1975)。共同注意とはいわば子どもと他者によるトピックの共有であり，そこにタイミングよく他者による名づけがなされた場合に，子どもはそこにある事物や事態にその名前を対応づけることができ，そしてそのことが子どもの迅速で効率的な語彙獲得を支えるというのである。そして，現にいくつかの研究が，発達早期の視線追従や共同注意の能力が，その後の言語発達を予測することを明らかにしている (e.g. Mundy *et al.*, 2003; Slaughter & McConell, 2003)。

4.3.3. 視線と表情の同時活用としての社会的参照

上述した共同注意とほぼ同じ頃に現れてくる興味深い現象にいわゆる「社会的参照」(social referencing) がある (e.g. Campos & Stenberg, 1981)。それは一般的に，ある個人が見知らぬ人やものなどに遭遇した際に，他者の視線が自分と同じくそれらに注がれていることを確認した上で，他者の表情を手がかりに，それらのものの意味を判断し，それらに対する自らの行動を調整するようなふるまいを指して言う（遠藤・小沢，2000）。子どもは，早い場合にはだいたい生後9ヶ月くらいから，見知らぬものや人に出会った際に，例えば，近くにいる養育者が微笑していれば（おそらくは安全だと判断して）その対象に近づき，一方，不快な表情をしていれば（おそらくは危ないものと判断して）のけぞったり後ずさったりするといった行動を徐々に示し始めると言われている (Moses *et al.*, 2001; Mumme & Fernald, 2003)。

実のところ，視線そのものは他者の意図がどこに注がれているのか，その所在を伝えるものではあっても，それがどのような心の状態を示すものかまで，正確に伝達するものではない。それに対して，他者が発する情動は，先にも見たように，その人がある事象や対象に対していかなる評価をしているのか，別の言い方をすれば，その人の意図の内容がどのようなものであるかをかなり弁別的に示すものと言える (Lazarus, 1991)。こうしたことからすると，視線が，自己と他者を結ぶ真に有効なコミュニケーション・ツールとして機能するためには，それ単独では自ずと制約があり，表情と組み合わさることによって，その真価がより十全に発揮されるものと考えられる。すなわち，視線と表情の組み合わせとして在る社会的参照を通して，子どもは，より正確に，他者が何について，どのような思いを有しているかを知ることができるということになる。

別の見方をすれば，この社会的参照の現出は，それ自体が，子どもが単に，各種情動表出の形態的特徴を弁別し得るということではなく，それぞれの情動に適った行動調整を行い得るという意味でそれら固有の意味を，また他者の情動表出をその原因となった事象に対応づけ得るという意味でその志向的性質（情動が何ものかについてのものであること）を理解していることの重要な指標になっているものと考えることができる（Saarni et al., 1998）。

　科学哲学者のデネット（Denett, 1996）は，地球上に住まう生物種を「ダーウィン的生物」（専ら生得的に仕組まれたふるまいによってのみ環境世界に適応する），「スキナー的生物」（後天的な学習によっても環境世界に適応し得る），「ポパー的生物」（シミュレーションを通しても環境世界に適応し得る），「グレゴリー的生物」の４種に分けた上で，知性進化の最も高みに４番目のグレゴリー的生物を据えて考えている。それが意味するところは，自らは直接リスクを冒すことなく，他者の心的世界をところどころコピーして効率よく情報収集し思考する知性体である。おそらく，私たち人間が発達過程の中でこのグレゴリー的生物になり得るのは，他者の視線とともに，多くの場合，それと共起する他者の表情をも活用できるようになるからなのだろう。複数の論者が，この社会的参照が系統発生的に見てヒトにおいて飛躍的に進化した可能性を指摘し，また，ヒトの子どもが発達早期に，その環境世界について急激な勢いで種々の知識を獲得していく上で，際立って有効な学習メカニズムとして機能しているのではないかと論じている（e.g. Baldwin & Moses, 1996; Tomasello et al., 1993）。このように，子どもが，同種としてのヒトという存在に，とりわけその視線や表情に対して，ある意味「ただ何もせずにはいられない」感性や一定の反応傾向を備えて生まれてくることには，その後の種々の発達の進行において，きわめて大きな意味が潜んでいると言えるのだろう。

4.4. パーソナリティのオーガナイザーとしての情動

4.4.1. 情動とパーソナリティ

　前２節では，子どもの他者存在への，殊にその視線や表情などに対する特異な社会的感性や反応傾向が，子どもの自他の情意理解や環境世界に関わる幅広

い知識獲得においていかに促進的な役割を果たし得るかについて論考を行った訳であるが，ここでは，少し視点を変えて，日々の情動経験の蓄積が，子どものパーソナリティの発達において，どのような役割を担っている可能性があるかに関して試論してみることにしたい。

　元来，個々人が日々，経験し発する情動とパーソナリティ特性との間には密接な関連性があることが知られている（e.g. Fleeson & Gallagher, 2009）。例えば，私たちが，日常，素朴に人のパーソナリティを語る時，実のところ，「あの人はいつもすぐ怒る」とか，「滅多に笑わない」とか，「とても恐がりだ」とか言うように，その人の際立った情動的特質に言及することがきわめて多いという（John, 1990）。また，現に，各種パーソナリティ特性と情動経験に関する主観的報告（Watson & Clark, 1992; Larsen & Ketelaar, 1991）や実際の情動表出（Keltner, 1996）との間に特異的な関連性があることを見出している研究もある。マガイ（Magai, 1996）が，パーソナリティの5因子モデルに従って総括しているところによれば，外向性は喜び・快情動と，神経症傾向（情緒不安定性）は恐れと，敵対性・不従順性（協調性の欠落）は怒りと，経験への開放性（動機づけの高さおよび創造性等）は興味と，それぞれ緊密な関連性を有しているという。勤勉性については，特定の情動との特異的な関連性はないものの，ネガティヴな情動経験一般に対する防衛的対処という性質を強く帯びている可能性があるらしい。

　このように，情動とパーソナリティの間には一定の結びつきが存在すると言える訳であるが，従来のその因果関係の捉え方は，一般的に，あるパーソナリティ特性が特定の情動経験を生み出しやすくするというものであったと考えられる。換言するならば，多くの場合，情動は，その人のパーソナリティ，あるいはそのパーソナリティの影響下にあるその時々の心的状態の帰結であり，またそれ故に，それらを覗き見るための「窓」（＝指標）として捉えられてきたと言えるのである。しかしながら，近年の情動研究の関心は，むしろ，その逆，すなわち，ある種の情動経験の蓄積が，その個人が経験する関係性の展開に影響を及ぼすことを通して，結果的にある特異的なパーソナリティの形成を方向づけるという因果関係の可能性をも想定するに至っている。この立場によれば，情動は関係性やパーソナリティのオーガナイザーということになり，私たち1

人1人に固有の人となりは多かれ少なかれ，個々人の発達過程における情動経験の特定パターン（情動経験およびその制御の歴史）を中核として組織化されてくるということになるのである（Izard, 1991; Magai, 1996, 2008; Tomkins, 1995）。

4.4.2. 情動が関係性の展開に及ぼす影響

それでは，いかにして情動は関係性の展開やパーソナリティの形成に寄与すると言い得るのだろうか。まず，想定される1つの影響過程は，子どもであれ養育者であれ，情動を経験し発動した個人が，そこで相互作用する他者および事象を，ある一定のバイアスをもって知覚・認知し，そして結果的にある特定の行動を取りやすくなるということである（情動の発動・経験主体におけるバイアス）（Izard, 1991; Magai & McFadden, 1995; Tomkins, 1995）。ある種の情動状態は，他者が発した情動表出の知覚・認知に一定の選択性をもたらす（ある種の表出には敏感にさせ，また別の表出には鈍感にする）ことが知られている（Malatesta & Wilson, 1988）。例えば，怒りやいらだちを感じている個人は，相対的に他者の怒りや不快といった表出に敏感になる一方で，ポジティヴな情動表出にはあまり注意を向けなくなる可能性があるらしい。あるいは，現実には中性的であったり幾分ポジティヴな表出であったりしても，それをネガティヴな表出であると歪曲した形で認知してしまう傾向があるとされている。また，ある種の情動状態は，記憶や思考あるいは問題解決などの各種の認知処理（Bower, 1981; Isen, 1984; Matthews, 1993）に影響を及ぼし，結果的に利他的行為や敵対的行為など，種々の社会的行動の発動に関与すると言われている（Malatesta & Wilson, 1988）。例えば，悲しみなどのネガティヴな情動は，全般的に学習や記憶の検索・再生などにマイナスの影響をもたらし（Isen, 1984），あるいはまた怒りの情動については否定的な情報の再生をむしろ促進させる（Nasby & Yando, 1982）などして，結果的に，情動の経験主体に，非社会的および反社会的な行為を相対的に多く取らせやすくするのだという。

例えば，被虐待児は一般的に，日常の特に何の情動も絡まない場面や，むしろ他者に悲しみの情動が生起しているような場面でも，そこから自らの過去の怒りに絡むエピソードを想起しやすく，また他者の必ずしも不快の表出ではない表情にも怒りの情動を誤って読み取ってしまう傾向が強いことが知られてい

る（e.g. Pollak et al., 2000; Pollak & Tolley-Schell, 2003; Shipman & Zeman, 1999）が，こうしたことは，彼らが養育者の日々の虐待行為に対して経験する恐れや不安，そして怒りが，種々の社会的情報処理に歪曲をもたらし，結果的に，彼らがその歪んだ認知の下，養育者やそれ以外の大人あるいは仲間との間においても，新たな対人的トラブルを多く引き起こしてしまう可能性があるということを示唆している（Howe, 2005）。

　もう1つ想定しておくべき影響の道筋は，関係性の中でどちらか一方に，ある情動の表出が見られた時に，それを知覚・認知する側に，ある一定のバイアスがもたらされ，結果的にある特定の心的状態や行動が，その情動の発動主体に対して向けられやすくなるということである（情動の知覚・認知主体におけるバイアス）（Malatesta & Wilson, 1988）。すなわち，情動表出や情動的な行為は，それを知覚・認知する者に，情動の発動主体の内的状態やパーソナリティなどに関する情報を迅速に付与し，それらに関する推論を促したり（情動の情報付与機能），またそれと同様の，時に相補的な情動を惹起したり（情動の情動誘発機能），さらには，ある特異な行動パターンをその情動の発動主体に対して向けさせたりする（情動の行為喚起機能）ことになるのだという（Keltner & Haidt, 1999, 2001）。

　小さい子どもに関して言えば，確かにまだ，例えば養育者の情動表出からその心的状態などの情報を的確に読み取り得る存在ではないかも知れない。しかしながら，乳児段階から既に子どもは，必ずしも学習経験によらずとも半ば生得的に，養育者の怒りの表出には自ら困惑した表出と撤退・回避の行為傾向を，逆にポジティヴな表出には，ポジティヴ表出と近接の行為傾向を示すと言われている（Haviland & Walker-Andrews, 1992）。もちろん，養育者は養育者で，子どもの情動表出からその子どもの心的状態や気質などを読み取り，それに応じた情動や行動などを子どもに対して，多くの場合，無意識裡にしかけていくことになる（Meins, 1997）。そして，このようにして双方の情動は複雑に絡み合い，そこに，そのペア独特の関係性のパターンが生み出されていくことになるのだろう。

　これを部分的に例証するものにフライバーグ（Fraiberg, 1971）の先天盲の子どもとその養育者との相互作用に関する研究がある。その研究において，フラ

イバーグは，養育者が子どもの情動表出および社会的反応性の乏しさに失望を覚え抑うつ的になり，徐々に，子どもに対する身体的および社会的な刺激，さらには養育行動全般を減らしていく有様を描出しているのだが，研究者側が，養育者に，その子どもの指の動きに種々の情動が表出されている可能性，および養育者の働きかけにその指の動きをもって随伴・同調的に応じている可能性があることを指摘すると，養育者の子どもに対する情動の表出が回復し，また養育的関わりが，一転して，ポジティヴで豊かなものに変化し始めたのだという。こうした事例は，子どもの情動表出が，その知覚・認知主体たる養育者の子どもに対する見方や情動的態度，そしてまた各種の養育的関わりやその後の子どもとの関係性の展開に，確実に一定の方向性を与え得ることを示唆するものと言えよう。

さらに，情動表出が他者との関係性の形成に大きく作用する可能性を示唆する事例に，通称モニカ（Monica）と呼ばれた少女の事例がある（Engel et al., 1979）。モニカは幼くして食道閉鎖という不幸に見舞われ，またそれに落胆した母親の不適切な養育の下，心と身体を次第に閉じていく（周囲からの刺激に無反応になる）。そして心身発達の遅滞が著しい非器質性の成長障害（failure to thrive）に陥っていく。しかし，注目すべきはその後の展開であり，彼女は，病院に収容されてから驚くほどの回復を示し，短期間のうちに定型的な発達状態に追いついてしまうのである。その原因が何にあったのか。多くの研究者は，それを彼女の情動表出，特にその魅力的な"ダイナマイト・スマイル"の中に見出そうとしている（e.g. Gallagher, 1996）。彼女が時折示す微笑によって，看護師や医師といった病院スタッフが次々と彼女のもとに引き寄せられ，その中で，彼女は彼らからの身体接触や言葉かけおよび情動表出などを豊かに経験することになる。つまり，モニカは，自分自身ではそう意図していなかったとしても，情動表出の力を借りて，それまでの人生で欠けていた他者との親密な関わり，そしてコミュニケーションを確立し，そして必要な諸刺激を補うことで，自らの発達を適切な方向に軌道修正することができたと言い得るのである。

おそらく，1回1回の情動の生起に関して言えば，それがその後の自他の心的状態や関係性の展開に及ぼす影響はあくまでも一過性・刹那性のものと言わざるを得ないだろう。しかしながら，私たちはここで，種々の情動がある特定

の関係性の中で決してランダムに生じるものではないということを確認しておくべきであろう。すなわち，気質などの子ども自身の生得的要因に起因して，あるいは養育者のパーソナリティおよび特異な養育実践などに起因して，ある特定の事象，そしてある特定の情動の生起頻度が高まり，またその一方で，ある別の情動の生起頻度が低くなるということが不可避的に生じてくるということである（e.g. Thompson, 1990）[5]。そうなれば，そうした，個人および関係性に特有の最頻的情動や最稀的情動あるいは各種情動経験の濃淡やその蓄積を通して，子どもはそれぞれに特異な，ある一定の対人認知および対人行動のパターンを徐々に固定化させていくことになるのだろう（Magai, 2008; Magai & Haviland-Jones, 2002; Magai & McFadden, 1995）。そして，養育者もまた，自らの子どもに対する認知・行動のパターンを漸次的に固めていくものと考えられる（Dix, 1991）[6]。

---

[5] シェラーら（Scherer & Brosch, 2009）も，個々人の元来の気質傾向や状況に対する認知的評価のバイアスによって，各種情動の生起頻度に大きなばらつきが生じ，その影響下において，個人特有の情動特性が生み出されてくるというプロセスを仮定している。もっとも，彼らは，さらに踏み込んで，種々の文化に特有のものとして在る，状況に対する認知的評価の差異が，様々な情動の経験頻度に一貫した文化差をもたらし，結果的に，その中で各文化に特異的なパーソナリティ傾向（おそらくは時に国民性や民族性などとも言われるもの）が生じてくるのではないかと主張している。

[6] 発達研究者の中には，子どもに備わった遺伝的要因，すなわち気質それ自体をパーソナリティの中核と考える向きもある。この立場では，子どもの情動経験および情動表出の特異性が，この気質傾向によって生み出されたもの，あるいは気質そのものの直接的反映であるという仮定がとられる（e.g. Goldsmith, 1993）。確かに，気質傾向にかなりの時間的一貫性があり（e.g. Caspi *et al.*, 1988; Kagan, 1992），また一部の論者（e.g. Plomin, 1990; Scarr, 1992）が主張するように，気質がそれに沿った環境を個体の周りに呼び込むという側面があることは否めない（環境は偶発的に個体に降りかかるものではなく，気質傾向に沿うよう個体の能動的な働きによって形成されるものであり，その意味からすれば，環境も気質の延長物あるいは相関物に過ぎないということになる）。こうした考えに従うならば子どもは，自らの気質に沿った事象を多く自分の周りで生起させ，そしてまた，気質に合致する情動を多く経験するのだということになるのだろう。しかし，遺伝論者・気質論者も認めているように，発達の早期段階においてはまだ，相対的に，個体自らが，能動的に環境を作り上げることは難しいと言える。やはり，子どもは，どのような事象に多くさらされ，結果的にどのような情動を多く経験するかということにおいて，養育者そしてまた環境側の影響をそれなりに強く受けざるを得ないものと考えられる。本書では，そうした意味において，情動経験および情動表出の個人差が，両要因の交絡によって生み出され，ひいては，それがパーソナリティの形成につながっていくという立場を取っていることに注意されたい。

4.4.3. アタッチメント形成に見る情動の役割

情動が関係性の展開に及ぼす影響については，アタッチメント研究の枠組みの中でも様々に検討されている。例えば，マラテスタ＝マガイら（Magai *et al.*, 1995; Malatesta, 1990; Malatesta & Wilson, 1988）は，（ストレンジ・シチュエーション法によって測定されるような）各種アタッチメントのタイプの形成に密接に関わる情動について論じている。彼女らによれば，種々のアタッチメントのパターンは，子どもと養育者との関係性の中で徐々に優位化して生じるようになる，ある特定情動に導かれる形で漸次的に組織化されるのだという。彼女らが仮定するところでは，回避型は恐れ（あるいは抑圧された潜在的怒り）が，また安定型は（養育者との間で相対的に正負様々な情動がオープンに交わされるが特に）ポジティヴな情動が，さらにアンビヴァレント型は，その下位タイプのC1（抵抗型）については怒りが，C2（受動型）については悲しみが，それぞれ中核となって組織化が進行する可能性が高いらしい。

ここでは，回避型を例にとって，その機序を例解してみよう。回避型の母親は，少なくとも乳幼児期の早期段階においては，相対的に子どもに対して過剰な刺激を与えやすく，また侵害的な態度をとることが多い（子どもの様子に応じて自らの行動を調整することが少なく，自己中心的に相互作用を展開することが多い）と言われている（e.g. Belsky *et al.*, 1984; Isabella *et al.*, 1989）。例えば，顔を合わせた相互作用場面で，子どもの方が視線を逸らしてきても，持続的な注視行動を初めとして，その働きかけを弱めるということをあまりしない。結果的に，子どもはそこで恐れの情動を多く経験し，それに駆り立てられる形で，それを惹起した事象，すなわち母親との対面および相互作用から，撤退しようとすることになる。また，当然のことながら，その顔や声に現れる情動の表出は，恐れなど，相対的にネガティヴな表出に偏りがちになる。一般的に，子どもから微笑などのポジティヴな情動表出を引き出すことができれば，母親の働きかけはある意味，報われたことになり，それから喜びや自己効力感を得ることができる訳であるが，このタイプの母親はそうした社会的報酬を結果的にあまり受け取ることができず，次第に自分の方からも子どもを避けてしまうようになる。場合によっては，こうした母親は，あまり笑わず自分に近づこうとしない子どもに対して，暗黙裡に「気むずかしい子」「かわいくない子」という

ラベリングをしてしまい，そうした思いこみの中，養育態度を次第に拒絶的な方向に硬直化させてしまうことになるかも知れない．すなわち，このタイプでは，恐れの情動が優勢になることで母子双方の回避傾向が固定化され，さらにこの関係性の特質を内在化した子どもは，一貫して，他の対象に対しても同様の回避的スタンスで接することになり，そこに一時的状態（state）に対する反応としてではない，安定したパーソナリティ特性（trait）の基盤を準備することになるという訳である（Malatesta & Wilson, 1988）．

　無論，情動とアタッチメントの関連性に関しては，アタッチメント・パターンの組織化が先にあって，そのことによって，ある事象の生起頻度が高まり，結果的にある情動が優位化するという因果の方向性も否定できない．というよりはむしろ従来は専らこうした因果の向きが暗黙裡に想定されてきたのだと言える．しかし，イザベラ（Isabella, 1993）の研究は，ある情動の生起頻度の高まりや増幅が，漸次的にその関係性の性質を方向づけていくという影響の向きが現にあり得ることを示唆している．この研究は，生後1ヶ月段階からその後，約1年間に亘って母子相互作用を観察し，それと生後12ヶ月段階の子どものアタッチメント・タイプとの関連性を検討したものである．それによれば，回避型とアンビヴァレント型の子どもの母親は，安定型の子どもの母親に比して，発達早期から一貫して応答性が低くまた拒絶的だったのであるが，ここで着目すべきは，回避型とアンビヴァレント型の子どもの母親の比較結果である．生後1ヶ月段階においては回避型の子どもの母親の方がアンビヴァレント型の子どもの母親よりも応答性が高く拒絶の度合いが低かったのだが，生後9ヶ月段階ではこの関係が逆転していたのである．先述したように早期段階における回避型の子どもの母親の関わりの特徴として，過剰刺激，過剰関与というものを挙げることができる訳だが，これは裏を返せば，このタイプの母親が，少なくとも当初それだけ子どもの存在あるいはその養育に対して高い関心や動機づけを有していることの証しであるとも解せる．しかし，それが，その8ヶ月後には，最も子どもに対して関心が低く，拒絶的なふるまいを見せる母親に変じるのである．

　このことは，関係性の性質が，養育者と子どもそれぞれが元来，有している特性によって一義的に決定づけられてしまうものではないことを部分的にでは

あっても含意しているように思われる。おそらく，時間軸に沿って親子双方の要素が複雑に絡み合い揺らぐ中から，徐々に関係性の性質が固定化し，それを通じて，子どものパーソナリティの原初的形態が芽生えてくるのだろう。そして，そうした関係性の展開に，オーガナイザーとしての情動がきわめて重要な役割を果たしていると言い得るのである[7]。

ちなみに，マガイら（Magai & Haviland-Jones, 2002）は，ロジャーズ（C. Rogers），エリス（A. Ellis），パールズ（F. Perls）という20世紀を代表する3人の心理療法家の生涯を事例として引きながら，また，それぞれの臨床実践を映したフィルムの中の表情にも着目しながら，個々人に固有のものとして在る情動経験の蓄積や変移が，多くの場合，その当事者にも意識されないまま，まさに隠れた形で，種々の認知や行動，そして他者との相互作用を方向づけ，結果的に彼ら個々のパーソナリティやキャリアに際立った特異性をもたらした可能性を鋭く論じている。それによれば，例えばロジャーズにおいては，（発達早期における養育者との安定したアタッチメントにも由来して）その基本的な情動の定常状態は他者に対する優しさや肯定的な興味であるが，その一方で（キリスト教根本主義という独特の家庭環境やきょうだいとの競合的状況で生まれ育ったことなどにも由来して）恥という情動に対する嫌忌的意識が強く潜在し，また怒りの情動を回避する傾向が備わっていることなどによって，彼の人間主義的ではあるが幾分，複雑なパーソナリティや，共感的受容および無条件的肯定的配慮などを骨子とする彼独自のクライアント中心療法が生み出されるに至ったのではないかという。

---

[7] 関係性の展開に，情動を含めた経験的要因が，気質などの子どもが生得的に有している遺伝的要因以上に，枢要な役割を果たしていることの1つの重要な証左に，アタッチメントの個人差に関する行動遺伝学的な研究知見を挙げることができる。それは，主に一卵性および二卵性の双生児を対象とするデータから，アタッチメントの個人差に関わる，いわゆる遺伝率（個人差分散を個人間の遺伝的差異が説明する割合）がきわめて低い一方で，共有環境や非共有環境といった，個々の子どもが成育環境の中で固有に有することになる経験的要因の差異によって，その個人差が説明される割合がきわめて大きいことを明らかにしている（e.g. Bokhorst *et al*., 2003; Fearon *et al*., 2006; O'Conner & Croft, 2001）。ボウルビィ（Bowlby, 1973）は，個々人の関係性のスタイルやそれに結びついた健康や病理などの基盤は，遺伝子を介してよりも，家族のマイクロカルチャーを通してより強く規定されると言明しているが，個々の子どもに特異な情動経験の蓄積は，そのマイクロカルチャーにおいて主要な働きをなしているものと考えられよう。

他にも，類似の視座を有する実証的な縦断研究をいくつか見出すことができる。例えば，ミルウォーキーの修道女の生涯発達過程を扱った研究においては，彼女らが日記の中に記した，特に人生の比較的早い段階におけるポジティヴ情動の経験頻度が，個々人の寿命の長さを予測するという結果が得られている（Danner et al., 2001）。また，卒業アルバムの写真に写った表情から，そこにおけるポジティヴな情動表出が，その後の生涯に亘る対人関係の良好さや生活に対する満足度，延いては心身の健康を予測するという結果を導き出しているような研究もある（Harker & Keltner, 2001）。こうした結果については，無論，生来的な遺伝的要因あるいは元来の気質の介在なども想定しなくてならないところであるが，研究者が推察するところによれば，ポジティヴな情動表出の多さは，互恵的な安定した関係性の経験を豊かに誘発することになり，その中で個人における心身の安寧が長期的に保証されるのではないかという。いずれにしても，日常における情動経験のバランスがパーソナリティ形成や生涯に亘る心理社会的適応性などに深く関与し得るということの1つの傍証になっていると言えるのかも知れない。

　なお，ここでは主に子どもと養育者という二者関係の中で，そこで生起する情動の持つ意味を考えてきたが，子どもの発達の現場を考えると，そこには別の形の情動の関与も考えられる。それは，子ども自身が直接，当事者としては参加しない，第三者間の関係性からの影響である。例えば夫婦関係の質を扱った種々の研究（e.g. Cummings, 1994）は，そこでの情動的やりとりの質あるいは家庭全体の情緒的雰囲気（emotional climate）が，子どもの発達に促進的あるいは阻害的に働くことを検証している。例えば，子どもに対して直接的に向けられたものではなくとも，その背景における親同士の頻繁に亘る葛藤およびそこでの怒りの表出は，確実に子どもの情動状態に影響を及ぼし，子どもの安全感（felt security）をひどく脅かすことで，子どもを極端に不安定な状態に置くことが知られている（Davies & Cummings, 1994）。直截に自分自身が発したり，自分が向けられたりした情動ではなく，ただそのバックグラウンドとして在る情動であっても，やはり，子どもによる他者や状況の知覚・認知に一定のバイアスをもたらし，結果的に子どものその時々のふるまいや延いては発達の方向性を大きく左右するという可能性が十分に想定されるのである。

4.4.4. 情動的スクリプトの構成・活性化

　以上では，発動された情動そのもの（ある特定情動の生起頻度の高まりおよび過少）が知覚・認知・行動，そしてまたパーソナリティの形成に対して潜在的に持ち得る意味について見た訳だが，パーソナリティ発達における情動と認知の絡みを考える上で，もう一点，忘れてならない側面があるように思われる。それは発達過程の中で，同種の情動経験が習慣化して繰り返されると，その前後の文脈を含めて，ある種の一般化された認知的構成体，すなわち情動的スクリプト（emotional script）なるものが形成される可能性があるということである（Oatley & Jenkins, 1996; Tomkins, 1995）（外傷体験など，きわめて強烈な情動体験は，例外的に1回でスクリプトを構成し得るかも知れない）。おそらく，事象―評価―情動経験―養育者の対応（感受性・応答性・情緒的利用可能性など），あるいはまた，そこで具体的に取られた対処ストラテジーなどが，一定の連鎖をなして個人の中に内在化されるものと考えられる。そして，一旦こうしたスクリプトが内在化されると，それは特定の関係性の文脈を超えて，様々な状況に一般化され，個人特有の，ある意味，ステレオタイプ化された対人的予測や対人的行動を導くことになるのかも知れない。そうなれば，それはもはや，パーソナリティの一部をなしていると見なしても何ら過誤はないことになろう（Oatley & Jenkins, 1996）。

　ある研究者（Patterson, 1982）は，子ども自身だけではなく，他の家族成員も含めて，怒りの表出がある目標達成に最も効率的に働くような家族的雰囲気の中で生育した子どもが，家族外の対人的状況でも，次第に怒りや攻撃性をエスカレートさせ，最終的に自らの願望を果たそうとする傾向が強いことを見出している。これは見方によっては，怒りという情動に関わるある種のスクリプトが，反社会的人格の形成に一役買っている可能性を示唆するものとも言えるだろう。また，先ほど述べた，情動とアタッチメントとの関連性に関しても，実のところは，生起した情動そのものが知覚・認知・行動にもたらすバイアスという視点に加えて，その前後の文脈を含めた情動的スクリプトの構成・活性化という視点を取ることで，より一層，明確な理解が可能になるのかも知れない（e.g. Oatley, 2004）。

　さらに，この情動的スクリプトの構成ということに関して度外視できないこ

ととして，子どもが固有の情動的スクリプトを構成する前に，その養育者は，既に，自ら固有の情動的スクリプトを有する存在であるということを確認しておくべきであろう。子どもとの関係の中で，養育者は自らのスクリプトに従って，ある種の事象を引き起こす者であり，その事象に対して評価を行う者であり，そしてまた，そこで生じた情動を制御・調整する存在でもある。別の見方をするならば，子どもの特定情動の経験を強化する者でもあり，情動表出・情動制御等に関して教示を行うコーチでもあり，子どもの情動経験の（観察学習における）モデルでもある。子どもの情動的スクリプトは，こうした養育者の下（場合によっては，複数の養育者の情動的スクリプトが複雑に絡み合う中で），徐々に形成されていくのだろう。ゴットマンら（Gottman *et al.*, 1997）は，親の情動的スクリプトの反映とも言えるメタ情動構造（meta-emotion structure），すなわち親の自分自身の悲しみや怒りなどに関する自覚的意識や子どもの悲しみや怒りなどに対する態度や反応の質を問題にし，それが子どもの日常における情動経験の個人差に大きな影響をもたらすことを見出している。

第4章のむすびとして

本章では，子どもが経験し表出する情動それ自体の萌芽と発達について概括した上で，今度は，情動が発達を拓くという視座から，そうした情動（および広く種々の感情現象）が，子どもに密に関わる他者が経験し表出する情動と時間軸上でいかに絡み合いながら，子どもの知情意，そしてパーソナリティの発達をどのように導き促し得るかということに関して論考を行ってきた。当然，常にとは言い得ないが，情動やそれに類する感情現象の経験や表出が，個々人の生活史において一定のパターンや流れを持つに至り，それが個人の他の側面の発達に一定の寄与をなし得るということについては，それもまた，情動に元来，潜んで在る機能性や合理性という枠内で捉え得るのではないかと考えられる。

一般的に，情動は一過性のものであるだけに，より安定した属性として在る認知能力やパーソナリティによって，その性質や具体的な現れ方を規定されるのだと把捉されてきたと言える。無論，情動が遭遇事象に対する認知的評価の産物としてある限りにおいて，そこに必然的に絡む認知能力やパーソナリティ

による影響はいかなる意味でも等閑視されてはならないものであるが，その一方で，私たちは本章で見てきたように，その逆の因果にも正当に目を向けなくてはならないのかも知れない。現に，子どもが日常生活の中においてどのような情動を多く経験し，またあまり経験しないかは，彼らが置かれる被養育環境のあり方によって不可避的に大きな影響を被るものであるため，特にその個人差の形成や発達における役割に対してはもっと刮目してよいところだろう。喜びなどのポジティヴな情動が優位化している子どもがいる一方で，それらが少なく怒りが優位化していたり，恐れや不安が優位化していたりするような子どもも実際に存在する訳である。その意味で，そうした情動の原因をなす経験事象の偏りとともに，各種の認知や動機づけ，そして行動に特有のバイアスをもたらすものとして在る情動それ自体にも，より積極的に研究のメスを入れていくべきであると考えられる。例えば，深刻化する子ども虐待が孕む問題性については，彼らに向けられる虐待行為の蓄積やその悲惨さとともに，彼らが日常，どのような情動的な生活を強いられているかについても目を向け，その情動面の特異性という視点から，彼らの発達上の躓きが理解され，かつその回復に向けた支援のあり方が模索される必要があるのだろう（e.g. Howe, 2005）。

第5章 情動の両刃性について考える

第5章のはじめに

　第1章で述べたように，情動は，非合理的で役に立たない，それどころか時に破壊的ですらあるといった扱いを長く受けてきたといえる。しかし，近年，それに抗う見方が多数，提示され，特に第2章では，それまでの否定的な情動観を打ち消すべく，種々の知見を示し，情動に潜む多様な機能性について概観・考察を行った訳である。ただし，そこで筆者が主張したかったことは，無論，情動があらゆる側面において機能的であるとか合理的であるとかいうことではさらさらない。当然のことながら，情動には，非合理的なところもあれば，合理的なところもあるのである。それは，情動が機能的・合理的に働く場合とそうでない場合とがあるという意味でもあるが，もう1つ，きわめて反機能的・非合理的に見える情動の性質が，別の視点から見ると，同時に機能的でも合理的でもあるということをも意味する。本章では，一見，顕在的には非合理的に見えるものの中に，実は情動の最も合理的な側面が潜在している可能性があること，すなわち情動の両刃性について多少とも論考しておくことにしたい。

5.1. 合理的でも非合理的でもある情動

5.1.1. 先行事象との関わりに見る非合理性・当該事象との関わりに見る合理性

　電話で突然，信頼していた友人に罵詈雑言を浴びせられ，悲しいやら悔しいやらで，明日が締め切りの卒業論文が全く書けなくなったとしたら，私たちは，人に情動というものがなければどんなによかったかと一瞬，思い，その非合理的な性質を怨むに違いない。しかし，この場合，その情動を非合理的と言い得るのはあくまでも，それに先行して在った卒業論文の作成との関わりにおいてである。しかし，情動の原因を作った当該事象との関わりでいえば，電話での会話から生じた悲しみや悔しさあるいは怒りといった情動は，かけがえのない

友人との関係の再調整に関わる種々の行動に否応なく私たちを駆り立て，結果的に誤解を解き，友人との関係を元通りに回復させてくれるかも知れない。

つまり，この例からもわかるように，情動を非合理的と形容する場合，私たちは，情動の原因をなした当該事象よりも，先行事象（あるいは時に後続事象）との関わりにおいて，そう言っていることが相対的に多い可能性があるということである。情動は，それに先行する思考や行動の視点からすれば，確かにそれらをかき乱すディスオーガナイザー（disorganizer）ということになるが，当該の事象との関わりという視点からすれば，少なからず，ある整合的な認知や行動を組み立てるオーガナイザー（organizer）であることが相対的に多いものといえる（e.g. Lazarus, 1991）。

5.1.2. 短期的視点から見る非合理性・長期的視点から見る合理性

上述したように仮に当該事象との関係だけで情動を捉えても，やはりそれを，とても合理的・機能的とは言えない場合もあるのではないだろうか。実際に，人間の情動はあまりに過敏でかつ大げさで，本来，起きなくてもいいところで起きてしまうことがきわめて多いと言われている。とりわけ，恐れの情動については，近年，状況に対する認知的評価には必ずしもよらず，ある脅威刺激との単純な接触のみによって，自動的かつ瞬間的に作動する恐れモジュール（fear module）の存在が仮定され，瞬時センサーとしての過剰なまでの敏感性が明らかにされてきている（e.g. Öhman, 2000; Öhman & Wiens, 2004）。

たとえば，紅葉を愛でるために山を散策している最中に，草むらがざわめいたとしよう。そうした場合，私たちはクマではないかと強い恐れを感じ，一目散に逃げるかも知れない。しかし，そのざわめきが，本当のところはクマではなく，ただの風のそよぎによるものだとすれば，そこで生じた恐れは無駄以外の何ものでもないことになる。紅葉狩りの絶好の機会を逃すばかりか，必死に走り，たいそうエネルギーを消耗してしまうのだから，そこでかかるコストには看過し難いものがあろう。信号検出理論の観点からすれば，人の情動およびそれに駆られた行動は，決して「ヒット」（hit：信号があれば反応）と「コレクト・リジェクション」（correct rejection：信号がなければ無反応）が正確になされるようなものではなく，実際のところはきわめて「フォールス・アラー

ム」(false alarm：信号がないのに反応) が多いことが想定され，論理的に見れば，非合理きわまりないものということになる。

　しかし，確率的にはどんなに小さくとも，人の生死などの重要な事柄に絡みそうなことには，たとえ取り越し苦労でも少々過敏かつ大げさに，別の言い方をすれば堅実に反応しておく (つまりフォールス・アラームを多く起こす) 方が，致命的な「ミス」(miss：信号があるのに無反応) を最小限に食い止め得るという意味で，長期的には，そうする個体の適応性を高度に保証するということがあるのかも知れない (適応的堅実性) (Cartwright, 2001)。つまり，今ここという短期的視点をもって，その情動を見れば確かに無駄・誤り (非合理的・反機能的) であっても，いろいろな場面でそうした無駄な情動を発動する傾向が強い個体の方が，究極的に，より長く生き延びたり，よりうまく繁殖したりする上で，有利になる可能性が高い (合理的・機能的) ということである。ヒットによって得られる利益 (たとえば草むらのざわめきを風によると正しく判断して逃げずに済む) よりも，ミスによってもたらされる損害 (草むらのざわめきが本当はクマの動きによるものなのに，そうではないと誤って判断して結果的にクマに襲われてしまう) の重みがはるかに大きいような場合，私たちは，一見するところ，非合理的な情動に従って多少とも過敏に，また大げさにふるまった方が，結果的に，より安全かつ堅実な形で高度な適応性を手にすることができるのかも知れない。ちなみに，ネッセ (Nesse, 2005) は，こうした情動の性質に対して，火災報知器が万が一の火災に備えてちょっとした煙に対してもきわめて敏感に反応するように仕組まれているのと同じだとして，火災報知器原理 (smoke detector principle) という術語を充て，殊の外，その重要性を強調している。

5.1.3. 経済的原理から見る非合理性・日常的原理から見る合理性

　第2章でもふれたように，近年，経済活動の原理や性質を人の情動を絡めて理解しようとする行動経済学がとみに注目を集めつつあるが，そこで明らかになった人の行動傾向の1つに，人は，利益を眼前にちらつかされるとリスク回避的になるが，逆に損害をちらつかされるとリスク愛好的になるというものがある (多田, 2003; 友野, 2006)。例えば，これに関わる有名な「アジアの疫病問

題」(Tversky & Kahneman, 1981) では，アジア由来の疫病撲滅のための対策として何がよいかを，問題設定は完全に同じでありながら，利害のいずれに重きを置くかで表現を微妙に変えた，2 通りの訊き方で調査協力者にたずねている。1 つは，何も対策を講じないと 600 人死亡すると予想される疫病で，(a) 確実に 600 人中 200 人が助かる方法と，(b) 確率 1/3 で全員が助かり 2/3 で誰も助からない方法，のいずれがよいかをたずねる訊き方であり，もう 1 つは，(c) 確実に 600 人の内 400 人が死ぬ方法と，(d) 確率 1/3 で誰も死なず 2/3 で全員が死ぬ方法，のいずれが適切かをたずねる訊き方である。注意深く読めば自明のことではあるが，選択肢の (a) と (c) が意味するもの，また (b) と (d) が意味するものは完全に同じである。にもかかわらず，前者の訊き方では (a) を選択する者の比率が，逆に後者の訊き方では (d) を選択する比率が明らかに高くなるのである。

このことは，人が，助かるという利益に焦点化した表現では確実にそれを取りに行き（リスク回避），反対に，死ぬという損害に焦点化した表現では一か八かの賭に出る（リスク愛好）傾向を有するということを如実に物語っている。論理的に見れば，同じ設定の 2 つの問題に対して意思決定の態度を変えるというのはまさに非合理的ということになる。しかしながら，実は，こうした人の情動的判断の傾向も，長期的視点で見ると，好転するのか悪化するのか，先の見通しが覚束ない不安定な環境下においては，少なくとも何らかの利益を取れる時には確実に取っておいた方が，逆に損害が続く閉塞状況ではさらなるリスク覚悟でも起死回生や一攫千金を狙った方が，結果的に，はるかに高い適応性に通じる可能性も否めないところであると考えられる。そうした意味では，やはり，一見するところの，今ここでの非合理性の背後には，長期的視座からすると，むしろ高い生態学的な合理性が潜んでいると言えるのかも知れない。

また，第 2 章で詳述したように，それこそ，人の情動の中には，少なくとも，その今においては，他者や集団との関わりにおいて，明らかに損をさせて益を遠ざけるものが少なからずあった訳であるが，その蓄積は，長期的な社会的適応や，延いては究極の生物学的適応を招来する可能性が高いと言い得たのである。いわゆるゲーム理論は，個体の意思決定や行動選択に関わる説明モデルとして学際的に発展してきている訳であるが，そこでしばしば用いられる「囚人

表5.1 囚人のジレンマゲームの一例（吉村，2009）

自分 相手	黙秘（協力）	自白（裏切り）
黙秘（協力）	1	0
自白（裏切り）	10	8

＊この場合のナッシュ均衡は「自白—自白」（非協力）の組み合わせ（相手が黙秘の場合でも自白の場合でも自白した方が刑期が短くて済む）。表中の数字は自分の刑期（年）。

のジレンマ」課題（共に犯罪に関わった2人の囚人が別々に取り調べを受ける中で，自身の黙秘・自白の選択がやはり同様の立場にある相手の選択によって，それぞれの刑期に大きな差異がもたらされるという状況設定で，どのような意思決定が適切かを問う）は，例えば表5.1に示すように論理的・経済的合理性の視点からは明らかに双方とも自白することが「ナッシュ均衡」（相手の出方がどうであれ1つの戦略しか取り得ない事態が2人ともに成り立っている状態：この場合は相手が自白でも黙秘でも自白した方の刑期が軽くなる）であるような場合でも，現実的に人が必ずしもそうはふるまわないことを，これまでの多くの研究が示している（吉村，2009）。たとえ犯罪を起こすような2人でも，仲間であった間柄では，自白，すなわち相手に対する裏切りには多かれ少なかれ罪悪感が伴うだろうし，あるいは出所後に相手から意趣返しをされるのではないかという不安や恐怖に苛まれることもあろう。私たち人間は，そうした情動に引きずられて，しばしば論理的・数学的合理性に反する行動に走ってしまうものなのである。

しかし，先にも見たように，実はこうした情動に駆られた選択や行動が，現時現空間では反機能的でも，ゆくゆくはその個人により大きな適応価をもたらすこともあり得るのであろう。短期的な視点を取って見る場合と長期的な視点を取って見る場合とでは，かくも情動の機能性は大きくその見え方が異なるのである。

5.1.4. 理想的環境における非合理性・現実的環境における合理性

もう一点，情動の合理性・機能性に関わる議論をしておくこととしたい。それは，時間や情報などの資源が十分にある場合とそうではない場合で情動の見

え方ががらりと変わるということである。情動は，大概，切羽詰まった時に生じる。とっさに何かをしなくてはならないという時に生じる。そして，そうした場合に，どのような認知処理が生じるかという問題が研究の中では繰り返し問われてきた訳であるが，そこでは，従来，情動が認知に対して概してネガティヴな作用を及ぼすことばかりが強調されてきたと言えるのかも知れない。確かに，私たちはよく，ある強い情動が絡んだ事象を思い出す時に，あの時，もし別の逃げ方をしていればよかったとか，もう少し効果的な抗議をしておけば今，困ることはなかっただろうになどということを考えるものである。それはひとえに，情動に駆られた思考や行動が最適のものあるいは合理的なものでは決してなかったという判断がそこに働くからに他ならない。

しかし，そもそも，情動は，ある問題を解くのに十分な時間と情報が与えられている場合には，あまり生起しないものである。従って，様々なリソースが豊かに存在する条件に照らして，情動的行動の反機能性や非合理性を見ても，本来は殆ど意味をなさないはずなのである。従来，情動に絡む議論は，概して理想的な状況においてできたであろうこととの対比において，情動を反機能的・非合理的と決めつけることが多かったと言える。しかしながら，情動が現に生起するそれぞれの状況との関連で，そこでの思考なり行動なりを判じれば，それらはむしろ，その限られたリソースしかない中では，相対的に高い機能性や合理性を発揮しているのだと言えるのかも知れない。

これに関連して，エヴァンズ（Evans, 2004）は，「サーチ仮説」という考え方を提唱している。それは，時間という点から見ても外部から与えられる情報という点から見ても，それらが非常に限定された中で，情動が，そこでの問題解決に関わる記憶や方略のきわめて効率的なサーチ（探索）と最終的な意思決定とを可能にしているということを強調するものである。認知システムは時間や情報の点で十分なリソースを与えられた場合には高度な合理的計算をなし得るが，現在収集し得る情報が乏しく，そこから（現在は見えない）長期的あるいは究極的利益に適う合理的な行為を選択・決定するような計算には向かないと言われている（Johnston, 1999）。そして，こうした通常の認知処理・シミュレーションでは到底なし得ない機能を，ある種の情動が肩代わりして考え，それを具現する行為へと私たちを強く駆り立ててくれている可能性があると言える

のかも知れない (Evans, 2001)。おそらく情動によってこそ，私たち人間は，日常，多くの場合，悪しき「ハムレット問題」（シェークスピアのハムレットのごとく，何をすべきか瞬時の判断がつかずに延々と考えあぐねる結果，結局，何もできなくなってしまうという状態）に陥らずに済んでいるのだろう。第2章でふれたダマシオ (Damasio, 1994, 2004) の脳損傷の事例などは不幸にも，情動の導きを欠いて，まさにこの「ハムレット問題」の呪縛に嵌まってしまった人たちとも言い得るのだろう。

　もっとも，ここでの視座を取って，情動を現実の環境との関わりにおいては合理的であると見なし得るとしても，それが完全なる合理性でないことは付言しておくべきであろう。それと言うのは，既に言及してきたことではあるが，情動の多くは，危急時の応急措置的メカニズムと言うべきものであり，それは基本的に汎用的なデフォルト設定，すなわち，それを起こしておけばそこそこ，その状況を切り抜けられる確率の高い情報処理や行為のレディメイド・セットに従う限りのものであるからである。言ってみれば，そこにはあるのは「大風呂敷原理」(one size fits all) であり，そうである限りにおいて，情動によってもたらされた心身の状態が，個々の状況に対して真にジャスト・フィットであるということなど，殆ど想定し得ないのである。

5.2. 様々な理論的視座から見る情動の合理性・非合理性

5.2.1. 合理性の基準をどこに見るか

　これまで人の行為の合理性をめぐっては倫理学や哲学の領域を中心に様々な見解が提示されてきたと言える。スピラダら (Spirada & Stich, 2004) によれば，それらの考えはまず義務論と結果論に大別されるという。義務論とは，カント (I. Kant) に代表される立場である。それは，人には普遍的な意味で遵守しなくてはならない義務としての規範があり，その義務に対して行為が（その結果・帰結がどうであれ）適っていれば，それを合理的であると判断するものである。それに対して，結果論とは，人の行為がもたらした現実の結果・帰結に対して合理的か否かの判断を下すものである。スピラダらは，この結果論が，さらに細かく，真理を重んじる立場，欲求充足を重んじる立場，ウェルビーイ

ング（well-being）を重んじる立場，適応度（fitness）を重んじる立場，の4つに区分されるとしている。

　この内，真理を重んじる立場とは，普遍的な意味で人がなすべき行為の絶対的な基準を仮定するもので，行為の帰結がそれに適っていれば，それを合理的とするものである。欲求の充足を重んじる立場とは，行為の帰結が，人の欲求を満たすものであれば，その行為を合理的とするものであり，古典的経済学が仮定してきた「経済人」（Homo Economicus）とは，ある意味，この基準（欲する利得の最大化）に照らして人の経済行動の合理性を判じてきたものと考えられる。ウェルビーイングを重んじる立場とは，その術語自体がかなり多義的なのではあるが，基本的には，人の行為がその人の心身の健康や安寧（良好な状態）に資するものであれば，それを合理的と考えるものであり，心理学は一般的にこの基準に従って人の合理性，すなわち適応性（adaptation）なるものを把捉してきたのだと言えよう。そして，適応度（fitness）を重んじる立場とは，特に近年の進化生物学がもたらした考えと把捉することができ，人の行為が，生物学的な適応度に適うものであれば，すなわち生涯をトータルで見て自身あるいは血縁者の遺伝子の維持・拡散に寄与し得るものであれば，それを合理的と見なすものである。

　さて，こうした枠組みから人の情動の機能性や合理性をいかに捉えることができるのだろうか。本章の議論は暗黙裡に，情動の経験や表出がもたらす現実の帰結を問うてきた訳であり，その意味ではすべて結果論の範疇で考えることができるものであろう。結果論の内，普遍的真理に関わるような議論もまたなかった訳であり，ここでは他3つの立場から多少とも論考を試みることにしたい。

　人の情動がしばしば，基本的な欲求の充足に向けて発動されることは確かなことであり，無論，例えば恐れに駆られて逃避欲求を満たし得た事態を合理的と判ずることもできない訳ではない。しかし，既に見たように情動は，個人の利益追求に関わる経済的合理性の原理に反することも多々ある訳であり，その意味からすれば，情動の機能性や合理性をこの立場からのみ主張することは妥当ではなかろう。

　次のウェルビーイングについてはどうであろうか。従来の心理学は基本的に，

この視座から人の情動と適応性との関わりを様々に問うてきたと言える訳であるが，実のところ，そこではネガティヴな情動な経験や表出を，半ば当然のことながら，幸福な状態とは見なさない。例えば，恐れや不安に苛まれた心的状態や怒りや苛立ちに駆られたふるまいなどは，人のウェルビーイングを脅かすものであり，むしろ，そこから解放されて在ることが，人にとっての善や至福であることを前提視してきたのだと言える。すなわち，少なくともネガティヴな情動の多くに関して言えば，そこにあるのはまさに第1章でも見てきたように反機能的・非合理的情動観ということになるのだろう。

しかし，進化生物学，特に遺伝子の論理で人の心や行為の傾向を読み解こうとする進化心理学の視座からは，ネガティヴな情動もまた，基本的には生物個体としてのヒトが生き残り，生存し，さらに配偶・繁殖・子育てをする上での成功に寄与すべく，遺伝的に仕組まれるに至った進化の産物であり，それはいわゆる心的モジュール（ある特定問題の解決に特化した情報処理装置）の一種あるいは複数のそれらを整合的に束ね合わせるもの（→第9章）と見なし得ることになる（Cosmides & Tooby, 2000）。この立場では，時に，情動の病理や障害とされる抑うつでさえも，資源保持や社会的リスク回避という観点から見れば，十分に機能的であると主張され得るのである（e.g. Allen & Badcock, 2006; Badcock & Allen, 2003）。いずれにしても，例えば第2章で見た自他関係における利害バランスの長期的調整の議論にせよ，あるいは本章で言及した適応的堅実性の議論にせよ，それらにおいて仮定された情動の機能性や合理性は，この進化的視点を取った場合に，最も整合的に理解され得るのだろう。

エヴァンズ（Evans, 2001）は1つの思考実験として，「スタートレック」（約半世紀前に米国で始まったテレビおよび映画シリーズ）におけるミスター・スポックが，もしこの地球上に現に存在していれば，彼が，その情動を持たない，あるいは情動を徹底管理できる特殊な性質によって，きわめて高い適応性を果たして具現できるのか否かという仮想的問いを掲げている。彼の答えは明白に否であり，むしろ，そうした性質を持った生物個体は最も淘汰されやすいものとして在るだろうとしている。また，第1章でもふれたように古代ギリシアにおいてアリストテレスは，当時にあっては例外的にも，極端でない限りにおいて怒りを初めとするネガティヴな情動の機能性を認めていた訳であるが，時に

最高善とも訳される彼のエウダイモニア（eudaimonia）という発想は，それをその時々の快楽や安寧ではなく，包括的な最終目的に据えているという意味において，幾分，進化的な情動の見方に近しいのかも知れない。無論，アリストテレスに進化的発想はなく，それを単純に生物学的適応度に置き換えて考えることはできない訳であるが，最終的に人が究極の善や幸福に至るためには，懊悩や苦悶，あるいは憤怒のようなネガティヴな情動の経験や表出は，やはり必須不可欠なものと言えるのではなかろうか。

5.2.2. サティスファイサー／クルージとしての情動

繰り返しになるが，基本的に，情動は私たち人間にとって良くも悪くも働く「両刃の剣」と見なすべきものである。ただ，ここで1つ確認しておくべきことは，情動はその正の働きに対しても決して完璧に仕上げられたものではない可能性があるということである。情動がいくら進化の産物とは言え，進化そのものの性質が，決して最適化を目指すオプティマイザー（optimizer）ではなく，ただそこそこの成果で満足するサティスファイサー（satisficer）に過ぎないということを忘れてはならないであろう（Bloom, 2011）。これに関連して，マーカス（Marcus, 2009）は，ヒトの脳や心がさしてエレガントでも精巧緻密なものでもなく，実のところ，彼が言うところの「クルージ」（kluge），すなわち全体として見ると適応価が上回るが，所々に様々な欠陥や問題を抱えているものであると述べているが，もしかすると情動はその最たるものなのかも知れない。従って，当然のことながら，そのマイナスの側面についても正当に認識しておく必要があると言えよう。

既に述べたように，そもそも，怒りにしても恐れにしても，ある種の情動は，ある危機的状態に対する緊急反応として在り，そこでは，自律神経系やそれに連動した身体生理機能が強く活性化されていると言える。これは，闘争や逃走といった行為を可能にするために必然的に生じる過程であるが，この状態が瞬時に終わらず，長く遷延することになれば，心臓血管系も含めた身体各部に非常に大きな負荷がかかり，結果的にその機能不全が生じたり，あるいは免疫機能に失調が生じたりする可能性も否めない（e.g. Mayne, 2001）。また，こうした緊急反応に伴う生理的な高覚醒状態は，次なる危機に対して非常に過敏な心理

的構えをもたらし，それが抑うつや攻撃的行動の障害（Dodge & Garber, 1991），あるいは（こうした緊急反応を頻繁に経験する）被虐待児特有の行動特性（Davidson *et al.*, 2000）などの形成に深く関わることも指摘されている。

また，個体の場違いで無軌道な情動の経験や表出は当然，重要な他者との関係の確立や維持にマイナスに作用したり，その個体が帰属する社会・文化的集団の規範に対する違反行為となったりし得る（e.g. Mesquita & Frijda, 1992; Mesquita, 2001; Shweder & Haidt, 2000）。常軌を逸した情動の発動や他者の情動に対する不適切な反応は，多くの場合，非社会的あるいは反社会的と見なされ，個体の関係や集団の中での適応を妨げることが想定される。第4章でもふれたことであるが，例えば，乳児の泣きやぐずりがあまりにもひどく，長く続いたりすると，それが，その養育者等との関係に時にネガティヴに作用し，虐待なども含めた不適切な養育を招来してしまう危険性もあるのである。

5.2.3. 現代的環境の中における情動

前節での議論に付加して言えば，元来，生物としてのヒトに備わった情動の野生的合理性が，現代の文明的な社会的環境においては必ずしも合致しなくなってきており，一部，無機能・反機能的なものに転化しているという可能性も否定できないところであろう。先に適応的堅実性という考え方について言及したが，高度な安全保障システムを作り上げた現代においては，恐れや不安がかつてほどの適応価を持たなくなってきており，それらの過敏な発動は，引きこもりや種々の恐怖症などの形を取って，時に私たちの社会的適応性をひどく脅かすものともなりかねないのかも知れない。また，人には元来，未来の自らの利害に絡みそうなことに対する正負両面の情動反応の強度や持続時間を過剰に評価する傾向があることが知られている（Forgas, 2001）が，現代人においては時にこの大げさな情動予期に引きずられて多大な投資を行い，あるいは防御行動などを取ってしまい（Gilbert & Wilson, 2000），例えば株取引などにおいて法外な損害を被ってしまうようなことも当然，あり得るものと考えられる。

こうした一連の意味からすれば，既に野生的環境から脱し，高度な文明の中に身を置く私たち現代人において，情動は多くの場合，そのままの発動ではなく，まさにその性質を深く理解し，ある種の知性をもってうまく加工・調節し，

```
        先行条件   評価   中核システム    寄せ集められた   社会的表示  観察可能
                                   反応傾向       経験規則    な反応
```

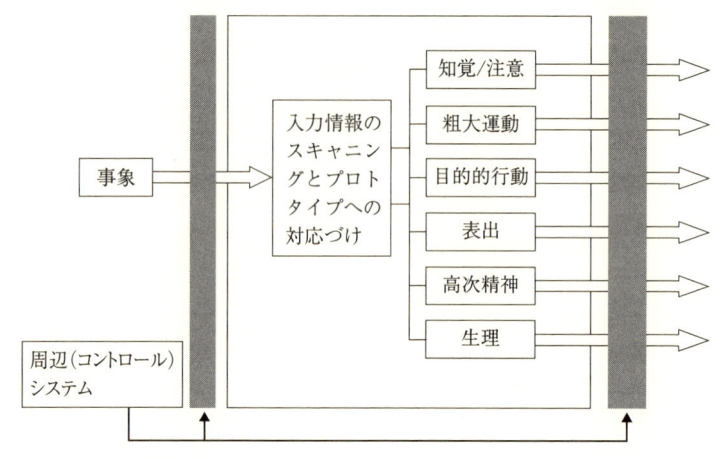

```
              ┌─────────────────────────────┐
              │                  ┌─知覚/注意─┼──▶
              │  ┌─────────┐    ├─粗大運動─┼──▶
   事象 ──────┼─▶│入力情報の│    ├─目的的行動┼──▶
              │  │スキャニン│───▶├─表出────┼──▶
              │  │グとプロト│    ├─高次精神─┼──▶
              │  │タイプへの│    └─生理────┼──▶
              │  │対応づけ │                │
              │  └─────────┘                │
              │                              │
   周辺(コントロール)                         │
   システム                                   │
              └──────▲───────────────▲──────┘
```

図 5.1　情動の中核システムと周辺（コントロール）システム（Levenson, 1999 を一部改変）

また適宜使い分けてこそ機能的という側面が大きいのかも知れない。レヴェンソン（Levenson, 1999）によれば，人の情動は，生活世界に遍在するいくつかの基本的な問題を効率的に処理するために進化の初期段階でデザインされたシンプルで強力なプロセッサーとしての「中核システム」のみならず，状況の特異性に応じて中核的システムに関わる入出力を柔軟に調整するよう進化の後段階でデザインされたコントロールメカニズム群としての「周辺システム」からも成っているという（図 5.1）。この周辺システムは，事象との遭遇時に，その状況の性質に関する評価を調整することを通して，情動そのものの生起を抑えたり，固定的な反応傾向を変化させたりすることに寄与する一方で，情動表出の段階でも，たとえば社会的ルールに合致した表情や行為を取らせるなどの柔軟な調節をするらしい。また，それは，生涯に亘る様々な情動にまつわる学習を広く受け容れ，変化し得るものだという。

　情動進化の背景となった野性的環境からはおそらく大きく変質し，より不定型化しまた複雑化した現代の生活環境においては，そこでの社会的および生物学的適応を，この周辺システムの働きに負うところが大きくなってきているの

だろう。近年とみに隆盛になってきており、この後、第6章でも取り上げる「情動的知能」（emotional intelligence）（e.g. Barrett & Salovey, 2002; Goleman, 1995; Matthews *et al.*, 2002; Mayer, 2001）に関する諸議論も、実のところ、少なくともその一部は、こうした周辺システムの重要性を認識した上で、その働きをいかに高め、維持し得るかを問おうとするものであると理解できるのかも知れない。

第5章のむすびとして

　第Ⅰ部のここまでは主に「情がもたらす理」、すなわち情動やより広く感情現象一般が、私たちの日常生活やそこでの適応にいかなる合理性や機能性を付与しているのか、また人の種々の発達に対してオーガナイザーとしていかに関与しているのかを概観し、考察を行ってきた。パスカル（Pascal, 1670/2001）が『パンセ』の中で記しているように、情動には純粋理性（規範的合理性）とは異なるそれ固有の理性があると言えるのだろう。情動は、社会的存在であり、また生物学的存在でもある私たち人間における究極の適応度を、独自の合理性の原理、すなわち生態学的合理性や進化論的合理性とも呼び得るものをもって、保ち、また高めているところがあるのだと考えられる（Evans, 2001）。しかし、そうした独自の合理性は日常きわめて見えにくいものとして在り、それゆえに古来、情動については否定的な見方が大勢を占めてきたと言えるのだろう。また、今なお、実証レベルで言えば（これは進化論全般に当てはまることであるが）、心理学やその周辺諸科学は、情動の発動が個人のトータル・ライフで見た時の適応度の高さに真に促進的に働くという知見を殆ど何も得てはいないのである。これから科学が、そうした元来、見えにくいものとして在る情動固有の合理性を果たしてどこまで実証的にあばくことができるのか、その解明は容易ならざることではあるが、その行方を辛抱強く見護ることとしよう。

第6章 「情の理」を活かす――「情動的知能」再考

第6章のはじめに

「情の理」、特に情動の合理的な機能性を探る第Ⅰ部の最後に、必ず論究しておくべきものに、近年、とみに注目されている「情動的知能」概念がある。元来、情動的知能という術語への着目は、情動の機能性や有用性を見直そうとする動きの中から生まれたものであり、その点のみに着目してみれば、まさに本書の企図するところと軌を一にするものである。だが、先回りして言えば、筆者は、情動的知能なるものの少なくとも現今のその主流をなす主張に対しては、かなり強い違和感を覚えている。そして、だからこそ、逆にその違和感を自ら審らかにし、真正に吐露することで、翻って、筆者の意図する「情の理」なるものの本性と役割が何であるかを再吟味することができるのではないかと考えるものである。この章では、情動的知能に関わるこれまでの諸議論を批判的に概観し、本来、それはいかなる概念として問われるべきかを筆者なりに示すことにしたい。そして、その本来の情動的知能が、言い換えれば、人の心の真の情動的な賢さが、いかに育まれるべきかについて試論して、この第Ⅰ部を結ぶこととする。

6.1.「情動的知能」をめぐる狂騒

6.1.1.「情動的知能」概念の萌芽と展開

「情動的知能」（Emotional Intelligence：以下 EI）という概念の起源を特定することは容易ならざることである。その術語そのものの出自は別にして、それに関わる発想は、心理学が産声を上げるはるか前から存在していたと見なすべきであろう。後にもふれるが、例えば、かのアリストテレスは、およそ2300余年前に『ニコマコス倫理学』（アリストテレス、1971, 1973）の中で、怒りを初めとする種々の情動が、然るべき時機に、然るべき対象に対して、然るべき方

法や強度をもって発動されることの適応的意義を説いているが，その主張の骨子は，ある意味，現今の EI 概念を先取りしたものと言い得る。また，心理学やその周辺諸科学に限って，その歴史を辿って見ても，それに関連する考えは，実践的な知恵や社会的な知能という形で，デューイ（Dewey, 1909）やソーンダイク（Thorndike, 1920）などの初期の研究者の理論の中に既に豊かに含まれていたことがわかる。例えば，デューイは，人の道徳的な動機やふるまいが，社会的状況を正確に理解し，また的確に制御し得る力として在る社会的知能から発するとし，それを学校教育のカリキュラムの中でいかに育み得るかということに関心を有していた。ソーンダイクもまた，他者を理解し，自身を管理し，そしてあらゆる人間関係において賢明に行動するための能力を社会的知能とし，それが抽象的な知能とは明確に区別されるべきものであることを主張していた。

　さらに言えば，一見，それこそ「情」を排した「理」の重要性を専ら強調してきたかに見える IQ 論者も，例えば IQ 概念の黎明期におけるビネー（A. Binet）に始まり，人の心理社会的適応性や幸福状態などが純粋に知的能力だけでは定まらないことを認識し，IQ には含まれない，今で言う EI 的要素の枢要な働きを仮定していたと言えるようである（Landy, 2005）。現代の代表的な知能論者であるガードナー（Gardner, 1983, 2006）も，従来，知能の範疇で捉えられてきた言語的能力，論理数学的能力，空間知覚的能力の他，広義には，音楽的能力や身体運動的能力も知性として把捉されて然るべきものものであり，さらに，EI 概念に深く関わるとおぼしき対他的な能力（他者の感情や意図の理解能力）および対自的な能力（自己の心的状態の覚知および識別の能力）も，人の心の全体的な賢さのきわめて重要な側面として在ることを主張している。さらに，現代のもう 1 人の主要な知能論者として在るスタンバーグ（Sternberg, 1985, 1999, 2007）もまた，人の知能を，自身および社会・文化の目標を達成すべく環境に適応し，時に環境を選択し構成する力であると定義づけた上で，知能が，分析的能力，創造的能力，実践的能力という 3 種の相補的な能力から成り，そして，この内の実践的能力が，おそらくは多分に EI 的なものとして，特に自他の社会的関係性の文脈において重要な働きをなす可能性について言及している。

　上述したような発想が，現代の EI 概念そのものと言い得るか否かは措くと

して，少なくとも EI 概念につながる 1 つの素地をなしてきたことは確かであると考えられる。そして，こうした一連の発想の蓄積の上に，EI 概念の理論的体系化を行い，「情動的知能」という術語を，その書のタイトルに謳うことで，心理学の中に根づかせるきっかけを作ったのがサロヴェイとメイヤー（Salovey & Mayer, 1990）ということになる。その理論の骨子については後述するが，彼らの理論的仮定が，現今の，少なくとも学術的な意味での EI 研究を支える 1 本の支柱であり続けていることは誰もが認めるところであろう。

6.1.2.『ベル・カーブ』から『情動的知能』へ

現在，その内容や質は別にして，広く EI を扱った書物は，欧米圏を中心に夥しい数に上っている。また，EI 概念の受容は特にビジネスの世界で顕著であり，いわゆる EI 産業なるものの発展には凄まじいものがあるらしい（Roberts et al., 2001）。EI あるいは EQ（情動指数：Emotional Quotient）という概念が，かくも人口に膾炙し注目を集めるようになった背景に，サイエンス・ジャーナリストのゴールマン（Goleman, 1995）による『情動的知能』("*Emotional Intelligence: Why it can matter more than IQ*") が果たした役割を想定しない訳にはいかないだろう。ゴールマンは，既に学知領域に在ったサロヴェイとメイヤーの考えに想を得て，EI 概念とその応用可能性を一般向けに平易に説き明かし，EI をめぐる（特に欧米圏を中心とした）ある種，狂騒的とも言える現況を招来したのである。無論，そこに，彼の筆致の妙が関わっていたことは言うまでもないが，穿った見方もすれば，彼の書が，たまたま時機よく，当時の米国の社会的思潮にうまく合致したという部分も少なからずあったのかも知れない。

時を遡って考えるに，『情動的知能』が世に出る前年の 1994 年，米国社会はもう 1 冊のベストセラー『ベル・カーブ』("*The bell curve: Intelligence and class structure in American life*")(Hernstein & Murray, 1994) に大きく揺らいでいた。その書は，大規模な統計学的なデータに基づきながら，知的能力，すなわち IQ の高低が経済的貧富を分ける主要因であり，社会的階層が，IQ に基づく同類交配（IQ 水準のほぼ等しい者同士の結婚や家族形成）によって成り立っている可能性が高いこと，そしてまた IQ の遺伝的規定性が強いことを論じ，（その書では IQ が平均的に際立って低いとされる）貧困層の出産および人口

増大を実質的に後押ししている福祉や社会的政策のあり方を抜本的に見直すべきだと主張したのである。その，ある意味，遺伝的に運命づけられた知的エリートのみが社会的成功を手にし得るのだとも受け取られかねない内容は，当然，様々な反響を呼び，物議を醸すことになった訳であるが，そこにほぼ真逆のベクトルをもって登場したのがまさにゴールマンの書であったのである。

　それは，真の社会的な成功がIQではなく，むしろEIによって大きく規定されること，そしてEIは遺伝よりも多分に教育やしつけ，あるいは個人の意思によって後天的に獲得可能なものであることを強く印象づけることで，悲観的な遺伝的決定論に打ちのめされていた多くの人を勇気づけ，あらゆる人があらゆる可能性に拓かれて在るのだという平等主義的感覚を再び社会の中に呼び覚ましたのである。彼によれば，EIの不足によって，すなわち自他の情動を読み誤り，適切に自身の情動のマネジメントをし損なうことで，多くの場合，教育上の種々の達成も仕事におけるパフォーマンスや満足感なども低水準に止まることになり，また，その影響下において，少なからず様々な精神疾患や犯罪なども生み出されることになるのだという。だが，EIは基本的にすべての人に習得・訓練可能なものとして在るため，たとえ現状としていかに社会的弱者として在っても，原理的にそこからの脱却は十分に実現可能なのだと強く主張したのである。

　生まれつきのブック・スマート（認知的賢者）の優越性を説く『ベル・カーブ』と，叩き上げのストリート・スマート（実践的賢者）の適応性を説く『情動的知能』とで，そのどちらがより人心に訴えたかは言うまでもなかろう。さらに加えて言えば，ゴールマンの主張は，人の十全な自己実現あるいは幸福感や自尊感情等の改善・増大を志向する，近年のいわゆるポジティヴ心理学（e.g. Seligman & Csikszentmihalyi, 2000）の潮流とも矛盾なく合致し，今のEIをめぐる狂騒的とも言える状況に至っているのである。

6.1.3. EIの後天的獲得可能性をめぐる誤謬

　ここでは，上述したような『情動的知能』が広く受け容れられた社会的思潮そのものの是非を問うことは控えるが，改めてその書を読むと，そこにはいささか論拠に乏しい主張が少なからず含まれていることがわかる。1つ挙げて言

えば，IQ の遺伝的規定性が高いのに対し，EI はそれからかなりのところ免れて在ることになっており，そして，それゆえにこそ広く社会的支持を得ているとも言い得る訳であるが，その遺伝的規定性の根拠たる，いわゆる遺伝率（行動遺伝学で，主に一卵性および二卵性の双生児を研究対象として算出される，ある能力や特性などの個人差分散が，個々人の遺伝的な差異によって説明される割合）に関して言えば，今や EI も IQ ほどではないにしても相当にその値が高いことが実証的に確かめられてきている (e.g. Vernon et al., 2008)。いわゆる「遺伝か環境か」という枠組みからすれば，IQ も EI も遺伝・環境両要因から受ける影響の機序は実質的にさして変わりがないのであり，IQ を主に遺伝的に宿命づけられたものとし，他方 EI を主に環境によって獲得可能なものとする対立構図的な見方は，少なくとも現今の行動遺伝学的知見に依拠するならば，学術的には明らかに過誤と言わざるを得ないのである。

　もっとも，ここで但し書きをしておくべきことは，遺伝率が仮にどんなに高くとも，それは必ずしも獲得可能性の低さを意味しないということである（その意味からすれば，IQ の遺伝率の高さと後天的獲得可能性の低さとを暗に同等視しているかのような『ベル・カーブ』の主張にもある種の誤謬が含まれていたと見なすべきであろう）。詳細は他書 (e.g. Nisbett, 2009) に譲るが，例えば，身長は一般的に 90% 以上とその遺伝率がきわめて高いことで知られているが，子どもの身長が栄養条件や生活習慣如何によってその父母や祖父母の身長をはるかに上回ることがごく普通に生じ得るのと同じように，IQ も EI も環境やその中での経験に応じて，少なくとも原理的には，大きく可変的なものとして在るのである。

　その意味で，もともとの論拠に関してはかなりあやしいものの，結論だけからすれば，EI の獲得可能性等に関わるゴールマンの主張はそれなりに正鵠を射たのものだったとも言えるのかも知れない。ただし，それを過度に強調するあまり，IQ およびそれと EI との対比的位置づけに関して言えば，そこにかなりバランスを欠いた見方をもたらしたことも否めない。少なくとも IQ もまた EI と同じような意味で，獲得・改変可能なものとして在るという認識を私たちは持って然るべきなのだろう。『ベル・カーブ』から『情動的知能』へという時流が生み出した一種の狂騒は，特に産業・教育・医療・看護等における実

践的応用を中心に，20年弱の時を経ても未だに熱いままと言えるが，そこから一歩身を引いて冷ややかなスタンスで眺めれば，少なくとも遺伝的規定性や後天的獲得可能性という視座から，IQよりもEIこそが重要なのだというメッセージをただひたすら喧伝するような論調は，明らかに不当なものと言わざるを得ないのである。その意味で，EIが私たちの日常生活の種々の適応性において仮に重要な役割を果たしているとしても，その重要性は，後天的獲得可能性という視点からではなく，本来，それが，IQあるいは他の従来の心理学的概念では掬われ得ない，異種の能力や特性として在るのか否かという視点からこそ，厳密に問われなくてはならないのだろう。果たしてEIは，真にどれだけそうしたものとして在ると言い得るのだろうか。

6.2.「情動的知能」とは何か，それはどうあるべきか

6.2.1. アトランティスとしてのEI

上述したことの言い直しになるが，EIはIQや他の心理学的概念では説明しきれない，もう1つの心の賢さとして在ってこそ，初めて正当な意味を有するものと言える。しかし，そのEIの実体とは何なのか，実のところ，この概念規定が未だに揺れて定まらないところに現今のEI研究の最も大きな問題が潜んでいるのかも知れない。現に，ゴールマンの『情動的知能』への熱狂は，主に，種々の職業や教育現場などにおけるEIの実践的応用という関心の中から始まったことは否めず，またそれに関連して，各種のEIトレーニング・プログラムなどが，現場の経験知のみに基づく形で十分な心理学的吟味もなく急ごしらえされ，そして結果的に，本来，最も先になされるべきであった概念的検討が一番後回しにされてしまったことは多くの論者が指摘するところである（e.g. Matthews et al., 2004; Roberts et al., 2007）。こうしたこともあり，研究者の中にはEIへの注目があくまでも大衆心理学における一時的な流行に過ぎないと考える向きすらもあるようである（e.g. Murphy, 2006; Murphy & Sideman, 2006）

ザイドナーら（Zeidner et al., 2009）は，こうしたEIをめぐる混乱を伝説のアトランティス大陸に擬えて述べている。それによれば，アトランティスたるEIは，実体のないただの夢幻であるという可能性，現に実在するが大きな陸

塊としてではなく小さな島（概念）であるという可能性，既に認められている他の土地（概念）が単に別名で呼ばれているという可能性，そしてまた，それぞれの研究者によって異種複数の土地（概念）が同じくそう名づけられているという可能性が想定できるのだという。現況をうまく捉えた巧みな喩えであり，私たちは，この喩えから，まず何をなすべきか，おぼろげながら，その方針を立てることができるような気がする。既成の心の概念地図をじっと睨みながら，現在EIおよびその下位要素とされているものがどこに対応づけられるのか，あるいは全く対応づけられないかを特定し，仮に小島であったとしても未発見の領域が見出されれば，そこにこそEI固有の地名を貼りつけて然るべきなのかも知れない。

　元来，現今のEI研究の実質的創始者として在るサロヴェイとメイヤーは，EIを従来のIQの範疇の中では把捉され得ない別種の「能力」（ability）であると仮定し，いわゆる「4枝モデル」（four branch model）として概念化してきている（Mayer, 2001; Mayer & Salovey, 1993, 1997; Salovey & Mayer, 1990）。それは，EIが，知覚・認知的に最も低次の（基本的な）水準から最も高次の水準に至るまで順に階層をなして，①情動の知覚・同定，②情動の促進および思考への同化，③情動の理解や推論，④自他の情動の制御と管理，という4種の下位要素（4本の枝）から構成されるとするものである。もう少し詳細に述べれば，①の要素は，その時々の自身の情動の知覚・同定および，物語や映画等も含めた他者の情動の知覚・同定をその真偽判断も含め，いかに的確になし得るかということと，自身の情動や情動的ニーズを他者に対してどれくらい正確に表出し得るかということに関わる能力である。②の要素は，基本的な情動経験や気分の中にあって，またそれらを自発的に自身の中に誘発したり，想像したりすることで，意思決定や問題解決あるいは創造性も含む自身の思考や行動にいかに活かし得るかということに関わる能力である。③の要素は，情動の法則性の理解，より具体的には，1つの情動が他の情動といかに関連し得るか，また複数の情動がどのように混じり合う可能性があるか，さらには情動がいかなる原因から発し，またいかなる帰結をもたらし得るかといったことに関する理解・推論能力である。④の要素は，正負両面の情動に対して防衛なく開かれた態度を有し，時と状況に応じて自身の情動をいかに制御・調整し得るか，また

他者の情動をいかにその文脈に合わせて適切なものに導き，管理し得るかといったことに関わる能力である。そして，彼らはこれらの能力を，その鋭敏性や的確性あるいは迅速性等の観点から，IQ と同様に，客観的テストによって測定し得るとし，それに適うものとして "MEIS"（the Multi-factor Emotional Intelligence Scale）（Mayer & Salovey, 1997）や "MSCEIT"（the Mayor-Salovey-Caruso Emotional Intelligence Test）（Mayer et al., 2003）といった独自の測度を開発している。

しかし，ゴールマンになると，彼もまた基本的に，こうしたサロヴェイらの発想から出発してはいるのだが，その EI の概念規定は大きく様変わりすることになる。彼は EI の中に広く，自己効力感，共感性，楽観性，優れた道徳的性質，種々の社会的スキルなども含め，EI を基本的に情動に関わる「能力」と「特性」（trait）との混成体と見なすに至るのである。すなわち，このことは，EI が一部，パーソナリティや動機づけ的特性との接点を有することを含意しており，ゴールマンのこうした立場は，サロヴェイらの「能力モデル」に対して，（EI を能力と特性が合わさったものを見なす）「混合モデル」（mixed model）と一般的には呼ばれることになる。サロヴェイらの理論的提示では，EI は，あくまでも様々な心的スキルを獲得するための潜在的基盤，言い換えれば「学習を支えるもの」として措定されていたのに対し，ゴールマンの考えでは，それが主に「学習によって獲得されるもの」に転じることになったのである（Zeidner et al., 2009）。

実のところ，ゴールマンのこうした EI 概念は，特に学知領域にあって EI 研究を手がける多くの論者（e.g. Matthews et al., 2002）から，認知的な知能ではない一切合切のポジティヴな能力や特性をリストアップしたに過ぎないとの批判を受けることになる。そして，ゴールマンもこれを受けて，情動覚知と情動制御を対自的側面と対他的側面に分けて把捉する（EI を自己覚知・自己管理・社会的覚知・関係性制御の 4 つのクラスターからなるとする）いわゆる「2×2 モデル」を提示するに至る（Goleman, 2001）のだが，そこにおいてもなお，その EI 概念がいわば（特に職場でのリーダーシップや職業的達成などにおいて）「成功者として在るための要件」といった色彩を少なからず留めていることは否めないところである[1]。

なお，ゴールマンと同様に，EI に関して混合モデルを採る代表的な論者にバーオン（Bar-On, 1997）がいる。彼は，臨床心理士としての実践経験に基づきながら，EI を，環境からもたらされる種々の要求や圧力にうまく対処するために必要となる非認知的な能力やスキルおよび特性の総体であると定義した上で，日常における情動的・社会的適応性を測るための自己報告式測度，"EQ-i" を独自に開発している。また，一部には，質問紙法などの同じ方法論をもって，能力としての EI と特性としての EI の両方を正当に測定することはそもそも原理的に無理であるとの判断から，EI を純粋にパーソナリティの下位特性と見なし，特に情動的適応性に深く関わる自己信頼感や自己主張性あるいは共感性などの視点から再概念化すべきだと主張する「特性モデル」（trait model）の立場もあるようである（e.g. Pérez et al., 2005; Petrides et al., 2007; Tett et al., 2005）[2]。

　このように，「能力モデル」「混合モデル」「特性モデル」と，EI 概念をめぐる理論的立場は混沌とした3つ巴の様相を呈しており，1つに収斂していく気配を未だあまり見せていない。理論的吟味の精度という点から言えば，「能力モデル」が他よりもやや先んじていると言えるのかも知れない（Zeidner et al., 2009）が，「混合モデル」や「特性モデル」に沿った自己報告式の測定ツールが，既に様々な実践現場で多く使われてしまっているという現状があり，問題をさ

---

[1] ゴールマンの主要な関心は，特に仕事における適応性や成功に向けられており，仕事の文脈に特化した EI の概念化，およびそれに基づいた尺度（"ECI": Emotional Competency Inventory）の構成を手がけている（Goleman, 1998; Sala, 2002）。既にいくつかのバージョンがあるが，そのうちの "ECI-2" と呼ばれる尺度は，本文中でふれた「2×2モデル」の4つのクラスターに基本的に対応しており，その下位に位置づけられる計20の個別能力ごとに得点化がなされるように仕組まれている。また，本人のみならず，上司や部下，同僚からも評価を得るマルチレーター式の測度であるところに特徴がある。もっとも，心理測定学的に見れば，その信頼性や妥当性には種々の難点があり，また，それによって，現実の仕事上の適応や成功が，必ずしも十分には説明され得ないことなども頻繁に指摘されるところであり（Zeidner et al., 2009），その有用性は未知数と言わざるを得ないようである。

[2] カルソら（Caruso & Wolfe, 2004）もまた，現今の EI に関するアプローチを3種に分けて整理している。しかし，そこでは，能力モデル（アプローチ）はそのままであるが，混合モデルと特性モデルの別が取り払われ，両者が同じく特性モデル（アプローチ）として括られている。そして，むしろ，ゴールマンの立場が混合モデルから分離され，それが特に職場等でリーダーシップを発揮する上での適性（competency）を強調していることから，新たに適性モデル（アプローチ）と名づけられている。カルソは，このうち，真に EI と呼び得るものは，能力モデルに基づいて測定されたもののみであると主張している。

らに錯綜したものにしているようである。このように EI をめぐる現今の状況は見た目，活況を呈しながら，内実はきわめて混沌としており，その意味で，それを所詮，あくまでも一時的な狂騒に過ぎないのだと冷ややかに見なす見方も俄然，説得力を帯びてくるのだろう。しかし，ただの一時の流行ということを超えて，EI なる概念に，真に問い続けるに値するところはないのだろうか。あるいは，それがいかに概念化された場合に，問うに値することになるのだろうか。

6.2.2. 能力としての EI・特性としての EI

実のところ，上でふれたような EI の概念化や尺度構成はごく一部の例に過ぎず，今や，様々な状況での使用を想定した，きわめて多くの測度が開発され，使用されている。もっとも，そうした測度に関する考え方は，上述したように，「能力モデル」「混合モデル」「特性モデル」のいずれかに大別されるものであり，そこで真摯に問われるべき少なくとも最初の 1 つは，やはり，議論の焦点である能力としての EI，あるいは特性としての EI なるものが，構成概念として高い妥当性を備えているのかどうか，かつ従来の他の心理学的能力や特性などと明らかに弁別され得る独自性を有しているか否かということになろう。

能力的 EI にせよ，特性的 EI にせよ，その測定を自ら手がけている研究者が報告するところによれば，概して，EI の測定結果は，現実的に，幸福感，ストレス対処，学業成績，職業的達成，市民性など，種々の心理社会的適応性をある程度は有意に予測するらしい (Matthews *et al.*, 2002)。しかし，こうした結果は，そのまま，それぞれの論者が仮定する EI が心理学的に真に刮目に値するものであることの証左にはならない。なぜならば，各種 EI 測度との関連が示された心理社会的適応性は，大概，IQ やパーソナリティなどの既に確立されて在る心理学的概念によってもかなりのところ説明されるものだからである。従って，そこで慎重に問われるべきことは，これらによって説明される部分（分散）を除いてしまうと，そこに EI によって説明される部分（分散）が殆ど残らないというようなことが果たしてないのか，EI が独自の（分散）説明率を明確に有していると言い得るのかということになろう。

能力的 EI に関して言えば，サロヴェイやメイヤーらによる "MEIS" や

"MSCEIT"の下位尺度とIQの下位尺度との間に微弱な程度から中程度くらいまでの有意な相関が様々に認められることが知られている（e.g. Bastian et al., 2005; Roberts et al., 2008）。もっとも，サロヴェイらは，端から，こうした関連性があることを理論的に想定している（Mayer & Salovey, 1997）。なぜならば，彼らの測度でも，その対象が情動に絡む諸現象ではあるにせよ，刺激を知覚・認知する際の一般的な敏感性や的確性などは当然，そこに関与し得るし，また情動の理解というような側面に関しても，そもそも課題状況の把握なども含め，言語性の知性（結晶性知能）の介在は半ば不可避的であると考えられるからである。サロヴェイらは，むしろ，そうした相関が見出されたことを，彼らの想定するEIが知能の一種であることを示す収束的妥当性の1つの証左であると見なしている節があり，さらにその相関が概して高過ぎるものではないことから，EIがIQだけでは説明され得ない独自の知能を取り出しているとも考えているようである（Zeidner et al., 2009）。一方で，"MEIS"や"MSCEIT"とビッグ・ファイヴなどのパーソナリティ尺度との相関は概して低いことが知られており（e.g. Roberts et al., 2006），このことは弁別的妥当性，すなわち，そうしたEI指標が，そもそもの理論的前提の通り，特性ではなく，あくまでも能力としてEIを取り出しているということの1つの証左を提供しているとも言えるのかも知れない（Brackett & Mayer, 2003; Freeland, 2009）。

　特性的EIに関して言えば，それについても，既にビッグ・ファイヴを初めとして，様々なパーソナリティ指標との関連性が検討されている。例えば，混合モデルに基づいた指標ではあるが，バーオンの"EQ-i"に関しては，その下位尺度スコアとビッグ・ファイヴの各特性との間に様々に有意な相関が見出されることが数多くの研究によって報告されている（e.g. Grubb & McDaniel, 2007; Dawda & Hart, 2000）。混合モデルとして在る"EQ-i"は，能力としてのEIも一部取り出すことが想定されており（Bar-on, 1997），その意味からすれば，本来，それはパーソナリティとの間に高い相関があってはならないはずなのではあるが，現実的にはそれが顕著に認められ，少なくとも能力的EIを測る指標として，"EQ-i"の弁別的妥当性はかなり乏しいことになる（Zeidner et al., 2009）。もっとも，既に多くの論者が指摘してきているように，実際のところ，"EQ-i"は，特性としてのEIを測定するツールとしての意味合いが強く，その意味か

らすれば，こうした相関は，バーオンの想定する EI がパーソナリティ特性の一種であることを示す収束的妥当性の 1 つの証左となっているとも見なし得るのかも知れない。

しかし，現実的に，こうした見方は必ずしも妥当ではなさそうである。それというのは，"EQ-i" とパーソナリティ指標との相関は，特に（ネガティヴ情動に密接に関連する）情緒的不安定性や（ポジティヴ情動に密接に関連する）外向性の次元などを中心に，時に 0.8 にも達するような不自然に高い値を示す場合がかなり頻繁に認められるからである（e.g. Grubb & McDaniel, 2007; Dawda & Hart, 2000）。すなわち，そうなると，そもそも両者には殆ど概念的独立性が成り立っていないことになり，結局のところ，"EQ-i" に従来のパーソナリティ測度にはない独自性を仮定してみること自体，実質的に非現実的であるということになってしまうのである。実のところ，第 4 章でも言及したように，元来，各種情動と種々のパーソナリティ次元との間には本源的な関連性があることが想定されており，また，ビッグ・ファイヴ尺度の開発者の 1 人であるマックレー（McCrae, 2000）などは，"EQ-i" も含め，特性的 EI の指標が既にビッグ・ファイヴ尺度の中に存在していることを理論的に言明している。そうした点からすれば，認められた相関の高さは，半ば当然とも言い得るものであり，さして驚くに値しないのかも知れない。しかし，そうなると，なおさらに，特性的 EI をあえて一般的なパーソナリティと分けて問題にすることにどれだけの意味があるのか，その点が改めて問われなくてはならないことになろう。

6.2.3. 能力的 EI と特性的 EI は並び立つか

既に能力的 EI と特性的 EI との関連性の希薄さについても検証が進んでおり，今やそれらは，概念的に明らかに異種のものであるという認識が一般的になってきていると言える（Freeland, 2009; Freeland et al., 2008; Petrides & Furnham, 2003）。それらの関連性の低さは，同じ構成概念に異なる測定法をもってアプローチしたが故に発生した測定誤差とは到底考えられないものであり，基本的に，両者の差異は，単に測定法の違いではなく，そもそも目当てとする概念そのものの決定的な違いから発していると理解すべきなのである。そして，そうなれば当然，能力的 EI と特性的 EI を，そもそも同じ EI という 1 つの術語の下で問い

続けることに取り立てて大きな意味はないことになろう。

　殊に，特性的EIに関しては，先にも記したように，ビッグ・ファイヴなど，既に先行して在るパーソナリティ諸次元と重複するところがきわめて大きく (De Raad, 2005)，独自の概念としての意義や魅力に欠けるとの見方が優勢化してきており (e.g. Freeland, 2009)，少なくともEIという呼称に今後も拘泥し続けるだけの積極的な意義はもはや殆どないものと思われる。また，概念的独自性という点から離れてみても，特性的EIの問題は絶えないようである。例えば，バーオンの"EQ-i"にしても，ゴールマンの"ECI"（本章注1参照）にしても，能力的EIの測度に比して心理測定学的厳密性に相対的に欠けるとの指摘は多くなされるところであり，例を挙げれば，それらに想定されている下位次元（因子）が，実際のデータにおいてそのまま取り出されるということは殆どなく，その構成概念としての妥当性には重大な疑義を禁じ得ないのだという (Matthews et al., 2002)。さらに言えば，特性的EIは基本的に自己報告式の質問紙によって測定されることから，当然のことながら，そもそも個人の潜在的特性の真値がどれだけ的確に把捉され得るかという問題もある。無論，これはある意味，自己報告式の質問紙法一般に当てはまる方法論的限界であると言うべきであろうが，この特性的EIの測定に関しては，例えば，元来，自己の情動覚知が不得手な個人が，自身のその情動覚知の低さについて，それを正当に自覚し報告し得るのかというパラドクスが想定されるため，より深刻なのかも知れない (Zeidner et al., 2009)。

　もちろん，能力的EIに関しても，例えば，サロヴェイらの4枝モデルの枠組みでは，先に見た②の要素，すなわち情動の促進および思考への同化という理論的クラスターが現実的には独立した因子として取り出されず，その構成概念的妥当性に疑問が残る (Palmer et al., 2005; Roberts et al., 2006) とか，"MEIS"や"MSCEIT"といった彼らの測定指標は結局のところ，情動の理解やそれへの対処に関するオフラインの知識を測り得ても，日常のオンラインでの情動的に賢明な行動の質や程度を取り出すものでは必ずしもない (Brody, 2004) といった様々な批判が寄せられており，当然のことながら，まだまだ改善の余地があることは否めないところである。しかし，それらの点を差し引いても，前節で見たように，能力的EIにはこれまで十分には問われていない知能の一亜型

として，それを突き詰めていくだけの価値は相対的に豊かに存在するように考えられる。

おそらく，ここまでの議論から総括すれば，能力的 EI と特性的 EI は，少なくとも同じ EI としては並び立たないという結論が至極真っ当ということになろう。元来，知能が人の最も基礎的な能力として概念規定され，そしてサロヴェイらによって EI が，殊に情動に特異的に関わる知能と概念規定されていることからすれば，EI は能力として追究されるのが本筋であるし，そう追究されてこそ初めて意味をなすというところが大きいのかも知れない。先にザイドナーらによるアトランティスの喩えについてふれたが，それに従えば，能力的 EI と特性的 EI という 2 つのアプローチは，心の概念地図の別々のところに EI を見出そうとしていたのだろう。しかし，特性的 EI に関しては，パーソナリティという大陸の中で既に別名をもって呼ばれていたのだと考えられる。それに対して，能力的 EI に関しては，未知なる大陸そのものではないが，知能という大陸の上で，その大小は別にして，未知なる土地が現実的に探し当てられつつあると言えるのかも知れない。

キャロル（Caroll, 1993）は，それまでの 400 以上の研究を要約・統合した上で，人の知能を 3 層構造として捉えることが最も妥当であると主張している。それによれば，第 1 層は多数の厳密に規定された基本的精神活動が並ぶ層で，第 2 層は（第 1 層の個々の精神活動がクラスターをなした）より幅広い認知能力から成る層であり，第 3 層がいわゆる "g"，すなわち単一の全般的知能因子の層であるという。これまでの研究からして能力的 EI が第 3 層の "g" に併置されるようなものでないことはほぼ確実であると言える。しかし，それが第 1 層に位置づけられるべきものか，それとも第 2 層に位置づけられるべきものかは，現段階では不明瞭である。今後は，その知能構造の中での位置づけが，1 つの重要な課題となろう。

6.2.4. それでも特性的 EI なるものの価値は消えない

この節の最後に 1 つ但し書きをしておくべきことがある。それは，上述の議論が，特性的 EI なるものの一切合切を悉く否定するものではさらさらないということである。疑念を呈したのは，あくまでも特性的 EI なるものを EI（情

動的な知能）として捉えることに対してであり，それゆえに能力的 EI と特性的 EI は同じく EI としては並び立たないとしたまでである．無論，別種のものであっても，それぞれに概念的妥当性があり，また実践的応用可能性があるとすれば，（当然，その概念的独立性を強く意識し，また術語の上での差別化も図った上でのことになろうが）両者ともに活かしていくという道筋も考えられよう．

例えば，マシューズら（Matthews et al., 2011, 2012）の立場は，それに相対的に近いのかも知れない．彼らは，それまでの EI 研究を網羅的かつ精緻に吟味した上で，そもそも EI を1つの明瞭な定義づけに適う単一の個人的特質として概念化することには土台，無理があると結論した上で，それよりは，それを広く，人の様々な感情的側面の機能性（affective functioning）の個人差に関わる全要素の総称，あるいはそうしたものを扱う領域（field）全般の呼称として把捉しておいた方がより適切ではないかと言明している．そして，彼らは，従来，問題にされてきた特性的 EI と能力的 EI の中から，特に人の感情的側面の個人差に関わる4つの異種独立した構成概念として，気質（情動的特性），情動的な情報処理，情動制御，文脈に結びついた情動的知識やスキルを仮定し，それら異種要素が奏でるシンフォニー（調和性）が，感情的側面に現れる種々の適応性に深く関わるのだと主張するのである（Matthews et al., 2011, 2012）．気質はもちろん，一部，情動制御なども，概念的な意味で，種々のパーソナリティ次元と深く関係し得る訳であるが，それが感情的な機能性や適応性に密接に絡むものである限り，それらを，他の能力的要素とともに，EI という˙1˙つ˙の˙領˙域˙の中で問題にしていくことには，理論・実践両方の意味で，一定の価値があるということであろう．

また，近年，特性的 EI なるもののあくまでも EI 概念としての布置にこだわって，その測度の心理測定学的精度を高め，また従来のパーソナリティ諸次元との差別化を図ろうとする向きが生じてきていることにも注視しておくべきだろう．例えば，"TEIque"（Trait Emotional Intelligence questionnaire）(Petrides & Furnham, 2001, 2003) や "SEI"（Survey of Emotional Intelligence）(Tett et al., 2005) などはその代表的なものであり，それらは現に，ビッグ・ファイヴでは説明しきれない個人差分散を，ある程度，説明することに成功して

いるようである。また，能力モデルの立場にあるサロヴェイらにも，彼ら自身は端からそれを EI の範疇で捉えることをしていないものの，"TMMS"（Trait Meta-Mood Scale）という，他の研究者であれば，おそらくはそれを特性的 EI の測度の一種と見なすような測定ツールがあり（Salovey et al., 1995），それも，ある程度，ビッグ・ファイヴとは概念的に独立した個人的特性を取り出し得るようである。一部の研究者によれば，こうした一群の測度によって評価され得るビッグ・ファイヴなどとは別種の特性は，自身の情動の理解およびその表出や調節の能力に関するポジティヴな信念，すなわち情動的自己概念（MacCann et al., 2003）あるいは情動的自己効力感（Petrides & Furnham, 2001）などに関わるものである可能性が高いらしく，今後，それを人の日常的適応性や幸福感などとの関連において問うていく意義は少なからずあるのかも知れない。

　しかしながら，筆者は，こうした新しい流れが示唆するところとは別の意味でも，特性的 EI という術語のもとで問題にされてきたことが，少なくともその一部については確実に，さらに追究されなくてはならないと考えるものである。この後，論を進めることになるが，筆者は，個々人における情動の機能性や情動面での適応性を考える場合に，単に能力的 EI だけを問うても実質的にあまり意味がないと仮定している。なぜならば，私たち人は，1 人 1 人，そのベースラインとしての情動の経験や表出において，固有の特質を持っており，それが考慮されることなく，ただ，能力的 EI として，例えば情動を理解する力，情動を制御する力，情動を活かす力といった側面の個人差だけが問題にされても，基本的に，人の種々の心理社会的適応性は決して十分には説明され得ないという認識を有しているからである。例えば，ベースラインとして，元来，怒りの経験や表出が多い個人と，そうした情動が相対的に少なく，むしろ快感情が日頃から優勢な個人とでは，それぞれの適応に結びつく，情動の制御のあり方や情動の活かし方は自ずと違ってくると見なすのが，むしろ自然なのではないだろうか。以下では，こうしたことも含め，筆者が本論を通して一貫して問題にしてきた「情の理」という視座から，改めて EI あるいは人の心の情動的賢さなるものを，問い直してみたいと考える。

6.3. 「情の理」から EI を再考する

6.3.1. 「情動に対する理知」と「情動に潜んで在る理知」

　これまで概観してきたように，EI とは何かについての議論は未だ百花繚乱の様相を呈しており，さして収束の気配を見せてはいない。ただし，これまで提示されてきた EI の定義案あるいは理論モデルの多くに共通して在ることを1つ探すとすれば，それは，従来の考え方が基本的に，情動に対する理性や知性，すなわち情動という対象に向けられて然るべき理知のあり方を問うものであるということである。例えば，先に見たサロヴェイとメイヤー（Salovey & Mayor, 1990）による「4枝モデル」（能力的 EI）にしても，あるいはゴールマン（Goleman, 2001）による「2×2モデル」（能力的 EI と特性的 EI の混合）にしても，そこで中核とされているのは主に，情動とはどのような性質を有するものであるかについて正確な知識を有した上で，自他のその時々の情動を的確に知覚・理解し，また自他の情動を適切に管理・制御し得る能力やスキル，あるいは特性を意味しているのである。私たちがここで刮目しておくべきことは，EI の知覚・理解的側面にしても制御・調整的側面にしても，そこでは，暗黙裡に，知性や理性が情動とは独立に在るということが前提視され，時に予測不能で非合理な情動に対して，統制可能で合理的な認知や理性を聢と働かせ得ることが是とされているということである。

　そこに在るのは，結局のところ，高度に理知的であり，情動に翻弄されないでいることが，さらに言えば，殊にネガティヴな情動に関しては，それらを極力，経験・表出しないでいることが，人の適応性や幸福感などに寄与するのだという，ある意味，プラトン以来の情動と理性の対置的構図および反機能的情動観でしかない。一見，人の日常における情動の役割の再考を強く訴えるかに見える EI 研究が，その実，主たる対象としているのは，やはり，徹底的に理解され，制御されるべきものとして在る情動（emotion as "regulatee"）に他ならないのである。当然のことながら，こうした情動の取り上げ方は，「情の理」，特に私たちの心身およびその日常生活を秩序立て，制御するものとして在る情動（emotion as "regulator"），すなわち情動に本源的に潜んで在るはずの機能性や合理性を見直してこそ，人本来の適応性や幸福感などが真に整合的

に理解され，また高度に具現され得るはずなのではないかという本書の基本的立場と，思考のベクトルをほぼ真逆にすると言っても過言ではない。そして，筆者がこの章の後半で試論したいと考えるのは，「制御されるべきものとしての情動」ではなく，「制御するものとしての情動」という視座から，あるいは情動に対する理知以上に，情動に潜んで在る理知という視座から，EIの再概念化を図り得るのではないかということである。EIの本質は，本来，極力，「情動的でないこと」あるいは「情動的でなくなること」の中にではなく，むしろ豊かに「情動的であること」あるいは「情動的になること」の中に模索されて然るべきなのではないのだろうか。

　実のところ，これに近似した発想は，本書でも再三ふれてきた，幾人かの情動研究者の考えの中にもかなり色濃く見出し得るものである。例えば，イザード (Izard, 2001; Izard et al., 2007) は，社会的な文脈における適応性の大半は，情動に対する知能の特殊形態ではなく，情動そのものの機能性に由来するとし，EIは，その高度に機能的である情動の活用（emotion utilization）という観点から再概念化されるべきであると主張している。そして，本来，それには，（情動に対する知性というニュアンスを多分に含み込んだ）"Emotional Intelligence" という術語よりも，"Emotion Intelligence"（情動それ自体の知性）あるいは "Emotion Adaptiveness"（情動を通じた適応性）という術語の方がふさわしいとしている。加えて，彼は，発達的観点から，情動の活用としてのEIには，元来，個人が生得的にもって生まれついた，あるいは成育過程の中で漸次的に獲得される情動的な気質や特性，そしてそれにも密接に絡んで備えられることになる情動的知識や情動制御などが含まれており，そこに認知が深く介在することもあるが，特に意識的な認知が関わらないような場合でも，それが十分，適応的に機能し得るということを前提視しているようである。ちなみに，先に見たメイヤーとサロヴェイの「4枝モデル」にも情動の促進や思考への同化という，一見，このイザードの言う情動の活用と重なるような要素への着目があるが，それは基本的に，自覚的な認知的営為あるいは意図性などの介在を想定しており，その意味で，いわば熱く情動的であることそのものの中に主たる適応性の鍵を見ようとするイザードの発想とは一線を画されるべきものと言えよう。

第3章でふれ、またこの後、第11章でも頻繁に取り上げることになる、シェラー（Scherer, 2007）もまた、現今のEI研究の動向に対してきわめて批判的な論者の1人であると言い得る。彼は、特性的EI研究の流れに関しては、既に見てきた多くの研究者からの批判と同様に、そこで概念化され測定されているEIなるものが（他のパーソナリティ的要素とは独立に）特異的に人の適応性や幸福感などにいかに関わっているのかが殆ど見えてこないということを槍玉に挙げている。ただ、ここでより注目すべきは、能力的EIに関する彼の見方であり、それによれば、そこで問題にされているEIは、元来、種々の情動の一連のプロセスに含まれて在る認知的要素というよりは、どちらかと言えば、結晶的知能の一種とも位置づけられ得る「情動についての知識」（knowledge about emotion）を強調するものであるという。すなわち、現行の、特に能力的EIの研究は、情動をあくまでも知識や認知の一対象と見なしているに過ぎず、EIが情動そのものの機能性や合理性に関わるものとしては概念化されていないというのである。

　その上で、シェラーは、本来、EIなるものは、そもそも進化の産物として在る情動のメカニズムを活用するためのコンピテンス（有能性）として把捉されなければならず、術語もEIではなくむしろ（能力とスキルの両方が関与する）"Emotional Competence"（EC：情動的コンピテンス）が用いられるにふさわしいと述している。また、彼は、このECを大きく3種、すなわち評価コンピテンス、制御コンピテンス、（他者情動の知覚・理解と自身の情動表出に関わる）コミュニケーション・コンピテンスに分けて考えているが、この内、特に刮目すべきなのは評価コンピテンスということになろう。なぜならば、彼自身が指摘しているように、それは、EI研究の中でほぼ完全に無視されてきたものと言い得るからである。そもそも、私たちが情動に潜在している機能性や合理性の恩恵に与るためには、その前提として、その時々の状況にうまく合致した情動が発動されることが必要であり、そして、そのためには、状況に対しての適切な評価（appraisal）が成り立っていなければならないはずである。シェラーは、3種のECの中でもとりわけ、情動の産出を左右する、この評価コンピテンスに現れる個人差が、本来、最も重視されなくてはならないという認識を有しているようである。

情動に対する理知に関して，筆者は，私たちの日常生活におけるその重要性や必要性を訝るものではない。しかし，そればかりが強調され，情動に潜んで在る理知が軽視されるような状況が，現今のEI研究の中に強く在るとすれば，それはある意味，悪しき復古主義と言わざるを得ないであろう。換言するならば，第5章で論じたように，情動の本質がその両刃性に在るのであれば，本来，人の種々の適応性は，その負の側面の顕在化をいかに抑え込むかという視点からだけではなく，それと同時に，その正の側面をいかに有効に活用し得るかという視点からも理解されなければならないはずなのに，従来のEI研究は，相対的に前者ばかりに焦点化し，後者に対して十分な関心を払ってきたとは言い難いのである。きわめて逆説的なことではあるが，EI研究の流れは，情動の機能性や合理性の抜本的な見直しを迫る近年の情動そのものの研究の潮流とは，意外にも，あまり合流する機会なく，今に至ってしまっているのかも知れない。EI研究が積み上げてきた研究成果の価値を否定するつもりはさらさらないが，そこに，情動そのものに関する革新的な知見が正当に付加されなければ，EI概念に，もはや明るい未来はないものと考えられる。その意味で，情に潜んで在る理知という視座からのEI再考は，ある意味，喫緊の課題であるとも考えられるのである。

6.3.2. アリストテレス的情動観が含意するもの

情動に潜在して在る理知の活用としてのEIという見方は，言ってみれば，極力，情動的でないことの中にではなく，むしろ，豊かに情動的であることの中に適応性や幸福感の鍵を見出そうとするものである。無論，豊かに情動的であることは，ただ無軌道に情動的であることを意味するものではない。私たちが豊かに情動的であり，その機能性や合理性の恩恵に与るためには，当然，そこに適宜，一定の制御が加えられる必要がある。そして，それは，第5章でも述べたように，情動が本源的に様々な両刃性を有しているからでもある。その意味で，情動に対する理知もまた必須不可欠のものとして在るのである。しかし，EIのあるべき方向性を模索する際に最も難しいのは，実のところ，この，情動が元来，制御器（regulator）としてありながら，同時に，制御されなければならないもの（regulatee）としても在るという，いわば逆説的な二重性

を抱えているからなのだろう。情動というものの厄介さは，それが真に機能的なものであるためには，制御されなくてはならないが，決して制御され過ぎてもならないというところにあるのかも知れない。

すなわち，情動は「ほどほど」のところで最も私たちの適応性に寄与する可能性が高く，EIもまた，その視座から理解される必要があるということである。第1章でふれた通り，かのプラトンは，情動は制御されればされるほど望ましいという，いわば"The more, the better"の見方を提示していたのに対して，アリストテレスは，怒りなどのネガティヴな情動も含め，情動の経験にしても表出にしてもほどよく適度なることが究極的な善や幸福に通じ得ること，すなわち"Not too little, not too much, just right"の見方を示していたと言い得る訳であるが，EIのあるべき再概念化を図る際に刮目すべきは，どちらかと言えば，後者ということになるのかも知れない。アリストレスは，人が自身の生活の中で，現実的な幸福を手にするためには，知識・思慮・技術といった知性的な徳だけでは足りず，場合によってはそれ以上に，多分に人の内なる情動に由来する倫理的な徳が必要であるとし，さらには，それが中庸（メソテース[mesotes]）なることが枢要であることを説いていたのである。

ちなみに，これに関連して，先述したシェラー（Scherer, 2007）は，EIの適応価を測る基準として，（優生学の創始者で絶対的な能力主義者であったフランシス・ゴールトン［Francis Galton: 1822-1911］の名に因んで）ゴールトン的な見方と，アリストテレス的な見方の2種のものが想定できるとしている。前者は言ってみれば，上でふれたプラトン的な発想にかなりのところ近似したものであり，EIは基本的に高ければ高いほど適応的だという考え方である。おそらく，これまでのEIに関する研究およびそこで用いられてきた測度の多くは，殊に能力的EIの立場に従うそれは，それこそIQと同様に，それが高いことがそのまま適応性に結びつくという前提に基づいていたと言えよう。しかし，シェラーは，彼が掲げるECの3つの側面の内，少なくとも制御コンピテンスについては，それが当てはまらず，そこには「ほどほど」の重要性を説くアリストテレス的な見方が適用されるべきだとしている。情動が徹底的に制御され，完全に抑止されるような事態は，個人内の心身の安定や健康という視座からしても，個人間の関係性の構築や維持あるいは時に分断という視座から

しても，決して適応的とは言い得ないというのである。また，他の評価コンピテンスやコミュニケーション・コンピテンスについては，基本的に，高い方がより望ましいというゴールトン的な見方で理解され得るとしながらも，個人の主観的な幸福（happiness）や満足（satisfaction）という視座を取った場合には，部分的にアリストテレス的見方を採る必要があるのではないかということを匂わせている。

　例えば，いわゆる抑うつ的現実主義（depressive realism）[3]などに象徴されるように，状況に対する正確な認知や評価は，時に自己評価や主観的幸福感の低下を招来する可能性があることが知られている（e.g. Alloy & Abramson, 1988）。その一方で，いわゆる肯定的幻想（positive illusion）[4]などのように，状況の意味を実態以上に楽観視し，自身に有利な方向に評価する傾向や，またポジティヴな事象についてはより自己内に原因を帰属し，逆にネガティヴな事象についてはその原因や責任をより外的要因に帰属するようなバイアス（必ずしも正確ではなく一定方向に偏倚した状況評価）を有している方が，心理的な健康などにはむしろ好影響を及ぼす可能性も指摘されている（e.g. Taylor & Brown, 1988）。こうした一連の心理学的知見は，評価コンピテンスに関しても，少なくともその一部については，あまりに正確ではないことによる利得の可能性，すなわちアリストテレス的見方を採る方がより妥当であることを示唆するものと言えるのかも知れない。また，シェラー（Scherer, 2004）自身，現実のデータに基づきながら，日々の怒りやいらだちの経験の多さと，主観的幸福感や生活への満足度との間に逆U字型の関連性があることを見出し，怒りやいらだちが中程度にあることの適応性を認めている。怒りやいらだちの経験の多少には，事象をいかに自身にとって害悪をもたらすものと捉えるかということに関わる評価コンピテンスはもちろん，一旦内的に経験されつつある，それらの情動をいかに制御し得るかということに関わる制御コンピテンスも介在するものと考

---

3) 事象を，その実態以上に，悲観的に評価してしまうバイアスが抑うつ傾向を生み出す訳ではなく，むしろ事象を，それが孕む否定的な意味合いも含め，現実そのままに評価してしまう性向が高い抑うつに通じるという考え方を指して言う。
4) 一般的な人の思考の特徴として，実態に比して肯定的な自己評価，状況に対する誇張されたコントロール知覚，非現実的な楽観主義的傾向などがあることを指して言う。

えられる。さらに，それらの情動が対人場面に起因するものであれば，当然のことながら，いわゆる社会的表示規則にどれだけ従えるかということに絡むコミュニケーション・コンピテンスもまたそこに不可避的に関係してくるものと言えよう。少なくともそうした意味からすれば，アリストテレス的な見方は，情動のほぼすべての側面について一考に値するものと言えるのかも知れない。

　繰り返しになるが，情動に潜んで在る理知を活用するという視座からEIを考える時にその前提となるのは，私たちが日常において豊かに情動的であるということである。そして，豊かに情動的であるためには，言ってみれば，情動に対する理知があまり苛烈に過ぎないということが必須条件となるのだと考えられる。その意味で，「情の理」からのEI概念の再考には，「ほどほど」の有効性を説くアリストテレス的情動観が必然的に含まれることになるのだろう。

6.3.3. 何に向けての制御なのか

　従来のEI概念およびそれに基づいてなされてきた，その測定において，次に問題にすべきことは，特に情動に対する制御に関して，その制御が何に向けてなされるべきものと仮定されてきたのかということである。これは既に第5章で論じたところなのであるが，情動の合理性や非合理性は，それをいかなる視座から問題にするかによって，その見え方は180度変じ得るものと言える。先にもふれたように，情動が厄介で非合理と判断されるのは，実のところ，情動そのものの発動のきっかけになった事象との関連においてでは必ずしもなく，むしろ，その情動の生起によって分断され，遂行が脅かされることになる他の活動との関連においてであることが圧倒的に多いのである。例えば，長年大切にしてきた友人関係が破綻してしまうのではないかということに対する不安は，当該の友人関係の回復や維持に向けた動機づけや現にそれに向けた行動を引き起こすという意味では合理的であるはずなのに，それによって，仕事や勉学などに悪影響が及び，その効率性が失われるとなれば，一転して，厄介で非合理なものと見なされるのである。ここで，私たちが注意して確認すべきことは，従来のEI研究や，あるいは情動制御研究において，暗黙裡に問題にされてきたのは，一般的に是とされる目標や課題や規範の遂行に向けての情動の制御であるということである。そして，だからこそ，そこでは，仕事や勉学などの効

率性を阻害する情動は抑え込めれば抑え込めるほど望ましいという，先の言葉で言えばプラトン的，あるいはゴールトン的な見方が支配的なものとして在ったのである。

　かつて，少なくとも心理学の初期段階においては，動機づけと情動は本源的に密接な関連性を有するものとして，同時に問題にされることが多かったと言える。なぜならば，情動は主に，様々な行動に対して人を強く動機づけるもの（motivator）として認識されていたからである。しかし，心理学の進展とともに，そうした事情は徐々に変質し，動機づけのペア・パートナーは，今や，情動そのものというよりも，むしろ情動制御にすげ替えられてしまったと言っても過言ではないのかも知れない（遠藤，2008b）。こうした事情は，殊に教育心理学や産業心理学などにおいて顕著であり，人の情動は多くの場合，勉学にしても仕事にしても，いわば社会的に価値づけられた行動に対する動機づけをひどく掻き乱すものと見なされ，そして，それ故に情動制御がむしろ，そうした望ましい動機づけとの関連において必須不可欠の要素として，より重視されるに至っているのである。無論，勉学や仕事などに対するいわゆるやる気や意欲も情動の一種と見なすのであれば，それらを最大限に高める心理学的機序やそのための方途なども確かに精力的に研究されてきている訳であるが，それ以外の情動については，基本的に専ら管理・制御されるべきものとして扱われてきているのである。そして，こうした姿勢は，現今のEIの応用領域としての教育や産業ということに関しても，基本的に変わりないものと言える。

　学業成績を上げる，あるいは，獲得利潤を最大化するなど，ある特定目標を明確に定め，あくまでもそれへの到達という視座から判ずるのであれば，その目標に向けた営為の途上で生じる種々の情動は，確かにただのノイズであり，ディストラクターに過ぎないのかも知れない。情動制御の有効性は，どれだけ，そのノイズやらディストラクターの抑止に成功し得たか否かという一次元の基準をもって，かなりのところ明確に判断し得ることになろう。そして，そこでは，ある意味，当然ではあるが，そうしたノイズやディストラクターとしての情動が何に起因して生じたか，どれだけ重要度や緊急性が高いのかといったことが基本的にあまり問われることはない。いかなる情動であれ，それは，そこで生じるにはふさわしくないものとして扱われる。先の例で言えば，かけがえ

のない友人との関係の回復や維持が，生活全般の視点から見ればより重要性の高いことであっても，それに関わる不安はあくまでもノイズやディストラクター以外の何ものでもなく，それを完全に封じ込める能力やスキルを有していることが望ましいことになるのである。しかし，その明確に1つに定められた目標の達成という視座からではなく，勉学や仕事といったことに限定されない，その個人の全生活，それも今ここということではない，時間軸の広がりを持った，より長期的な人生という視座から見た時に，その友人関係にまつわる不安を完全に自身の心理状態から排し得るということが，果たして適応的ということになるのであろうか。

　こうした問いに関連して，クール（Koole, 2009）は，情動制御を，ここまで述べてきたような目標志向的（goal-oriented）制御の他，欲求志向的（need-oriented）制御，そして全人志向的（person-oriented）制御に分けて把捉することの重要性を説いている。彼によれば，欲求志向的情動制御とは，最も低次で衝動的な性質を有するものであり，言ってみれば，快不快の原理に従って，不快情動であればそこからの脱却を，快情動であればそのさらなる追求を直ちに可能ならしめるための制御であるという。例えば，目先の不快を回避するために目をそらしたり，自身に都合のいい考え方をしたり，食べ物なども含め，愉悦をもたらすものにひたすらふけったりすることなどがそれに相当すると言えよう。それに対して，全人志向的情動制御とは，個人の全生活を総じての適応性や幸福感などの向上や維持に関わるものであり，先に掲げた問いに直接的に絡む制御の形と言える。

　そこで，重視されていることは，私たち人が，基本的に，様々な生活領域において，実に多様な利害関心や潜在的目標を同時に抱え込んでいる存在であること，また，それらの利害関心や目標は，相互にしばしば葛藤や競合を起こし得るという現実である。そして，私たちは，それら競合する目標間のバランスの調整を図り，その時々の状況や文脈に応じて，それらに適切な優先順位を付しながら，長期的に自身の全体としての心身の健康や適応性などを具現しなくてはならないということである（Baumann et al., 2005; Kuhl, 2000; Rothermund et al., 2008）。友人を失うことに対する不安にふけること，また，それまでの関係性の取り方やそこにおける自身の非などに対して反省的な思考が働くこと，そ

して，耐えきれずに，その解消に向けて現実的な行為を起こしてしまうことなどは，確かに，勉学や仕事の遂行を乱し，その達成を遅らせたり，困難なものにしたりするかも知れないが，その友人関係の修復に向けた一連の営みは，その個人の全人格あるいは全生活における主観的幸福感や長期的な社会的適応性に，より適ったものである可能性も否めないのである。そこでは，不安を徹底的に抑止できるよりは，その情動に潜んで在る理知に素直に従う方が，はるかに賢明なのかも知れない。

　おそらく，現今のEI研究において，最も欠落しているのが，こうした全人的立場から情動の制御を把捉するという視点なのかも知れない。日常的直感からすれば，むしろ当たり前のことかも知れないが，私たちは，教育や産業などの領域で高いEIを備え，現に成功していると判断される人が，家庭生活やそれ以外の私生活といった他の生活領域においてもまた成功者であるとは限らないという現実を知っているはずである。そうだとすれば，もっと，その現実を直視し，この全人志向的情動制御というものを中核に据えた形で，EI概念の再考を図るということも当然，試みられなくてはならないのではないだろうか。第2章でふれたところであるが，ダマシオ（Damasio, 1994）は，現代のフィニアス・ゲージとも言い得る脳損傷患者に対する精緻な研究を通して，情動の主たる機能の1つがその時々に適切な行為の選択やそのプランニングを可能ならしめるところにあることを仮定するに至った訳であるが，全人志向的情動制御とは，こうした情動の機能性，すなわち適宜，その時々の情動が発する声に素直に耳を傾け，その情動に潜んで在る理知を有効に活用するための制御とも言い得るのだろう。第2章で詳述したように，その場その時には一見，非合理に見える情動が，結果的にあるいは長期的に，さらに言えば少なからず全人的に，個人の適応性を高度に支えるということも日常生活の中では大いにあり得るのである。

6.3.4. 情動制御およびEIの個別相対性

　今後のあり得べきEIの再概念化に向けて，もう一点，必ず考慮されなくてはならないことは，既に6.2.4.でも予示したところであるが，私たち人が1人1人，固有の情動的特性を有しているということである。事象や刺激に対して

どれだけ敏感に反応し，情動的に賦活されやすいか（emotional sensitivity）(e.g. Baumann et al., 2007)，またネガティヴな情動がどれだけ頻繁に，あるいは強く経験されやすいか（emotionality）(e.g. Eisenberg & Fabes, 1992)，あるいはまた共感性なども含めたポジティヴな情動がどれだけ発動されやすいか（emotionateness）(Thompson, 2011) といったところに，私たちは元来，広範な個人差を有しているということである。なぜ，こうした個人差に注意を向けなくてはならないのかは，半ば当然のことと言えるが，仮に2人の人間が，結果的に，ほぼ同質の情動的反応を見せたとしても，その背後で生じている心理学的プロセスは必ずしも同様のものとは仮定できないということがあるからである。例えば，2人の人間が同じように脅威的な刺激に接し，同じようにそれに動じない反応を見せたとしても，それぞれが，そこに働かせている制御はきわめて異種のものであるという可能性も否めないのである。元来，脅威刺激に対して情動的敏感性が高く，容易に恐れの情動を経験しやすい個人は，いわゆる再評価（reappraisal），すなわちその刺激に対する評価を変える試みから始まり，自身の恐れの表出を意識的に抑制する試みに至るまで，様々な制御をそこで働かせなくてはならないかも知れない。一方で，元来，脅威刺激に対する情動的反応の閾値が高く，容易には恐れの情動を経験しない個人は，さしてそこで制御を働かせる必要はないのだろう。それどころか，仮に，その個人がいわゆる感覚追求パーソナリティ傾向（sensation-seeking personality）(e.g. Zuckerman, 2009) が強いような個人であれば，脅威やリスクに対して時に，それこそワクワクする愉悦のような情動を経験してしまうこともあるため，そこで，適応（例えば事故などの回避）のために働かせる必要のある制御は，恐れの制御ではなく，むしろ，そうしたポジティヴ情動の抑制ということもあり得るものと考えられる。

　直接的にEIということではないが，種々の社会的適応性の個人差に関して，それが，特にネガティヴな情動的特性と制御の組み合わせという視点から，理解されなければならないと一貫して主張してきている論者にアイゼンバーグら(Eisenberg & Fabes, 1992; Eisenberg et al., 1997) がいる。彼女らは，ネガティヴな情動的特性の程度（相対的高低の2群）と制御の強さ（高制御・中制御・低制御の3群）の組み合わせからなる全6タイプを理論的に想定した上で，現に，

乳幼児期から成人期前期までの，様々な発達期を扱った縦断的研究を通して，行動的制御の強さが，社会的に適切な行動や向社会性，あるいはいわゆる外在化型（非行や攻撃性など），内在化型（不安，抑うつ，引きこもりなど）といった種々の問題行動などに対していかに影響を及ぼすかは，ネガティヴな情動的特性や衝動性の高低によってかなり大きく異なり得るということを実証してきている（e.g. Eisenberg et al., 2000, 2001, 2004, 2005a, 2005b, 2009）。例えば，児童期後半を扱った1つの研究においては，外在化問題傾向の強い子どもと内在化問題傾向の子どもとでは，一般的に，ともに意識的な行動制御の程度が際立って低いのではあるが，両者の根本的な差異は，元来のネガティヴな情動的特性や衝動性の違いなどによって生じてくるのだということを明らかにしている（外在化問題傾向の強い子どものネガティヴな情動特性や衝動性が顕著に高い）（Eisenberg et al., 2005b）。

　私たち自身が経験し，また他者に見る一連の情動反応は，瞬時に生起し，またすばやく終結するものであるため，一般的に，どの段階で情動が終わり，どの段階から制御が始まるのかを峻別することは困難である場合が多い(Davidson, 1998)。そのため，私たちは実際に生じた一連の情動反応全体の結果のみから，ある意味，一次元的に，ただ情動が制御されているか否かを，あるいは情動を制御できる人か否かを安易に判じがちなのかも知れない。しかし，微視的に見れば，そこには，アイゼンバーグが仮定するように，情動そのものの個人差と情動制御そのものの個人差という，異種独立した2つの要素が介在しており，本来，情動に絡む社会的適応性は，一次元性のものとしてではなく，少なくとも二次元的なものとして把握される必要があるはずなのである（Kuhl, 2000; Koole, 2009）。そして，現に，その二次元の独立性は，多くの論者が強調するところでもある。一般的に，ネガティヴな情動的特性や情動的敏感性に関しては，かなり強く生得的・遺伝的要因が関与していることが想定されており，それはあまり環境の中での経験に左右されず，生涯を通して変化を被りにくいものと考えられている（McCrae et al., 2000; Terracciano et al., 2005）。一方で，情動制御に関わるコンピテンスは，アタッチメントを初め，特に養育者等との社会的相互作用の質によって強い影響を受けることが想定されており（e.g. Mikulincer et al., 2003），生涯を通してかなりのところ変化可能なものと把捉されているので

ある (e.g. John & Gross, 2004)。

　これらのことが示唆するところは，少なくとも情動の制御ということに関しては，先に見たプラトン的あるいはゴールトン的な見方，すなわち"The more, the better"（それができればできるほどよい）の原理の適用が，ただ的外れであるということに止まらないのかも知れない。それは，さらに，情動の制御が，本源的に個別相対的なものとして問われなくてはならないということをも含意していると考えられる。すなわち，私たち1人1人が，元来，それぞれ異なる情動のベースラインを有しているとすれば，あるべき情動の制御の程度や質は，そのベースラインとの絡みで，大きく変じ得るものであるということである。その意味で，私たち1人1人がいかに適応的であるかは，基本的に，個々の情動のベースラインに適った，それぞれの情動制御の形を具現し得ているか否かという視点から判じられなくてはならないものとして在るはずなのである。先にイザード (Izard, 2001; Izard et al., 2007) が現今のEI概念に批判を向けていることについて言及したが，彼が，EIの代案として示した「情動を通じた適応性」(Emotion Adaptiveness) に関して，気質への考慮が不可欠であるとしているのも，ある意味，こうした情動における個々人のベースラインへの着目があってこそのことであると考え得るものである。ちなみに，先述した情動やEIに対するアリストテレス的な見方にしても，その中庸ということを，人の違いにかかわらず，何か絶対的な値で区切られるようなものと考えてしまってはならないのであろう。むしろ，それぞれの人なりの中庸の形があると見なして然るべきものかも知れない。

　ここでは，情動制御に関して，本来，それが絶対的な基準でその善し悪しが問われるようなものではなく，個別相対的なものとして扱われる必要があることを論じてきたが，このことは敷衍して，EI全般に関しても，ある程度，当てはまることなのかも知れない。例えば，元々，EI概念として問題にされていることではないが，近年，いわゆる「心の理論」に関して，その豊かさが必ずしも社会的適応性の高さにつながらないという認識がかなり一般化してきている。「心の理論」とは，心の性質や働きに関する素朴な知識の体系を指して言う訳であるが，そこには当然のことながら，情動に関わる知識も含まれ得るものと言える。また，現に発達研究においては，「心の理論」が，情動的コン

ピテンスや EI を支える要素として重視されてきたという歴史的経緯もある (e.g. Saarni, 1999)。しかし，最近，明らかになりつつあることは，情動全般に関する知識や，他者の情動を的確に理解し読み取れるという能力を豊かに有していることが，社会的適応性に結びつくためには，そこに多くの場合，共感性という情動が介在する必要があるということである。これまで既に見てきたように情動知識も情動理解も現今の EI 概念の柱とされているものであるが，それらに，言ってみれば，共感しやすい情動的特性（emotionateness）(Thompson, 2011) が伴わない場合には，逆に，他者に対する欺瞞的行為や搾取的行為あるいは反社会的人格障害傾向などが生じてしまう可能性もあるらしい (Gopnik, 2010)。このことが示唆することは，共感性などのポジティヴな情動的特性が相対的に低い場合においては，単に情動的知識や情動理解の高さということに止まらない別種の EI の形が，社会的適応との関連において，必要になる可能性があるということであり，ここでもまた，知識・理解・制御といった絶対的な意味での情動に対する理知の豊かさだけではなく，個々人が固有に有する情動のベースラインへの着目が必須不可欠であることが確認できよう。

　また，これに関連して言えば，共感性（empathy）や同情（sympathy）などの情動に関しても発達の早期段階から，かなり幅広い個人差があることが知られているが (e.g. Zahn-Waxler & Radke-Yarrow, 1990, 1992)，一般的に向社会的な判断や行動が求められる状況では，こうした情動的特性を元来，強く有している個人は，いわばその個人内のリソースにそのまま従ってふるまうことが適応的であるため，そこで，さして高度な社会的判断や規範あるいは常識に適う行動の選択や制御を自らに強いる必要は相対的に低いのかも知れない。しかし，そうした個人でも，例えば，いわゆる感情労働などの状況においては，その他者奉仕的で自己犠牲的な行動が，時に病的な利他性（pathological altruism）として，個人の心身の健康をひどく蝕むようなこともあり得るため (Oakley *et al.*, 2012)，むしろ，その元来，向社会的な情動を適宜抑制し，また調整するための EI が別立てで必要となる可能性も否めないところであろう。

　既に記したことであるが，いわゆる特性的 EI が，能力的 EI に比して，そもそもの概念規定からしても，測定ということからしても，相対的に多くの問題を抱えていることは否めないところである。しかし，6.2.4 でもふれたように，

筆者は前者をEIの範疇で考えることには否定的であるが，後者だけで，人の社会的適応性や心的健康度を説明することは原理的に無理であるとも考えており，そこには必ず，情動的特性や気質，さらに言えば，情動に潜在して在る理知の総体とも言い得るものに対する着目がなければならないと考えるものである。この節で示してきた，個々の情動のベースラインに応じて，あるべきEIが個別相対的なものとして問われなければならないという発想は，言ってみれば，個々人に固有の「情動に潜んで在る理知」を有効に活かすためには，人そ
・
れぞれの「情動に対する理知」の形を備え磨く必要があるということを含意しており，この両者ともへの刮目および相互の関係性の解明が，今後のあり得べきEI研究の中核的課題になるのではないかと筆者は強い期待をもって占うものである。

6.4. EIを育む——真に情動的に賢くなることとは

6.4.1. オープンな情動的環境の中に育つ

ここまで述べてきたような視座から，EIのあるべき発達を考えるとすれば，それは自ずと，いつも可能な限り情動を管理・制御し，極力冷静になるよう育つこと，言い換えれば「情動的でなくなる」方向に成長するということではないことになる。むしろ，適宜，必要な時には，ネガティヴな情動の発動も含め，素直に「情動的でいられる」ように成長することだとも言い得ることになろう。既に繰り返し述べてきたように，EIという概念が，きわめて興味深くもあり，また難しくもあるのは，単にそれが「情動に対する理知」を意味するものではなく，「情動に潜んで在る理知」をうまく活用する力をも含意しているからである。それでは，そのような意味でのEIとは，いかにして育まれ得るのであろうか。

近年，欧米圏を中心に，子どものEIを高めるための様々なトレーニング・プログラムが開発され，かつ実際に教育の現場にも応用され始めている。そして現に様々な効果を挙げているという報告もある（e.g. Arnold & Elias, 2006; Lewkowicz, 2006）。こうした動向に対しては無論，一定の期待を寄せ得るものであるが，その一方で，本来のEIは，殊に情動の機能を積極的に活かすという意味

でのEIは，授業のような形を取って子どもに教え込まれる性質のものでは必ずしもないのではないかという疑念も残る。なぜならば，EIは，自他の喜怒哀楽が複雑に交錯する日常の現場，それも時々刻々と変化する中において常にその時々の状況ごとに違った形で必要とされるものだからである（Matthews *et al.*, 2002）。それを，教室のような，情動の現場から切り離された文脈で静的に教え込もうとしても，その効果には自ずと限界があるのかも知れない。当事者性の低いいわゆるオ・フ・ラ・イ・ン・で獲得した知識やスキルが，今ここでまさに情動の当事者として関わるオ・ン・ラ・イ・ン・での解決を保証するものではないのである。やはり真に機能する情動的知能は，子ども自らが喜び悲しみ怒り恐れる情動経験の当事者として在り，その中で情動の強烈な旨みや苦みを直接経験することを通して，またその状況で周囲の大人から適切な対応を施してもらったり，自ら何らかの解決策を見出したりするといった実体験から生み出されるところが大きいのだろう（Goleman, 2006）。

　現に生活経験の中で情動的に熱くなることの発達的意味は，近年のいくつかの研究が部分的に教えるところでもある。先にもふれたように，情動的知識にも深く関わるとおぼしき「心の理論」が，必ずしも子どもの他者に対する思いやりや向社会的行動には通じないことを明らかにされてきている。難易度の高い「心の理論」課題を通過できる子どもの中に，日常の社会性に難を来す子どもが一定割合存在することが報告されているのである（「心の理論」には「優しい心の理論（theory of "kind" mind）」と「意地悪な心の理論（theory of "nasty" mind）」とがあるのだという）（Repacholi *et al.*, 2003）。また，潜在的には反対の内的状態にありながら精妙な情動表出の操作によって大人の目にも悟られないほどに，それを完全にカムフラージュできてしまう子どもの中に，日常，仲間に対して威嚇的であったり搾取的であったり，時に攻撃的であったりする子どもが相対的に多く含まれるということを見出しているような研究もある（Keating & Heltman, 1994）。

　こうした研究知見が示唆するところは，従来，EIの下位要素とされてきた他者の情動状態の読み取りや自身の表情調節などが，ただ単なる知識やスキルとして身についていてもあまり意味がないということであろう。そこには，他者の情動を自らのことのように感じてしまう，そして結果的にそれに関わり合

ってしまう温かい共感性や熱い道徳的情動が多くの場合，伴っていなくてはならないのだろう。当事者としての情動経験のない，日常的文脈からかけ離れた状況においてオフラインで情動的知能なるものをただ頭から教え込まれる時，ややもすると，そこでは，本来必須不可欠のはずの情動の温かさや熱さが抜け落ちてしまいかねないのかも知れない。真に日常現場で活きるEIとは，やはり，子どもが現に痛い目に遭い，また甘い汁を吸う情動経験が豊かに存在してこそ養われるところがあるのだろう。それこそ，第2章でふれたダマシオ（Damasio, 1994, 2004）の言うソマティック・マーカーが私たちの意思決定や行動のプランニングなどにおいて有効に機能するためには，その前提となる情動の原体験が豊かに存在している必要性があるのである。

　しかし，逆説的にも，近年のEIという概念の流布あるいはポピュラー・サイエンス化したいわゆるEQという言葉の一人歩きは，むしろ子どもをこうしたオープンで濃密な情動的環境の中に置くことを億劫にさせてしまっているようなところもあるのかも知れない。例えば，キレる子どもの病態が社会的に大きく取り沙汰される中，専らネガティヴな情動を管理し抑え込み，ただ穏やかに人に接することの重要性が相対的に強調されているようなことはないだろうか。先にも述べたようにアリストテレスは，怒りそのものが悪ではなく，悪しきは，時機と対象と方法を間違えた怒りであるという旨を述べているが，キレることは必ずしも怒りの病理と把捉すべきものではないはずである。それは，むしろ適切に怒れないことの病理と言うべきものであり，本来，怒るべきところで正当に声を上げ抗議することができないことの蓄積が，時に場違いで対象を取り違えた怒りの容赦ない暴発を招来すると考えるべきなのだろう（Diamond, 1999; Richardson, 2006）。

　家庭であれ学校であれ，子どもに関わる大人は，ややもすると子どもの特にネガティヴな情動経験を相対的に抑止しようとする傾向があるのかも知れない。あるいは子どもが不快で苦痛な情動経験をしなくてすむよう，先回りして巧みに環境を調整するようなことを暗々裏に行っているという可能性も否めない。第2章では，ポジティヴな情動の機能および一部，発達に対して有する役割について言及した訳であるが，それはポジティヴな情動経験のみが豊かにあり，ネガティヴな情動経験が極力抑え込まれるような養育環境の有効性を示唆する

ものでは決してない。むしろ,それが含意するところは,前提として正負,偏りなく多様な情動が経験される中での,あくまでも相対的なポジティヴ情動の優位性が重要であるということである (Cassidy et al., 1992)。情動経験の偏りや乏しさは,そこに潜む有用な知恵や,逆にその恐さのようなものを,身をもって知る貴重な機会が子どもから奪われるということを意味しているのである。子どもは早くから一気に,もの分かりのよい「小さな大人」になる必要などないし,表面的にはそう見えたとしても実態的にそうなることはそもそも不可能なのかも知れない。大人は,辛抱強く子どもたちのまさに「子ども染みた」情動のもめ事に辛抱強く真正面から向き合うべきなのだろう。けんかやいざこざをすぐに丸く収めようと躍起になるのではなく,むしろそれらを情動の性質や働きを学ぶための生きた学習の場とすることこそが,私たち大人が本来,心すべきことと言えるのではないだろうか (Goleman, 2006)。

6.4.2. アタッチメントとEI：共感しつつ調整する

現実の日常において実際に機能する豊かなEIを獲得するための前提として,そもそも情動経験そのものがあまり偏りなくオープンな形で濃密でなくてはならないという認識は,実のところ,近年のアタッチメント理論にも大いに通じるところがある。アタッチメントとは元来,文字通り,生物個体が他の個体にくっつこうとすることに他ならない。ボウルビィ (Bowlby, 1969) は,個体がある危機的状況に接し,あるいはまた,そうした危機を予知し,恐れや不安などの特にネガティヴな情動が強く喚起された時に,特定の他個体への近接を通して,主観的な安全の感覚（felt security）を回復・維持しようとする傾性をアタッチメントと呼んだのである（遠藤,2005c, 2007a, 2010a）。換言するならば,それは「一者の情動状態の崩れを二者の関係性によって制御するシステム」(dyadic regulation system) (Schore, 2001) とも言い得るものであり,アタッチメント理論は基本的に,養育者にその動揺した情動を確実に制御される経験を通して,子ども自らが自身の情動を制御・調節するメカニズムを徐々に獲得していくという認識を有してきた (Goldberg, 2000; Sroufe, 1996)。そして,今では現に,各種の動物実験や人間の子どもにおける剝奪事例の詳細な検討などから,そうしたメカニズムの獲得が,単に,自己や他者に対する基本的信頼（内的作

業モデル）や適切な情動制御方略といった心理行動的側面の形成・学習のみならず，HPA（視床下部―下垂体―副腎皮質）システムを初め，身体生理学的なストレスセンサーやホメオスタシス回復機能の発達にも広く及ぶものであることが明らかにされてきているのである（e.g. Gunnar, 2005; Schuder & Lyons-Ruth, 2004）。

　こうしたアタッチメント理論の仮定および知見については，一見するところ，結局は，そもそも制御・調整されるべき，あるいはそうすべきネガティヴな情動経験が希薄であればあるほど，発達が良好に進行するということを意味するに過ぎないのではないかという見方も成り立とう。しかし，アタッチメント理論はこれを真っ向から否定する。アタッチメント理論もまた，子どもが様々なネガティヴ情動を経験することがまず大前提として在って，その上で養育者等から適切に制御・調整されるということの重要性を説くのである。

　それを最も明瞭に示すのがボウルビィ（Bowlby, 1988）の「安全の基地」（secure base）および「確実な避難所」（safe haven）という概念ということになる。彼は，子どもが，養育者を安全の基地として，そこから（それこそ興味や好奇心に駆られ，また喜びという情動をしばしば覚えつつ）外界へと自律的に（まさに第 2 章でふれたポジティヴ情動における拡張・構築プロセスそのものとも言い得るような）探索活動へと赴き，そこで多様な経験することの重要性，およびその過程で（例えば躓き転び，怖い見知らぬ人に出会い，また思い通りにならない事態に遭遇するなどして）恐れや不安あるいは怒りなどのネガティヴな情動を経験した際には，自ら援助要請のシグナルを積極的に発した上で，確実な避難所たる養育者のもとに駆け込み，崩れた情動状態をしっかりと制御・調整してもらうことの重要性を強調していた。そして，こうした「安全感の輪」（circle of security）（図 6.1）とも言い得るものを徐々に拡げていくこと，すなわち，あまり頻繁に基地および避難所に身を寄せなくても済むようになることが子どもにとってのあるべき発達，またそれを一貫して支えるのが養育者にとってのあるべき育児であると考えていたのである（Cooper et al., 2005; Marin et al., 2002）。養育者において重要なことは，基地や避難所という形で養育者が基本的に不動の位置にあり続けること，逆に言えば，いつも子どもの後を心配してついて回る，あるいは子どもの手を引いて連れ回すということをしないこ

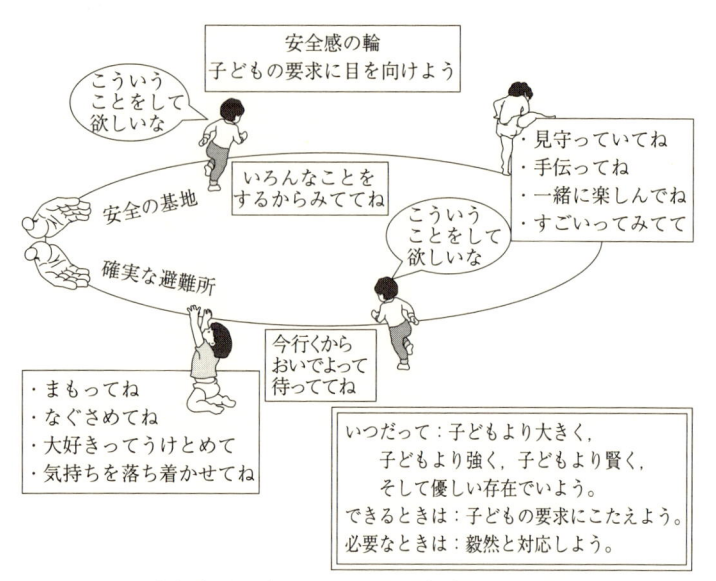

図6.1 安全感の輪（circle of security）（Marvin et al., 2002）

とであり、そこには、子どもが適度なフラストレーションやストレスにさらされることが（それが適切に制御・調整される限りにおいて）子ども自身の自律的な情動制御やレジリエンス（resilience）の発達につながるという認識が確かに在る。そして、これに付加して言うならば、近年、発達早期の「ストレス予防接種」（stress inoculation：対処可能な範囲内のストレスにさらし、その後、しっかりとそれに対してケアをすること）が、後の情動制御やよりたくましい探索活動などに通じ得ることを現に裏づけるような知見が提示されてきているのである（e.g. Parker et al., 2004）。

　もう一点、EIとの関わりにおいて見過ごせない、近年のアタッチメント理論上の展開は、アタッチメントのより重要な機能を、養育者による子どもの情動状態の「映し出し」（mirroring）、およびその結果として獲得されることになる子どもの「心理化」（mentalization）能力の醸成の中に見出そうとする流れである（Fonagy, 2001; Fonagy et al., 2002）。この立場の中心的な論者であるフォナギー（P. Fonagy）によれば、映し出しとは、ただの鏡のように子どもの情動状態を完全にそのままに映し返すということではなく、それを子どもに対し

て耐えられる形に和らげ調整した上でフィードバックする養育者側の働きかけということであり，それを通して子どもは情動を含めた自他の心的状態をオープンに防衛なく理解する力，すなわち（メタ表象——心的表象の心的表象——を中核とする）心理化の能力を十全に発達させることができるようになるのだという。つまり，子どもが示す恐れにしても不安にしても怒りにしても，それらが養育者などによってただ低減されればいいという訳ではなく，ましてや当然のことながら養育者などが自らただそれらに巻き込まれてしまっていいはずはなく，確かに共感されながら，そして，そうした共感状態が表情や声を通して子どもに伝達されながら，しかし，その一方でしっかりと制御・調整されるという経験の蓄積が，EIの1つの中核でもある，共感を伴った自他の情動理解への道を切り拓くということである。

　こうした一連のアタッチメント研究が示唆するところは，結局のところ，真に有効なEIが，子どもが現に痛い目に遭い，また甘い汁を吸う情動経験を豊かに持つ中から，またそうした情動生起の現場に養育者などの大人が立ち会い，その大人から種々の情動を共感されつつ制御・調節されることを通して，地道に養われていくべきものであるということである。そして，そのプロセスが円滑に進むためには，大人がまずは自分自身のEIや情動の諸特質に思いをめぐらし，自らが子どもの情動経験や表出に対して，無意識裡にいかなることを感じ実践する傾向があるのかを時に自己省察しておくべきなのかも知れない（Gottman et al., 1997）。当然のことながら，子どものEIはその子どもと密接に関わる大人自身のEIの影響下で発達すると把捉すべきものであり，上でふれたフォナギーも養育者の「内省機能」（reflective function：自身の心的状態を防衛なくメタ認知し，また整合的に理解する能力）の高さが子どもの心理化能力の発達を促すと仮定し，その実証を様々な形で試みつつある（Fonagy et al., 2002）。いずれにしても，第4章でもふれたように，私たち大人は，子どもに多く情動経験をもたらす者であり，また子どもの情動経験に介入し対処する者であり，さらには子どもにとって最も身近な情動経験や表出のモデルであり，またそれらの仕方を教えるコーチでもあるのだということを，強く肝に銘じておくべきなのであろう。

第6章のむすびとして

　第5章でレヴェンソン（Levenson, 1999）が，人の情動が元来，中核システムと周辺システムの二重システムに支えられて在ると仮定していることについて言及したが，実は，それこそが，本章でふれた，制御するものであると同時に制御されるべきものでもあるという情動の逆説的二重性を直接的に示しているものと考えられる。この視座から言えば，本章で問うてきたことは，従来のEIに関する研究が，周辺システムにばかりに焦点化し，その一方で，中核的システムには相対的に目を向けてこなかったということになろう。すなわち，これまで強調されてきたEI概念は主に，情動の始発点（評価）と終始点（制御）の調整に関わる周辺システムの重要性，言い換えれば，それこそきわめて強力で可能性豊かだが，反面，何をしでかすかわからない中核システム＝原型的な情動に対して，事前・事後で適切な理知を働かせることの絶対的必要性を説くものだったということである。しかし，周辺システムが，まさに"The more, the better"の原理に頑なに従って，完璧に作動してしまうことは，時に，情動そのものの経験が悉く抑止されてしまったり，また，既に内的には経験されて在る情動の経験が外的には全く表出されないままになってしまったりする事態を招来しかねないものと考えられる。そして，そうなれば，情動の中核システムが作動する機会が自ずと著しく制限されることになり，結果として，私たちは情動に潜んで在る理知の支えをかなりのところ失うようなことになってしまうのかも知れない。

　しかし，ここで私たちが確認しておくべきことは，実生活において，情動はどんなに抑えたつもりでも，多くの場合，どこかでは漏れ出てしまうものだということである。例えば，確かに，怒りはできるだけ経験したくないものである。また，他者に対してそれを直に表出してしまうことは大人げなく特に避けたいものでもある。だからこそ，私たちは，例えば，社会的には公正さを欠く事態であっても，それがよほど自身の利害に関わらなければ，その事象への注意を意図的に減らし，また，たとえそこで怒りの気持ちを覚えても，それが顔や声に出ることを極力，抑えるようにふるまってしまうのだろう。しかし，大概の場合，それは決して完璧にはやり遂げられないものとして在るのではないだろうか。社会的不正などに対してはやりどこかで憤りを覚えてしまい，そ

して，それが身体のどこかには微妙な変化として漏れ出てしまうのがということが少なからずあるに違いない。あるいは完全には消し去れない怒りの情感に駆られて，たとえわずかにでも，抗議のような行為傾向をどこかで示してしまうものなのかも知れない。実のところ，このように，情動とは図らずも生じ，また完全には抑え込めずに漏れ出てしまうところで，最も高い機能性を発揮しているのではないだろうか。アリストテレスが説く中庸の徳とは，自覚的に意図して"Not too little, not too much, just right"であろうとすることでは必ずしもないはずである。それは，むしろ，中核システムと周辺システムの鬩ぎ合いの中で，殆どの場合，あくまでも結果的にそうなってしまうという性質のものと理解すべきなのかも知れない。

第Ⅱ部

情をささえる理

第7章　情動はいかに生み出されるか

第7章のはじめに

　第Ⅰ部では,「情の理」における情動がもたらす理の側面, すなわちその合理的な機能性を中心に論考を行ったが, ここからの第Ⅱ部では「情の理」のもう1つの側面, すなわち情動を支える法則性や機序などに主たる焦点を当てることにしたい。第1章で記したように, かつて情動は心の中に棲まう「ならず者＝アウトロー（outlaw）」, すなわち文字通り法から外れたもの, 規則性や法則性に従わないきわめて危険で厄介なものと見なされていた。しかし, フライダ（Frijda, 1988）がおよそ四半世紀前にその論文のタイトルに高らかに謳ったように, 現在では「情動の法則性」（The Laws of Emotion）は, 私たちにとって特に違和感なく受け容れられるものとなり, 情動の種類, 強度, 持続性などが, それに先行するいかなる心身の要因やメカニズムによって規定されるかについて分厚く研究が展開されるに至っている。殊に本章では, 情動の生起機序について, これまでどのような理論が提示され, また議論や論争があったかについて概観整理を行い, 情を支える理の本性について考究することにしたい。

7.1. 身体と情動——身体的変化・生理的覚醒から見る情動の生起

7.1.1. ジェームズからキャノンへ

　情動の生起機序に関する議論は, ある意味, 近代心理学の興りとともに始まったと言える。心理学の祖とも言われるジェームズ（James, 1884, 1890, 1894）の論考の中に, 既に情動の生起に関する重要な仮定が含まれていたからである。彼は, 主観的情感（例えば「悲しい」「腹立たしい」など）が先にあって, その結果として何らかの身体的反応（例えば「涙が出る」「身体が熱い」など）が生じるという常識的な見方を否定し, 内臓や骨格筋といった各種身体部位の反応が先にあり, それが脳にフィードバックされて, そこに主観的情感が生じ

ると考えたのである。この考えは，情動の始発点が中枢（脳）ではなく末梢（身体部位）にあるという意味で，情動の末梢起源説，あるいは同時期に循環器・血管運動の活動に関して同様の仮定を採ったランゲ（Lange, 1885）の名と併せて，ジェームズ—ランゲ説と呼ばれている。ジェームズは，感覚麻痺の症例や催眠などによって感覚の機能を停止された者における情動経験の希薄さといった証左（e.g. Sollier, 1894）に拠りながら，情動の経験に身体の変化が先行するという自説の正当性を主張した（Cornelius, 1996）。

しかし，このジェームズの考えは，20世紀に入って，キャノン（Cannon, 1927）およびバード（Bard, 1928）などから批判を浴びることになる。身体的変化はほぼ等質でも時に異質な主観的情感が生じたり，主観的情感が瞬時に生じる割には内臓などの動きが緩慢過ぎたり，内臓変化を人為的に引き起こしても何ら情動の生起が認められなかったり，四肢麻痺で身体の動きを奪われた人からもリアルな主観的情感が報告されたりと，何らかの身体変化が先行し，それが脳にフィードバックされて主観的情感が生じるというジェームズの仮定に必ずしもそぐわない研究報告が相次ぎ，キャノンらは，情動の起源を，むしろ中枢神経（脳）に置いて考える情動の中枢起源説を提唱するに至ったのである[1]。

この説は，人がある刺激に遭遇すると，その情報が脳のある特定部位に送り込まれて処理され，そこから枝分かれする形で独立並行的に，主観的情感と身体的反応が生み出されると仮定するものである。キャノンが当時，情動生起の主要部位として注目したのは視床であったが，現在ではそれがむしろ扁桃体や視床下部などの別部位によるものと訂正されている。しかし，このジェームズからキャノンへと至る研究の流れの中で，情動生起に関わる中枢神経や末梢神経および生理的メカニズムの解明が飛躍的に進んだことは間違いない。ちなみに，こうした2つの学説間の対立は，当時の心理学者の関心を強く惹くもので

---

[1] 完全に自律神経系の機能が麻痺してしまう純粋自律性失調症や眼球以外の身体運動がすべて不可能になってしまう閉じ込め症候群などのケースを扱った比較的最近の研究知見でも，確かに情動らしき経験の徴候は認められるものの，それが真に主観的情感と言い得るものなのかどうか，単に事象に対する純粋な認知的評価を反映したものに過ぎないのではないか，といったことに関する正確な判断がつかない状況にあるらしく（Shiota & Kalat, 2011），身体感覚が情動経験に対して必須不可欠な条件なのか否かについての論争は未だホットなものとして在るようである。

もあったらしく，例えば，晩年（1931～33年）のヴィゴツキーは，どちらかと言えば，キャノン側が提示した証左に依拠しつつ，ジェームズ=ランゲ説およびその起源とも言い得るデカルトの情念論に対して鋭い批判を向けている（Vygotsky, 1984/1999）し，ワロンもまた，ジェームズにおける，主観的情感をただ身体的変化の随伴現象とだけ見なす，その一方向的な因果の仮定に対して否定的な見解を寄せていたようである（Wallon, 1934/1965）。

7.1.2. 情動の2要因理論

もっとも，上で述べたような流れは，ジェームズの仮定が全否定されてキャノンらの考えに置き換わったというものでは必ずしもない（Prinz, 2004）。それどころか，例えば1960～70年代にかけて一世を風靡したシャクターら（Schachter & Singer, 1962）のいわゆる情動の2要因理論は，元来，ジェームズ理論の復権を掲げて提唱されたものであるし，また本論でも度々ふれてきたダマシオの情動理論，とりわけソマティック・マーカー仮説（Damasio, 1994）も，ジェームズ理論の現代的展開と把捉し得るものである。厳密に言えば，これらの考えは，ジェームズ理論そのものの正当性というよりも，情動経験が中枢すなわち脳だけで生み出されることはあるにしても，それは相対的に稀少であり，大半の場合はある種の身体的変化およびその覚知を伴うということを再確認するものなのだが，情動研究の全体的趨勢において果たしたその役割はきわめて大きいものと言える。

シャクターらの研究は元来，キャノンがジェームズに向けた批判の一部である，同様の身体的変化が生じているのに情動経験が異なることがあるのはなぜかという問いに答えようとしたところから始まっている。ただし，彼らが着目した身体的変化は，内臓，骨格筋，循環器といった複数部位の複雑な変化のことではなく，身体全体に亘る生理的覚醒（arousal）の度合いであり，彼らはこの生理的覚醒に，それおよび状況に関する認知的解釈が加わることで初めて情動が生起するのだと考えた[2]。ジェームズの理論は，情動を身体的反応パタ

---

2) 当時，デュフィー（Duffy, 1941, 1957）などによって，情動や動機づけの差異はすべて生理的覚醒度の違いによって説明し得るという考え方が提示されていたが，シャクターらはそこに認知的要因を付加し，より説明力のあるモデルを構成しようとしたと見なし得る。

ーンの覚知あるいは主観的経験という次元に悉く還元してしまい，情動の志向的性質，すなわち情動がある特定の事象およびその意味についての反応であるということに関わる仮定を根本的に欠いているという批判（e.g. Solomon, 1976）にしばしばさらされていた訳であるが，シャクターらは，そこに認知的要素を持ち込むことで，ジェームズ理論の補強を試みたのである。彼らによれば，情動の生起は，［情動＝生理的覚醒×認知］という至極単純な定式によって示せるものであり，覚醒および認知の有無を 1, 0 で表現するとすれば，その積は両要因が 1（有）の場合にのみ 1（有）になり，すなわち情動経験が生じることになるのだという。

　シャクターらは，この自説の正当性を確かめるために，現実にエピネフリン（アドレナリン）と偽薬（生理的食塩水）の注射によって実験参加者に生理的覚醒状態の差異をもたらし，その上でその実験参加者の認知状態を操作するという巧みな実験を行っている。結果は，エピネフリンを注射されながら，その作用を知らされていない者においてのみ，同席したサクラがそこでたまたま回答を求められたアンケートに対して立腹するという状況で，自らも怒りの表出行動をより多く表すということを示すものであった。偽薬条件で高覚醒状態にはなかった者，およびエピネフリンを投与されてもその作用を正確に知らされた者においては，こうした効果が認められず，実験参加者における怒りの生起は，実際はエピネフリンによって引き起こされている高覚醒状態を，サクラの怒りの表出に結びつけて解釈（誤帰属）したことによるものと推察された。この結果は，ある刺激状況に遭遇した際に生じる生理的覚醒状態に，その状況に対する認知的解釈あるいはその身体状態に対するラベリングが付加されることを通して，様々な情動経験（主観的情感）が生み出され得ることを示唆している。別の言い方をすれば，私たちが主観的に経験する情感の違いは，身体レベルでは特定されず，専らそれ自体は非特異的なものとしてある高覚醒状態（arousal）に対していかなる認知的解釈がなされるか，その差異によってのみ規定されることになると判断されたのである。

　一時，このシャクターらの考えは，その巧妙な実験のインパクトも手伝って，情動一般の生起を説明する 1 つの究極の理論と目されたこともあったが，その後の追試研究が悉く失敗しているということもあり，またそれに対する反証も

多いことから，現在では，どちらかというと，ある特定の条件下のみに当てはまる限定的な理論と考えられているようである（e.g. Cotton, 1981; Reisenzein, 1983）。この説では，生理的覚醒状態が先んじ，その後に認知的解釈が付加されることによって，あるいは事象遭遇直後に同時生起した生理的覚醒状態と認知的解釈が組み合わされることによって，多様な主観的情感が生み出されるという因果的プロセスが想定されていた訳であるが，現在の情動研究の主流は，その順序性を逆転させ，むしろ事象に対する認知的な評価（appraisal）こそが，覚醒も含めた生理的状態および情動反応そのものを惹起するというプロセスをより一般的なものと見なすようになってきているのである。

7.2. 認知と情動——認知的評価理論から見る情動の分岐的発生

7.2.1. 認知的評価理論の興り

　各種の情動経験を分ける基本的メカニズムとしての認知への着目は，古くは古代ギリシアやローマにおけるアリストテレス（Aristotle）やセネカ（Seneca）の思想の中に既に見て取ることができる（e.g. Solomon, 2003）。また，17世紀にはデカルト（R. Descartes）やスピノザ（B. Spinoza）が，18世紀にはヒューム（D. Hume）が，情動の様々な種類が人の思考や信念といった認知的要素に大きく依存する形で分岐してくる可能性を論じていた（Scherer, 2009a）。しかし，本書の冒頭でも述べたように，情動と認知の対立的構図を前提視する西欧思想史の伝統の中で，それらの考えは相対的に軽視され，今から半世紀ほど前に，ようやくアーノルド（Arnold, 1960）によって再び日の光にさらされ，真摯に心理学的考究の対象とされるに至ったのである。

　アーノルドの理論は，基本的にジェームズ理論に対する批判という形で打ち立てられている。ジェームズは，内臓や骨格筋の運動を引き起こす始発点に事象に対する単純な知覚過程を据えて考えてはいるものの，その時点での事象に対する認知的な意味処理の介在を暗に否定している。例えば，ジェームズ（James, 1894）は，山の中で突如遭遇したクマに対して逃走か闘争かの選択を私たちが咄嗟に行う時に，クマ自体がその選択肢のいずれかをよしとする考え（idea）を私たちに付与するのだというような言い方をして，あくまでも知覚

対象としてのクマが，直接，私たちの生理・行動などの身体状態を規定するという立場を堅持していた。先にも述べたように，彼の仮定においてはあくまでも，その身体状態の活性化の後に，意識的体験としての主観的情感および状況に対する種々の認知活動が継起するものだったのである。

しかし，アーノルドに言わせれば，逃走か闘争かの選択は，個々人によって大きく異なる訳であり，まさにクマは自分のどれくらい近くに位置し，また自分はいかに速く走れ，あるいは強く立ち向かい得るかといった，クマがその人にとって持つ個人的な意味の処理過程が存在しなければ，いかなる意味でも生じ得ないということになるのである。考え（idea）は，クマが私たちに吹き込むものではなく，むしろ私たちがクマとの関係の中で抱くものであるというのである。彼女は，事象そのものではなく，事象に対する評価（appraisal），すなわち事象のその個人にとっての利害，あるいは幸・不幸の意味などに対する直接的で即時的な，そして大概は自動的に生じる判断こそが，個人が経験する情動の質を分けるのだと主張したのである。

7.2.2. ラザルスによる理論モデルとその展開

このアーノルドの発想は，その後，特にラザルス（e.g. Lazarus et al., 1970; Lazarus, 1984, 1991, 1994, 1999）の手によってより体系的に発展していくことになる。ラザルス（Lazarus, 1991）は，基本的に情動発動に関わる評価の分析に関しては，彼が言うところの全体レベル（molar level）と分子レベル（molecular level）の2つのアプローチがあるとしている。前者についてラザルスは，中核関連テーマ（core relational theme）という概念をもって説明を試み，私たちが，ある事象に遭遇した時に，その事象と自分自身との間にどのような関連性があるのか，そこでの中心的なテーマは何なのかといったことを瞬間的に評価し，そのテーマの種類に応じて，異なる情動を経験することになると仮定している（表7.1）。それに対して後者は，私たちが常時，遭遇事象を複数の基準（criteria）から多次元的に評価しており，その時々の複数次元の評価結果の組み合わせによって情動の質が規定されるという仮定を採るものである。

彼の特に後者の理論モデルでは，評価のプロセスが，第1次評価（primary appraisal）と第2次評価（secondary appraisal）の2段階からなるものと仮定

表7.1 個体と状況の関係性に関する中核関連テーマ（Lazarus, 1991 に基づき作成）

怒 り	自分の品位を落とすような，自分自身や自分の属性に対する攻撃や侮辱を経験する
不 安	漠然とした，未だ不確かな脅威を経験する
恐 れ	直接的に身に迫る具体的な危険を経験する
罪	道徳的規律に違反する
恥	自分自身の理想にそぐわない（それを裏切るような）経験をする
悲しみ	修復不可能な喪失を経験する
羨 望	誰か他の人が持っており，自分にないものを欲しがる
嫉 妬	自分が愛情を向ける相手に近づき，自分からその相手を奪い取ってしまうような第三者に対して憤慨する
嫌 悪	とても消化できないようなものや不快なもの，考えなどを取り込む，あるいはそれらに近づいてしまう
喜 び	自分の目標の実現に向けて前進がある
誇 り	自分が価値を置いていること（自分自身，あるいは自分が同一化できるような他者，および集団の属性や成功）が他者に認められ，自分のアイデンティティの高まりを経験する
安 堵	自分の目標にそぐわない苦痛なことがよい方向に変化する，あるいは取り払われる
望 み	事態の悪化を恐れつつ，よい方向に進むことを熱望する
愛 情	たとえ報われないようなことがあっても，ある特定の他者に特別な思慕を寄せ，関わろうとする
同 情	他者の苦しみに気持ちを動かされ，助けたいと思う

されている。第1次評価は，半ば自動的に無意識的に進行する最小限の情報処理のことであり，そこでは，主に，今接している状況は自分の潜在的な目標や利害関心に関わるものか否か（個人の潜在的目標・利害関心との関連性），関わるとすればそれは正負いずれの方向で関わるのか（目標・利害関心との合致），そしてまた，それはより細かいレベルにおいて自分自身にどのような意味を有するのか（自我関与の種類），といったことが評価されるという。

第2次評価は，やや意識的でより高次の情報処理を伴う評価プロセスであり，そこではさらに，自分か他者かそれ以外か，いったい誰（何）に責任や原因があるのか（原因・責任の所在），自分はこの状況に対してどれだけうまく対処

できそうか（対処可能性・統制能力の有無・程度），自分はこの先どうなりそうか（将来展望）ということがチェックされることになるという[3]。

　もっとも，情動が経験されるために，いつも，第1次評価と第2次評価の両方が必要になる訳ではない。情動は多くの場合，それこそ"瞬間発火"するものであり，その意味からすればむしろ，半ば自動化された第1次評価のみで生じる情動の方がより一般的であると言えるかも知れない。ここでは，選択的に第1次評価のみに焦点を当て，そこでの評価の違いがそれぞれどのような情動の生起に通じるかを示しておくことにしよう（図7.1）。まず何らかの事象が生じると［目標・利害関心との関連性］という評価次元からチェックが行われ，それが何らかの形で関わるものであるとすれば情動が生じることになる。次に，［目標・利害関心との合致］という次元からチェックがなされ，いいことか悪いことかということに従って，大きく2つ，ポジティヴな情動かネガティヴな情動かに分かれることになる。さらにその後，［自我関与の種類］という次元からチェックがなされ，たとえばネガティヴな情動であれば，自尊心（self-esteem）が傷つけられたという評価の場合には怒りが，自分にとって危険・脅威だという評価の場合には恐れや不安が，また自身にとって何か大切なものの喪失があったという評価の場合には悲しみが生起してくることになる（ポジティヴな情動の分岐については図7.1を参照されたい）。

　実のところ，事象がどのような基準で評価されるかについては，ラザルスばかりではなく複数の論者によって既に様々な理論モデルが提示されており（e.g. Ellthworth, 1991; Omdahl, 1995; Roseman, 1984; Scherer, 2001; Smith & Lazarus, 1993)，それぞれの仮定には微妙な差異が存在するようである。もっとも，シェラー（Scherer, 1999, 2009a, 2009b）が要約しているところによれば，多くの研究者の仮定に通底する評価基準としては，事象や対象の新奇性あるいは親近性，本質的快・不快（正負の感情価），個人の潜在的欲求や目標に対する重要性，知覚された原因（それは自己，他者，状況など，いずれにあるか），事象に対する潜在的な対処能力・影響力，社会あるいは個人の基準・規範・価値などの合

[3) ちなみに，スミスとラザルス（Smith & Lazarus, 1993）では，自我関与が第1次評価ではなく，第2次評価の中に配置されている。

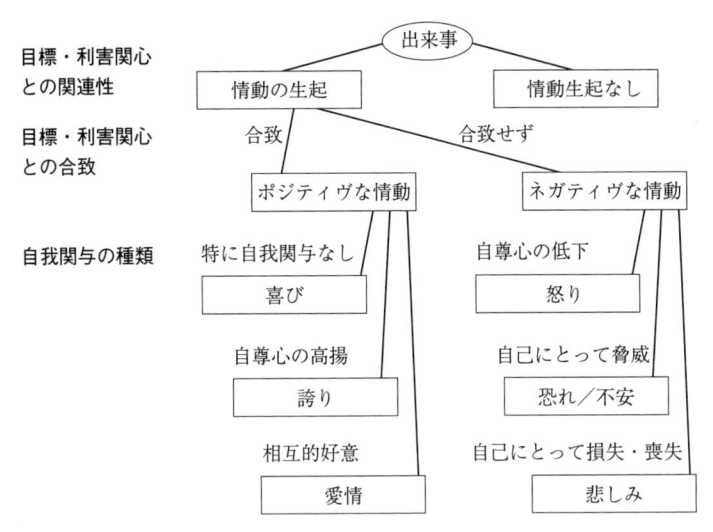

```
目標・利害関心         出来事
との関連性      ┌──────┴──────┐
             情動の生起            情動生起なし
目標・利害関心    合致    合致せず
との合致     ┌────┴────┐
          ポジティヴな情動      ネガティヴな情動

自我関与の種類  特に自我関与なし     自尊心の低下
             ┌───┐           ┌───┐
             │喜び│           │怒り│
             └───┘           └───┘

            自尊心の高揚      自己にとって脅威
             ┌───┐         ┌─────┐
             │誇り│         │恐れ／不安│
             └───┘         └─────┘

            相互的好意       自己にとって損失・喪失
             ┌───┐         ┌───┐
             │愛情│         │悲しみ│
             └───┘         └───┘
```

図7.1 評価次元（第1次評価）に沿った**各種情動の発動**（Lazarus, 1991に基づき作成）

致・非合致といったものが挙げられるのではないかという[4]。

　また、殊に社会心理学の領域では、主に私たちが他者との関係性の中で経験する社会的情動に焦点化し、ヒギンズ（Higgins, 1987）のように、いわゆるセルフ・ディスクレパンシー（例えば現実自己、当為自己、理想自己などの間に発生する乖離や一致）の質に応じて、また、第8章でもふれるスミス（Smith, 2000）のように、いわゆる社会的比較（自己と他者の状態や特性などに関する様々な比較）の質によって、異種の情動が発生するという機序を仮定し、その実証的検討を進めてきている研究者もいるようである。

　現在、こうした情動の認知的評価理論は、情動研究の中核的支柱の少なくとも1本として、また認知と情動のまさに接合点として、多大な関心を集め、多方向的に発展してきていると言ってよい。しかし、それは、ここまで見てきたところからも窺えるように、決して一枚岩的なものに収斂してきている訳では

---

[4] 論者によっては、状況評価を具体的に構成する要素を示すものとして、基準（criteria）ではなく、テーマ（theme）（Lazarus, 1991）、原因帰属（causal attribution）（Weiner, 1986）、意味（meanings）（Ortony *et al.*, 1988）など、他の概念を当てる場合もあるようである。

ないし，また，その脳神経回路も含めた情報処理プロセスの実際についての解明は，むしろこれからの大きな課題であると言うべきなのだろう。さらに，あらゆる情動の生起に対して，この理論を適用すること，すなわち認知的評価の介在を情動生起の必要かつ十分条件と見なすような見方に関しては慎重なスタンスを採る者も少なくはなく，また，現に認知に拠らない情動の発動機序を仮定し，実証しようとする向きも依然，存在している。以下では，そうした認知に基づかない情動発動の可能性について考えてみることにしよう。

7.3. 認知的評価を介さない情動の発動

7.3.1. ザイアンス－ラザルス論争

　ラザルス（Lazarus, 1991）の発想は，基本的に，認知的評価そのものを情動の欠くべからざる下位要素と見なし，病気に対する病原菌と同じく，その病原菌，すなわち評価が存在しなければ，そもそも病気，すなわち情動自体も生じ得ないと仮定するものであるが，こうした考えに最も大々的に批判の論陣を張ったのは社会心理学者のザイアンス（Zajonc, 1980, 1984, 1994, 2004）であった。彼は，感情の生起に必ずしも認知的活動が先行する必要はないと，さらに言えば，ある事象に遭遇した際に，人は通常，それが何かを認知的に判断するよりも前に，既にある感情を経験し表出しているはずだというのである（ザイアンスが問題にしているのは喜怒哀楽などの情動というよりは，好み［preference］であるため，ここでは感情［affect］という術語をあえて用いる）。

　ザイアンスによれば，認知と感情の間に関連性があるとしても，それは多くの場合，認知が感情を導くというよりも，先に生じた感情がその後の認知を方向づけるというようなものであるという。本書の冒頭でも述べたように，熱情すなわち"passion"と"passive"は同じ語源を有し，元来，感情とは，状況の特質に対する意識的な分析作業などを通して能動的（active）に引き起こすものではなく，あくまでも天変地異のように突発的に人に降りかかるものであり，人は為す術なくそれをただ受動的（passive）に甘んじて受け入れなくてはならないのだと考えられていた訳であるが，ザイアンスの発想は，そうした従来の感情観に，より合致するものと言えよう。彼は，その根拠として，ある

刺激に対する，顕在的意識に上らない形での，すなわち閾下（subliminal）での瞬間的で単純な接触でも，その刺激に対する好感情を生じさせるという，いわゆる「単純接触効果」（mere exposure effect）を挙げている。

彼の1つの実験は，ある複雑な多角形を実験参加者に1ミリ秒瞬間呈示した上で，一定時間を置いて今度は少し長めに（1秒間）同じ図形を，そこで初めて呈示する新奇図形とペアにして再呈示し，実験参加者に，それらを既に見た覚えがあるか，そしてまた並置された2つの内のどちらの図形をより好むかを問うというものであった。結果は，実験参加者の多くが，瞬時，呈示された既出の図形に対して，既知感はないが，それを並置されたもう1つの図形よりも好ましく感じるという傾向を示すものであった。ザイアンスはこうした結果をもって，対象に対する明確な認知活動がなくとも感情は生じ得ると結論づけたのである。それに対してラザルス（Lazarus, 1982, 1984）はザイアンスが事象刺激の単純な知覚と呼ぶプロセスにも，ある種の評価が含まれているのだと切り返し，新たに様々な証左を挙げて自説の正当性を改めて強調し，これがそれぞれの親派の他の研究者も巻き込んだ一大論争へと発展して行くことになったのである。

7.3.2. 認知的評価なき情動は存在するか

この論争に絡む展開の1つは，ザイアンスが問題にした好みといったものではなく，喜び，悲しみ，恐れ，怒りといった情動の発動に関して，その情報処理の実際を特定しようという試みである。例えば，オーマンら（e.g. Öhman, 2000; Öhman & Wiens, 2004）は，すべての情動の生起に関してという訳ではないが，特に恐れの発動に関して，認知的評価理論には拠らず，ある脅威刺激との接触によって自動的かつ瞬間的に作動する「恐れモジュール」（fear module）なるものの存在を仮定し，むしろ，殆ど反射的とも言える恐れの生起の後に認知的評価が続き，そこに主観的な恐れの情感が生み出されるといった仮説を提示している（図7.2）。

オーマンら（Öhman et al., 2001）は，その論拠の1つとして，いわゆる"face in the crowd"パラダイム（Hansen & Hansen, 1988）（→第2章）による，怒り顔に対する瞬間検知の実験結果を挙げている（図7.3）。それは多くの図式的な

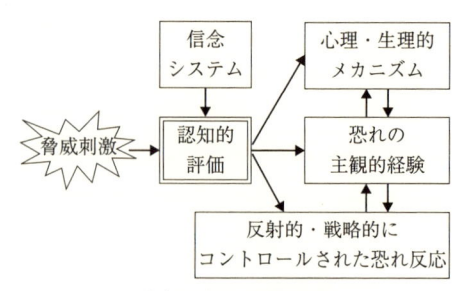

(a) 認知的評価理論

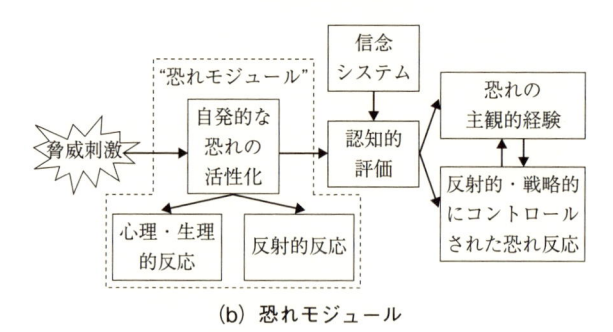

(b) 恐れモジュール

図 7.2　認知的評価理論と恐れモジュール（Öhman & Wiens, 2004）

図 7.3　"face in the crowd" パラダイムの例（Öhman *et al.*, 2001）

顔の中に，他とは異なる表情の図式顔を1つ潜ませておき，実験参加者がいかに迅速かつ的確にそれを検知できるかを解明しようとするものであり，それによれば，どのような図式顔の中にあっても，怒り顔が（他のネガティヴな表情顔や中立顔から形態的に大きく逸脱した刺激と比較しても）圧倒的にすばやく正しく発見されるのだという[5]。彼らによれば，他者の怒り顔は，知覚者側にすれば脅威刺激＝恐れの対象であり，この結果は，脅威に対するほんの瞬時の接触でも恐れモジュールが発動されることの1つの証左と見なし得るらしい[6]。

　また，モリスら（Morris et al., 1998, 1999）は，瞬間的な恐れの発動に対する神経生理学的な証左も得ている。その実験では，まず実験参加者に顕在的な意識が伴う形で（閾上で），1つの怒り顔については不快なホワイトノイズを伴わせて呈示し，またもう1つの怒り顔については何もそうしたものを伴わせないで呈示しておく。その後，今度はそのいずれかの怒り顔を閾下で再呈示し，さらに別の無表情顔によって，バックワード・マスキングを行う。これによって，実験参加者はマスキングに先行して瞬間的に呈示された顔を再認不可能となる。しかし，その顔が，当初，不快な音とともに呈示された怒り顔であった場合には，たとえ再認が不可能であっても，（恐れの発動に密接に関わるとされる）右扁桃体に特異的な反応が認められたのだという。これが示唆するところは，やはり，たとえ意識の伴わない刹那的な脅威刺激との接触のみでも，潜在的に恐れの情動が賦活され得るということなのであろう。ちなみに，脅威刺

---

[5] ある研究は，怒り顔の一部として在る，眉間に皺を寄せた際に生じるV字型の形態の呈示だけでも，それがすばやく検知されるという結果が得られたことを報告している（Tipples et al., 2002）。

[6] ちなみに，集団の中の特定顔の検出ではなく，個別に呈示された顔の表情の認識に関しては，怒りなどのネガティヴな情動が表出されている場合よりも，喜びなどのポジティヴな情動が表出されている場合の方が，その同定やカテゴリー化がすばやくかつ優れる傾向があるという現象（"happy face advantage effect"）も知られている（Leppänen et al., 2003）。この知見は，一見，集団の中の怒り顔検出のすばやさと矛盾するようであるが，これについては，脅威刺激が，粗い（gross）評価による最小限の情報処理のみをもって，きわめて迅速に注意を捕捉するものの，その後に続く，その意味を詳細に特定する2次評価の段階になると，むしろ，それが誰に対するどのような脅威性であるかの認識も含め，より長い時間を要するからではないかという説明が付されている（e.g. Fox et al., 2000）。一方，既に1対1での相互作用が自明なものとして在る対面状況においては，他者の自身に対する友好性の認識および他者との友好的な関係の確立に対する関心が優位化するため，ポジティヴ情動の識別が相対的に速くなされると考えられているようである（Leppänen et al., 2003）。

激が,閾下レベルでの呈示でも情動的反応を引き起こし得ることは,皮膚電気反射や発汗・震えなど,他の生理的指標を採った研究からも明らかになっているようである (e.g. Kubota *et al.*, 2000; Schupp *et al.*, 2004; Vuilleumier *et al.*, 2001)。

さらに,アプローチの仕方は全く異なるが,怒りの発動に関しても,少なくともその一部としては,明確な認知的評価に先導されないものがあるのではないかと仮定する向きがある (Reisenzein, 2000)。例えば,クッペンズら (Kuppens *et al.*, 2003) は,怒りに密接に絡むとされる,目標に対する障害,責任の所在,不公平性などの評価基準に少しでも関係する不快な出来事を実験参加者に報告させ,またそれに対して経験した情動を答えさせるという手続きを通して,仮定された通り,それらの評価要素が実際に怒りの情動と関連していることを見出している。しかし,怒りを生起させるどの事象にも共通して絡む評価基準,別の言い方をすれば,怒りの必要かつ十分条件となる評価基準は見出されず,彼らは,特定の評価が情動を生起させるというよりも,むしろ,評価は情動に随伴して共起するのであり,その随伴する評価の質によって情動の情感的側面が微妙に色づけられるのだと把捉すべきではないかという見解を示している。

また,バーコヴィッツら (Berkowitz, 1990; Berkowitz & Harmon-Jones, 2004) も,やはり怒りの情動を取り上げ,多くの場合,それが特定の評価によって生み出されるというよりも,状況に対する特定の評価が,既にそれに先行して生じている怒りの強度に影響すると考えるのがより妥当であり,怒りの生起を特徴づけるのは,単に,痛みや空腹なども含めた,嫌忌すべき条件に置かれるということのみであるという仮説を提示している。無論,こうした考えについては,認知的評価理論の立場から様々な反論がなされている (e.g. Roseman, 2004; Smith & Kirby, 2004) のだが,情動の発動機序が必ずしも認知的評価を媒介したものばかりとは言えない可能性を示唆しているという意味で大いに刮目に値しよう。

7.4. 情動生起のマルチパス

7.4.1. 認知的評価の二重過程モデル

実のところ,先に見たザイアンス―ラザルス論争は,両者が仮定する感情あるいは認知という術語の意味範囲にそもそも大きな乖離があったということに

起因しており，議論そのものはある意味，今やほぼ決着を見ていると言っても過言ではないのかも知れない（Cornelius, 1996）。既に述べたように，ザイアンスが問題にしたのは，あくまでも事象や刺激に対する好みであり，それは広く感情（affect）の一種とは言い得ても，本来，情動（emotion）の範疇では把捉し難いものである。カッパス（Kappas, 2006）などに言わせれば，ザイアンスが未分化な感情，すなわち低次の無意識的で自動化された情報処理プロセスに焦点化した議論を行っていたのに対して，ラザルスはあくまでも情動，すなわち主観的な意識経験を伴う完全なる情動状態に特化した議論を行っていた訳であり，元来，それは同じ土俵の上での論戦ではなかったのだと言い得よう。

　また，生じた出来事が何であるかを正確に知ることと，それが自らにとって正負いずれの意味を持つか（危ないか危なくないか，あるいはいいものか悪いものか）を評価することは本来，同じレベルで考えるべきことではないのかも知れない。ラザルスとザイアンスのもう1つの食い違いは，このいずれをもって認知とするかというところからも発していると考えられる。ラザルスが情動生起の必要十分条件としているのは，後者ではあっても決して前者ではない。ラザルスにしてみれば，いかに瞬時であっても何らかの事象に接して，私たちが快・不快いずれかの反応を示すということは，それ自体（たとえ何かは正確にはわからなくとも）大ざっぱに自らにとっていいものか悪いものかといった，その事象に対する評価をなしているということの証しなのであろう。ラザルスが半ば自動化された無意識レベルでの情報処理も含めて認知としていたのに対し，ザイアンスは反省的で意識の介在する情報処理のみを認知としていたのである（ザイアンスに言わせれば，ラザルスの言う1次的な評価とは，あくまでも知覚プロセスの一部でしかない）。認知という術語に関してラザルスはより広義の，ザイアンスはより狭義の定義を採っていたことになろう。

　このように論争は一応の収束を見たと言い得る訳であるが，これをきっかけに情動発動の背後に潜む情報処理プロセスがより精細な検討に付されるようになったことはほぼ間違いないものと言える。例えば，前節でも記したように，恐れや怒りなどの明確に情動と言い得るものについても，必ずしも特定基準からの認知的評価には拠らないような発動の機序が改めて仮定され，実証的に検討されてきているのである。ラザルスの発想も含め，多くの認知的評価理論が

主に問題にする評価の中身とは，概念的・命題的表象が介在する，一種のルール（＝評価基準）に基づいたシステマティックな事象の意味判断である。しかし，前節で見たような恐れや怒りなどの発動に，そうした複数の評価基準によるボトムアップな認知的機序をそのまま当てはめてみることは必ずしも妥当ではないのかも知れない。

　現に，近年，こうした高次モードでの評価機序ばかりではなく，これとは異種の低次モードでの評価機序を仮定する向きがより一般的になってきているようである（Clore & Ortony, 2008; Moors, 2009）。これは，実のところ，私たちの日常的な情報処理一般に関して，最近，とみに主張されるようになってきている，いわゆる二重過程モデルと軌を一にするものと理解すべきなのではあるが，情動の発動に関しても，自動的で反射的な，かつヒューリスティックな情報処理過程を仮定すべきであるというのである。それは，多くの場合，過去に経験した情動的事象の潜在記憶に由来する，また，それとの瞬間的な近似性判断に導かれた，トップダウン的で連想的（associative）な評価と言うべきものである（e.g. Clore & Ortony, 2000; Smith & Neumann, 2005）。そして，そこには，過去の事象遭遇時に計算され貯蔵された評価パターンが，サブルーチン化され殆ど意識に上らないまま，自動的に評価がなされるような場合も含めて考えることができるらしい（e.g. Siemer & Reisenzein, 2007）。

　このように，情動の発動に関しては，大ざっぱできわめて迅速に生じる自動的評価プロセス（個人の危機や安全に関わるある特定の情報のみを検出する最小限の処理過程）と，より高次な思考や記憶が絡む複雑で抽象的な，そして多くの場合，意識の介在する評価プロセス（事象刺激を詳細に亘って複数の角度から分析・統合する処理過程）が，多くの場合，二重に関わっていると見なしてよいのだろう。そして，神経解剖学的観点からこの問題に取り組んでいるルドゥー（LeDoux, 1994, 1996, 2000）などによれば，前者は，身体内外の刺激情報が，高次認知機能を司るとされる大脳皮質を経由せずに直接，大脳辺縁系に送出される回路（皮質下性の視床―扁桃神経回路）にほぼ対応しているのに対し，後者は刺激情報が大脳皮質を経由して辺縁系に送出される回路（新皮質性の皮質―扁桃神経回路）にほぼ対応していると考えることができるのかも知れない（図7.4）。ちなみにルドゥーは，前者を"感情的（affective）計算処理回路"，

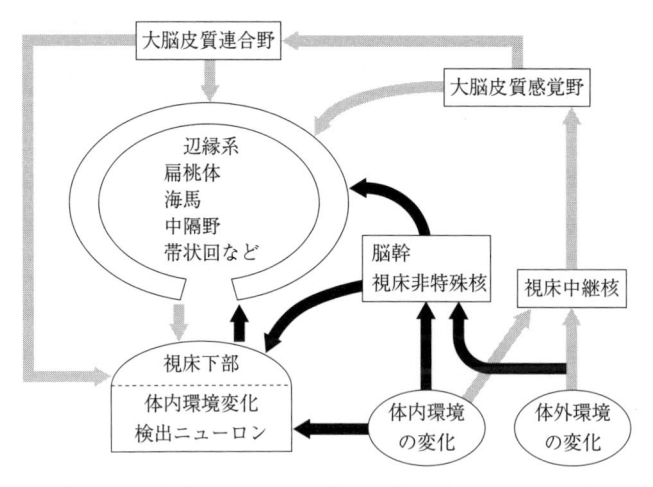

図7.4 情動発生にかかわる脳神経回路（大村ほか，1992）
＊斜線の矢印は大脳皮質を経由する回路，黒矢印は経由しない回路

後者を"認知的（cognitive）計算処理回路"と呼んだ上で，情動がどこからか降りかかってくるように私たちが感じがちなのは，前者の回路だけで生起するような情動を私たちが日常，少なからず経験しているからであろうと推察している。

　なお，研究者によっては，さらに第3のモードとして生得的で感覚・運動的な評価機序を仮定し，先行経験に拠らず，例えば，顔，大きなノイズ，身体的支えの突然の喪失など，ある特定の感覚的刺激との接触が，より即時的かつ直接的に，ある特定の情動を生み出すというメカニズムも存在するのではないかと主張する向きもある（e.g. Leventahl & Scherer, 1987）。先に見た，オーマンらによる怒り顔に対する恐れ反応などは，無論，対人関係上の脅威的な先行経験に由来するという見方もできようが，第4章でもふれたように，発達のきわめて早期段階にある乳児でも他者の怒り顔に対して撤退・回避の行為傾向を示すこと（Haviland & Walker-Andrews, 1992）などからすれば，おそらくは，この生得的な評価機序により多くを負っていると言えるのかも知れない。

7.4.2. 事象経験を前提としない情動の発動

　ここまでの議論は，主に情動生起に認知的評価が必要であるか否かを問うものであったが，いずれの立場も基本的に情動が事象に対する反応であるという暗黙の前提に立脚していたことに変わりはない。「事象→評価→情動」の因果プロセスを疑うものであっても「事象→情動」というプロセスを疑うものではなかったのである。すなわち，そこでは，情動が，本質的に哲学で言うところの志向的なもの（intentional：ある何ものかについてのもの）と見なされていたと言い得る（Lazarus, 1991）。

　しかし，一部の研究者は，情動あるいは感情現象一般が常に先行事象に基づくものであるということ自体を訝るのである。例えば，一定期間，日々の情動経験を逐一すべて日誌に書き留めさせることを行ったある研究（Oatley & Duncan, 1992; 1994）によれば，人の日常経験する情動の約6％が，これといった先行事象の見当たらない浮動性（free-floating）の情動であるという。一部には，こうした浮動性の情動を気分（mood）と見なし，一般的な情動とは分けて把捉すべきだという声もあるが，イザード（Izard, 1991, 1993）のように，情動は元来，ある認知活動に先導されて生じる他，身体の姿勢や顔の表情，あるいは生理的状態や脳の神経生理的状態の変化など，複数異種のメカニズムによっても生じ得るのだと考えるような立場も根強く存在している（情動発動のマルチシステムモデル：図7.5）。彼によれば，情動とは，喜び，怒り，恐れ，悲しみといった種類ごとに，独特の主観的情感，身体的生理的状態，顔や声の表出的特徴といった一群の要素が既定のセットとしてカプセルに詰め込まれているようなもの（第9章でふれる基本情動理論の理論的骨子の1つ）であり，認知的評価が介在しなくとも，その内のどれか1つの要素が活性化されるだけで，他の要素も連動して活性化される性質を有している（結果として情動の丸ごと全体が発動される）のだという。

　こうした考えは，特に，顔面筋がある特定パターンの動きをするだけで，それが脳にフィードバックされて，それぞれに特異な主観的情感や生理的状態が生み出されるという，いわゆる「顔面フィードバック理論」（facial feedback theory）の中に最も色濃く体現されていると言える。例えば，レヴェンソンら（Levenson et al., 1990）は，実験参加者に複数の顔面筋を一定の指示に従って動

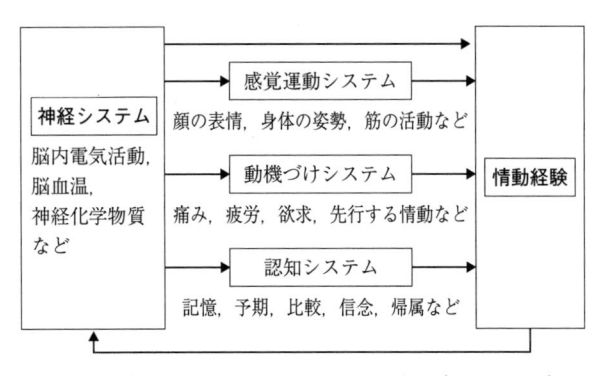

```
┌─────────────┐     ┌──────────────┐
│ 神経システム │ ──→ │ 感覚運動システム │ ──┐
│             │     │顔の表情，身体の姿勢，│  │
│ 脳内電気活動，│    │ 筋の活動など  │   │
│ 脳血温，     │    ├──────────────┤   │   ┌────────┐
│ 神経化学物質 │──→ │ 動機づけシステム│ ──┼→ │情動経験│
│ など         │    │痛み，疲労，欲求， │   │   └────────┘
│             │     │ 先行する情動など │   │
│             │     ├──────────────┤   │
│             │ ──→ │ 認知システム   │ ──┘
│             │     │記憶，予期，比較， │
│             │     │ 信念，帰属など   │
└─────────────┘     └──────────────┘
        ↑_____|
```

図 7.5　情動発動のマルチシステムモデル（Izard, 1993）

かすことを求め，結果的に各種情動に典型的な表情を作らせた上で，心拍数，皮膚電気反射，指温等に現れる自律神経系の活動を測定し，また主観的情感を報告させるという実験を行っている。それによれば，その結果は，操作的に作られた各種表情に対応する情動に概ね沿う形で，生理的状態や主観的情感が変化するということを示すものであった。彼らは，これに類する実験を西スマトラのミナンカバウ（Minangkabau）族にも実施し，（主観的情感については必ずしもそうではなかったもの）生理的状態について米国人と同様の結果を得，こうしたメカニズムが文化によらない生得普遍のものであることを主張している（Levenson *et al.*, 1992）。

　また，比較的最近，別の研究（Soussignan, 2002）は，ペンを口に様々な形あるいは強さでくわえさせ，特に口元の筋活動を操作する方法（Strack *et al.*, 1988）を用いた実験を行い，儀礼的な笑みの表情ではなく，いわゆるデュシェーヌ・スマイル（Duchenne smile）と呼ばれる自然発生的な笑みに近い表情を作られる条件下において，楽しい情景やユーモラスな漫画を呈示された際の実験参加者の主観的情感が特にポジティヴなものになり，またより明確な自律神経系の賦活状態が示されたということを明らかにしている。

　ちなみに，先にふれたザイアンス（Zajonc, 1985）も，やはり情動と認知の独立性を主張する立場から，「顔面血流理論」（facial efference theory）という顔面フィードバック理論と似たメカニズムの存在を仮定する見方を提示している。それは脳血温によって情動が影響を受ける（高温は不快を，低温は快を生み出

す）ということを前提とするものであり，例えば（当初の主観的情感は必ずしも快的なものではなくとも）ただ哄笑の真似事をするだけで，空気が鼻孔内に大量に吸い込まれ脳血温が下がれば，結果的にそこにポジティヴな情動が生み出されるような場合があるというのである。また，顔面筋だけではなく身体の姿勢による影響を想定し，現に，その違いが主観的情感の差異を生み出すことを実験的に確かめているような研究も存在している（Flack *et al.*, 1999; Stepper & Strack, 1993）[7]。

おそらく，私たちが日常経験する情動の大半は，確かに事象に対する反応，特に事象の評価に基づく反応として在るのだろう。ただし，さすがに，ある脳部位に直接的に電気刺激を受けた結果，ある特定情動を発動するといったことは，日常場面ではまず考えられない[8]にせよ，作り笑いをしたり，故意に笑い声を上げたり，他者に合わせて身体をこわばらせたりするというようなことは，私たちの生活状況の中でそれなりに生じ得るものと言えるのかも知れない。その意味で，事象との接触を前提にしない情動の発動プロセスを検証していくことにも一定の意義が存在するものと考えられる。少なくとも，ここで確認しておくべきことは，イザード（Izard, 1993）が言うように，情動の発動メカニズムは，唯一，事象に対する評価から情動反応に至るという単一のパスによって説明されるものではなく，そこにはもっと他の様々なパスが存在する可能性が高いということであろう。

第7章のむすびとして

本章では，情動における身体性の問題から書き起こし，その後，認知的評価理論を中心に，情動がどのような機序をもって発動するに至るかについて考究を行ってきた。ここで確実に言い得ることは，情動が，心が時たまに犯すエラ

[7) もっとも，表情にしても姿勢にしても，その操作による情動への影響を扱った研究が真に情動そのものの発動を明らかにしたと言い得るのか，ただ，微妙な形で既に存在している情感の増幅を検証したということに過ぎないのではないかということに関しては，今後，慎重に検討されるべきものと考えられる。
8) 無論，実験的な研究の中には，視床下核などに直接的な電気刺激を与えることによって，瞬時に抑うつ的な状態や哄笑などの表出を導き得ることを実証しているようなものもある（e.g. Bejjani *et al.*, 1999; Krack & Vercueil, 2001）。

ーでは決してないということである。そこには明瞭に「情」を背後から支える「理」を認めることができる。ただし，それは必ずしも1通りのものではなく，いくつもの条理から成るものと言ってよいのだろう。また，未だ十分には見えていない異種の情動発動の機序も決してないとは言い切れないのかも知れない。

　本章では，実のところ，情動の発動の機序に本来，深く関わるはずの，次元論とコンポーネント・プロセス・モデル（構成要素的アプローチ）という2つの理論的立場についてあえて言及を避けてきた。それは，これらが，単に情動がいかに生起してくるかという問題のみならず，究極的な意味で情動とはいったい何なのかという問題にも密に関わるからである。本書では，この後，扱う情動の種類を拡張しながら（→第8章），また進化（→第9章）や文化（→第10章）の視座を取り込みながら，さらに情を支える理について論考を深めるつもりであるが，その先の第11章で，これら2つの理論的立場を精細に取り上げ，その上で，情動の本性を審らかにしたいと考える。

第8章　自己と情動——その密なる関係性を探る

第8章のはじめに

　前章では，情を支える理，すなわち情動がどのような法則性や規則性に基づいて生起し得るのか，その一般的な機序を探る試みをなした。しかし，人が経験する情動がすべて相同の原理で説明される訳ではなく，別途，異なる視座から，一部，特別な考究を必要とするものもある。そして，その最たるものが自己意識的情動ということになる。

　ヒトはその長い進化の道程において，高次の心の機能を身につけ，そしてやがて，それを自らにも，また自らの心そのものにも向けるようになった。その自己再帰的な意識の働きは，自らの状態やふるまいをモニターし，適切に制御・調整することを可能ならしめ，ヒトの適応性の幅をさらに飛躍的に広げたのだと考え得る。しかし，ひとたびそれを備えると，それは，私たちの日常のあらゆる場面に遍在するようになり，ただ私たちにメリットをもたらすばかりではなく，時に，本来要らぬはずの自己への苦悶や不安を抱え込ませることにもなったのだと言える。目の前に意中のものがぶら下がって在るならば，直情的にただそれを取りに行けばよいものを，私たちは，それに脇目もふらず周りをかき分けてでも駆け寄ろうとする自分の姿を思い浮かべては，それをきわめて無様でさもしいと思うに違いない。そして，その光景を目にした時の他者の冷ややかな目を想像しては耐え難い苦痛と屈辱を覚え，ちょっとでもそれに気持ちを奪われてしまった自分の卑しさと不甲斐なさを呪うことになるのである。自己意識的情動，それは良くも悪くもヒトを人たらしめている中核的な特質の1つであると言うことができる。

　本章では，そうした利器としても呪縛としても働く，私たちの自己意識的情動について，これまでどのような研究がなされ，何が明らかにされているかを概観する中から，その本質がいかなるものであるかを考究したい。

8.1. 自己意識的情動というファジーなカテゴリー

　自己意識的情動とはそもそも何を指していう術語なのだろうか。実のところ，その意味範疇を明瞭に定めることは容易ではない。

　もちろん，至極単純に，その語そのものに答えを求めていくとすれば，それは何らかの形で自己意識（self-consciousness）が絡む情動ということになるのだろう（第1の見方）。もっとも，後にもふれるように，私たちは，日常，頻繁に自分自身についていろいろと思考しており，そしてその思考から発して，喜び，怒り，悲しみ，恐れなどの情動をごく普通に経験することがある。しかしながら，こうした情動は，通常，私たち人間にとって最も基本的な情動（basic emotion）とカテゴライズされることが一般的であり，実際に，それらが自己意識的情動として研究の俎上に載ることはまずない。その意味からすれば，自己意識的情動の中核的要件に，ただ，私たちが再帰的（recursive）に自分自身に意識を向けるということのみを据えて考えることはできそうにない。

　次に考え得るのは，自己意識的情動の必須要件に，単なる自己意識（自己に対する再帰的な意識）ということばかりではなく，それに他者あるいは社会全般からの注目や評価といったものを加えてみるということである（第2の見方）。これに従えば，自己意識的情動とは，評価者としての「他者の目」に注意が向き，それを通して自己やそのふるまいなどの質が強く意識された際に生じる情動ということになる。確かに，この定義案は，自己意識的情動として最も問題にされることの多い恥であったり，罪悪感であったり，誇りであったりをかなりのところ整合的に説明し得るものであり，現に，こうした見方を採る研究者は少なくない。

　しかし，妬みや嫉妬あるいは共感といった，通常，自己というよりは他者に意識が向かう情動も，自己意識的情動の一種として取り上げられることが相対的に多いのかも知れない。上述した第2の定義案では，自身がなした行為などのあくまでも自己に帰属する何らかのものに外からの評価が絡み，それが意識された時に生じるのが自己意識的情動ということになる。それに対して，これらの情動は大概，他者が起こした行為あるいは他者に降りかかった事象に自己が何らかの評価をなした結果，生起してくる情動と考えられ，その意味では，

むしろ自己意識的情動とは別種の扱いをした方がより自然かつ適切であるようにも思われよう。けれども、こうした情動における他者への意識は、翻って自己へと反転することも多く、例えば他者の優れた特質への妬みが、自分の無能さへの恥として経験されるようなことがあることを度外視してはならないだろう。というよりも、一見、他者に向けられて在るように見える情動の中には元来、多かれ少なかれ、他者との比較を通した自己への意識、およびそれに伴う情動もまた内包されていると見なして然るべきなのかも知れない（第3の見方）。

このように自己意識的情動をいかなるものと捉え得るかということには、少なくとも以上の3つくらいの見方が成り立ち得るものと言える。既に述べたように、確かに、自己再帰的な意識に外からの評価を加えた第2の見方をする研究者は相対的に多いと言い得るが、それが特に自己意識的情動研究の統一的な基準となっているという訳でもない。現に第1の見方や第3の見方を採る研究者も存在しており、欧米圏の類書でも、それらが特に整理されることなく、この3つのレベルに亘る実に多様な情動が自己意識的情動として一括りにされて論じられているというのが実情なのである。以下では、自己と他者およびその関係性やそれらに絡む意識が、情動の生起にいかに関わり得るのかということについて多少とも掘り下げて論考し、それを通して、元来ファジーなものとしてある自己意識的情動という意味集合の輪郭を、もう少しばかり明確にする作業を試みることにしたい。

8.2. 自己と情動

8.2.1. 情動生起の起点としての自己

認知的評価理論については既に前章でふれた訳であるが、まずここで確認しておくべきことは、この理論枠に依拠するならば、情動の生起は、基本的にすべて自己を起点として生じるということである。繰り返しになるが、例えばラザルス（Lazarus, 1991）の理論モデルでは、事象に対する認知的評価が、第1次評価（primary appraisal）と第2次評価（secondary appraisal）の2段階から成り、その一連の過程における評価上の差異が、結果的に個人に経験される情動の種類を分けることになると仮定されていた。第1次評価は、主に、今接

している状況は個体自身の潜在的な目標や利害関心に関わるものか否か（個人の潜在的目標・利害関心との関連性），関わるとすれば，それは正負いずれの方向で関わるのか（目標・利害関心との合致），そしてまた，それはより細かいレベルにおいて自分自身にどのような意味を有するのか（自我関与の種類）といったことが評価される。さらに第2次評価では，さらに，自分か他者かそれ以外かいったい誰（何）に責任や原因があるのか（原因・責任の所在），自分はこの状況に対してどれだけうまく対処できそうか（対処可能性・統制能力の有無・程度），自分はこの先どうなりそうか（将来展望），ということがチェックされるということであった。

　そもそも，最初の評価の段階で，事象が個体自らの潜在的な利害関心に何ら絡まないものとチェックされれば，そこには，いかなるものであれ，情動は生起し得ないことになる。さらに，それどころか，その後に継起するあらゆるレベルの認知的評価が，何らかの形で自己の諸側面に関わっており，評価された，事象と自己の関わり方の微妙な差異が，情動経験の違いを生み出すと指定されていることにも注目すべきであろう。つまり，当然と言えば当然なのではあるが，情動の生起にしても，生起してくる情動の種類にしても，そもそも自己なくして情動は成り立たないのである。

　もちろん，自己の関与と自己意識の関与は同じではない（Tracy & Robins, 2007a）。確かに，通常の恐れ，悲しみ，怒り，喜びといった，多くの場合，例えばラザルス（Lazarus, 1991）の言う第1次評価プロセス（→第7章）のみで生起してくるような情動にも，生理的覚醒（arousal）という意味での意識や（自らの知覚や運動に対する原初的注意としての）自己覚知（self-awareness）という意味での意識の介在は仮定できるだろう。しかしながら，そこには基本的に，自分自身に対して再帰的・反省的に向けられる主観的な意識，すなわち自己意識（self-consciousness）の関与は想定できないものと言える[1]。不可避

---

[1] もっとも，第1次評価のみで生じる情動に関しては自己意識の介在を想定する必要はないという見方は，ラザルスが第1次評価の中に据えている「自我関与」に関してはかなり微妙なのかも知れない。現に，スミスとラザルス（Smith & Lazarus, 1993）では「自我関与」には自己意識も含め，高次の認知処理が必然的に絡むということから，それが第2次評価の中に配置されている。

的に自己意識が介在してくるようになるのは，原因・責任の所在や対処可能性などに関する，より複雑な認知が絡む第2次評価のプロセスにおいてであると捉えるべきであり，そこでの評価の質が，時に様々な自己意識的情動を生じさせることにつながるのだろう。

ちなみに，こうしたことは，脳神経学的知見からも部分的に支持されるところと言える。例えば，ルドゥー（LeDoux, 1996, 2000）は，情動生起に関わる脳神経回路が，身体内外の刺激情報が大脳皮質を経由せずに直接，大脳辺縁系に送出される回路（皮質下性の視床—扁桃神経回路）と，刺激情報が大脳皮質を経由して辺縁系に送出される回路（新皮質性の皮質—扁桃神経回路）の2種に大別されることを見出した（→第7章）上で，前者をラザルスの言う第1次評価にほぼ相当する大ざっぱだが迅速な評価プロセスに，そして後者をラザルスの言う第2次評価にほぼ相当する複雑で抽象的な評価プロセスに対応づけている。特にこの後者の回路に含まれる前頭前野の諸領域は，近年とみに自己知覚・認識や自己意識との深い関わりが注目されているところであり（e.g. Beer, 2007; Damasio, 1999），このことからしても，種々の自己意識的情動が第2次評価プロセスに支えられて生じてくることは半ば自明のこととも言えるのだろう。

しかし，第2次評価を経て生起してくる情動がすべて自己意識的情動ということではない。さらに言えば，第2次評価プロセスで自己意識が随伴しているからといって，それがそのままに，一般的に言われるところの，いわゆる自己意識的情動の生起につながる訳でもないようである。先にも述べたように，現今の主要な理論枠においては，自己意識の介在が自己意識的情動の必要条件とはされていても，必ずしも十分条件とはされていないことが，より一般的であるようである。それは何故なのか，次節ではより詳細に，自己意識の介在と情動生起との関わりを探る中で，そのヒントを見出していくことにしたい。

8.2.2. 自己に対する再帰的な意識と複雑な情動の生起

本章では，暗黙裡に自己意識を，いわゆる「内なる目」（inner eye）（Humphrey, 1986），すなわち個体が自分自身あるいはその内的状態などに対して再帰的に向ける意識として話を進めてきている。しかし，この再帰的な意識とは，具体的にどのようなものを指して言うのだろうか。例えば，近年の自己研究に

重要な貢献をなしている理論的枠組みの1つに，ナイサー（Neisser, 1988, 1993, 1994, 1997）の「5種の自己知識（5 kinds of self-knowledge）」論がある。その中の2つ，生態学的自己（ecological self）と対人的自己（interpersonal self）は，それぞれ物理的環境と社会的環境の知覚に随伴して生じる自己の感覚を指して言い，先にふれた術語で言えば，自己覚知（self-awareness）の次元に相当するものではあっても，自己意識に関わるものではない。ここでの文脈で，注目すべきなのは，これ以外の3種の自己知識であり，それらは基本的に，主体としての私（I）が私のそれぞれ異なる側面に対して向けた再帰的意識の産物，すなわち客体しての私（me）として仮定されているものと言える。

その1つは，「時間的に拡張された自己」（temporally extended self）あるいは「記憶され想起される自己」（remembered self）と呼ばれるものであり，今現在における自己の経験を，記憶された過去やこれから訪れるであろう未来との関わりで体感し意味づける心の働きに関わるものである。もう1つは，「私秘的自己」（private self）と呼ばれるものであり，基本的に自分自身の私秘的な心の状態に対して，それを自覚し，意味づける心の働きに関わるものである。さらにもう1つは，「概念的自己」（conceptual self）と呼ばれるものであり，外見，能力，性格を初め，自分自身の様々な特質を客体的に捉え，時にそこに評価を加えながら，意味づける心の働きに関わるものである。

ナイサー自身は，こうした自己の視点から特に情動を論じている訳ではないのだが，最近，リアリー（Leary, 2007）は，このナイサーの論に拠りながら，自己に絡む種々の情動について興味深い論考を展開している。彼によれば，自己とは，個体が自分自身について意識的に思考することを可能ならしめる心的装置であり，それがヒトという生物種と他の生物種を分ける重要な分岐点の1つになっていると同時に，殊に農業革命以降，急速に，未来を予測・管理し，大きくかつ流動的になった集団に適応する必要に迫られた私たち人間に，固有の複雑な情動経験を数多くもたらしている可能性があるのだという。

例えば，「時間的に拡張された自己」によって，私たちは，今という時点あるいは現前の事象に縛られず，過去に経験した事柄やこれから未来に起こるかも知れない事象に，恐れおののいたり悲しんだり怒ったり喜んだりするようになり，またそうした情動経験を通して，予期的に自己のふるまいを制御し得る

ようになったと言えよう。また,「私秘的自己」は,情動それ自体を含む自身の様々な心的状態に対して情動を覚えることや,自身の情動を準拠枠にして他者の情動を推測し,さらにそこから翻って新たな情動を経験するといったことを可能ならしめたと考えられる。さらに,「概念的自己」は,基本的に社会・文化的な基準や価値体系などと不可分に結びついて自己の特質を概念化することになるため,そこに様々な評価や原因帰属およびそれらに起因する複雑な情動経験をもたらし,また,時に自己を集団の一員や一部に位置づける概念化によって,自身には直接関係のない事柄にも代理的に多様な情動を経験させ得るようにもなったと言い得るのだろう。

　リアリーは,こうした自己の諸側面に再帰的に意識を向ける中で経験される情動を,「自己反省的情動」(self-reflective emotion) と総称し,いわゆる自己意識的情動をこの下位に位置づけられるものだと指摘している。彼によれば,この自己反省的情動は情動の種類やカテゴリーによって,きっちりと線引きされるようなものではなく,一般的に基本情動とされるような喜び,怒り,悲しみ,恐れなども,時に自己内省に起因して生じ得る場合があるのだという。例えば,私たちは意中の人に自分がよく思われていそうなことを想像しては密かな喜びに浸ったり,自分が歯科医で親知らずを抜歯される状況やその時に経験するだろう苦痛を思い浮かべてはただならぬ恐れを覚えたりするものである。本来であれば,まさに再帰的な自己意識を前提に生じるという意味において,この自己反省的情動こそが自己意識的情動と読み替えられてもいっこうに差し支えはないはずなのである。

　しかし,おそらく,それを阻んでいるのは,この基準を,いわゆる概念の「内包」として据えると,その具体的な適用範囲たる,いわゆる「外延」があまりにも広くなってしまい,恥,罪悪感,誇りといった,私たちが通常,自己意識的情動と考えているものとの齟齬がきわめて大きくなってしまうという危険性があるということだろう。リアリーに従えば,そして自己再帰的な意識を至極素直に自己意識と捉えるならば,ほぼすべての情動カテゴリーが時に自己意識的情動にもなり得るということになってしまうのである。しかし,その一方で,常に自己意識的である一群の情動が存在することも確かである。現在の自己意識的情動研究が,基本的に広く前者ではなく,狭く後者をターゲットと

して進んでいることを，私たちはここで確認しておいてよいのかも知れない。それでは，その常に自己意識的情動であるものとはいったいどのようなものであるのだろうか。以下ではそれについて考えることにしよう。

8.3. 改めて自己意識的情動とは何か

8.3.1.「他者の目」を通して自己を意識する

常に自己意識的である情動とは，否応なく自己を意識せざるを得なくなる状況から発する情動であると換言し得る。そして，その否応なく自己意識を強いられる状況とは，陰に陽に，「他者の（自分に対する）目」を意識せざるを得ない状況であると考えられる。一般的に自己意識的情動の最も典型的なものとされる恥や罪悪感や誇りなどは，まさに，自己の何らかのふるまいが，実際に他者の目にさらされたり，あるいは一般的な他者たる社会の価値や基準などにふれたりした（と個人が認識した）場合に生起してくるのである。

実際，こうした他者や社会からの注目あるいは評価という視点から，自己意識的情動の生起機序を考える研究者はきわめて多い。例えば，トレーシーとロビンス（Tracy & Robins, 2004, 2007b）は，認知的評価理論に基づいて，自己意識的情動の生起プロセスに関する理論モデルを構成しているが，彼女らが，その一連のプロセスにおいて，自己再帰的な意識の発動（彼女らのモデルでは自己注目あるいは自己表象の活性化）の次に仮定しているのは，事象が個人のアイデンティティに関わるか，関わるとすればいかに関わるかということの評価（appraisal）である。すなわち，自分が直接的に引き起こした，あるいは何らかの形で関わった事象が，多かれ少なかれ他者や社会からの注目や評価（evaluation）にさらされる中で，自分はどんな存在であるか，あるいはどんな存在でありたいかといったことに関する個人の内なる意識が脅かされたり，逆に高められたりした場合に，半ば必然的に，何らかの自己意識的情動が生じてくるというのである。また，そもそも種々の自己意識的情動の機能を，その時々の周囲からの注意や評価などに応じて，自己の社会的行動を調整し，結果的に，集団や関係性の中での社会的自己を高く保持すること（Dickerson et al., 2004; Gruenewald et al., 2007）や他者との社会的絆を安定して維持すること（Scheff,

2003)などの中に見出そうとする向きは少なくない。

　もっとも，こうした一連の見方は，他者や集団が，個人やその個人のふるまいに対して，実際に多大な注意を寄せ，特定の評価をなしたという固い事実の中から，自己意識的情動が発生するということを仮定するものではない。むしろ，それは，個人が，他者や社会の目や評価をいかに認知するかというところから自己意識的情動が生じ，またその認知に応じてその種類が分岐してくることを仮定するものである（e.g. Tracy & Robins, 2007b）。そして，そこには，自らの行為が，単に他者の目や社会的基準などからして，自己の価値の引き上げに通じるのか，あるいは引き下げに通じるのかということの認知のみならず，そうした正負の意味を，私という存在そのものあるいは自己の安定した属性に結びつけて認知する（全体的帰属）か，それとも私がなしたある特定の行為に結びつけて認知する（特異的帰属）かということも含まれる（e.g. Tangney, 1999; Tracy & Robins, 2004）。

　第4章でふれたことにも関わるが，例えば，ルイス（Lewis, 1992, 2008b）によれば，同じく何らかの社会的失態を演じても，その情動的反応は一義的には定まらず，その事態から自分そのものが悪いと認識するか，自分のあくまでもその時のふるまい方がまずかったと認識するかによって，経験される情動が恥か罪悪感かが決まってくるのだという。また，同じく何らかの価値ある達成をなした場合でも，それを自分という存在が本来的に有する偉大さに帰属するような場合には驕り（hubris）が，あくまでもそれに至るまでの努力やその時の一時的な行為の冴えなどに帰属するような場合には誇り（pride）が生起してくるらしい。実のところ，ルイスは，てれあるいは社会的困惑（embarrassment）については，好悪，優劣，善悪といった評価が絡まず，ただ純粋に他者の目にさらされるだけで生起してくる場合があることを想定している。しかし，この場合にも，基本的に，種々の自己意識的情動が，他者の目を通した自己意識の賦活を必須要件とし，顕在的あるいは潜在的な他者からの社会的評価の質およびそれの自己への帰属のあり方によって規定されることを前提視していると言えるだろう。

　もちろん，殊に恥と罪悪感の差異については，こうした自己への帰属のあり方ということではなく，個人の行為が誰によって評価されたかによって規定さ

れるのだという,ベネディクト (Benedict, 1946) 以来の伝統的な見方があることも忘れてはならないだろう。すなわち,恥は,顕在的であれ潜在的であれ,明らかに他者の存在を前提として,その他者から自分の失態を負に評価されるという事態に起因して生じるのに対し,罪悪感は行為主体たる個人が自身の内的基準に従って,己あるいはその行為を負に評価することから発するというのである (e.g. Smith et al., 2002)。つまり,これに字義通りに従えば「他者の目」を必須要件とはしない自己意識的情動が存在するということになろう。しかしながら,この罪悪感における自己の内的基準というのは,その源を辿れば,現に他者や社会との関わりの中で様々に評価された経験や,あるいは社会化の過程で陰に陽に吹き込まれた社会・文化的な価値や常識などに,由来していると考えるのがより自然であろう (e.g. Tangney & Dearing, 2002)。すなわち,そこにも大なり小なり,他者や社会からの評価,あるいは少なくとも推測された評価が暗黙裡に潜んでいると見なすべきであり (Leary, 2007),自己意識的情動の中核に「他者の目」を据えて考える見方は,ベネディクト的な発想からしても,十分に首肯できるものと言えるかも知れない。

8.3.2. 他者と自己への二重の焦点化

上述したように「他者の目」を自己意識的情動の必須要件に据えて見る考え方は相対的に理解しやすく,多くの研究者が採るものと言い得るが,冒頭でもふれたように,実際,自己意識的情動として扱われるものの中には,妬みや共感のように,必ずしもこの要件にそぐわないものが存在することも事実である。そして,それらの情動は,多くの場合,「他者の目」というよりは,むしろ「他者への目」,すなわち他者がなした行為に対して個人が向ける注目や評価に起因して生じてくるものと言える。そこだけに着目して言えば,当然,それはあくまでも「他者意識的情動」とは言い得ても,自己意識的情動とは到底,言い難いことになる訳であるが,時として,これら一群の情動が,自己意識的情動としてカテゴライズされ,考察されることがあるのはなぜなのだろうか。

基本的に,それは,他者の失敗や成功あるいは不幸や幸福が,他者自身の社会的地位の高低のみに関わるのではなく,しばしば「社会的比較」(social comparison) を通して,それを認知した個人の社会的地位の引き上げや引き

下げにも深く関わり,延いてはそれが自己意識に強く影響を及ぼし得るからであろう(Niedenthal et al., 2006)。この社会的比較という観点から情動生起のメカニズムを論じている代表的なものに,スミス(Smith, 2000)の理論モデルがある。彼によれば,他者に何らかの事象が生起した際に,人はその事象の意味を,自身の状態や特性との比較において評価することがしばしばあり,その質に応じて結果的に,上方対比的(upward contrastive),上方同化的(upward assimilative),下方対比的(downward contrastive),下方同化的(downward assimilative)という4つのカテゴリーのいずれかに該当する情動を経験することになるのだという(ちなみに,このスミスのモデルは,他者のみならず自己に何らかの事象が生起した場合をも包括的に説明するものであるが,ここでは前者のみに記述を限定する)。そして,さらに,その各カテゴリーにおいて,純粋に他者に注意が向かう場合,自己のみにそれが向かう場合,そして他者にも自己にも二重にそれが向かう場合を分け,それぞれで具体的にどのような情動が生起してくるかについて理論化を行っている。

ここで特に注目しておくべきことは,本来,他者に降りかかったはずの事柄なのに,結果的に自分にも注意が向かうことになる二重焦点化(dual focus)が生じるケースである。例えば,他者にとってきわめて幸福な事態が生じた際に,それは多くの場合,上方比較の状態(他者の優位・自己の劣位)を生み出すことになるが,そこにおける情動経験には大きく2通りのものが存在する。他者が経験するであろうポジティヴな情動に自らもポジティヴな情動をもって反応する場合(同化)と,逆にネガティヴな情動をもって反応する場合(対比)である。スミスによれば,前者における二重焦点化の典型的な情動は感激(inspiration)であり,後者におけるそれは妬み(envy)ということになる。また,逆に他者にとってきわめて不幸な事態が生じた際に,それは多くの場合,下方比較の状態(自己の優位・他者の劣位)を生み出すことになるが,そこにおける情動経験にも大きく2通りのものが存在する。他者が経験するであろうネガティヴな情動に自らもネガティヴな情動をもって反応する場合(同化)と,逆にポジティヴな情動をもって反応する場合(対比)である。前者における二重焦点化の典型的な情動は共感・同情(sympathy)であり,後者におけるそれはシャーデンフロイデ(schadenfreude:いい気味という情動)ということ

になる。

　スミスは，例えば妬みに関して言えば，それが純粋に他者に注意が注がれた場合には憤慨（resentment）に，反対に自己のみに注意に向かうと恥になることを仮定している。別の言い方をすれば，妬みは，他者がその行為に対して周囲から高い評価を受け賞賛に与るような場合に，その不当性に憤り他者をなじりたいような気持ちと，自分にそれに見合うだけの力量が備わっていないことを恥ずかしく思う気持ちとの間で揺れ動いたり，あるいはそれらが入り交じったりした情動とも言い得るということである（Smith & Kim, 2007）。また，共感・同情に関して言えば，それは，他者が大けがをして流血しているような場合に，純粋に他者焦点的な哀れみ（pity）と，逆に純粋に自己焦点的な「とても気持ち悪くて見たくない」というような個人的な苦痛・恐れ（worry/fear）との間で揺曳したり，あるいはそれらが混合したりした情動として位置づけ得るということである。つまり，妬みにしても，共感・同情にしても，他者の状態を一種の準拠枠として，自己への意識および評価が生じている訳であり，広い意味で，それらを自己意識的情動の中に括ったとしても，さして的外れではないということになる。

　ちなみに，現段階においては感激やシャーデンフロイデという情動それ自体に関する実証的取り組みがきわめて少なく，ましてそれらを自己意識的情動という視点から考究する向きは殆ど皆無に等しいと言っても過言ではない。大いに研究が待たれるところである。もっとも，感激そのものではないが，他者の優れた能力や特性に対して一貫して賞賛と憧憬の念を寄せる尊敬（respect）に関しては，近年，それをポジティヴな自己意識的情動の一種とする見方（Li & Fischer, 2007）が提示されてきており，今後の動向が注目されよう。

第8章のむすびとして

　本章の冒頭でも述べたように，自己意識およびそれから発生する自己意識的情動はヒトが人たる所以の少なくとも1つであると考えられる。ヒトは進化の階梯を上がる途上で高度な自己意識を備えるに至り，おそらくは他の生物種にはない複雑な情動を経験するに至ったのだと言える。その一方で，自己意識的情動は，繰り返しふれてきたように，基本的には他者との関係性や集団の存在

を前提として生起してくる訳であり，そこには何らかの社会・文化的な規範や基準等が不可避的に介在しているものと見なすことができる。そうした意味において，自己意識的情動は，人が経験し得るあらゆる情動の中で，進化的要素と文化的要素が最も色濃く交錯するところであると考えられる。次章以降で，筆者は情動の進化的基盤（→第9章）と文化的基盤（→第10章）について取り上げ，その統合的な理解を企図するものであるが，半ば必然的に自己意識的情動はその最も重要な論題の1つとならざるを得ないものと言える。章を改めてもなお，折にふれて自己意識的情動の本質についてさらに深く考究することにしたい。

第9章 情動の進化論

第9章のはじめに

　近年，心理学の領域では，ヒトの心やふるまいの進化的基盤をさぐる，進化心理学がとみに隆盛になってきている。当然のことながら，それは，ヒトの種々の情動にも及んでおり，その進化の過程や機序について，様々な理論的提示がなされるに至っている。実のところ，本書では既に，特に情動が有する様々な機能性に関連して情動の進化的側面について言及を行ってきているのであるが，本章では改めてそれを包括的に取り上げ，とりわけ情動の進化的構成を前提視する基本情動理論の概要とその問題点を示すことにしたい。

9.1. 心的モジュールあるいはその束ねとしての情動

　既に第2章でも述べたように，情動とは，個体自らの利害に関わる生物学的・社会的重要事項に優先的に注意を振り向け，その状況への対処として確率的に最も適切な心身の準備状態を瞬時に作り上げるものと考えられる (e.g. Nesse & Ellsworth, 2009; Plutchik, 2002)。それは第5章でもふれた進化論的適応，すなわち遺伝子の維持・拡散（＝生物学的適応度 [fitness]）に密接に絡む原型的な出来事あるいは意味に特化した超高速の「領域固有の計算装置」（domain-specific computational device）であり，通常は休眠・不活性状態にありながら，一旦ある特定の手がかりによって活性化されると，先行するあらゆる情報処理活動に強引に割り込み，中止させ，そのプログラムの遂行（状況評価・注意の配分・プランニング・行為のガイダンス等）を完徹させようとする「デーモン・プログラム」（demon program）とも言えるものである (Cosmides & Tooby, 2000)。近年，とみに隆盛になりつつある進化心理学的な捉え方をするならば，種々の情動は，私たちの（特に未だ狩猟採集民として在った更新世の）祖先に繰り返しふりかかった様々な適応上の難題に迅速に対処すべく，長い進化の過

程を経てヒトの脳に備わった計算論的適応の産物，すなわち「心的モジュール」の一種とも言えるのだろう (e.g. Buss, 2008; Cosmides & Tooby, 1992, 1997)。

もっとも，進化心理学者のトゥービーとコスミデス (Tooby & Cosmides, 2008) によれば，情動は，そうした心的モジュールそのものというよりは，むしろ，複数のそれらを整合的に束ね合わせる役割を果たすものらしい。彼らが言うには，生物種としてのヒトの心的アーキテクチャは，進化的に準備され，機能的に特殊化された多くのプログラムに満ちているという。それぞれが，ヒトの進化史上，とりわけ更新世旧石器時代に狩猟採集民として在った私たち祖先の進化的適応環境［EEA］において頻発した，個別の適応上の難題，例えば採餌，成長，配偶者選択，養育，心拍調整，睡眠管理，捕食者への警戒，協力者・敵対者認知などに特化した形で関わり，特定の環境上の手がかりによって迅速に賦活されるように仕組まれているのだという。しかしながら，個別の問題に特殊化したプログラムが複数同時生起した場合（例えば睡眠と捕食者からの逃走など），そこには葛藤や相互干渉が生じ得る訳であり，その解決もまた適応上の大きな問題となる。そうなると，心はあるプログラムの遂行を優先させ，また別のプログラムを非活性化させるための上位プログラム（ある特定のプログラム群が整合的・相互協調的に活性化するような仕組み）を必然的に要することになろう。彼らは，情動を，そうした複数の下位プログラム群をある適応上の目標達成のために調整・管理すべく進化してきた上位プログラムと把捉するのである。

彼らが言うには，例えば，恐れという情動は，個体が，自身が跡をつけられたり待ち伏せされたりしているかも知れないという状況評価（捕食者の存在の察知）によって一旦賦活されると，以下のような一連のプログラムを迅速に，かつ高度に整合的に作動させるのだという。①知覚・注意のシフト（信号検出閾値が下がり，ほんのちょっとした環境の変化などにも過敏に高確率で反応するように導く）。②目標や動機づけの重みづけの変化（安全性を最優先させる）。③情報収集プログラムの切り替え（例えば，自分の子どもはどこか，助けてくれそうな人はどこにいるかという情報探索活動を促す）。④概念的枠組みのシフト（種々の環境事象を自動的に危険か安全かというカテゴリーをもって判断するようになる）。⑤記憶プロセスにおける新たな検索（例えば，登ったこと

のある木はどこか，この前会った時，敵や友は自分を胡散臭そうな目で見ていたということはなかったかといった記憶検索を起こさせる）。⑥コミュニケーションプロセスの変化（状況に応じて警告の叫びを発したり，行動麻痺・緘黙の態度を取らせたり，あるいは特異的な恐れの表情を作らせる）。⑦特殊化された推論システムの活性化（例えば，捕食者の通り道や視線方向あるいは飢餓状態などに敏感になり，自らの存在が捕食者に知られているか否かといったことに関わる推測や判断を促す）。⑧特殊化された学習システムの活性化（扁桃体の介在による恐れの条件づけが発生し，一回性の体験でも生涯に亘って，その効果を持続させる）。⑨生理的状態の変化（例えば，内臓・アドレナリン・心拍・血流・筋活動パターンなど，対処行動に必要な身体状態を咄嗟に取らせる）。⑩行動決定ルールの活性化（脅威の質に応じて，隠れる，逃げる，自己防衛する，フリーズするなどの行為の選択をさせる）。

　このように進化心理学的スタンスを採れば，情動は，複雑で機能的に組織化され，少なくとも私たちの祖先の時代における適応上の問題の構造に鋭敏に対応していることになる。もっとも，現段階において，ヒトのあらゆる情動に関して，恐れのように明確なプログラム群の発動やその計算論的仕組みが仮定され説明されている訳ではなく，殆どのものがまだ理論的に手つかずの状態にあるようである。また，ヒトのあらゆる情動がそれ自体，進化的適応の産物として在る訳ではなく，一部のものはあくまでも他の心的装置の副産物（by-product）であったり，あるいは全くのランダムノイズであったりするという可能性も否めないところなのだろう（e.g. Buss, 2008）。情動の進化的基盤を強調するトゥービーとコスミデス（Tooby & Cosmides, 2008）でさえも，情動研究者がヒトの情動の進化論的原理を包括的に説明し得るようになるには，まだ何十年もの年月が必要であろうと言明していることは印象的であり，重く受け止めておかなくてはならないものと言える。

　ちなみに，戸田（1992）が提唱したいわゆるアージ理論（Urge Theory of Emotion）もまた，私たちの情動の多くが，ヒトの古環境において，生命維持や繁殖，緊急事態対処，社会関係構築などの枢要なゴールに向けて，多様な認知処理を整合的に調整し，迅速で的確な意思決定および行為選択をなし得るよう，強く私たち人を駆り立てる（urge）べく進化してきたと主張するもので

あり，情動の本源的合理性を前提視しているという意味において，上述のモジュール的見方と，かなりのところ軌を一にするものと考えられよう。

9.2. 進化的適応プログラムとしての基本情動

9.2.1. 基本情動理論の概要

上述したように情動を，ある特定の入力情報に対して特異的な出力結果を生み出す「パッケージ・プログラム」のようなものと見なす考え方は，本論でも既に再三ふれてきた基本情動理論（Basic Emotions Theory）において最も色濃い。この理論においては，各種情動カテゴリーが単に人間の認知機能によって，恣意的に生み出された「概念」（idea）ではなく，それぞれが個別の生物学的（神経学的）基盤を伴う「実体」（reality）であると仮定される（Parkinson, 1995）。また，情動は，ある程度の種間共通性および系統発生的連続性を有し，諸種が過去の共通祖先種に由来するという進化論の視点に立たない限り，その事実を整合的に説明することができず，そして，情動は長い進化史のただの残り火ではなくヒトにおいても今なお十分な生物学的適応価を有している可能性が高いと措定されるのである（Ekman, 1999, 2003; Izard, 1991）。他章でもふれたように，こうした発想の創始者は，ヒトと他生物種における表情（情動表出）の近似性を論じ，情動の進化論的起源を説いたダーウィン（Darwin, 1872/1991）に他ならない[1]。そして，それを心理学的に敷衍し，現代の基本情動理論の礎を築いたトムキンス（Tomkins, 1962, 1963）の名前も決して忘れてはなるまい。

基本情動理論の骨子として，まず第1に，喜び，悲しみ，怒り，恐れなどのいわゆる基本情動と呼ばれるいくつかの情動については，それらがそれぞれ相互に分離独立した機能単位であるという仮定を挙げることができる（分離独立性［discreteness］あるいはモジュール性［modularity］の仮定）（Ackerman *et*

---

1) 無論，歴史を遡れば，ストア哲学にも情動が少数有限個の基本的カテゴリーから成るという基本情動に似た発想は既にあるし，デカルト（Descartes, 1649/2008）もまた，情動を精神の身体に対する受動態，すなわち元来，身体という実体に備わって在るものと見なし，それには「驚き」「愛」「憎しみ」「欲望」「喜び」「悲しみ」という6種の基本的な情動（情念）があるとしていた訳であるが，当然のことながら，そこには未だ進化という発想は存在していない。

al., 1998; Ekman, 1999)。これは各種情動が，元来，生体内外からのある特定入力に対して発動するよう予め仕組まれた，主観的経験，神経生理，行動表出などの諸側面からなる特異的な出力（反応）セットとしてあるということを意味する。この仮定は，例えば，第7章で見たシャクターらの情動の2要因理論などとは著しい対照をなすことになる。シャクターらの見方では，主観的情動経験の差異は身体レベルでは特定されず，専ら非特異的な生理的覚醒状態（arousal）に対する認知的解釈の違いとして説明される訳であるが，基本情動理論においては，個々の情動は本質的にそのあらゆる側面において特異性を有するのであり，身体状態が等質でありながら，その主観的情動経験が異なるという事態は通常，想定され得ない。いわば，基本情動とは，それぞれ特異な主観的経験，生理，表情などの複数要素を束ねて詰め込んだ「カプセル」のようなものであり，そのカプセル化された複数要素の間には一貫した対応・連関関係がほぼ常時存在すると，そしてまた，複数要素の1つが引き出されると，そこに意識的制御が介在しない限り，他の要素もまた連動的に生起すると仮定されるのである（第7章でふれた顔面フィードバック理論が主張するように，例えば，操作的にある情動に典型的な顔の表情を作らせると，それに対応した生理的状態や主観的状態もまた生み出される)[2]。

　理論的骨子の第2は，既に本書の各所でふれてきたところであるが，こうした機能単位としての各種情動が，それぞれ別個の適応上の難題（外敵との遭遇，修復不可能な喪失，配偶，生殖，養育など）に対して迅速で合理的な対処を可

---

[2] 種々の情動ごとに，表情，生理的状態，主観的情感などが明確な対応性をなしているということに対して，基本情動理論の中でも，イザード (Izard, 1997) の見解はやや微妙なものである。彼は，依然として，あらゆる情動現象の中核がいくつかの基本情動によって支えられているという考え方を堅持しているが，表情と内的状態の対応性は実際のところ，きわめて緩やかなものと捉えるべきではないかとしている。彼によれば，情動とは本来，一連のプロセスと見なすべきものであり，そこには思考や行為および事象の再評価など，種々の要素が急速に混入しやすいため，始発点における中核的情感 (core feelings) は，すぐに別のものに変じてしまう可能性が高いのだという（カテゴリカルな情動経験はほんの一瞬生起するだけで，すぐにそれは他の要素と入り混じり，質的にも強度的にも多様なバリエーションを示し始める）。彼は，表情が，一連の情動プロセスの始発点において，ほんの一瞬，中核的情感と緊密な対応性をなしている可能性は否定できないものの，実質的に情動の発動者本人がその情動プロセス全体に対する情感として経験するものとは対応しないことの方がむしろ多くなるのではないかと推察している。

能にすべく，一種のデフォルト処理機構として進化してきたということであり，またそれゆえに，明確な遺伝的基盤をもってヒトという種に普遍的に組み込まれているということである（進化論的起源および生得普遍性の仮定）（e.g. Ekman, 1999; Izard, 1991; Johnson-Laird & Oatley, 1992; Oatley, 1992）。それは，ヒトのみならずその近縁種においても一定程度，存在するものであり（種間近似性），さらに，社会・文化の別に関わらずヒトという種一般に認められるということになる（種内相同性）。

　それらは，喩えるならば，一種のサバイバル・セットあるいは緊急時マニュアルのようなものということになろう。当然のことながら，それらは想定される災害の質に応じて，ある程度特殊化され，複数準備されている方がさらに効率的と言えるかも知れない。サバイバル・セットやマニュアルを全く持たないよりも持っている方が，持っているとしても1種類よりは，火災なら火災用の，水害なら水害用の，地震なら地震用の，セットやマニュアルがあった方が，都合がよいというものだろう。基本情動を考える時，私たちはとりあえずはこうしたサバイバル・セットやマニュアルを思い浮かべておくことが有効かも知れない。基本情動理論派の研究者に言わせれば，喜び，怒り，恐れ，悲しみといった情動は，眼前に迫った危機をその性質に応じて効率よく回避するために，あるいは利益を得たり維持したりするチャンスをみすみす逃さないために，私たちが予め備えている心身状態のセットあるいは最適行為のマニュアルのようなものなのである。生体の利害関心に関わる，ある状況に接した時，生体はその状況の大ざっぱな評価の質に応じて，予め完成体として持っている，基本情動というサバイバル・セットやマニュアルの1つを咄嗟に引き出し対処すれば，多くの場合とりあえずは命拾いできるということである。

　基本情動理論の中核的仮定は以上2つということになるが，論者によってはこれらに加えてもう1つ，第3の理論的骨子として，基本情動の最小単位性および融合的性質を仮定する向きがある。これは，基本情動が，それ以上，解体不可能な，いわば最小のビルディング・ブロックであり，それらを基礎にして，他のあらゆる情動現象が構成されるという考え方である。例えば，プルチック（Plutchik, 1980, 2002）は，混色のメカニズムに準えて，基本情動も複数融合する性質を有しており，その結果，他のより複雑な情動が生起してくると仮定し

ている。もっとも，この仮定については具体的にその結合のメカニズムがいかなるものであるかが不明瞭であるため，基本情動理論派の中でも，これに懐疑的なスタンスを採る論者が少なくない (e.g. Ekman, 1999)。イザード (Izard, 1991) も，この基本情動同士の結合という考え方についてはどちらかと言えば否定的である。ただし彼は，生得的なものとして在る基本情動に発達過程の中で獲得された種々の認知的要素が結びつくことによって，様々な「感情―認知構造」(affective-cognitive structures) が派生的に生み出され，徐々に情動現象が複雑多様化する可能性を認めている。

　この節の最後に一点，付言しておくならば，基本情動という術語を，基礎レベルの概念カテゴリーという意味で用いる場合もある (Ortony & Turner, 1990)。ただし，これは正確に言えば，情動そのものというよりは，情動語や情動概念の基礎的性質を問題にしたものであり，ロッシュ (Rosch, 1973; Rosch et al., 1976) によるカテゴリーおよびプロトタイプの理論に依拠していると言える (e.g. Averill, 1982; Shaver et al., 1987)。ある果実（リンゴの一種）を見たとしよう。概念的な観点からすれば，私たちは，それに対して「果物」「リンゴ」「紅玉」といった様々な抽象度のカテゴリーを当て得る。しかし，私たちは一般的にそれを咄嗟にまずは「リンゴ」だと考えることが多い。ロッシュは，この「リンゴ」のような，人が最も使いやすいあるいは容易に思い描きやすいカテゴリーを基礎レベルのカテゴリーと呼んだ訳であるが，この立場を取る研究者は，情動という領域においては，怒り，恐れ，喜び，悲しみ，嫌悪，驚きなどの情動がこれに当たるというのである。いわば，この立場は，情動全体の概念構造の中で基礎レベルのカテゴリーに当たるものを基本情動と呼ぶのであり，特定情動の生物学的実在性を前提視する基本情動理論とは基本的に一線を画されるべきものとして在ることに注意されたい（むしろそれは第10章でもふれるように情動に対する文化論的見方との親近性が高いと言える）。

9.2.2. 基本情動の要件

　エクマン (Ekman, 1992) は，生物学的基体あるいは心理学的基体としての基本情動は，基本的に以下9つの基準を満たすとしている。
　① 顔面表出や発声など，明らかに他と区別できる独特の表出シグナルを備

えていること。しかもそれが，社会・文化の違いによらず広く普遍的に観察されること（種内普遍性）。

② 高等霊長類を初めとする他の動物にも類似の表出が観察されること（種間普遍性）。

③ 他と明確に区別できる特異な生理的反応パターンを備えていること。エクマンらは，心拍や皮膚電気反射などの指標に現れる自律神経系の活動パターンと基本情動との間にかなり特異的な関連性があることを示している（Ekman et al., 1983）。また，レヴェンソンら（Levenson et al., 1992）は，西スマトラのミナンカバウ（Minangkabau）族を対象に実験を行い，実験者が指示して機械的に作らせた表情（実験参加者には知らされていないが実は基本情動の表情に対応する）と各種生理的指標との対応性が，米国人のそれとほぼ共通することを見出し，基本情動の基礎には，社会・文化に影響されない普遍的な生理的反応パターンがあると結論している。

④ 情動を喚起する先行事象にある程度の共通性・普遍性が見られること。無論，情動を引き起こす事象は，詳細に見るならば，どれ1つとして同じものなどないというのが実状だろう。おそらく事象の共通性をどのレベルに見出すかということが問題になるが，エクマンはこうした共通性をかなり抽象度の高いレベルに見出そうとしている。例えば，具体的に誰がどのような形でということに関しては細かな相違があっても，個体にとって重要な他者の喪失はほぼ一様に悲しみを引き起こすというようなことである。

⑤ 生理的反応パターンや表出反応パターンなどの反応システム間に整合一貫した連関関係が存在すること。つまり，ある情動現象の最中に生じる，中枢神経系および自律神経系の活動や表出反応などが明確な同調性をなしているということであり，それぞれが独立した変化のパターンを示すということは特殊な場合（情動やその表出を意識的に抑止しようとする場合など）を除いては殆どあり得ないということである。

⑥ きわめて急速に，大概は個体が意識する前に生じること。エクマンら（Ekman & Friesen, 1978）は（情動を喚起する）刺激呈示後，基本情動に対応する表情がほんの数ミリ秒の間に生じ得ることを見出している。生物学的な観点からすれば，急速な発現（咄嗟に準備状態を作る）は，個体が生

死に関わる事態に接しているような場合，高い適応価を有すると言える。
⑦　通常は，きわめて短時間内（せいぜい数秒以内）に終結すること。エクマンは，変化する外界の状況に対して，ある情動状態が長く続くことは，生物学的な観点から見て適応価が低い（状況変化に応じた準備態勢の再組織化を妨げる）と考え，基本情動の持続時間はせいぜい数秒間であるとしている。その意味で，何時間あるいは何日間も続く気分（mood）とは明確に区別される。
⑧　自動化された無意識的な評価（automatic appraisal）メカニズムに結びついて発動されること。エクマンは評価のメカニズムとして，無意識的な評価（脅威か否か，益か害かといった原初的な判断）と，意識および高度な認知処理が介在する拡張された（extended）評価を区別した上で，前者が基本情動の発動に必ず先行するとしている（第7章で認知的評価理論についてふれた訳であるが，この基本情動理論における評価は，ラザルス[Lazarus, 1991]の言う第1次評価にかなりのところ重なるものと言えよう）。
⑨　個体が意図して引き起こすのではなく，あくまで自然に生じてくるものであること。私たちは通常意識的に，自ら経験する情動状態を選択したり，また経験しつつある情動に介入したりすることはできない。

エクマンによれば，こうした9つすべてが，基本情動を，他の類似現象（気分，怒りっぽいとか憂うつ質といった情動的特性，好き嫌いといったある対象に対する持続的な情動的態度など）から区別する基準に，また①表出と②生理と④先行事象の特異性が各基本情動を相互に区別する基準になるという[3]。そして，彼自身は1992年段階において（Ekman, 1992），これらの基準を満たす基本情動に，確実にそう言い得るものとして，怒り，嫌悪，恐れ，喜び，悲しみ，驚きの6つを挙げ，さらに証左が揃えば，この他に5種，侮蔑，恥，罪，当惑，畏怖もいずれ基本情動として認められる可能性が高いことを示唆していた。も

---

[3] エンゲレンら（Engelen *et al.*, 2009）は，基本情動の要件として，エクマンの発想と部分的に重なりつつも，やや異なる視座から，①最小単位性・解体不可能性（下位に他の情動を含まない），②種内普遍性，③解読可能な明瞭な表出的特徴，④神経基盤を伴った生得的な感情プログラム，⑤即時的かつ自動的な身体的変化，⑥個体発生レベルにおける最早期での現出（および最遅期における消失），⑦意識や自己概念の介在なき現出可能性，⑧思考なき発生可能性，⑨生理的覚醒の刹那性，の9つを挙げている。

っともその後のエクマン（Ekman, 1999）は，上記の基準にさらに発達的法則性や特異的な認知的バイアスといった他の要件も加えた上で，こうした要件を満たす情動をすべて基本的であると言うに至り，その数を 17 種類にまで広げている。

　基本情動理論派の研究者は，これまでにその理論の妥当性を様々な形で検証しようとしてきている訳であるが，彼らが，最も強い関心を払い実証的証左を多く積み上げてきたのは，明らかに，上述したエクマンの基準で言えば①の情動の種内相同性に関してであろう。これに関わる表情認識実験による証左は，既に第 2 章で言及してきているため繰り返さないが，今でこそ後述するような様々な批判にさらされるようにはなったものの，それが基本情動理論の普及・発展において果たした役割はきわめて大きいものであったことは確かであろう。

　エクマンの見解は，基本情動理論のかなり中核的な部分を捉えているように思われるが，他の論者の見解と多少食い違うところがあるのも事実である。例えば，上述した基準には，情動の主観的経験の側面，すなわち情感（feeling）が入っていないが，イザード（Izard, 1991）のように，基本情動を，神経生理，表出，主観的経験の 3 側面が不可分に結びついて発動される過程であると捉え，主観的経験の差異をもって基本情動を識別することもまた可能であるという立場を取る研究者もいる。ちなみに，イザードも表情の通文化的普遍性を重視しているが，彼はこれに加えて各種情動の個体発生のプロセスを重く見，発達の早期段階から各種情動が明確な表情を伴って現出するという証左を自ら示した上で，喜び，悲しみ（苦痛），怒り，恐れ，嫌悪，驚き，興味，軽蔑，罪，恥の 10 種類を基本情動（個別情動）としてリストアップしている。

　基本情動理論の内部に多少の見解の相違があるにしても，この立場の主張は，概して，私たちの情動に対する素朴な思いこみを裏切るものではない[4]。特に，

---

[4] これまでに理論的に想定されてきている基本情動の種類は，大概，私たちが素朴に典型的な情動として思い浮かべるものと合致しているが，私たちの直感からすれば，当然，そこにリストアップされて然るべきとおぼしきいくつかの情動が数え上げられていないという場合も少なくはないようである。例えば，フェールとラッセル（Fehr & Russell, 1984）が，調査協力者に，短時間に自由に思いつくだけの情動をリストアップさせた研究によれば，愛情（love）は，幸福（happiness），怒り（anger），悲しみ（sadness）の次に多く挙げられる，きわめてポピュラーな情動であったが，それを基本情動と見なす論者は実のところ，殆どいないと言っても過言ではないようである。

喜び，怒り，恐れ，悲しみ，嫌悪，驚きなど，少なくともある特定の情動は，明確な生物学的基盤を伴って実在するのだという主張は，日々，主観的な意味では，それらを明確に経験している（と少なくとも意識している）私たちにとって，きわめてわかりやすいものになっている。しかし，この基本情動の存在基盤が最近，徐々に疑われ始めているようである。それについては，この後，9.4.で精細に論じることにしよう。

9.3. 自己意識的情動の進化

9.3.1. 身体的表出から見る自己意識的情動の種内普遍性

進化論的視座から問題にされる情動は，何も基本情動なるものだけに限定されて在る訳ではない。自己意識的情動や社会的情動といった，より高次の認知過程を伴う情動に関しても，近年，進化論的考究が盛んに行われるようになってきている。

第8章で見たように，自己意識的情動を含む種々の社会的情動に関しては，多様な形で研究が展開してきている訳であるが，元来，それらの進化的基盤については，少なくとも実証研究という意味では，さして注意が向けられていなかったと言える。そして，そこには，自己意識的情動には，顔面表出上の普遍的な特徴が，必ずしも明確には認められないということが深く影を落としていたものと考えられる (Gruenewald et al., 2007; Tracy & Robins, 2007b)。しかし，近年，一部の自己意識的情動については，顔の表情のみならず，身体姿勢やその動きまでを総合してみると，その全体的特徴に，ヒトの種内普遍性が見出される可能性があるのではないかということが仮定され，実証的に検討され始めているようである。そして，こうした流れに沿う形で，それらもまた，少なくともその一部は，基本情動と十分に見なし得るのだという見方 (Ekman, 1999; Izard, 1991) が，かなり一般化してきているようである。

そもそも，ダーウィン (Darwin, 1872/1991) が人の恥に関連した紅潮反応を取り上げていることもあって，恥については，比較的早くから，その表出上の特徴が注目されてきたと言える。研究者の中には，ヒト一般に共通した明確な特徴があり，なおかつ，それと近似した表出行動のパターンがヒト以外の霊長

類にも認められるとして，恥を，喜び，悲しみ，怒り，恐れなどとほぼ同列に扱っていた研究者もあるようである（e.g. Tomkins, 1962, 1963）。その具体的な特徴とは，頭を下方に傾ける，前屈みの姿勢を取る，視線を逸らすなどであり，他者から自分ができるだけ見られないように，時に身を隠したり撤退したりするような姿勢を取るという点において，恥は，かなり文化の違いによらない共通した特徴を備えていると考えられてきたのである。

しかし，より最近の研究は，て̇れ̇，あるいは社会的困惑（embarrassment）を恥（shame）から分離して見た場合に，より確実に，文化共通に表出され，また認識されるのは前者であって，必ずしも後者ではない可能性を示している。例えば，ハイトとケルトナー（Haidt & Keltner, 1999）は，米国人とインド人を対象に表情認識実験を行い，米国人にとって典型的なてれや社会的困惑の表情（視線忌避・顔面下向・微妙な笑み・手で顔を部分的にさわる所作など）がインド人にも同様にそれと認識されたのに対し，米国人にとっては典型的な恥の表情（微笑を伴わせず顔と視線をともに下に向ける表情）がインド人では恥以上に悲しみの表出と多く認識されたことを報告している。てれ，あるいは社会的困惑に伴う表情や所作は，ヒト以外の霊長類における宥和的態度および表出ときわめて近似していることが指摘されており（de Waal, 1996; Keltner & Buswell, 1997），その意味からしても，少なくとも表出という点から見る限り，元来，ヒトに生物学的に根づいているのは純然たる恥というよりは，てれや社会的困惑の方であると言えるのかも知れない。

こうしたてれや社会的困惑とともに近年，研究が蓄積されつつあるものに，誇りの表出がある。これは，ダーウィン（Darwin, 1872/1991）が仮定した，まさに「対照の原理」（principle of antithesis）に従うがごとく，一般的に，窮屈な姿勢を取り，身体サイズを小さく見せようとするてれや社会的困惑，あるいは恥などとは逆に，身体や顔を真っ直ぐに立て，腕を上げたり胸を張ったりして少しのけぞるくらいの姿勢を取り，できるだけ身体サイズを大きく見せようとするところ，また時にわずかに微笑を織り交ぜるところなどに顕著な特徴があると言われている（Tracy & Robins, 2004）。てれや社会的困惑が，近縁種においては劣位個体が優位個体に対して見せる服従・宥和行動に関連するのに対して，誇りは，それとは反対に，優位個体が劣位個体に対して見せる威嚇・誇

示行動に関連することが仮定されているのである (Fessler, 2007)。こうした表出は，無論，欧米圏の成人においてはきわめて正確に誇りと認識される訳であるが，このことは（対人的な学習経験がまだ浅いと考えられる）4歳の子どもにおいても違いはなく，彼らでも既に，その表出をただの喜びとは明確に分けて認識し得るようである (Tracy et al., 2005)。また，西アフリカのブルキナファソ (Burkina Faso) で無文字文化の生活を送る（異文化との接触が稀少で異文化人からの表出上の学習を相対的に仮定しなくてもよい）人々を対象にした実験でも，こうした表出を正確に誇りと認識できる確率は相当に高く，その認識率は恐れ，怒り，悲しみなどと同等かそれ以上であったことが報告されている (Tracy & Robins, 2006)。こうしたデータは，誇りもまた，生物種としてのヒトに元来，備わって在る普遍的な情動の一種であることを，ある程度は示唆するものと言えるだろう。

　ちなみに，罪悪感に関しては，現段階において，顔の表情はもとより，身体姿勢や動きなどについても，典型的な表出が認められていないようである (Keltner & Buswell, 1997)。第10章で詳述するが，罪悪感に関しては，一部の文化では，それに相当する概念や語彙を欠いていたり，恥と特に区別されていなかったりすることがあり (e.g. Edelstein & Shaver, 2007)，そのヒトという種における普遍性に関しては，さらなる慎重な吟味が必要であると言えそうである。

9.3.2. 恥における進化的変移

　前項で見たように，明らかな社会的失態と結びついたような，いわゆる純然たる恥については，特異的な表出が必ずしも明確には認められないようである。しかしながら，それでも，その表出的特徴には部分的に，視線回避や頭部下向など，相対的にその普遍性を支持する証左の多いてれや社会的困惑のそれと，一定の重なりがあることは否めないところである。そうしたことから，ヒトにおける恥が，近縁種における服従・宥和行動から，徐々に独自の展開を見せてきた可能性を想定したとしても，全く的外れということにはならないだろう。

　現にフェスラー (Fessler, 2007) は，ヒトにおける恥が，進化の過程で，微妙にその役割を変えてきたことを仮定している。彼によれば，ヒトの進化の初期段階において，それは他の霊長類の場合と同様に，身体的強さによって優位性

が定まる階層構造の中での適応に深く関与していたのだろうという。すなわち，恥の表出を通じて，対人的相互作用の中で自身が劣位にあることを認め，それを優位個体に伝達することが，優位個体を宥め，葛藤を回避する上できわめて有効であり，また，その一方で，恥の屈辱的な意識は，隙あらば優位個体の地位を奪取しようという動機づけを持続的に持たせる上で重要な働きをなし，それによって劣位個体は生存や繁殖上のメリットを得ていたのだろうというのである。

しかし，進化の深まりは，社会的階層を支配する原理を，徐々に直接的な闘争に打ち勝つための個体自身の身体的強さから，むしろ他個体から受けることになる社会的威信（prestige）に移行させたのだという。すなわち，ヒトが複雑精妙な文化を築くにつれて，文化的に価値づけられた領域において卓越した業績をなした者が，社会的に注目され，さらにそれが評判を呼び，徐々にそこで形成された社会的威信に従って，社会的階層が組織化されるようになったというのである。しかし，そこで1つの問題が生じる。元来，優位個体からの身体的攻撃をかわすという意味で重要な役割を担っていた恥が，もはや身体的強さが高地位に結びつくための原理ではなくなり，身体的闘争そのものが減じた状況においては，むしろ反機能的なものに転化する危険性が生まれてきたということである。すなわち，優位個体に対する恥の卑屈な態度や表出は，周囲の者にその劣位個体がまさに劣った存在であることを明示的に伝達することにつながり，よりいっそう，その個体の集団内での評判を落とし，その適応性を危うくした可能性が想定されるというのである。

しかし，現実的に，恥はヒトの進化史の中で淘汰されることはなく，今なお私たちの日常的な経験として在る。フェスラーによれば，それは恥が，社会的階層の原理が身体的強さから社会的威信に移行する中で，微妙にその機能を変化させた，あるいは拡張させた可能性があるからではないかという。より具体的には，恥が専ら競争（competition）的状況で機能するものから，むしろ協力（cooperation）的状況で多く機能するものに転化したということである。無論，社会的威信に原理が移行したとはいえ，社会的地位の高低，さらに言えば暗に権威をめぐる闘争が，私たちの社会的適応に少なからず関与していることは否めない。そして，恥が，多かれ少なかれ，今現在も依然として優位個体

の宥和という機能を担っている側面はあるのだと考えられる（e.g. Abu-Loghod, 1986）。しかしながら，社会的威信は，他を圧倒するような卓越した業績，あるいは権力闘争のようなものによってのみ得られるものではないことに注意すべきだろう。むしろ，それは文化的な価値や基準の遵守によって得られるところが多く，その価値や基準の中核にあるのは，第2章などでも述べた互恵性や協調性の原理ということになるのである。

　自己意識的情動や社会的情動が特にヒトの集団における互恵性と階層秩序の維持に寄与すべく進化してきたという可能性は既に様々な論者によって提示されてきている（e.g. Goetz & Keltner, 2007）のだが，進化の順番からすると，先に適応すべき状況として階層秩序の問題があり，それに少し遅れて互恵性の問題がより重要性を帯びてきたと考えるのが自然だろう。ひとたび，互恵性や協力が社会的適応の鍵を握るようになると，人は他者がそれを遵守しているかどうかに注意を向けるようになり，その人が信頼に足るか否かの評価をするようになる。また，自身のふるまいが同様に他者からモニターされ評価されるということにも注意が向かうようになっていくと考えられる。フェスラーは，こうした状況において，恥の機能転用や機能拡張（e.g. Keltner & Haidt, 2001）が生じ，恥はむしろ多くの場合，互恵性や協力を基本原理とする社会的基準の遵守を動機づけ，調整する役割を果たすようになったと仮定するのである。

　1つここで注意しておくべきことは，こうした恥においては，もはや，宥和的な恥がそれを実際に表出することで葛藤を回避し，まさにその時点でメリットを得るのとは異なり，それが経験された結果としての重要性が相対的に薄らいでいる可能性があるということである。むしろ，それが重要な意味を有するのは，現に恥をかく，あるいはかいてしまった中においてではなく，恥をかいた場合の心的苦痛や不名誉な感覚が事前に予期される中でのことなのだろう（ちなみに，ここにも第8章でふれた「時間的に拡張された自己」が深く関与しているものと考えられる）。恥の予期的経験は，他者あるいは社会への背信を悪と見なし，互恵的な社会的基準に従うことを強く動機づけ（Fessler, 2007），結果的に適切な行動調整を高確率で担う（Elster, 1999; Tangney et al., 2007）ものと言い得るのである。別の見方をすれば，この段階に至って，ヒトの恥は高度に「道徳化」（moralize）（Goetz & Keltner, 2007）されたのだと言えるのだろう。

9.4. 基本情動理論の陥穽

9.4.1. 何が基本的なのか

　上述したように，現在，元来，基本情動と言われていたものだけではなく，自己意識的情動や社会的情動に関しても，幅広く進化論的考究が行われてきている訳であるが，そこに理論的な綻びがない訳ではない。ここでは，特に基本情動理論が，どのような問題を孕んでいる可能性があるかについて論じ，次章以降の議論につなげることとしたい。

　基本情動理論に関して第1に想起される問題は，そもそも，いったい基本情動とは具体的にいかなる情動を指して言うのかということである。当初，エクマン（Ekman, 1972, 1982）は，自身の表情認識実験に基づきながら，最も確実な基本情動として，怒り，嫌悪，恐れ，喜び，悲しみ，驚きという6つの情動をリストアップしていた訳であるが，端からそれは様々な批判にさらされてきたと言える。また，既に見たように，エクマン自身の中でも，基本情動のリストは大きく変質してきている。ターナー（Turner, 2000）は，代表的な研究者が基本情動として何を仮定しているかを概括しているが，それによれば，挙げられている情動の数だけを見ても2～10とばらつきが大きいし，同じ数の仮定でも，その種類に齟齬が認められることも稀ではないようである。基本情動が生物学的に普遍であるとするならば，なぜこうもリストに差異が生じてしまうのか。マンドラー（Mandler, 1984）などは，この点を強く批判し，基本情動という概念が心理学の中で真摯に取り組まれるに値しないとまで言明している。すなわち，基本情動とは生物学的基体として普遍的に実在する，自明のものというよりも，研究者がその基準として何を考えるかによって全く異なるものになり得るというのである。

　また，基本情動理論が，それぞれの基本情動に仮定する，究極の基本性（basicness）とは果たしていったい何なのか。これについても不明瞭な点が少なくない。例えば，基本情動理論派の研究者の中には，怒りと心的苦痛（distress）の両方を基本情動として同等に扱う向きがある（e.g. Izard, 1991; Tomkins, 1982）が，果たして怒りは心的苦痛なしで生じ得るのか。その時，心的苦痛は怒りよりも基本的であるということにはならないのか。あるいはフラストレーション

を基本情動と考える研究者は殆どいないが，それを引き起こす条件は怒りを引き起こす条件の中に必ず包摂されていると言える。その時，なぜ怒りが基本情動で，それよりも低次のフラストレーションは基本情動でないということになるのか。先行条件，系統発生，個体発生の順序性など，いかなる観点からであれ，究極の基本性を問い始めると，きわめて厄介な問題が生じるのは事実である。基本情動理論によれば，基本情動は相互に，また非基本情動とは質的な意味で分離独立したものであるはずである。しかし，時に同じく基本情動として挙げられているリスト内において基本性の程度の差異が問題になったり，リスト外のより基本的な情動の存在が問題になったりするのである。各論者の挙げている基本情動のリストを，その基準とともに精緻に検討していくと，そこにある種の論理矛盾のようなものが見出されることも少なくない。例えば，エクマンは，他生物種との種間連続性を基本情動の基準の1つに数えていた訳であるが，それでは，より多くの種に共有されている情動ほど基本性が高いということになるのだろうか。種間共有の度合いおよび系統発生的な起源を突き詰めていくと，そこに究極的に見出されるのは事象に対する近接傾向と回避傾向，すなわち大きくポジティヴな情動（快）とネガティヴな情動（不快）のみということになってしまう訳であるが，この2情動だけを基本情動とする研究者は実のところ，きわめて稀少なのである（Ortony & Tuner, 1990）。

9.4.2. 常に既定のセットになった要素群として在るのか

　もう1つの大きな疑念は，基本情動が，特異な評価（大ざっぱなテーマの抽出）に対応して発動される，神経生理，表出，主観的情感などの要素の，基本的に分離不可能なセットであるということに関するものである。無論，基本情動理論派の研究者も，基本情動が常に解体不可能なかたまりとしては発動されない可能性，すなわち意識的な情動制御を通していずれかの要素が抑えられたり，他のものに置き換えられたりする可能性を認めている。しかし，彼らは，人間の意識的介入のない原初的な，基本情動の立ち現れは，必然的に，予め生得的に対応した独特の神経生理的変化，表出パターン，主観的経験などを伴うと主張しているのである。

　それは，例えば第7章でもふれたイザードやエクマンらによる顔面フィード

バック理論などに典型的に見て取ることができる。顔面フィードバック理論とは，意図せずして作った顔の形態パターンがある現実の情動表出に近似している場合に，結果的にその情動に対応する内的経験が生み出されるとする理論である。例を挙げれば，ストラックら（Strack et al., 1988）は，ハンディキャップを持った人たちが口を用いて表現行為をするに至るプロセスについて調べたいという名目で，健常な実験参加者にペンを口にくわえさせるという実験を行っている。実験の真の意図は，ペンを歯と歯の間にくわえて口の両脇が一文字に開くよう指示された場合（微笑の表情に近似する）とただ唇でペンをくわえるよう指示された場合（微笑を妨げると同時に口がすぼまり，ややしかめ面に近似する）で，同じ漫画を見せた際の主観的経験に差異がもたらされるか否かを明らかにすることである。結果は，前者の実験参加者の方が，後者よりも，有意によりおもしろいという評定をするというものであった。これは表出と主観的情感の対応性の一端を垣間見せるものと言えるが，基本情動理論では，このように，一般的に情動のある1つの要素でも引き出されると，それと生得的連関関係を持った他の要素も自動的に惹起されると考えられているのである。しかし，そうした要素間の対応性，あるいは連関構造はそれほど固定的なものなのだろうか。

　例えば，ダヴィドソン（Davidson, 1992）は，動物恐怖症者がある動物に対して主観的には強い恐れを報告しながらも，顔面には嫌悪の表情を浮かべることが多いこと，また乳児が視覚的断崖実験（ある程度，段差のある幅数メートルの溝の上に透明なガラス板を置き，そこを乳児に渡らせようとする）において，行動レベルでは恐れや用心深さを示しながらも，顔面には明確な表出を示さないことなどを挙げて，そうした対応関係を疑問視している。また，彼は，情動と生理的反応（自律神経系の活動）パターンの対応関係にも疑問を投げかけている。同じ情動カテゴリーとして括られる諸事例すべてに共通する生理的反応パターンなどは存在せず，むしろそのばらつきの大きさは複数の情動カテゴリー間におけるそれに匹敵するほどだというのである。

　このダヴィドソンを初め，多くの論者が，少なくとも自律神経系の賦活パターンは，泣く，逃げる，闘うといった，ある種の行為パターンには特異的であると言い得ても，悲しみ，恐れ，怒りといった各情動に特異的ということでは

ないと見るようになってきている。例を挙げれば，オートニーとターナー (Ortony & Turner, 1990) は，経験される情動が同じく恐れや怒りでも，逃走や攻撃が望ましくかつ可能な時には（エネルギーを充填すべく）交感神経が活性化されるのに対し，不可能な時には副交感神経が活性化されるということを指摘している。すなわち，交感神経や副交感神経の活性化や抑制のパターンは，特定の情動に特異的というよりも，状況に対するある特定の評価，意味分析およびそれに基づいた具体的な行為に特異的であると把握した方が妥当だということである。すなわち，同じ恐れでも逃げるかすくむかで，また同じ怒りでも闘うかこらえるかで，あるいはまた同じ悲しみでも泣くか泣かないかで，その生理的反応パターンはまるで違ってくるということである（自律神経系の働きは，ある行為を可能にする代謝やエネルギーの準備状態の反映でしかない）。

また，基本情動と中枢レベルの神経回路との対応性を訝る向きもある。例えば，グレイ (Gray, 1991) は情動の発現に関わる神経回路として，接近システム（ポジティヴな情動に関係する），闘争—逃走システム（怒りと恐怖に関係する），行動抑止システム（不安に関係する）の3つを挙げているが，これによれば怒りと恐怖は神経解剖学的には分離されず，むしろ経験的には近いと思われる恐怖と不安が分離されることになってしまう。情動に関与する何らかの脳神経回路の存在を否定する者はいない。しかし，それが各基本情動に1対1対応で存在するといったものなのかどうかに関してはまだまだわからないことが多いと言わざるを得ないようである。むしろ，近年，急速に進展しつつあるニューロ・イメージングの研究から見えてくるのは，情動に絡む神経化学的回路は，脳や身体のきわめて多くの部位に複雑に分散されて在り，特定情動ごとの特異なテンプレートのようなものの存在は未だ殆ど認められないということのようである (Barrett *et al.*, 2007; Barrett & Wager, 2006; Cacioppo *et al.*, 2000; Daum *et al.*, 2009; Lindquist *et al.*, 2012)。先にもふれたダヴィドソン (Davidson, 2003) などは，ある学術雑誌 "*Brain and Cognition*" の情動の神経基盤をめぐる特集号に，現代の神経科学が犯している大罪の1つとして，それが未だに，トムキンス (Tomkins, 1962, 1963) が1960年代に示した基本情動という呪縛にはまったままで，そこから脱却できないでいることを挙げている。

9.4.3. 真に生得普遍的と言い得るのか

　さらにもう1つの大きな問題は，基本情動理論がある意味でその最も強力な論拠としてきた種内普遍性の仮定が，ここに来てきわめてあやしくなってきたということである。既に第3章で先取りしてふれたところであるが，エクマンやイザードは表情認識の普遍性を，殆どの文化圏の人々がチャンス・レベル（偶然当たる確率）よりも有意に高い正答率を示したことから結論づけている。しかし，このことは，文化圏によって表情認識の精度に差異が存在しないということを意味するものでは必ずしもない。現実には，西欧文化圏の人に比して非西欧文化圏の人の正答率が著しく低いような情動表出も存在している（Russell, 1994）。文化的交流のきわめて密な米国と日本を比較しても，日本人は西欧人の表情写真に対して，恐れについては50％，怒りについては60％をようやく少し超えるくらいの正答率しか示していないのである。

　また，多くの研究者が，エクマンやイザードが行ってきた表情認識実験の方法論的誤謬を多数指摘し始めている（Oatley & Jenkins, 1996; Parkinson, 1995; Russell, 1994）。従来，用いられてきた方法（例えば，予め用意されたポーズ写真に対して所与の情動語から適切なものを1つ選択させる方法など）は，表情認識の正確さを過大に評価させる可能性が高いというのである。特に，ラッセル（Russell, 1994）は自らによる反証実験も含めて，実に多くの方法論的再検討を行っているが，その1つ1つがかなり説得性に富むものになっている。例えば，従来の研究の殆どは，同一実験参加者が繰り返し様々な表情写真に対して情動語を対応づけていくという形式を採っている（いわゆる被験者内実験計画）。しかし，もしそれぞれの表情写真を異なる実験参加者が判断するという手続き（いわゆる被験者間実験計画）を採った場合はどうだろうか。このような手続きを採ったある研究では，怒りや悲しみの表情に対する正答率は，ともに40％を少し超えるくらいのものでしかなかったという。このことが意味していることは，同一実験参加者に繰り返し実験を行うと学習効果が無視できなくなるということである。また少数の選択肢から適切なもの1つ選ばせるという方法も正答率を格段に高めている可能性があると言えるかも知れない。第2章で見たニューギニアのフォレ族の場合は，実のところ，大人で3肢，子どもで2肢選択であった訳であるが，そうした少数の選択肢の中にもし明らかに異な

る選択肢が1つでも入っていれば，それだけで正答率は格段にアップするだろう。例えば，明らかにネガティヴな情動表出の写真に対して，喜びという選択肢が含まれている場合，それは殆どの場合，自ずと選択から外されるといったことが想定されるからである。また先に述べた同一実験参加者による繰り返し実験であれば，こうした少数選択肢の手続きは学習可能性をさらに飛躍的に増大させると言えるかも知れない。ラッセルは選択回答式ではなく，自由にラベリングを行わせると，嫌悪や恐れなどを中心に正答率が大幅に落ち込むことを実証している。ラッセルは，この他にも，写真の呈示順効果，実験参加者の教育水準の偏り，さらには表情写真の大半が自然発生的な情動表出ではなく誇張したポーズから成ることなど，種々の問題を指摘している。また，フォレ族の実験に対しては，実験者と実験参加者の間に入った翻訳者がかなりの手がかりを与えた可能性があるとか，情動の喚起場面を示す例話の中に既に情動語らしきものが用いられていたとかいった批判も向けている。そして，こうした一連のことからラッセルは，いわゆる日常場面で自然に発生する情動表出を，文化的背景の異なる人々が等しく認識・解釈し得るという根拠は未だきわめて乏しいのだと結論づけている。

　さらに，個体発生の視座から見た基本情動の生得的普遍性という点に関しても，それを訝る向きがある。基本情動理論を採るすべての研究者ではないが，発達の初期段階からかなり明瞭な順序性や法則性をもって現出することを基本情動の一要件と見なす立場はあった (e.g. Ekman, 1999; Izard, 1991)。そして，そこでは，第4章でも見たように，定型児においては非常に早くから様々な顔や声を通した情動表出が認められること，また，その発達の様相は，例えば先天的盲聾児のような知覚的学習機会を極度に制限されている子どもにもおいてもさして変わらないこと (e.g. Eibl-Eibesfeldt, 1973) などがとりわけ重視されていたのである。

　しかし，第4章でも述べたように，近年，複数の研究者が，乳幼児が早くから多様な情動らしき表出を見せることは事実でも，本当にそれらが情動そのものの現れと言えるものなのかどうかについては，再検討の余地があると指摘し始めている (e.g. Camras, 1991, 1992; Oster *et al.*, 1992; Yik *et al.*, 1998)。例えば，キャムラス (Camras, 1992) は，大人が子どもの顔を見て何らかの情動表出と判

断しても，子どもの周囲にはそれを引き起こしそうな事象が全く見出されないことが多いこと，また，乳幼児の表情が，本質的に，どの情動の表出なのかはっきりとは決め難い中間体的あるいは混合体的性質をより強く帯びていることなどを見出し，基本情動理論派の見解に疑念を表明している。また，先天盲聾児のようなケースに関しても，例えば，恐れと嫌悪の表出に関しては，定型児とはかなり異なる発達の様相を呈するという見方もあり (Parkinson, 1995)，一部の論者が仮定するように，基本情動なるものが，規定の生得的プログラムに従って，ただ自然に現出してくるのだとは到底，言い切れないようである。

　ここで挙げた批判は，数多くある批判の内の一部の代表的なものに過ぎず，果たして基本情動なるものが進化の産物で，私たちヒトに真に明確な神経基盤をもって組み込まれて在るのかについては，近年，それを訝る見方の方が少しずつ増してきていると言っても過言ではないのかも知れない。そして，情動を進化的適応の所産と見なしながらも，基本情動という考えについては，それをきっぱりと否定するような論者も徐々に多くなってきているように思われる (e.g. Ellsworth, 2007; Nesse & Ellsworth, 2009)。しかし，仮に客観的な意味で，その存立基盤が否定されたところで，私たちが日常，喜び，悲しみ，怒り，恐れ，嫌悪，驚きといったカテゴリカルな情動を主観的に経験し，また他者の表情やふるまいの中にもそれらを主観的に感じ取っているということは変わらない訳であり，そこには，当然，私たちが素朴に，在ると信じるこうした情動なるものが，結局のところ何であるのか，あるいは，それらをどう説明すればよいのか，という問いは残り続けるのである。これらの問いについては，次章以降で情動の文化的側面にもふれながら，再び取り上げ，論じることにしたい。

第9章のむすびとして

　本章では，情動の進化論について概括し，特にその代表的な理論である基本情動理論の諸仮定やそれに対する批判について考察を行ってきた。しかし，ここで確認しておくべきことは，批判の多くが，各種情動カテゴリーをパッケージ・プログラムのようなものと見なすところや，その論拠とされているものに対してであるという点である。それらは，決して，情動という現象の何ものかが進化の過程で生み出され，そして今なお，私たちの内に在って，生物として

のヒトの適応に寄与しているという可能性そのものを否定するものではない。そしてまた，次章で述べる情動の社会・文化的構成という考え方の方がより妥当であるということをただ支持するようなものでもない。当然のことながら，次に探るべき課題は，進化の産物として在るはずの，その何ものかが現実的に何であるのかということになろう。さらに，それで説明されない情動という現象の他の側面を，今度は文化的視座から，いかに理解し得るのかということになろう。本書では，特に第11章において，既成の情動概念を解体し，情動の本体を従来とは別のところに見出そうと考える。そして，進化か文化かという二項対立を超えて，私たちが日常，経験し表出する情動が，いかなる理（法則性や機序）に支えられて在るのかについて試論することにしよう。

第10章 情動の文化論

第10章のはじめに

　前章で見た基本情動理論のように，情動の進化的基盤を強調する見方がある一方で，その対極には，それに抗い，むしろ情動の社会・文化的基盤を強調する立場もある。喜び，悲しみ，怒り，恐れ，嫌悪，驚きなどの存在を自明視する基本情動という考え方は，私たちの日常的直感に比較的素直に適うものと言えるが，前章の終わりで見たように，基本情動を具体的に何とするか，またどのような要件を満たした時にそれを基本情動と呼び得るかといったところには様々な理論的齟齬を見て取ることができ，そこが反対派からの恰好の批判の的ともなっている。基本情動理論を採らないとすれば，その1つの極端な形での代案は，生得的な基本情動なるものとそれ以外の情動の別を仮定せず，すべての情動が等しく社会化の過程を経て，それぞれの文化の中で構成されるという，社会構成主義の考えを採ることであろう。こうした立場を採る論者（e.g. Averill, 1992; Harré, 1986; Heelas, 1984, 1986, 1996; Lutz, 1988; Markus & Kitayama, 1994a, 1994b）は，情動の文化的差異を強調することによって，情動カテゴリーの生物学的普遍性・生得性に疑いを立てる。本章では，こうした社会構成主義的な情動論も含め，情動の文化的基盤を強調する立場の理論的骨子やその論拠を概観し，進化と文化，その間をどのようにつなぎ得るかということについて論考することにしたい。

10.1. 情動の文化的バリエーション

10.1.1. 情動の生起頻度と先行事象に見る文化差

　それでは，実際，情動には，文化による差異がどれほど存在していると言えるのだろうか。ある特定情動の生起頻度やそれを引き起こす先行事象が異なるといった例を探すことは比較的たやすいことかも知れない。

例えば，私たち日本人にも深く関わる情動論にマーカスと北山（Markus & Kitayama, 1991, 1994a）の論考がある。それは，基本的に社会・文化のあり方によって「特定事象への選択的焦点化」（event focality）（Frijda, 1986）が変わり，結果的に経験される情動の頻度やそれが生じる場面などに差異が生じることを仮定し，検討したものであると位置づけ得る。彼女らは，西欧社会を相互独立的自己の文化（個人のアイデンティティおよび内的属性を重視し，どのような対人関係の中にあっても不変的な自己を貫こうとする文化，あるいはその人固有の権利，要求，目的を第一に追求しようとする文化），日本を含む東洋社会を相互協調的自己の文化（個人の権利や要求よりも，個人間の関係性の確立や維持に重きを置き，またその時々の他者との関係に応じて可変的に自己を位置づけようとする文化）と特徴づけた上で，そうした自己のあり方が情動の生起頻度に大きな差異をもたらしている可能性について論じている。それによれば，西欧社会では，個人的な達成や損失（名誉毀損など）に焦点化が多く生じ，自己を中心とした思考がまず働くため，それを脅かしたり，高めたりするような事象に対して，人は相対的に強く反応するようになる。そして，結果的に，マーカスらが自我焦点的情動（ego-focused emotion）と呼ぶ，怒りや誇りといった情動の生起頻度が高まることになるという。一方，東洋社会では，対人関係の中での己の失態や他者から受けた恩恵などに焦点化が多く生じ，他者との関係を重んじる方向に思考が働きがちであるため，怒りなどの情動の生起頻度は低くなり，その代わりに，他者焦点型情動（other-focused emotion）と呼ばれる情動，すなわち恥や罪や尊敬などの情動が比較的多く経験されることになるのだという。

　現に，マーカスらが関わった研究は，こうしたことを部分的に裏づけるものになっている（Kitayama et al., 2000）。それによれば，日米両国人に，自分にとって「いい気持ち」（good feeling）とはどのようなものかをたずねたところ，米国人ではその典型的なものが誇りなどの個人的達成に由来するポジティヴな情動であったのに対し，日本人のそれは友情や親しみといった対人関係に関連したポジティヴな情動であり，また日本人は日常生活において個人的事柄に関わる情動よりも対人関係に関わる情動をより多く経験していると報告する傾向が高かったのである。

情動を引き起こす先行事象やその範囲の文化差を取り上げた研究も数多く存在する。例えば，シェラーら (Scherer et al., 1986) は，恐れや怒りを経験する事象に日本人と西欧人の差異が明確に現れることを報告している。それによれば，日本人は，見知らぬ人との何らかの交渉に，恐れを経験することが少ないという。逆に，怒りに関しては，見知らぬ人との何らかの交渉に起因してそれを経験することが多いという。ちなみに，西欧人の場合は，見知らぬ人との交渉よりも，より親密な関係性の中での怒りの経験が多くなるということが報告されている。また，先に述べたマーカスらの見解と関連することであるが，日本人においては，罪の情動の生起頻度が高く，そしてそれは他文化圏では殆ど発動されないような状況でも生起すると言われている。レブラ (Lebra, 1983) によれば，日本人は，自分の非のみならず自分と関係する他者が犯した非に対しても責任を強く感じることが少なくはないという。例えば（これは現今の日本の状況にはあまり当てはまらなくなってきているのかも知れないが）夫の不義は，一般的に妻の怒りや嫉妬などとの結びつきが強く想定される訳であるが，日本人の場合，それが時に「そうさせてしまった」妻の側の非として捉えられるようなことがあり，結果的に妻が罪悪感に苛まれるといったことも少なからず生じ得るのだという。中国人に関しても，米国人に比して，例えばきょうだいが不正を働いたような場合にそれに恥を経験する比率がきわめて高く，逆に自分の子どもが成功を収めたりすると今度は時に自分の成功以上に，それに誇りを経験するような傾向が強いということが明らかにされている (Stipek, 1998)。

　もっとも，こうした傾向については，髙野 (2008) の批判にもあるように，東洋対西洋（西欧）という見方は必ずしも妥当ではなく，例えばスペイン人なども近親者の失態や成功に相対的に強く恥や誇りの情動を経験するというような報告もある (Fischer et al., 1999)。おそらく単純に洋の東西ということではなく，それぞれ個別の文化によって，いかなる事象のどこまでを，自分の責任として引き受けるか (agency / responsibility)，公正・正当と見なすか (fairness / regitimacy)，社会的基準や道徳的規範に合致していると判断するか (norm compatibility / morality) といったところに (Scherer, 1997)，あるいは，その内の特にどの次元での評価に重きを置き，またそれらをいかに組み合わせるかと

いったところに（Mesquita & Frijda, 1992），広汎なばらつきが存在すると仮定して然るべきなのだろう。

いずれにしても，こうした一連の研究知見が示唆することは，文化の違いによって，いかなる出来事をより重要と判断したり，またそのような出来事をどう自分に結びつけて考えたりするのか，すなわち，これまで述べてきた言葉で言えば認知的評価のプロセスに何らかの差異が生じ，それが結果的に情動経験の頻度や強度の違いになって現れる可能性があるということである。

10.1.2. 情動の表出およびその認識に見る文化差

上で見たような研究がある一方で，情動表出およびその認識における文化差に焦点を当てた研究もこれまでに数多く行われてきており，そして今なお，このテーマは情動研究の中でも未だ論争の尽きない，きわめてホットなトピックとして在り続けている（Scherer et al., 2011）。実のところ，これについて最初に体系的な研究を行ったのは，既に再三ふれてきたエクマンに他ならない。無論，これまでのいくつかの章で詳述したように，彼は基本的には，情動表出およびその認識の通文化的普遍性を最も強く主張する論者の1人と言える訳であるが，文化特異的な形で意識的な制御や調整が加わることで，結果的に表出される表情に一定の文化差が生じ得ることも仮定している。より具体的に言えば，彼は，米国人と日本人に，同じ凄惨な内容の映画を見せ，1人で映画を見る条件ではその表情にさして違いは認められなかったものの，実験者と同席するという条件では日本人の表情が全般的に乏しくなり，いわゆるポーカーフェースが増えたことを明らかにして，後述する神経—文化モデルを発想するに至っているのである（Ekman, 1972）。

また，こうしたエクマンの先駆的な試みに関連する研究として，例えばマツモト（Matsumoto, 1991）は，どのような状況でいかなる情動を表すことがふさわしいかということを日米両国の実験参加者に問い，1人でいる時にはその答えに違いがないのに，誰と一緒かということによって，適切とされる情動に文化差が生じることを見出している。例えば，米国人は，家族や親しい友人に対して悲しみや嫌悪を表してもいいと考える傾向が強いのに対し，日本人ではこうした傾向が弱く，その一方で，自分のあまり知らない人の前では怒りや恐れ

を表してもいいと考える傾向が強かったのである。誇らしげな表出にもかなり文化差が認められるようである。誇りは自身の経験としては常にポジティヴでも，周囲の他者からすれば必ずしもそうではなく逆にネガティヴな意味を有する場合もある訳であるが，中国人は，(近親者の社会的成功についてはその限りではないらしいが) 自分自身の個人的達成に関連した誇りの情動はあまり価値のないものと見なし，相対的にその表出を抑える傾向があるのだという (Stipek, 1998)。

　これらのことは，それぞれの文化に固有のいわゆる社会的表示規則 (social display rule) があり (Ekman, 1972)，それによって (潜在的には等質であるはずの) 情動表出の制御や調整に，またそれが特に必要となる状況などに差異が生み出されることを含意している訳であるが，一部には，情動表出のパターンそのものに文化差があることを主張するような向きもある。第8章で述べたように，今では，てれや誇りなどの一部の自己意識的情動についても，かなり文化によらない普遍的な表出パターンがあることが想定されてきている (Goetz & Keltner, 2007) のだが，その一方でそれらには高度に文化的に儀式化された表出があることも報告されている。例えば，インドのオリッサにおいては，両肩をすくめ舌を噛むような独特の表出が，てれ，あるいは社会的困惑の意味を担っているらしく，米国人などは一般的に，その表出を見ても，てれや困惑とはあまり認識できないという (Haidt & Keltner, 1999)。また，拍手あるいは肯きや首振りなどが，時に情動表出の役割を担い得るようなこともある訳であるが，文化によっては，その正負の意味が逆転しているような場合があることも知られている (Shiota & Kalat, 2011)。例えば，思わず手をたたいてしまう行為は，通常，喜びや楽しさに連動して生じやすいと言えるが，中国人の一部では，それが心配や失望と結びついて生じることがあるという (Klineberg, 1938)。

　もっとも，ここまで完全に異質であったり，逆の意味を発するものであったりする表出はかなり稀少であると言えるのだろう。これまでの研究から総じて言えることは，情動表出の一部には確かに一貫した文化差が認められるが，それは殆どの場合，解読不可能なほどに全く異なるものではなく，微妙に異なるという程度のものであるということである。そして，その差異の微妙さは，言語における「方言」のようなものに擬えられ得るものらしい。エルフェンバイ

ンとアンバディ (Elfenbein & Ambady, 2002) が，それまでの表情認識研究について行ったメタ分析によれば，表情認識の正確さは，他文化の人の表情刺激よりも，自文化の人の表情刺激に対しての方がやや高い傾向があり（いわゆる内集団バイアスがあり），それは怒り，恐れ，悲しみ，嫌悪などのいわゆる基本情動でも変わりがないのだという。彼らによれば，殆どの情動の表出に普遍的なパターンが存在するものの，一種の「方言」のようなものがあることもかなり確かなことであるという。現に，エルフェンバインら (Elfenbein et al., 2007) は，同じフランス語圏のカナダ・ケベックの人とアフリカ・ガボンの人を対象に，フランス語で，様々な情動の表出をすることを求めたところ，そこには微妙な，しかし一貫した文化差が認められたという。両文化の人の表情はともにそれぞれの情動に関して典型性を備えてはいたものの，それを構成する顔筋の動き（強調や抑制等）に違いが認められたというのである（例えば，怒りに関しては，ケベックの人が唇を固く結び，目を細める傾向があるのに対し，ガボンの人はむしろ目を幾分見開く傾向があるらしい）。

なお，一部には，情動表出それ自体とその背後にある主観的な情感の強度認識のバランスに，文化的な差異を見出そうとする向きもあるようである。例えば，マツモトら (Matsumoto et al., 1999) は，日米の実験参加者に，様々な表情刺激を呈示し，表情それ自体の強度とその裏側で主観的に感じているだろう内的経験の強度を別々に評定させると，同じ刺激に対して，米国人は表情自体を，日本人は内的経験をより強く評定することを見出している。また，強度の低い表情写真を呈示された場合に特に，日本人は米国人よりも，その背後にある主観的情動状態をより強いものと判断する傾向があることも見出されている (Matsumoto et al., 2002)。これらのことは，日常的に，米国人が，表情の可視性を強めて自らの情動状態を他者に明確に伝達しようとするのに対し，日本人は，表情を相対的に抑制する傾向があり，また，その一方でその読み取りに際しては，他者の弱く乏しい表情から最大限にその情動状態を汲み取ろうとする傾向が強いということを示唆するものと考えられる。その意味からすれば，相対的に，米国は情動的コミュニケーションに関して表出優位の文化であるのに対し，日本は解読優位の文化であるとでも言えるのかも知れない。

10.1.3. 情動の価値づけに見る文化的差異と情動的社会化

　ここまでは主に人がどのような事象に強く反応し，さらにそれを種々の情動に結びつけ得るか，また，いかにそうした情動を表出するかといったところに文化的差異が生じ得る可能性について記した訳であるが，社会・文化は，各種情動の価値づけや機能にも少なからず違いをもたらすようである。例えば米国社会では，恥の経験はきわめてネガティヴな意味を有しており，子どもに対するしつけからリーダーと部下との相互作用に至るまで，そこでの恥の情動を利した働きかけや他者を辱めるような行為は，きわめて不適切なものとされる傾向が強いのだという (Goetz & Keltner, 2007)。そして，恥の情動経験の蓄積が種々の社会的不適応，あるいは時に抑うつや解離などの精神病理に少なからず関連するという指摘も少なくはない (e.g. Tangney, 1999; Stuewig & Tangney, 2007)。

　しかし，他文化圏ではこの限りではなく，恥の経験がむしろ相対的にポジティヴで社会的に望ましいと見なされる場合も少なくないようである。例えば，中国では，恥の感覚を有することはきわめて精神的に健康なものであり，個人が自身の不品行や過誤を認めて恥じ入り，その様子を他者に対して表出することは望ましく，時に道徳的で高潔なふるまいと見なされることも少なくはないらしい (Li *et al.*, 2004)。日本でもほぼ同様かも知れないが，いわゆる恥知らず (shameless) の人間は，ひどく恥じ入っている (shamed) 人間よりも，むしろ大いに恥ずべきである (shameful) と考えられるような風潮があり，恥の表出はその個人が社会的規範や集団的価値に従っていることの証しとして重んじられるのだという (Goetz & Keltner, 2007)。一方，誇りの情動に関しては，これとは対照的なことが言えるようであり，米豪中台の4ヶ国を対象とした，ある比較文化的研究 (Eid & Diener, 2001) は，米国や豪州では誇りが社会的に受容されやすく望ましい情動と見なされているのに対して，中国や台湾では，それをあまり重要ではない情動と，あるいはむしろネガティヴな情動と見る傾向が強いことを見出している。

　また，種々の情動を経験した際に，その後，どのような行動に動機づけられるかという点においても，文化の影響を見ることができるようである。例えば，恥と誇りの情動を直接的に操作したものではないが，課題成績の出来・不出来

の認知が，その後の課題への取り組みにどう影響するかを検討した日加の比較研究（Heine et al., 1999）は，カナダ人では先行する課題に成功したと思い込まされた時に次なる課題への持続的取り組みが増すのに対して，日本人では逆に先行する課題で失敗したと思い込まされた時の方が次なる課題への取り組みがより持続する傾向があることを明らかにしている。これは暗に，内発的動機づけに結びつく情動がカナダ人では成功体験に結びついた誇りであるのに対して，日本人では失敗体験に結びついた恥であることを示唆しているようで興味深い。

　また，相対的に個人主義的傾向が強いとされるオランダ人と集団主義的傾向が強いとされるフィリピン人における，販売員を対象とした研究（Bagozzi et al., 2003）は，顧客から恥をかかされる状況を示したシナリオに対して，両国人ともほぼ同様の強度と質で恥の情動を経験するとしながら，行動的な反応に関しては顕著に異なる回答を示したことを報告している。すなわちオランダ人の販売員が，客との会話から身を引こうとするなどの自己防衛的行動に走り，仕事の上において生産性の低い帰結に終わる傾向があったのに対して，フィリピン人の販売員は，礼儀を尽くして客との関係性改善に努め，仕事に対して，より努力を傾注しようとする傾向があったのである。つまり，後者では恥が社会的調和の改善という，より建設的な機能を担っている可能性が窺えたということである。

　こうした情動の価値づけや行動的帰結に見られる文化的差異は，情動を利した子どもの社会化の実践にも深く関わっていると考えられる（Cole & Tan, 2007）。相対的に集団主義的傾向を強く有する文化では，恥は既に見てきたように相対的にポジティヴなものと見なされ，それが生じた他者との関係性やその中での個人の自己評価にあまりネガティヴな影響をもたらさない傾向があるのだという（Wallbott & Scherer, 1995）。また，殊に中国や日本のように，多かれ少なかれ，その底流に儒教的文化を有するところでは，恥の経験は，自己の内面に注意を向けさせ自己吟味を促すことで，結果的に自己変化をもたらすことに通じるらしい（Li et al., 2004）。このように，恥が，全的な自己否定にはつながらず，しかし適度な重みを有し，個人に自己内省や自己批判の目を持たせ得るように機能する文化的状況においては，それが，子どもの社会性や道徳性発達のための強力な社会化のツールとなり得るということがあるのだろう（Lewis, 1992）。

現に，中国では，親が様々な場面で意図して子どもに恥の感覚を周到に植えつけ，教え込もうとする風潮があるのだという (Fung, 1999)（おそらく日本でも程度の差こそあれ，それは基本的に変わりがないものと言えよう）。その1つの傍証として，中国人の子どもでは，2歳までに実にその7割までもが恥に関連する何らかの言葉を獲得するという知見が得られている (Shaver et al., 1992) ことには瞠目しておいて然るべきであろう。ちなみに，米国人の子どもにおいては，3歳までに，ようやくその約1割の子どもが，恥に関わる語彙を獲得するに過ぎないのだという (Ridgeway et al., 1985)。

もっとも，恥あるいはそれに類する情動を利した社会化の実践は儒教的な文化のみに当てはまることではなく，後でふれるミクロネシアのイファルク (Ifaluk) 族なども含め，相対的に他者との調和的関係性を重んじる文化的風土ではかなり一般的に認められるものと言えるのかも知れない。

10.1.4. 文化特異な情動の存在あるいは欠落

ここまで見てきたように情動には，その様々な側面において，一定の文化的差異が存在していると言える訳であるが，それらの知見は総じて，ある同じ特定情動の経験や表出，あるいはその価値づけなどに文化の影響が及ぶ可能性を示したものに過ぎず，人が，生まれ育つ社会・文化によって全く異質な情動を経験し，表出するようになるということまでをも示唆するものではなかった。原理的な意味で，真に情動が社会・文化的構成の帰結であることを実証したければ，当然，ある文化にしか存在しないような情動，あるいは他文化圏に顕著に見出されても，ある文化においては欠落しているような情動を見出していく他はなかろう。実のところ，こうした志向性を有する研究は，これまで，主に文化人類学的なフィールドワークとして実践されてきたものと言える。

例えば，ブリッグス (Briggs, 1970) は，エスキモーのある部族と1年半の間，生活を共にし，彼らに怒りという情動が殆ど観察されなかったという興味深い報告を行っている。ソロモン (Solomon, 1978) は，この知見を受けて，これが情動の社会・文化的構成の重要な証左になると結論している。ソロモンによれば，この部族は，怒りを表出しないのみならず経験もしていない，すなわち怒りという情動を完全に欠いているのだという（もっとも，これについては単に

怒りの表出を強く抑圧しているだけで，怒りそのものを欠いている訳ではないという別解釈もある）。

　また，レヴィ（Levy, 1984）は，タヒチ人が，種々の喪失体験を，悲しみとしてではなく，疲労や病気，あるいは身体的苦痛の一種として経験している可能性について報告している（現地では，そうした状態を"pe'a pe'a"と称しているらしい）。レヴィによれば，タヒチという社会においては，人の死に結びついた悲嘆（grief）という情動はあるものの，悲しみや孤独に相当する情動はきわめて乏しく，それらの情動経験およびそれを引き起こす状況が明確に認識されていない可能性があるという。一方，怒りや恥は日常的に多く観察され，それらに対しては多大な注意が払われている可能性が否定できないという。こうした通常，情動として経験されるようなことが，身体化されて表出，あるいは経験されるといった例は，他の研究者によっても報告されている。例えば，西欧社会において，うつ病は，一般的に情動の障害として同定される訳であるが，これは世界的に見ると必ずしも当たり前のことではないらしい。ある文化では，それが，背中や胸の苦痛であるとか全身の疲労といった形で，ほぼ純粋に身体的症候として経験されている可能性があるのだという（Jenkins, 1994; Kleiman, 1989; Tsai et al., 2006）。

　文化特異な情動の存在に関する報告も複数存在している。ロサルド（Rosaldo, 1980）は，フィリピンのイロンゴット（Ilongot）族の首狩り行為に結びついた"liget"と呼ばれる怒りのごとき情動に関して考察を加えている。彼によれば，西欧社会における怒りは，一般的に自身に対する合理的根拠のない攻撃，あるいは社会的規範からの逸脱に対して，言語的表現という形を取って表出されることが多いのに対し，このイロンゴットの"liget"は，首狩りという特殊な行為のみに結びついたきわめて特異な情動であるという。それは，首を狩る相手が誰であっても，たとえ自らに何の危害を加えていなくても発動される訳であり，その点で一般的な怒りとは明らかに区別されるものであるらしい（Averill, 1982）。

　また，ルッツ（Lutz, 1988）は，ミクロネシアのイファルク（Ifaluk）族のユニークな情動生活について精細な記述を残している。それによれば，この部族の情動カテゴリーと西欧社会のそれとの間にはかなりのずれが想定されるとい

う。例えば，西欧社会における一般的な喜び（happiness）は，殆どの場合，ポジティヴに受け止められ，さらに促されることはあっても抑止されることは少ない。しかし，イファルクにおける喜びのごとき情動，"ker"は，社会の中で一般的にネガティヴな扱いを受けることが多いという。自分が楽しみ，喜びにふけることは，他者への配慮を欠いていることの現れとして解釈され，叱責の対象になるというのである。もちろん，これは，単にある共通の情動に対する文化的な考え方・接し方の違いを反映するとも理解できる訳であるが，西欧社会における喜びがこの社会では細かく分化され，独自の構成形態を取っているのだとも理解できるだろう。現に，イファルクには，"maluwelu"という，"ker"とは別種の，やさしく穏やかで社会的に是認されるような"喜びらしき"情動も存在しているという。

　ルッツ自身が経験したという興味深いエピソードを1つ紹介しておくことにしよう。ある時，彼女は5歳の少女がひょうきんな顔をして楽しそうに踊っているところを見て，思わず微笑んでしまったという。すると彼女は，隣にいた女性に，その少女が"ker"という自己中心的な喜びに浸っているため，微笑むようなことはしないでくれとたしなめられたという。その女性によれば，微笑みという行為を受けることによって，その行為が"song"の対象にならないと少女が思い込んでしまっては困るというのである。"song"とは，一見するところ西欧社会における怒りに似ているが，社会的に是認されない不品行に対して限定的に向けられる情動であり，イファルクの社会ではきわめて重要な意味を有しているらしい（イファルクの人は，社会的秩序をかき乱すような行為に対して，この"song"という情動を表出することを一種の社会的義務と感じているという）。また，ルッツによれば，"song"という情動を向けられた場合の限定的な情動的反応として"metagu"という一種の悪事を恥じるような情動も存在しており，それが特に小さい子どもに対して注意深く，教え込まれるのだという。例えば，子どもがまだ1歳にも満たない時点で，いわゆる人見知りのような行為を見せた場合，大人はそれを（他者に対する礼を欠くという意味で）"metagu"であると言い，叱責するらしい。

　ルッツは，いずれの情動も，イファルクの社会が，調和的な対人関係の維持に重きを置く（おそらくはマーカスらがいう相互協調的な自己のあり方であ

る）が故に生じるものであり，個人の権益が重視される西欧社会には見られない特異な情動であると結論している。なお，イファルクの人々が最も高い価値を置く情動として，"fago"という西欧社会における愛情（love）に似た情動が存在している。ただし，これも単純に愛情と割り切れるものではなく，悲しみ（sadness）や哀れみ・同情（compassion）の意味を併せ持った複雑・特異な情動であるらしい。

　このように，情動そのものの文化的差異を示唆するような報告事例はそれなりの数，存在していると言える。ただし，こうした文化特異性を問題にした研究の多くが，エピソード的な記述にほぼ全面的に依拠していることも事実であり，ある情動が真に文化に固有なものと言い得るのか，あるいはどの部分にどのようなメカニズムで特異性が生じているかについては，今後，さらに体系的な調査を蓄積していく必要があると言えるかも知れない。

10.2. 文化は情動をいかに構成するのか

10.2.1. 情動に影響を及ぼす文化の諸特質

　上では情動の文化的な差異を示すとおぼしき様々な証左について見てきた訳であるが，それでは，その背後にはどのようなメカニズムの関与が仮定されているのだろうか。そもそも，文化とは1つの体系化された意味のシステムとも言うべきものであり（e.g. Shweder, 2004; Shweder & Haidt, 2000），それは，私たちに，生活世界で生じる種々の事象をどのように解釈し，理解し，また説明するか，そしていかにふるまうかということに一定のバイアスをかけ得るものと考えることができる。そして，情動の文化的基盤を強調し，その社会的構成を主張する論者の多くが，情動を，そうした独自の意味システムの産物，すなわち文化成員によって社会的に共有されたスクリプト（事象に対する評価や反応のパターン化された系列）（Markus & Kitayama, 1994b），あるいはシンドローム（一定の解釈および行動の様式や連鎖）（Averill, 1980, 1982）であると見なしている。換言するならば，ある状況において何を感じるべきなのか，何を感じるべきでないのか，あるいは何（どのような表出や行動）をすべきなのか，何をすべきでないのかといったことに関する暗黙の社会的ルールを反映したもので

あるというのである。

　そして，こうした暗黙の社会的ルールとの関連で長く着目されてきたものに，それぞれの文化がいわゆる個人主義の志向性を有する文化か，逆に集団主義の志向性を有する文化かという1つの視座がある (e.g. Triandis, 1989)。先に見たマーカスと北山 (Markus & Kitayama, 1991) による相互独立的自己の文化か相互協調的自己の文化という切り分け方も，実質的にはこの視座を拡張・発展させたものと言えるだろう。関係性や集団という文脈に左右されない個々人の独立性や特異性あるいは権利などをどれだけ重んじるか，あるいは逆に，個々人の自主独立性以上に他者や集団との協調的関係性をどれだけ尊重するか（あるいはその中で個人がいかなる役割を担うべきかという点にどれだけの重きを置くか）といったところに現れる社会的伝統や風潮の違いが，情動の経験や表出に決定的な差異をもたらすということが想定され，実際，その研究の多くが，前者に力点を置く西欧社会と後者に力点を置く東洋社会における情動の違いを探り出すことに執心してきたのである。

　また，集団主義か個人主義かという視座とも部分的に重なりを有するが，文化による社会的階層に対する意識の違い，すなわち（それを強調する）タテ社会か（それにあまりとらわれない）ヨコ社会かということも，情動の特異な文化的構成に深く関わるものとして刮目されてきたと言えるかも知れない (e.g. Abu-Lughod, 1986; Menon & Shweder, 1994)。さらに，こうした2つの視座とも無関係ではないが，固有の歴史の中で紡がれてきた文化に特異的な認識論に注目し，特に直線的・絶対的認識論か円環的・相対的認識論かといったことと情動との関連を問う向きもあるようである (Shiota & Kalat, 2011)。例えば，絶対的・普遍的真理の存在を前提視し，判然と真偽を分かつ前者と，真偽の変移性や相対性を広く認める後者では，遭遇事象に対する評価に微妙な違いが生まれ，それが正負情動の同時活性といった情動経験の複雑性に文化的差異をもたらすことが仮定され，かつ実証的に検討されてきているのである (e.g. Shiota et al., 2010)。

　さて，こうしたいくつの文化的特質に規定されて在る，情動をめぐる社会的ルールとはいったいいかなるもので，またそれはどのようにして文化成員たる私たち1人1人に内在化されるようになるのだろうか。ルッツとホワイト (Lutz & White, 1986) は，社会・文化が情動に影響を及ぼす道筋を以下の4つ

に分けて考究している。
① 社会・文化は日常生活上のある問題を強調し、またある問題を軽視する。生死に関わる問題はともかく、具体的に何が社会的利益に結びつき、何が結びつかないかといった問題は、文化によって大きく食い違う可能性がある。例えば、先にも述べたようにある文化では、直接個人的利益に関わる事象が重視され、またある文化では、それ以上に他者との関係に関わる事象がより重視されるといったことがある。そうした、文化によるイベント・フォーカリティ（event focality：特定事象に対する選択的焦点化）(Frijda, 1986) の差異は、必然的に、情動の構成にも違いをもたらすことが想定される。私たちは、当然、文化的に強調された問題に対してより焦点化し、その成否に情動的に強く反応することになるだろう。
② 社会・文化は日常生活上の問題をどう解釈するかという基本的枠組みを与える。情動が先行事象に対する評価によって先導されることは既に述べたとおりであるが、当然のことながら、このことは先行事象の客観的特質が一様に等しい意味を有する訳ではないことを意味する。ある事象が危険なのかどうか、価値があるのかないのか、事象が自分にとって脅威であるとしたらそれに対して自分はどれくらい対処可能なのか、などの個人的な評価・解釈には文化的なバイアスが大きな影響をもたらす可能性がある (e.g. Scherer & Brosch, 2009)。先に日本人が欧米人に比して、見知らぬ人との相互交渉にあまり恐れを喚起されないということを述べたが、これは治安の行き届いた社会的状況および見知らぬ人をあまり危険視しない文化的風土の一種の現れと解すことができるかも知れない。
③ 社会・文化によって、公的あるいは暗黙の社会的規範の遵守・違反とそれがどのような結果を招来するかということの連関関係が変わってくる。私たちは、社会化の過程を通じて、自分がどのような行動を取り、また話し、感じた時に、他者がどう反応するのかを学習する。そして結果的に、いかなる時に、いかなる情動の発現が適当なのかを知るようになる。これはとりわけ道徳や倫理に関する情動の発現に深く関係すると言えるかも知れない。
④ 文化は、ある問題に対する反応表出（解決策）として何が是とされ、ま

た非とされるかについての基本的枠組を与える。例えば，人の死に際して泣いても許されるのか，積極的に泣くべきなのか，泣いてはいけないのか，あるいは自分が侮辱された時に，身体的に返報することが威厳を保つことにつながるのか，言語的な返報に止めるべきなのかなどの判断は，基本的に文化によってかなり規定されると言えよう。

10.2.2. エモーション・フォーカリティによる情動の社会化

上述したルッツらの見解をまとめて言うならば，社会・文化はその成員に対し，乳幼児期から連綿と続く社会化の実践を通して，情動に関する，その文化特有の（社会的基準やルールなども含めた）素朴理論を暗黙裡に伝達していくということになろう。子どもは，高度に文化的意味を負った大人から，一方では直接的に，情動にまつわるルールを教示され，また情動の経験や表出の仕方をコーチされるのだろう。他方では間接的に，子どもは，周囲の他者における情動の発動や変化などを頻繁に観察学習し，また，自身のふるまいに対する他者の反応から，状況に応じた情動の経験や表出のあり方を徐々に習得していくものと考えられる（Cole & Tan, 2007）。さらに，こうした過程にほぼ不可避的に介在するであろう情動に関わる会話（emotion talk）は，多様な情動関連語彙の獲得とともに，そこに潜在している情動の経験や表出のための文化的規則の習得を暗々裡に可能ならしめるものと言えよう（Schieffelin & Ochs, 1986）。そして，子どもが成長し，徐々に確固たる文化成員になるにつれて，内在化した情動に関する素朴理論を，多くの場合，無意識裡に，様々な問題の局面に適用し，その素朴理論に適った形で，ある特定の情動を感じ，また特定の表出・行動を取るということになるのだろう。

しかし，こうした仮定は，例えば「かっと頭に血が上る」であるとか「さぁーっと血の気が引く」といった神経生理的側面までを含めて，いかに，ある特定情動の全プロセスが規定されてくるのかということを必ずしも説明しないように思われる。基底部分にはいわば冷たい認知，換言するならば情動発動の手続きに関するマニュアル的知識が存在し，私たちはいつもかなり計算高く自分の表出なり行動なりを選択しているといったイメージが，そこにはどうしてもつきまとってしまう。情動が，いわゆる「我を忘れる」といった本質的に熱い

ものだとすれば，もう少し補足的な説明原理が必要になるのではないだろうか。

結局のところ，そこには，自律神経系の関与する内臓や心臓血管系などの本質的に不随意的な活動が，いかに，情動の素朴理論に従って連動して組織化されるようになるかといったことに関する仮定が要るということである。あり得べき1つの考え方は，発達早期における，特定事象との結びつきを未だ持たない多様な生理的賦活状態，あるいは表出行動，いわば潜在的な情動状態の存在を仮定することであろう。発達早期の子どもにとっては，まだそうした状態は確固たる情動として組織化されていない，少なくとも情動としての明確な機能を果たしていない，かなりでたらめなものと言えるかも知れない（e.g. Camras, 1992, 1994）。しかし，養育者を初め，子どもに接する周囲の大人は，自分たちの文化的情動観，あるいは素朴理論に従って，子どもが示す，そのきわめて多様な潜在的情動状態の中から，特定のものだけに焦点化して，そして特別な働きかけを行うということがあるかも知れない（実際，当の子どもにとってはでたらめでも，関わる大人の側はそこに一定の意味や秩序を見出そうとする）。

例えば，子どもが全身をくねらせながら微笑みらしき表情を浮かべたとしよう。しかし，それは何らポジティヴな先行事象との結びつきを持たない，いわば喜び以前の単なる生理的微笑かも知れない。しかし，大人にとってそれはあくまでも子どもの何らかの喜びの表明であり，大人はそうした解釈あるいは錯覚に応じて，（実際にはなくとも）周囲にそれを引き起こしたとおぼしき事象を探し，さらにその状態を持続させるような快適な刺激（例えばやさしい身体接触，アイコンタクトなど）を子どもに対して付与するかも知れない。そして，そうした相互作用が繰り返される内に，子どもはどのような潜在的情動状態に対して，どのような周囲からの反応が期待できるのかを学習するようになる可能性がある。

また，子どもがそれまで自分がいじくっていたものを突然強引に取り上げられたとしよう。それに対して子どもが示す反応は実は一定していないかも知れない。現に，第4章でも述べたように，発達早期の子どもの情動表出は多分に混合的，あるいは周期的な性質を帯びており（Camras, 1992, 1994），そこで，子どもは悲しみらしき表情をしたかと思えば，嫌悪らしき表情を浮かべたり，あるいは怒りらしき表情を浮かべたりすることが想定されるのである。しかし，

大人は，子どもがその内のごく特定の表出をした時にだけ，適切な反応を子どもに対して行うかも知れない。例えば，怒りに似た表出をした時にだけ，そのいじくっていたものを子どもの手元に再び戻そうとするかも知れない。こうした経験の積み重ねは，事象とある特定の潜在的情動状態のリンクを作ることに寄与する可能性がある。

　つまり，ある特定の社会において，固有の情動文化に浸かってきた大人は，いわば文化の導き手として，子どもの実際にはきわめて種々雑多な潜在的情動状態の中から，その文化の中で際立った情動カテゴリーに該当するものだけを選択・焦点化し，それと適切な事象および表出・行動パターンなどの結びつきを漸次的に教えて込んでいくということである。ルッツらが挙げた4つの影響過程を仮定するだけではなく，それらとは異なるレベルで，こうしたメカニズム，すなわち，たとえかなりでたらめなものでも，最初に潜在的な情動状態が多数あり，その内のいくつかに大人が巻き込まれるということを通して，喜怒哀楽といった確固たる情動が徐々に組織化されていくというメカニズムを想定しておくことがより現実味があると言えるのかも知れない。これは先に見たイベント・フォーカリティ（event focality）との対応で言えば，エモーション・フォーカリティ（emotion focality：特定の情動状態への選択的焦点化）とでも呼び得る社会化の一過程であると言えよう。

　現に，例えば中国人の母子を扱った研究では，その乳児の情動的気質特徴が客観的観察からすれば相対的に穏やかで落ち着いたものであるにもかかわらず，中国人の母親は乳児の些細な苦痛の表出にも敏感に反応し，それを短気で落ち着きがないと報告する傾向があるらしい（Cole & Tan, 2007）。また，乳児の快・不快に対しては，文化によらず大人の知覚に高い一致傾向が認められるのに対して，乳児の個々の情動表出のラベリングには弱い一致しか認められず，相対的に広汎な文化差が認められるという指摘もある（Yik et al., 1998）。さらに，子どもの種々の情動表出に対して，ラテン系の養育者は相対的にポジティヴなバイアスをもって，一方，アジア系の養育者はネガティヴなバイアスをもって知覚・反応することも明らかにされている（Marin et al., 1992; Rao et al., 2003）。こうした一連の知見は，あくまでも間接的なものではあるが，たとえ子どもの潜在的な情動状態に客観的な意味ではさして差異がないとしても，大人が注目

しより強く反応する，そして，早くからその状態にラベリングを行うことになる子どもの情動状態には，一定の文化差が存在することを示唆しており，エモーション・フォーカリティが，情動の社会化の一種として，着目に値するものであることを部分的に物語っていると言えるのかも知れない。

10.3. 文化は情動の何を構成するのか

10.3.1. 文化は情動の始発点と終止点に影響を及ぼす

情動に社会・文化による何らかの差異が実際に存在し，そして，それはそれぞれの文化固有の社会化の実践によって生み出されるという可能性については，それを，ある程度現実的なものとして認めなくてはならないだろう。しかし，それだからといって，社会・文化によって悉く，情動そのものが構成されると把捉し得るのだろうか。文化的差異が確固として存在するとしても，第9章で見たように，情動に通文化的共通性が存在するということも否み難い。少なくとも，言語などに比して情動の文化的差異は非常に小さいと見るべきだろう。結局，ここで確認すべきことは，二者択一的問いの誤謬，すなわち生得普遍主義と文化相対主義（社会・文化的構成主義）のどちらを採るべきかという問いの浅薄さであろう。

前節で，エモーション・フォーカリティという概念を提示し，社会・文化によって情動の全体的構造が構成される可能性について説明を試みた訳であるが，実のところ，筆者自身は，それに対して端から限界を感じている。養育者等の錯覚や信念などが子どもの発達を先導するという見方は筆者自身が拠って立つ立場である (e.g. 遠藤, 2008a; 遠藤ら, 2011) が，それはあくまで先導するということであり，規定するというまでの意味ではない。筆者は，前節で，発達早期の潜在的情動状態をさもランダム，でたらめであるかのように述べたが，実際には，そこに見逃すことのできない，ある種の規則性と種内普遍性が厳然と存在すると考えている。喜び，悲しみ，怒り，恐れなど，いわゆる基本情動という完成体が生得的に準備されているとは考えないが，少なくとも，ある種の情動の下位要素は準備されているのではないかと考える（この点に関しては次章で詳述する）。そして，こうしたヒトという種に普遍的な要素を土台にして，

文化固有の社会化が進行するため，結果的にそれぞれの文化の情動は，共通性と特異性の両方を併せ持つことになるのだと仮定するものである。

　おそらく本来問われるべき問いは，情動そのものがということではなく，情動の何が，どの部分が，より生物学的要因に規定され，またどの部分がより文化的要因によって規定されるかということであろう。メスキタとフライダ（Mesquita & Frijda, 1992）は，基本情動理論と社会構成主義が論拠として示すデータのレベルにそもそも食い違いが存在すること，そしていずれが依拠するデータも，本質的に情動の一連の過程全体が生物学的起源であるとか社会・文化的起源であるとかを支持するものにはなり得ないことを強調している。彼らは情動の過程を，先行事象，事象の符号化，評価，生理的反応パターン，行為傾向，情動的行動，制御に分けた上で，情動の文化的差異が，いわば情動過程の始発点（事象のタイプと評価）と終止点，あるいは終止間際（表出・行動レパートリーと制御過程）のいずれかの差異に起因して生じる場合が相対的に多いとしている。

　また，ラザルス（Lazarus, 1991）も，評価（個人と事象の関係性に関する中心的テーマの抽出）と生理的反応パターン，および表出・行動の傾向などの情動的反応の間には，生物学的に規定された，ある特異な，そして普遍的な結びつきが存在するが，事象をどのような評価に結びつけるかという部分と喚起された情動をどのような具体的行為に結びつけるか，どう制御するかという部分には社会・文化的な要因，および個人的な要因が大きく影響を及ぼすとしている（彼は，一旦評価の質が1つに決まればその後に継起する情動反応の方向性や性質が生物学的プログラムによって自動的に決定されることを"if―then"公式と呼んでいる）。こうした論者の見解に依拠するならば，やはり，生物学的要因も社会・文化的要因も，ともに情動の経験や表出のあり方に関わると言うべきなのだろう。情動の起源に関して言うと，それらは本質的に相互補完的な関係にあるということになる。

　しかしながら，実のところ，こうした主張の大筋は，本書でもしばしばふれてきた基本情動理論派のエクマン（Ekman, 1972）によって，神経―文化モデル（neurocultural model）として既に1970年代前半に提示されているのである。彼は，情動の本体はあくまでも有限個の生得的な基本情動としながらも，それ

がどのような事象によって引き起こされるか，またその表出がどのように制御・修正されるかについては文化的影響を時に大きく受ける可能性があると言明している。彼は，野性的環境を想定した時に，そこで自然に生起するのは，生物学的完成体としての基本情動（すなわち生理，主観，表出，行為傾向などの特異的な連関構造）そのものであるとする。ただし，実際の社会的状況は，多くの場合，そのありのままの発動を許容しない。それぞれの文化に特有の社会的表示規則によって，多かれ少なかれ，情動の表出は，その強度が強められたり，弱められたり，あるいは中性化されたり，他の表情によってカムフラージュされたりすることになるのである。

例えば，ベートソンら（Bateson & Mead, 1942）は，バリ島民が，当然，恐れや怯えの表出反応を見せると予測される状況で，よく眠りという行為に走ることを報告している。例えば，何か大切なものをなくしたり壊したりしたことを親に見つかり叱られるというような状況で，子どもは，逃げたりあるいはそれを素直に詫びたりするのではなく，むしろ深い眠りについてしまうことが多いというのである。彼らによれば，バリ島民は情動の噴出を極端に嫌う傾向があり，その結果として，眠りという行為を直接的な恐れの情動表出をカムフラージュするものとして頻用している可能性があるという。これなどはエクマンの神経―文化モデルにかなう1つの好例と見なすことができるのかも知れない。

10.3.2. 文化は情動語あるいは情動概念を構成する

おそらく，前節における議論は，主に，情動は社会・文化の影響を受けて「微妙に」変化し得るということを主張するものであり，情動の生得的基盤と文化による調整作用の両者を整合的に説明しようとする，ある意味，折衷主義的立場と言えるものである。それは，先に見た情動の生起頻度や先行事象および表出に現れる文化的差異を説明するには，相対的に当てはまりのいい統合的な見方であると言える。しかし，10.1.4.で見たような文化特異な情動の存在や欠落ということに関しては，それだけでは，到底，説明が適わないだろう。それらの証左は，一見するところ，社会・文化が，情動の部分部分ではなく，まさに情動の丸ごと全体を特異な形で作り上げるということを示唆しているようでもあり，ラディカルな社会構成主義者（e.g. Armon-Jones, 1989; Averill, 1980;

Harré, 1986; Lutz, 1988; Shweder & Haidt, 2000）の主張を最も直截に裏打ちするものだからである。

　しかし，そこで忘れてならない1つの視点は，社会・文化が構成するのは，情動そのものではなく，あくまでも情動語や情動概念なのではないかということであろう。先に見た情動の文化特異性に関わる研究知見は，その証左の妥当性の危うさということもさることながら，それ以上に，そうした事態が，実のところ，ある情動語や情動概念が文化によってあったりなかったり，まちまちであることを物語っているに過ぎないという可能性を想定してみる必要があるということである（e.g. Wierzbicka, 1999）。潜在的に人がどのような情動を経験し，それをいかに表出するかということと，それをいかに表象し，また概念化するか，そしてどんな言語として表すかということとは，基本的に別次元のことと言えよう。10.1.4.で挙げたような報告事例は，必ずしも前者ではなく，主に後者に関わるものと見なすべきかも知れないのである。

　そもそも，情動に関わる語彙には，きわめて大きな文化差があることが知られている。英語圏では何らかの形で情動に関わる言葉が590語ほどあるとされる（Johnson-Laird & Oatley, 1989）に対し，マレーシアのチェォゥン（Chewong）族ではそれが7語程度しかないらしい（Howell, 1981）。また，ルガンダ語（主にウガンダ共和国のブガンダ地方で使用される）を初め，いくつかのアフリカの言語には，怒りと悲しみそれぞれに対応する語がなく，それらが1つの言葉で表されるという（Leff, 1973; Orley, 1970）。先にタヒチ人においては悲しみや罪悪感といった情動が存在しない可能性があるということにふれたが，実のところ，その主たる根拠は，タヒチ人がそれらに明確に対応する言葉を持たないということなのである（Levy, 1984）。様々な民族を扱ったエスノグラフィックな研究を見渡せば，こうした例は枚挙にいとまがなく，中には，個別の情動のみならず，情動や感情というものに相当する言葉や概念を持たない民族も少なからず在るらしい（Russell, 1991）[1]。

　しかし，このようにある情動語や情動概念が欠けていることが，そのまま，本来，それらに相当するはずの潜在的な情動経験や反応そのものが不在であることを意味するものでは必ずしもないはずである。例えば，ハイトとケルトナー（Haidt & Keltner, 1999）は，インドのオリヤー語圏においては，恥（shame）

と
・
れ,社会的困惑(embarrassment)を同じく"lajya"という1語で表現するが,そこの人々が,英語圏におけるような恥と
・
れとを経験的に弁別できない訳ではないことを明らかにしている。また,ある情動語を欠いているのではなく,例えば日本語における甘えやドイツ語におけるシャーデンフロイデ(schadenfreude：いわゆる「いい気味」あるいは「他人の不幸は蜜の味」という情感)のように,他の言語圏にはない独特の情動語を有している文化の人々が,際立ってユニークな情動を経験している訳でもないのだろう。そうした情動経験の質は,強いて問われれば,他の言語圏の人にも,ある程度,了解可能なものであることがむしろ一般的であるようである(e.g. Evans, 2001)。

　もっとも,情動語に現れる違いは,それぞれの文化において,特にどのような情動が重視されていたり軽視されていたり,また是とされたり非とされたりしているのかを,ある程度,映し出しているということも確かであろう。シェーバーら(Shaver et al., 1987; Shaver et al., 1992)は,こうした問題に対して,プロトタイプ理論に依拠しつつ,それぞれの文化圏の情動語全体における意味論的ネットワークを探ることを通して,1つの答えを導き出そうとしている。具体的にはクラスター分析などの多変量解析の手法を駆使して,情動語間の意味的近似性や異質性を割り出し,それぞれの言語において情動語がどのような概念的階層構造をなしているかを明らかにしているのである。彼らは米国人,イタリア人,中国人に,多数の情動語を,その意味の近似度あるいは差異に応じてグループ分けをすることを求めている。階層的クラスター分析の結果,3国

---

1) 情動語の数の広汎な文化的差異に関しては,英語圏あるいは西欧文化圏における情動語が,むしろ他言語圏・他文化圏のそれに比して例外的に多いという見方もできないことではないのかも知れない。例えば,シュウェダー(Shweder, 1993, 2004)は,西欧文化圏においては身体生理学的な変化を情動化する(emotionalize)傾向が強く,他文化圏であれば純粋な身体的病気,あるいは超自然的な憑依などとして経験されるようなことが,多くの場合,自身の何らかの主観的な情動的変化として自覚され,また言語的にも表出されやすいことを指摘している。また,ドイッチャー(Deutscher, 2010)は,集団規模が大きく社会構造が複雑なほど,語彙が豊かになる一方で,1つ1つの単語が表す情報が狭く限定される傾向があるのに対し,集団規模が小さく社会構造が単純なほど,語彙が乏しい代わりに,1つの単語内で表現される情報が豊かになる傾向があることを指摘している。この見方に従えば,情動語が相対的に少ない文化では,1つの情動語によって実に多様な情動経験が表現され得るということであり,そこにおける文化成員が,ただ情動語の数だけの,いわば紋切り型の乏しい情動経験しか有さないということでは必ずしもないのだということになろう。

民に共通して，怒り，悲しみ，恐れ，愛情，喜びという大きく5つの情動語グループが見出された。しかし，中国人の場合では，これら5つに加えて，恥という情動語グループが独自に抽出されたのである。米国人とイタリア人においては，恥がてれ，社会的困惑や罪悪感とともに同一クラスターをなして，悲しみグループの下位に属する一情動語でしかなかったのに対し，東洋圏の中国人においては（マーカスらが言うところの他者焦点型情動である）恥が，怒り，悲しみ，恐れ，愛情，喜びと並列されるくらいに，特別な意味を持っていたということである。

　エデルシュタインとシェーバー（Edelstein & Shaver, 2007）が総括しているところによれば，同様の研究は他の文化圏についても及んでおり，例えば，日本では中国と同様に，恥が，基礎カテゴリーとして主要な情動概念のグループをなしていること（Kobayashi et al., 2003），オランダやインドネシアあるいは先に見たイファルクでは恥が悲しみではなく，むしろ恐れの下位に位置づけられること（研究によってはオランダでは恥が悲しみの下位に位置づけられるという知見もある）などが，明らかにされているようである。ちなみに，てれ，社会的困惑は恥のグループに包摂されることが一般的であるが，罪悪感についてはやや微妙であり，その概念自体がきわめてあいまいで実質的に恥と殆ど差がないような文化もあれば，例えばインドネシアのように恥とは明確に異なるグループに位置づけられるような文化もあるという。

　こうした情動語およびその意味論的ネットワークに関する研究が示唆するのは，それぞれの社会・文化によって固有に，認知の精度がきわめて高い（hypercognized）情動と，逆に認知の精度がきわめて低い（hypocognized）情動とが存在するということかも知れない（Levy, 1984）。すなわち，相対的に重要性の認識が高く，状況や強度などの差異に応じて細かく分化した形で認識され，またそれに結びついて多くの言葉に分岐して在るような情動と，相対的に重要性の認識が低く，語られること自体が非常に稀少でかつ大ざっぱにしか扱われない，そしてそれゆえにそれを表す言葉がきわめて少なかったり，時には全くなかったりする情動とが存在している可能性があるということである。先にも述べたように，中国や日本においては，恥が，喜び，悲しみ，怒り，恐れなどと並ぶ主要なカテゴリーをなしている訳であるが，それはまさに中国や

日本において，恥が，認知の精度がきわめて高い情動になっていることを物語っており，中国などでは，さらにその下位に，罪悪感を含む自己焦点型の恥グループと，てれ，社会的困惑を含む他者焦点型の恥グループがあることなども明らかにされているようである（Li *et al.*, 2004）。

10.4. 文化が情動を構成するとはそもそもどういうことなのか

　以上では，社会・文化が情動の周辺部分に微妙な違いをもたらしたり，情動語や情動概念を独自のものに作り上げたりはするが，情動そのものの丸ごと全体を構成する訳では必ずしもないのではないかという可能性について論じた。確かに，例えばタヒチ人のように悲しみという情動語を欠いており，それを喪失事態に対して身体的不調としか表現しないような場合においても，身体生理的側面には，他文化圏の人と同様の状態が生じているかも知れず，その意味からすれば，10.1.4 で見たような知見は，何ら情動そのものの社会的構成を裏づけるものとは言えないのかも知れない。しかし，情動の社会構成主義者が問題にするのは，必ずしも，そうした次元の話ではないようである。

　実のところ，情動の社会構成主義者も，ある事象に遭遇した際に，私たちが，ある特定の生物学的メカニズムに支えられて，身体的・生理的に特異な反応を起こすことを全否定するものではない。しかし，彼らは，人が，各文化の中で，そうした反応がなぜ生じ，また何をもたらすかといったことについて独特の解釈の枠組みや慣習を持っており，それらを通じて解釈されたものこそが情動であるということを強調するのである。あるいは，そうした暗黙の文化的枠組みや慣習に従って，人が，受動的（passive）に忘我状態に置かれたように装いながら，実のところは能動的（active）に引き起こしている行為（action）こそが情動であるというのである（e.g. Averill, 1980; Solomon, 2004c）。

　例えば，怒りという情動について考えてみよう。私たちは時に怒りにまかせて人をののしり殴り，時にはそれが過ぎて重い罪まで犯してしまうことがある。しかし，日常あるいは司法などの状況を考えると，そこに怒りという情動が介在している場合には，多く情状酌量の恩恵を被ることができるだろう。つまり，冷静さを失い我を忘れていたという理由で，部分的に免責されることが多いと

いうことである（逆に怒りが介在していないと冷酷無比とされ，きわめて厳しい社会的誹りを受けることになろう）。しかし，そうして罪を許されながら，別の言い方をすれば他者や集団との宥和を図りながらも，その一方で，自らの正当性の主張と他者に対する報復とを同時にやりこなしてしまっているところに，この怒りという情動の実にパラドクシカルな社会的機能があるのだと言える。そして，特に，エイヴァリル（Averil, 1980）などは，人はどこかでこうした機能やそれに関わる暗黙のルール・スキーマ等を知った上で，それを自ら巧みに活用しているのではないかというのである。

　社会構成主義の論者は情動の身体生理的側面よりもその主観的情感の側面に多大な関心を払い，それこそ，それをいかに言語化するかというところに注視する（Shweder, 2004; Shweder et al., 2008）。さらに，そうした言語も含む情動のエスノセオリーを分析対象とする（Parkinson et al., 2005）。その上で，彼らは，ある同一事象に遭遇し，たとえ潜在的に同様の生理的な情動反応を示し得ても，それを解釈する枠組みの違いに起因して，意識体験，あるいは主観的に経験される情感（feeling）に大きな差異が生じるのだと主張するのである。情動に伴う意識体験が純粋に生理的状態の反映ではなく，それに様々な状況や自らの状態についての解釈が混入したものである（e.g. Izard, 1997）とすれば，当然，それは情動に関する文化特異な知識（言葉や概念等）によって強く規定されるということになろう。そこには，かつてのサピア―ウォーフ仮説（Sapir, 1921; Whorf, 1956）のように，言語によって表現されない事象は基本的に認識され得ないのだというまでの強い主張はない。言語は，事象の知覚や認識の仕組みそのものを根本的に造り替えてしまうほどの影響力を有してはいないのである（Deutscher, 2010）。しかし，例えば，悲しみや罪という言葉や概念を発達過程の中で学習していなければ，その人は当然，「今，自分は大切なものをなくして悲しい」とか「あの人に罪なことをしてすまない」とかいったことを，明確に区別して感じようがなく，また結果的に，その後に取るであろう行動も，おそらくは，それらの言葉や概念を持つ文化の人とは大きく違ってくることが想定されよう。

　殊に，私たち人は，それこそ自己再帰的な意識を身につけた（→第8章）ことによって，自分が覚えた情動に関して，そこに言語的ラベルを持ち込み自覚

的に認識し，さらにそこに社会的是非の判断を持ち込むなどして，メタ的に別種の情動を覚えるようなこともある（Elster, 1999）。例えば，人の成功に対する妬みは，それをひとたび自覚すると，妬む自分に対する嫌悪に転じ，逆にそこで恥を感じたりするようなこともあるのである。私たちには，自分の内なる主観的な情感に，社会・文化が付与する様々な概念的なラベルを貼りつけながら，時々刻々とそれを自ら変質させているようなところもあるのだろう。このように，もし，情動の中核に，その意識体験およびその結果として生じる種々のふるまいなどを据えて考えるというのであれば，社会・文化によって情動そのものが構成されるという主張もあながち，ただの誇張だとは言い切れないのかも知れない（Wierzbicka, 1999）。

　長滝（2008）は情動を捉える視座に，客観的身体（3人称的観点），主観的身体（1人称的観点），間主観的身体（2人称的観点），それぞれに焦点化する3つの立場があり得るとしているが，この枠組みを借りて言うならば，情動と文化の関連に関する見解は，前一者と後二者との間で大きく異なることが想定される。すなわち，3人称的観点をとって，いわば外側から情動という現象を冷ややかに眺めようとするか，あるいは，1人称的観点をとってまさに情動を自ら経験する主体として，また2人称的観点をとって他者が発した情動に直に感応する主体として，いわば内側からそこで生じていることを熱く暴き出そうとするか，といった研究アプローチの違いが決定的な意味を有していると考えられるのである。かなり客観的に測定できる表情，生理的反応，脳機能画像などに主たる焦点を当てる前一者では，どちらかと言えば生物としてのヒトの標準的な性質が際立つのに対して，あくまでも主観的および間主観的な意識体験や情感に焦点を当てる後二者においては必然的に，それぞれ固有の文化の中に生きる情動の語り手の言葉やその背景にある概念などに向き合わざるを得ない訳であり，その意味で，情動における社会・文化およびそこにおける学習というものの役割が自ずと大きくクローズアップされることになるのであろう。

　もっとも，こうした理解で，話がすべて終わる訳では当然ない。そこには，もう1つ，必ず問わなければならない問題があると考えられる。それは，情動語や情動概念は，そもそも潜在的な身体的生理的状態とは独立に全く恣意的なものとして在り，私たちの情動に伴う意識的体験，すなわち情感がただその恣

意的な情動語や情動概念に規定されて在るのかということである。言い換えれば，情動の中核を仮に意識体験に置くとしても，それが悉く情動語や情動概念によって異質なものになり得るのかということである。既に見たように，確かに情動語や情動概念にはある程度の文化的差異が存在するというべきであろう。あるいはまた，同じ地域・社会であっても，時代によって，それらは様々に変化してきた可能性も否めない。現に，情動の歴史的変遷を手がける研究者の中には，現代の情動理論の殆どが暗黙裡に依拠していると言っても過言ではない，英語圏の情動語や情動概念等の歴史が，それが興ってまだ2世紀にも満たないと主張するような論者もある（Dixon, 2001）。

　しかしながら，そうした文化や時代による差異性は，共通性から見るとはるかに小さい可能性が高く（Russell, 1991），また情動語や情動概念という点に限らず，それらに対応するとされる主観的情感，生理的変化，表出行動などについても，少なくとも喜び，怒り，悲しみ，恐れ，嫌悪，恥，罪といった情動に関して言えば，通文化的普遍性が異質性以上に際立っている（Scherer & Wallbott, 1994）ということをも正当に認めなくてはならないはずである。そうした点からすれば，むしろ，進化的に準備された生物学的な情動の仕組みには，普遍的な意味での何らかの法則性が潜み，それが私たちの情動に関する表象にも一定の方向づけを与えていると解するのがむしろ自然なのではないだろうか。いずれにしても情動の起源に関して，進化か文化かという二分法的な問いは既に過去のものであり，今では，両者がどの程度，またどのように情動の構成に関与しているのかという問いに多くの研究者の関心が移行してきていることは間違いない（Frijda et al., 2004）。次章で，筆者は，いわゆる喜び，悲しみ，恐れ，怒りといった，私たちが日常的に情動とか感情とか呼び得るものを解体し，それとは全く別の次元に，進化の産物としての情動の本体を見出し，その上で，再び，それと文化がどのような関わりを有するのかについて考究することにしたい。

第10章のむすびとして

　従来，情動の起源に関しては，進化的な見方と文化的な見方が対立的な構図で語られることが一般的であったと言える。前者を代表するのが，ダーウィン

の進化論に由来する，いわゆる基本情動理論（e.g. Ekman, 1999; Izard, 1991）であり，後者を代表するのが，元をたどればボアズ（F. Boas）の文化相対主義に帰着する，いわゆる社会構成主義的情動理論（e.g. Averill, 1980; Harré, 1986）であることは広く知られるところである。多くの場合，前者は情動の表出と認識に認められる文化的共通性の証左をもって各種情動の生得普遍性の正当性を主張し，後者は情動経験や情動概念などの文化特異性の証左をもって各種情動の社会・文化的構成の正当性を主張してきたのだと言える。しかし，進化と文化は，本来，人の心やふるまいに対して相互排他的な関係をなして在る訳ではなく，むしろ相補的な関係をなして在ると見なすべきであり（Goetz & Keltner, 2007），次章で筆者は改めてその関係を論じることになろう。

　なお，本章では情動に関する文化的見方について理論的検討を行ってきた訳であるが，それに密接に関連するものに情動に関わる歴史学的考察があることも忘れてはなるまい。それは多くの場合，特定の地域・文化あるいは民族における情動が，時代の移り変わりとともにどのような変遷を遂げてきたかを種々の歴史的資料に基づきながら検証しようとするものであり（Stearns, 2008），例えば米国人に関して言えば，怒り（Stearns & Stearns, 1986），嫉妬（Stearns, 1989），恐れや不安（Stearns, 2006），親の子どもに対する愛情（Modell, 1988），ニューイングランドの清教徒における恥と罪悪感（Demos, 1988），などに関して特異な変遷の歴史が報告されているようである。この領域の代表的論者であるスターンズら（Stearns & Stearns, 1985）は，情動そのものが時代時代の社会的背景によって新たに生み出されたり，逆に消えたりするというようなことはなくとも，彼らの言う「エモーショノロジー」（emotionology：情動の経験・表出，および他者のそれらに対する評価に絡む慣習や基準）なるものには確かな歴史的移ろいがあり，それが現実の情動の経験や現出等に複雑な影を落とすことになるのだろうと論じている。その意味で，本章でふれた社会構成主義の少なくとも一部とは，その理論的仮定を共有すると言って過誤はないのだろう。

　さらに，もう一点，本章の最後に付言しておきたいのは，情動と文化の間の因果関係の矢印の向きについてである。情動の文化的な見方では，文化，特に社会規範のあり方が子どもの社会化の実践に深く影響し，その中で各種情動が徐々に獲得されてくるという因果の方向性に着目することが多いと言える訳で

あるが，そもそも情動と文化の間には，その逆の方向性も想定しなくてはならないはずである。すなわち，一部の社会的規範や制度あるいは技術や装置などが，元来，人が有していた種々の情動の傾向に沿うように，あるいはその適応的機能を代理的にさらに強めるように，築かれてきた可能性があるということである（Keltner & Haidt, 2001）。例えば，婚姻の制度は人の愛情や嫉妬などを，また裁判の仕組みは公正感や懲罰・報復的情動などを，制度的に体現し強化したものとも見なし得るのである。そうした意味からすると，文化は，進化に由来した人の心の本性が作り上げた「プロダクト」であり，そして一度それができあがると，今度は人の心の「プロデューサー」としても作用するようになったと把捉すべきなのかも知れない。情動の文化的差異を示す種々のデータに向き合うと，私たちは得てして後者のプロセスだけに着目してしまいがちであるが，時に前者のプロセスにも目をやり，社会・文化のあり方やその中での人の行為の基底に，そもそも人の情動のいかなる本性が潜んでいるかを考えてみることもまた必要なことかも知れない。

第11章 情動の究極の基体とは何か

第11章のはじめに

　第Ⅱ部では，ここまで情を支える理，すなわち情動がどのような法則性や機序に支えられて発動するのかということについて，主に論考を行ってきた。具体的には，第7章で情動の身体的基盤を探り，また認知的評価が種々の情動を惹起する機序について考察し，第8章では私たちの内なる自己や自己意識が情動発動に絡むメカニズムについて概観・整理を行った。さらに，第9章では情動がどのような進化的基盤を有し，いかなる生物学的法則性に支えられて在るのかに関して，一方，第10章では情動の文化的基盤を探索し，情動が社会・文化的に構成されるとはどのようなことかということについて，考究を行ってきた。それぞれの章に閉じて見た時，一見，情動は既に高度に了解可能なものであるように思われたかも知れない。しかし，その理解の仕方は，まさに「群盲，象を撫ず」のごとく，それぞれ微妙に視点を異なるところに置いており，未だ情動の全体像を包括的に掴むようなものにはなり得ていないと言うべきだろう。

　本章で企図するところは，これまで見てきた代表的な諸理論を，同じ土俵の上に乗せ，いくつかの根本的な理論的対立点・撞着点を審らかにした上で，それをいかに止揚し得るかということについて論考を行うことである。そして，結局のところ，情動とは真にいったいいかなるものと把捉すべきなのか，特に私たちヒトに普遍的な意味で備わって在る情動の究極の基体とは何かということを探り出すことにしたい。さらには，情動の成り立ちに進化と文化がどのように関わっているのか，その整合的な理解のあり方について試論することにしよう。

11.1. 情動の発動および経験をめぐる3つの理論的立場

11.1.1. 情動の「普遍文法」「個別文法」

　本書では，ここまで多かれ少なかれ，既に様々な情動理論について言及を行ってきた訳であるが，その内から，現代における最も代表的な理論を挙げるとすれば，基本情動理論，（社会）構成主義的情動論，認知的評価理論の3つということになろう。また，現代のいかなる情動理論も，それぞれが最も強調する理論的視座において，この3つの流れのいずれかに多かれ少なかれ包摂され得るものと言える（Scherer, 2005, 2009a）。

　おそらく今や，どの理論的立場においても極論は徐々に影を潜め，具体的にそれを何と見るかは別にして，情動が何らかの生物学的実体性を備えていることを否定するものではなくなってきているし，情動に様々な文化的バリエーションがあることも当然のごとく認めるようになってきていると考えられる。そして，その生物学的基盤や社会・文化的変異ということに関して言えば，情動とはある意味，言語と同じように捉え得るものなのかも知れない。チョムスキー（N. Chomsky）が言うように，私たちヒトには，言語獲得を可能にする，ある種，生得的な基盤，すなわち普遍文法が組み込まれていると考えられよう。しかし，当然のことながら，それは現実の語彙，統語形式，意味，語用論までを等しく規定するものではない。それらは，文化固有のものとして存在し，社会化の過程を通じて私たち1人1人に獲得されるものとして在る。情動もまた，「普遍文法」たる生得的な深層構造の制約を受けつつ，基本的には「個別文法」的な発現，すなわち個々の具体的な自然言語と同様に，各社会・文化に特異な表層構造を獲得するに至ると言えるのだろう。

　思うに，こうした仮定を大筋，認める，少なくとも抗わないということにおいて，今や三者にそう大きな差異はないものと言える。三者間に根本的な齟齬が生じるのは，その情動の「普遍文法」なるものをいったいいかなるものと見なし得るのか，そして，その「普遍文法」がいかなる機序でどこまで「個別文法」化すると考え得るのかというところであろう。

11.1.2. 基本情動理論における情動の生起機序

　第9章で詳述したので簡単にさらうに止めるが，基本情動理論は，情動の生物学的実体性に関して，その進化的起源も含め，最も強い仮定を有するものであったと言える。すなわち，この理論的立場では，私たちが一般的に，至極素朴にその存在を信じて疑わない，喜び，怒り，悲しみ，恐れなどの少なくともいくつかの情動（＝基本情動）そのものが，丸ごといわゆる自然類（natural kind）として在るとされる。それらはそれぞれ特異的に，脳神経学的ハードウェアの構造や回路に直接規定される形で，あるいは少なくともハードウェア上の生得的プログラムという形で様々な心身の要素が特定のセットをなして，生物種としての私たちヒトに予め仕組まれていると仮定されていた。そして，基本的に，元来は私たちの生物学適応に深く絡むものとして在る原型的な事象との接触，あるいはそれに対する自動化された評価（autoappraisal：主にスキーマ的な意味判断，あるいはパターン・マッチングといったきわめて高速だが柔軟性に乏しい評価機序）によって，まさにスイス・アーミーナイフのように，それらに最も合致した一本のツール，すなわち，ある特定の情動が，迅速に引き出されると想定されていたのである（図11.1）。この理論的立場でも，無論，社会・文化の影響を認めるが，それは基本的に，ツールの引き出しに歯止めをかけたり，引き出したツールの使い方を調整したりするというものに止まるものであった。

　チョムスキー的言語論とのアナロジーで言えば，無論，基本情動理論における「普遍文法」とはまさに基本情動そのもの，あるいはそれらの発動を支える生物学的機序全体ということになろう。そして，この理論的立場では，この「普遍文法」と，現実状況における種々の情動の表出や主観的情感（あるいは他者の情動表出の読み取り）として在る「個別文法」との間の距離は際立って近しいものとして在るのだと理解できる。後者には無論，多少とも文化的特異性が認められるものの，少なくともその表情を含めた身体的表出は，いかなる文化の壁をも超えて，人と人とのコミュニケーションを相対的に容易に可能ならしめるものと把握されており，いわばどの社会・文化にあっても，情動の「普遍文法」はかなりのところ，その原型を留めたまま，私たちの情動生活の大半（すなわち現実場面での情動の表出や行為傾向，そして主観的情感など）

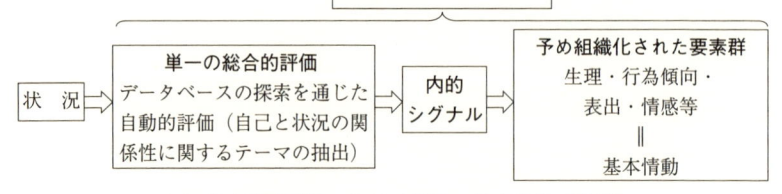

```
                    情動の基本単位（基体）
        ┌─────────────────────────────────┐
        │  単一の総合的評価              予め組織化された要素群
  ┌───┐ │  データベースの探索を通じた  ┌─内的─┐  生理・行為傾向・
  │状況│→│  自動的評価（自己と状況の関 │シグナル│→ 表出・情感等
  └───┘ │  係性に関するテーマの抽出） └─────┘       ‖
        │                                           基本情動
```

(a) 基本情動理論における情動の基本単位（基体）

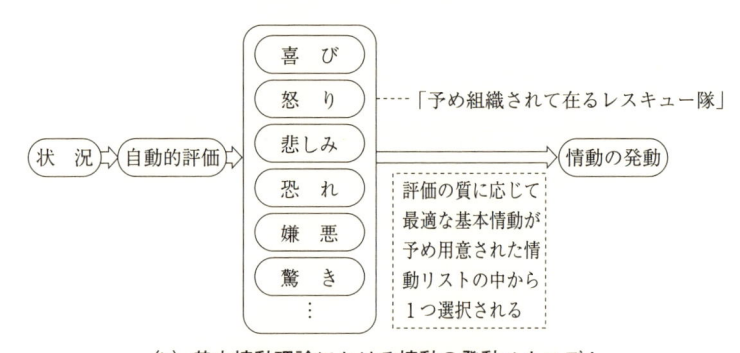

```
                    ┌─喜び──┐
                    │ 怒り  │…「予め組織されて在るレスキュー隊」
  ┌───┐ ┌────┐ │ 悲しみ │           ┌─────┐
  │状況│→│自動的評価│→│ 恐れ  │──────→│情動の発動│
  └───┘ └────┘ │ 嫌悪  │           └─────┘
                    │ 驚き  │   評価の質に応じて
                    │  ⋮   │   最適な基本情動が
                    └─────┘   予め用意された情
                              動リストの中から
                              1つ選択される
```

(b) 基本情動理論における情動の発動メカニズム

図 11.1　基本情動理論の概要（遠藤, 1996a）

を強く規定するものと言い得よう。

11.1.3. 構成主義的情動論における情動の生起機序

　基本情動理論が，少なくともいくつかの基本情動なるもの，それそのものを，生物学的実体性を備えた自然類と見なすのに対し，それにほぼ真っ向から異を唱える理論的立場が（社会）構成主義的情動論であると言える。情動の社会構成主義については第10章で言及した訳であるが，この理論的立場は，喜び，怒り，悲しみ，恐れといった情動を，人が，文化固有の認知的枠組みに従って，ある意味，恣意的に切り取り概念化した，いわゆる人工類（human kind）と見なすものであったと言い得る（e.g. Barrett, 2006a）。それは，そうした情動が，私たちの脳や身体にそれぞれ特異な生物学的実体性を備えて存在していることを否定し，それらを，あくまでも私たちの認知およびその延長線上に生じる主観的情感（feeling）の中にのみ生じると主張するのである（喜怒哀楽といった

情動カテゴリーは，あくまでも認知主体たる人間がただ「あると思い込んだもの」に過ぎない）。社会構成主義の代表的論者であるエイヴァリル（Averill, 1980）に言わせれば，それぞれの情動カテゴリーに通底する定義的特性など，端から全く存在しないのである。

　もっとも，社会構成主義それ自体は，実のところ，情動の生物学的側面に元来，さして関心を寄せないということもあり，情動がその身体性も含めて，全体的にどのような機序に支えられて生じるかということに関して，必ずしも明確な仮定を有するものではない。しかしながら，それに関する仮定は，いわゆる次元論者によって補われ得るものと言える（e.g. Brosch et al., 2010）。なぜならば，この理論的立場もまた，基本情動なるものが私たちの情動生活の基体であることを否定し，主観的情感のカテゴリカルな認知に関して，それを本質的に恣意的なものと仮定するものだからである。実のところ，本書の中で次元論は，第3章で表情認知との絡みでふれたに過ぎず，しかもそこでの取り上げ方は，情動そのものの構成を説明するものとしてではなく，あくまでも表情の覚知や理解に関わる原理を説明するものという扱いであった。それは，私たちが種々の表情から抽出する情報が，それ自体，喜怒哀楽といったカテゴリカルな情動の判断をすべて可能ならしめるようなものではさらさらなく，単に感情価（快—不快）と生理的覚醒度という二次元上の程度を示すものでしかないというものであったはずである。

　しかし，次元論において，この二次元は，ただ表情の知覚・認知上の枠組みとして在る訳ではなく，実は情動そのものを本質的に支えるものとしても仮定されているのである。次元論の代表的論者であるラッセル（Russell, 2003）に言わせれば，この二次元は，固有の神経生理学的システムに支えられて在るものであり，これに，それに対する意識的経験が合わさって，「コア・アフェクト」（core affect）なる状態を個人の中に作り上げるのだという。すなわち，この理論的立場において，情動の内の生物学的に規定されているものは，唯一，このコア・アフェクトと考えることができる。そして，その時々において独特の感情的質感を有するこの状態に，人が，（高度に社会・文化的意味を負わされた）情動概念やそれに基づく状況的な解釈を持ち込むことによって，そこに私たちが日常的に情動と言うもの，すなわち喜び，恐れ，悲しみ，怒りといった

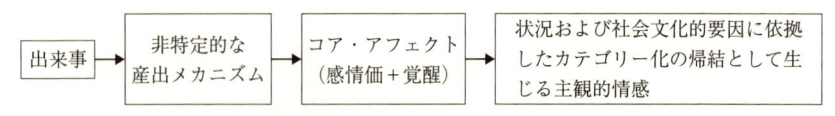

```
出来事 → 非特定的な産出メカニズム → コア・アフェクト（感情価＋覚醒） → 状況および社会文化的要因に依拠したカテゴリー化の帰結として生じる主観的情感
```

図11.2　構成主義的情動論（次元論）における情動の発動メカニズム
（Moors, 2009に基づき作成）

カテゴリカルな情動の主観的経験が生み出されるということになるのである（図11.2）。ラッセルによれば，1回1回の情動に伴う特異な行為の選択やそれに連動して在るはずの特異な身体生理的変化などが，コア・アフェクトの状態によって直接的に決定づけられるところは少なく，むしろ，その多くは，まさに（認知的評価理論が仮定するような情動を先導する評価という意味ではない，一般的にはコア・アフェクトの発動直後に継起する）種々の認知的活動の産物として在るらしい。

ラッセルは，情動カテゴリーが，「北斗七星」が存在すると言うのとまさしく同じ意味で，私たちの知覚や認知の中にのみ存在するのだと主張する。つまりは，北斗七星を構成する7つの星そのものには，それらを相互に結びつけるいかなる自然の原理や法則も存在していないように，カテゴリカルな情動そのものを特異的に定義づけ得るような生物学的基盤（＝自然類）は存在せず，それはかなりのところ恣意的な主観的認知の産物（＝人工類）でしかないというのである（「北斗七星」は現実には存在せず，人がそう見ているに過ぎないのと同様，各種情動カテゴリーは実在するのではなく，人が，それがあると感じているだけのものである）。こうしたことから，現在，ラッセルの次元論は，徐々に，これ自体が（社会）構成主義的情動論の一翼を担うものと見なされるようになってきているようである（Moors, 2009）。

ちなみに，バレット（Barrett, 2005, 2006a, 2006b, 2009）による「概念的行為理論」（Conceptual Act Theory）も，カテゴリカルな情動を自然類と見なさず，あくまでも人工類と見なすという点において基本的にラッセルの主張に与するものである。しかし，彼女の発想は，一連のプロセスの中でなぜ最終的に特異な情動経験が生み出されることになるのかということに関して，より踏み込んだモデル設定を行っているという意味において着目に値する。図11.2に示したように，ラッセルが仮定する情動生起プロセスにおいては，認知的解釈やカ

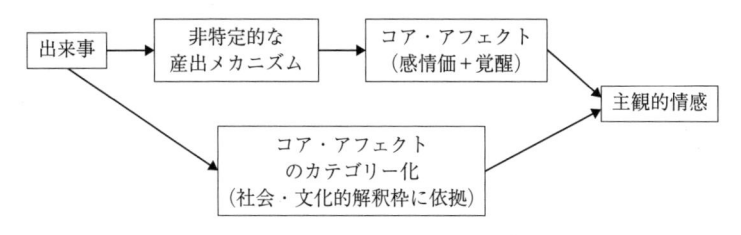

```
出来事 → 非特定的な    → コア・アフェクト
        産出メカニズム    （感情価＋覚醒）
                                              ↘
                                                主観的情感
                                              ↗
              ↘ コア・アフェクト
                のカテゴリー化
                （社会・文化的解釈枠に依拠）
```

図11.3　概念的行為理論における情動の発動メカニズム（Moors, 2009 に基づき作成）

テゴリー化はコア・アフェクトが生じた後に，いわば後づけ的になされるものとして在る訳であるが，彼女の図式では，刺激に対する認知的評価や身体的変化を通じてコア・アフェクトが生起するという道筋が仮定されるとともに，その道筋とほぼ同時並行的に，予め獲得して在る概念的知識に基づきながら，刺激を情動的にカテゴリカルな形で知覚するという経路（＝概念的行為）も作動するとされ，そして，この二重のルートが重なり合って，結果的に，ある特異な情動経験が生じてくるのだと主張されるのである（図11.3）。なお，彼女によれば，快─不快や生理的覚醒度という次元において連続的に変化するとされるコア・アフェクトの状態から，離散的（カテゴリカル）な情動の弁別的経験に至る過程には，波長スペクトラムが本来，連続体としてありながら，色概念の介在によって色がカテゴリカルに知覚されるに至るのと同じような機序が想定できるのではないかという[1]。

　このバレットの情動生起モデルは，一部に事象や刺激に対する認知的評価の介在も認めるなど，よりハイブリッドな様相を呈するものである[2]。しかし，このモデルにしても，情動の実体性はあくまでもコア・アフェクトのみに在る

---

[1] 情動の弁別的な経験に対して概念が果たす役割について，興味深い実験が，バレットとラッセルが共同研究者として名を連ねる一研究グループによって行われている（Lindquist et al., 2006）。一般的に意味的飽和と呼ばれる状況では，同一語を繰り返し呈示され続けると，一時的にその語の意味が不明瞭になり，その判断が鈍ることが知られている。この研究者らは，怒りという言葉に関して，この意味的飽和状態を実験的に誘発した上で，実験参加者に，2つの怒り顔が同じ情動を示しているか否かの判断を求めた。その結果，実験参加者はすばやくその弁別をなすことが不可能になったのである。これは怒り概念へのアクセスが一時的に困難になると，顔の表情の中に怒りを見出すことが相対的に難しくなることを示唆していると考えることができる。逆に言えば，認知の介在によって初めて情動のカテゴリー判断が可能になることを含意しており，この研究者らは，この実験結果を，次元論あるいは構成主義的情動論の１つの傍証であると主張している。

のであり，それは情動が生起するかしないか，また生起する場合には，正負どちらの感情価で，どれくらいの強度で生じるかというところまでを直接的に規定するものに過ぎない。結局のところ，コア・アフェクトが，どのような種別の情動経験を特異的に生み出すか，すなわち情動経験の分化に対して及ぼす影響力はごく限られたものであり，その部分は，高度に認知的・概念的行為が介在することによって，そしてそれ故に，半ば必然的に多様な文化的意味を負わされることによって，社会的に構成されることになると仮定されるのである。

　チョムスキー的言語論とのアナロジーで言えば，言うまでもなく，これらの立場における「普遍文法」（＝情動の基体）はコア・アフェクト，あるいは（具体的な理論的仮定のないところなのではあるが）遭遇事象からその発動に至るまでの一連のプロセスということになろう。それに対して，現実の情動の現れである「個別文法」は，その表出そのものに関しては，「普遍文法」なるコア・アフェクトそのものの漏れ出し，あるいはそこに抑制や調整が多少とも付加されたものということなり，さしてその間の距離は大きいものとは想定されていないように思われる（第3章でも述べたように，次元論者は日常的な情動の表出については，基本的に快—不快と生理的覚醒度の情報しか発さないと主張する）。しかし，情動の覚知・理解，あるいは主観的情感の側面について言えば，そこでの情動の「個別文法」は，その基底に潜んで在るはずの「普遍文法」の存在を，おそらくは快—不快の質感や漠然たる激しさの感覚という以外には殆ど意識させないほどに，そこから大きく乖離したものとして在ると言えるのかも知れない。つまり，この理論的立場では，情動カテゴリーを基本的に人の認知的営為の産物と見なすという点において，情動の「個別文法」は自ずと，社会・文化によってきわめて多様な様相を呈するものと措定されているということになろう。

---

2) 確かにバレットは，情動の発動に認知的評価が絡むことを仮定してはいるのだが，評価の質と特定の情動との間に何ら本質的な関連を認めないという意味で，認知的評価理論とは大きく異なっている。認知的評価理論では，例えば何か重要なものの喪失が悲しみを，また何らかの危機との遭遇が恐れを引き起こすことは，個人の学習経験にかかわらず，生来的に必然的なものと仮定される訳であるが，バレットの見方では，そうした関連性はあくまでも個人的な学習の産物であり，そこには高度に社会・文化の影響が及ぶことが前提視されている（e.g. Moors, 2009）。

11.1.4. 認知的評価理論における情動の生起機序

認知的評価理論もまた，基本的に，情動のカテゴリカルな主観的経験ということに関しては言えば，基本情動理論のように，元来，本質的にカテゴリカルな実体として在る基本情動の直接的知覚という発想を採らない。その意味で，そこでの仮定は，社会構成主義およびそれに近しい立場としての次元論と通底するものであり，基本的には，主観的情感やそれに対するラベリングは，認知，そしてそれを支える社会・文化の影響を大きく被るものとして仮定されている。しかし，認知的評価理論がより強い関心を寄せるのは，主観的情感というよりは，そこに至るまでの情動生起のプロセス全体であり (Scherer, 1999, 2009a, 2009b)，第 7 章でも述べたように，特に認知は認知でも情動の発動に関わる認知的評価を主軸に据えて，情動の本質を捉えようとするところに，この理論的立場の真骨頂があるのだと言える。

その半ば当然の帰結とも言い得るが，この理論的立場では，図 11.4 に示すように，事象の接触から，その多次元的な意味評価，そして動機づけや神経生理的側面等での変化，さらにはそれら全構成要素の表象に至るまで，構成主義や次元論にはない，詳細な理論的仮定がなされている。必ずしもこの立場のすべての論者がそういう訳ではないが，元来，多次元的な評価基準 (criteria) を私たちヒトに普遍的に備わって在るものと見なし，時にそれを生物が進化の階梯を上る中で獲得されてきたものと仮定するような向きもある (e.g. Ellsworth, 2007; Nesse & Ellsworth, 2009)。そして，この事象に対する複数の評価基準に沿って，その都度，そしてまたその事象の進行とともにオンラインで寄せ集められた多くの構成要素の集合体がその時々の情動ということになるのである (e.g. Parkinson, 1995)。そこには明瞭に，情動の発動を支える明確な法則性の仮定があり，それこそが，この理論的立場では，情動の「普遍文法」と考えることができるのだろう。

そして，情動発動の基底に明確な法則性の存在を前提視するという意味では基本情動理論と同じではあるが，その法則性の中身の仮定がまるで異なっており，基本情動理論が，予め組織化されて在る有限個の選択肢の中から 1 つ，その状況に最も適切な情動の丸ごと全体（適応に資する特定の構成要素群）が引き出されると主張するのに対して，認知的評価理論では，情動は予め仕組まれ

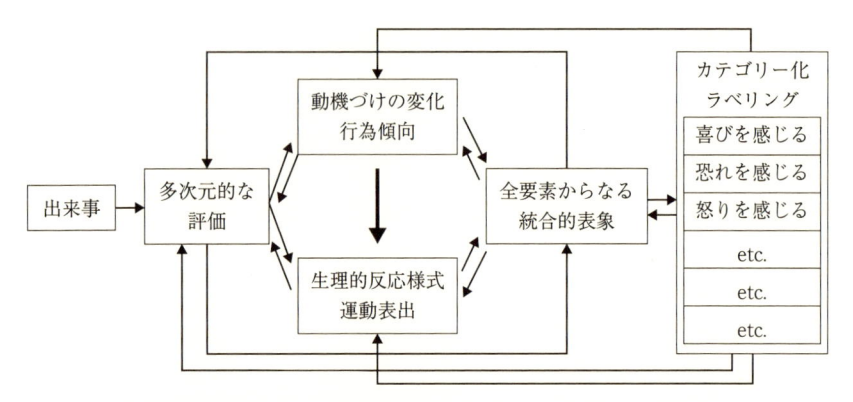

図11.4　認知的評価理論における情動の発動メカニズム（Scherer, 2009bに基づき作成）

て在るものの発動ではなく、あくまでもその都度、創発されるものとして在ることになる。個人が遭遇する事象が、そもそもきわめて多様なものとして在り、本質的に多次元の組み合わせとして在る状況に対する評価のパターンもまた、その時々の遭遇事象によって実に広汎なばらつきを見せることから、さらに、事象に対する個人の関わりの中で、その評価パターンも時々刻々と変化し得ることから、結果的に発動され、経験される情動もまた、実に多岐に亘るということが当然視されるのである。

　第7章でも見たように、認知的評価理論は、アーノルド（Arnold, 1960）によるジェームズ（James, 1884）に対する反論という形で実質的な始まりを見せた訳であるが、情動がその時々に創発されるという原理、および情動の本質的多様性ということの仮定に関して言えば、両者の見解は基本的にかなり近似していると言っても過言ではないのかも知れない。繰り返しになるが、ジェームズは事象との遭遇によって惹起された身体的反応の知覚されたものを情動と呼んだ訳であるが、彼によれば、人間の情動現象は殆ど一回性あるいは一過性のもの、すなわち一度経験された情動は、その後二度と経験されないくらい、特異性を備えたものであるという。言い換えれば、個々の状況、そしてまた身体的反応パターンおよびその結果としての情動は、本質的に多様であり、その客観的性質の点から、（基本情動理論が仮定するようには）とても少数有限個のカテゴリーに還元できるようなものではないというのである。彼は、喜怒哀楽と

いった，一般的な言語として存在する情動カテゴリーに何ら明確な定義的特性・基準が見出せないとし，それらを直接，科学的研究の対象とすることに強い難色を示したことで知られているのである。

　無論，こうしたジェームズの先見は，認知的評価理論のみならず，先に見た構成主義的情動論（次元論）の仮定ともきわめて親近性が高いと言える訳であるが，最も中核的なものの1つとして在る身体反応の多様性の仮定においては，より認知的評価理論に近しいのかも知れない。構成主義的情動論（次元論）における身体反応はあくまでも快―不快と生理的覚醒度の二次元においてばらつきを示すものに過ぎず，しかも，それは主観的情感の生成において，補助的な手がかりとしての役割を果たすものでしかないからである。すなわち，この立場では，主観的情感を分ける主役はあくまでも後づけ的な認知なのである。

　この項の冒頭でも述べたように，確かに認知的評価理論も，情動のカテゴリカルな覚知という点に関して言えば，暗に構成主義的情動論（次元論）とほぼ同様の機序を仮定しているのだと言えよう。しかし，そこでは最終的にカテゴリカルな認知を付加されるものとして在る先行物，すなわち認知的評価から構成要素の発動，およびその全体的な表象に至るまでのプロセス，いわば情動の「普遍文法」なるものの重みがまるで異なるものとして在ることに注意を怠ってはならないだろう。それは，単に快―不快や覚醒度の上でばらつきを示すようなものではなく，事象の評価的意味に応じて，そしてそれへの対処に資するよう，機能的な意味で発動された一連の心身の構成要素が複雑・多様に，しかし整合的に組み合わされたものなのである。構成主義的情動論（次元論）における「普遍文法」たるコア・アフェクトやそれに至るまでの何らかのプロセスが，元来，適応性にさして深く関わるものとは措定されていないのに対し，認知的評価理論における「普遍文法」は，それそのものが，私たちの適応性を高度に生み出すための精巧緻密な法則性として仮定されて在ると言えるのである。

　すなわち，その「普遍文法」が生み出すものそれ自体が基本情動のようなカテゴリカルな情動ではないにしても，そして，きわめて多様な様相を呈するにしても，それは，決して「何でもあり」の要素のランダムな寄せ集めではないということである。事象の評価に応じて発動される心身の様々な要素群は，その事象に対して適応的に対処するために，「その組み合わせでなければならな

い」という必然的な集合なのである。そして，私たち人は，認知的評価も含め，その必然的な要素の集合体の内，より顕在的ないくつかのパターンに対して，ある特定の情動語や情動概念を付与し，それを通じて，カテゴリカルに主観的情感を経験している可能性があるのである。

　先に見たように，次元論者のラッセルは，私たちの内に結果的に生み出されるカテゴリカルな主観的情感を「北斗七星」メタファーで捉え，それを構成する星，すなわち種々の要素間には本来，特に必然的な関連性がないものと仮定していた訳であるが，認知的評価理論は，この点において構成主義的情動論（次元論）と大きく見解を異にするのである。無論，認知的評価理論においても，その時々の情動状態に最終的にどのような情動概念や情動語が当てられるかには，社会・文化の影響が介在し，そこで情動はまさに「個別文法」化するものと暗に仮定されていると言い得る訳であるが，それは「普遍文法」による制約を相対的に強く受け得るものと言えるのかも知れない。私たち人が適応すべき事態には，かなりのところ社会・文化に拠らない共通性があり，またそれぞれの事態の評価に結びついた対処反応パターンが生物学的に規定されて在るものだとすれば，それに対する概念化やカテゴリー化にも自ずと（対処すべき事態が人一般にとって重要であればあるほどに）通文化的な普遍性が少なくともある程度は認められることになるのだろう。

　実のところ，こうした仮定は，認知的評価理論の中でも特にシェラーによる構成要素的アプローチあるいはコンポーネント・プロセス・モデルにおいて，最も色濃い。この構成要素的アプローチについては，既に第3章において，表情の構成やその読み取りの機序を考察する際に言及しているのだが，実のところ，それは表情に限定されたものではなく，広く情動の全体的構成や発動機序を説明するものとして提示されているのである。以下では，このシェラーの見方について概観し，それを通じて，情動の本体を究極的に何に見出すべきか，また，そこに進化および文化の諸要因がいかに絡み得ると把捉すべきなのかということについて，1つの統合的な見方を提示することにしたい。

11.2. コンポーネント・プロセス・モデルに見る情動の本性

11.2.1. 情動を「レスキュー隊」に準えて見る

　既述したように，当然のことながら，基本情動理論もまた，発動される情動を決して一枚岩のようなものとは見なしていない訳であり，それはあくまでも心身様々な下位要素によって支えられて在るものとして仮定されている。しかし，その下位要素間の結びつきには強い生物学的制約が課せられており，それらは意識的な制御などを加えられない限り，基本的には常に同一のセットをなして発動されるものとして在る。言ってみれば，基本情動理論において基本情動とは，災害の種別ごとに予め組織されて在るレスキュー隊のようなものと言えるのかも知れない。例えば，火災レスキュー隊，地震レスキュー隊，洪水レスキュー隊というように，それぞれに，各種特殊技能を有している個々の成員（これが構成要素に当たる）が決まった組織編成をなしているのである。火災なり，地震なり，洪水なり，その緊急事態の下で最も役立ちそうな技能を持った成員を複数種，各レスキュー隊の中に配置しておくのである。この場合，その技能の種類によっては，同じ成員が複数のレスキュー隊にまたがって属するということも当然あり得よう。ただし，いずれにしても重要なのは，災害の種別を示すサイレンが鳴った時に，基本的にはその対処に最もふさわしい，ある特定のレスキュー隊の成員全員が，現場に駆けつけ，事に当たるということである。

　それに対して，認知的評価理論が仮定する情動の発動では，個々の成員が災害別に予め組織されているということはない。個々の災害を考えると，それがたとえ地震に由来するものではあっても，家屋倒壊のみならず，火災を伴ったり，津波や水害を伴ったり，停電を伴ったりするということがあるかも知れない。認知的評価理論における個々の成員は，基本的に，この家屋倒壊，火災，津波，水害，停電といった，災害の性質に関するいくつかのチェック項目（これが評価基準に当たる）の該当の有無を知らせるシグナルが発せられた時に，基本的にはその時々の災害限りの緊急レスキュー隊がその都度，組織されることになるのだと考えられる（遠藤，2000a）。

　しかし，これでは，情動の最も重要な特質の1つである迅速性が損なわれて

しまうのではないかと訝る向きもあるかも知れない。例えば，情動を難事に対するデフォルト処理機構と見なすジョンソン－レアードら（Johnson-Laird & Oatley, 1992）は，情動の下位要素間に常時ランダムではない，アプリオリの内的連関構造が存在するからこそ，生体は不確実な状況で咄嗟に合理的な行動を取ることができるのだと主張する。状況を細かく分析して，必要な成員をその都度揃えていては時間がかかる。また状況の分析にちょっとした狂いがあった時，本来必要な成員が招集されないばかりに，損失や害悪を被る確率が飛躍的に増大してしまうかも知れない。それよりは，たとえすべての成員が必要にはならなくとも，想定される最悪の状況に備えていろいろな技能を有する成員を予め組織しておき，全員を招集するような体制を築いておく方がずっとリスクを低く抑えられる。いなくて困るよりは，結果的に何も役に立たなくとも，とりあえずは全員がその場に馳せ参じることに越したことはないというのである。

　確かに，純粋にボトムアップ的に，状況の細かい性質に応じて1つ1つ要素を拾い上げることは，たとえ正確であっても時間的効率が悪いことは確かであろう。それよりは多少柔軟性を欠いたとしても，トップダウン的に大ざっぱに1つの評価が決まれば，後は芋づる式にすべての要素が自動的に揃ってしまうような機構の方が迅速性という点でははるかに効率がよいのかも知れない。

　認知的評価理論も，基本的には情動の生物学合理性，生き残り支援機能を重視している訳であり，そのことからすると，上述したような批判は，かなりの痛手であることは間違いない。しかし，シェラーのコンポーネント・プロセス・モデルには，こうした批判に十分に応え得るだけの理論的説得力があると言えるかも知れない。シェラーの発想もまた，基本的には認知的評価理論に与するものであり，それは他の認知的評価理論と同様に，情動を，状況からの複数の意味抽出に応じて，種々の構成要素が寄せ集められた結果，すなわち，その都度組織される緊急レスキュー隊と見なしていると言い得る。ただし，彼の発想の中には，その時々の緊急レスキュー隊の構成に迅速性をもたらす1つの効率的な仕組みに関する仮定が含まれているのである。すなわち，彼の理論的仮定では，個々の成員（構成要素）は確かにその時々に招集されるのだが，その時の状況の特質に応じて完全にボトムアップにばらばらと呼び集められる訳ではなく，言ってみれば，家屋倒壊，火災，水害，津波，停電といった災害の

性質に関するいくつかのチェック項目ごとに、元来複数の成員（要素）が連動して出動するように編成されており、いざ、ある特定のチェック項目（評価基準）に関するシグナルが発せられれば、それらが一斉に招集されるのである。

　それは一見、基本情動理論における、全体的セットとしての基本情動の発動と見紛うところもあるが、それとの大きな相違点は、状況との接触によって発せられるシグナルを単一ではなく、同時に複数種あると見なすところにあり、発せられたシグナルの組み合わせによって、成員（要素）の構成は組織的でありつつも可変的に組み替えられるものとして在るのである。つまり、地震であれば、地震というたった1つのシグナルに対して、ある特定レスキュー隊の丸ごと全体が出動する仕組みではなく、災害で生じ得る家屋倒壊、火災、水害、停電といった被害状況の特質（評価基準）ごとにそれぞれ予め編成されて在る、いわば小チームが（個々の成員がばらばらと寄せ集められるということではなく）、複数種のシグナルに応じて協同的に組み合わさって全体としてのレスキュー隊を構成し、その時々の難事に対処するという仕組みである。

11.2.2. コンポーネント・プロセス・モデルの概要

　シェラー（Scherer, 1984a, 1984b, 2001, 2009a, 2009b）は、情動が、生体の進化のプロセスにおいて、複雑な環境下で、より柔軟な適応行動を取り得るよう、低次の諸本能に置き換わる形で生じてきたと仮定する。そして、それは、個体が遭遇した対象や事象の評価、システムの制御（末梢系における神経生理的変化）、行為の準備・方向づけ（動機づけおよび行為傾向の発動）、反応や行動的意図のコミュニケーション（種々の運動表出）、内的状態および個体と環境の相互作用に関するモニタリング（主観的情感）といった諸機能を十全に果たし得るよう最適化されてきていることを前提視している。その意味では、同じく情動の進化的起源や生物学的機能性を強調する基本情動理論と軌を一にする訳であるが、先にも述べたように、情動の発動機序に関しては、全く見解を異にするものである。

　シェラーによれば、個体は状況を広く見渡して完全にボトムアップにそこでの対処には何が必要かを1つ1つ分析していくという訳ではなく、予め少数有限個のチェック項目（評価基準）を持ち、それらに従って順次、状況を迅速に、

そして多くの場合，自動化された形で評価するのだという（刺激評価チェック：Stimulus Evaluation Checks ［SEC］）。細かく見れば，シェラー自身の中においても様々な理論的変遷があるため一概に論じることはできないが，少なくともモデル設定の初期段階においては，彼は，人が，事象の性質を，通常，5つの評価基準からチェックするよう予め仕組まれていると仮定していた（Scherer, 1984a, 2001）。その5つの基準とは，①状況が目新しいものか否か（novelty），②全般的に快か不快か（接近すべきか回避すべきか）（intrinsic pleasantness），③自らの目標や欲求に積極的に関わるものか否か，関わるとすれば正負いずれの方向に絡むものか，またそれだけの緊急性を要するか（goal/need significance），④原因はどこにあり，自身はその状況に対して適切な対処をなし得るのか否か（coping potential），⑤状況は社会的規範あるいは自己の規範に合致するものか否か（norm/self compatibility），ということである[3]。彼によれば，それぞれの評価基準におけるチェックは基本的に，無論，瞬間的にではあるが，①〜⑤の順をなして，すなわち自動化されたものから徐々に高次の認知処理を要するものに時系列的に（ただし時には再帰的にも）生じる。そして，それぞれの段階の評価は，一方では，知覚・認知および動機づけのメカニズム（注意，記憶，動機づけ，推論，自己など）と相互作用しながら，評価プロセス自体の進行にも影響を及ぼし，他方では，身体の神経生理的なメカニズム（自律神経系）の状態を変化させ，そしてそれを通じて，種々の行為傾向や運動表出，そして主観的情感などを複雑に，しかし，システマティックに生み出すことになるのだという（図11.5には2005年段階のシェラーのモデルを示した）。

---

[3] より最近の動向として，シェラーは人の状況に対する認知的評価を大きく4種に振り分けて考えるようになってきている。①自身にとっての関連性の検出，②自身に対する影響の査定，③対処可能性の評価，④基準・規範との合致判断，の4種である。そして，それぞれの下位に，より詳細なチェック指標を配置している。例えば，2005年段階では，①の下位に新奇性，本源的快─不快，目標・欲求との関連性，②の下位に原因帰属（原因・責任の所在および故意性），予期される帰結の生起可能性，期待とのずれ，目標・欲求への寄与，緊急性，③の下位に統制可能性，自身の能力，調整・適応可能性，④の下位に内的規範との適合性，外的規範との適合性，といったチェック項目を仮定している（Sander et al., 2005）。さらに，2009年段階では，①から目標・欲求との関連性が，②から原因帰属が排され，逆に③の中に原因帰属が付加されるに至っている（Scherer, 2009a, 2009b）。

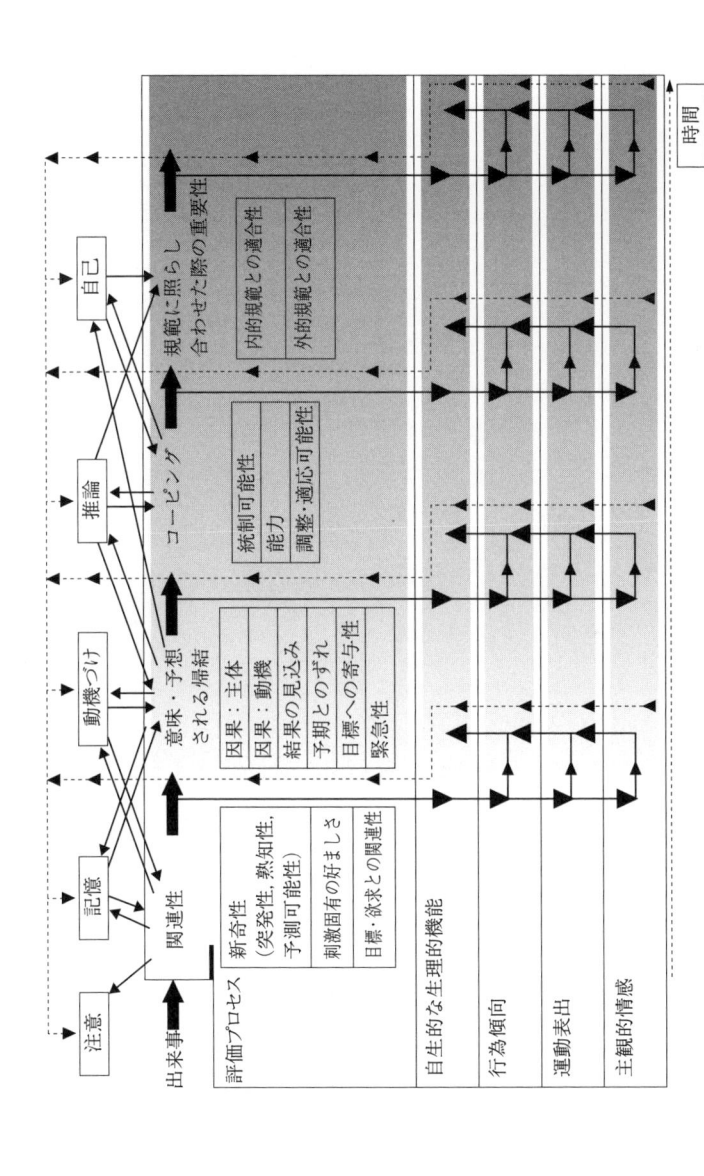

図11.5 コンポーネント・プロセス・モデルにおける情動生起プロセスの全容 (Sander et al., 2005 に基づき作成, 詳細は注3参照)

第11章 情動の究極の基体とは何か　279

さらに，シェラーの仮定において枢要な意味を有するのは，思うに，彼が構成要素のパターニング（componential patterning），あるいは反応のシンクロナイゼーション（response synchronization）と呼ぶところである。彼は，それぞれの評価基準におけるチェックが，その評価結果に対応した一群の要素群（顔の表情，発声，生理的状態，姿勢，動きなど）を，ある内的プログラムに従って，パターン化された形で，また同期化された形で（特定の構成要素間には相互影響関係が成り立っており，1つの要素の発動が他の決まった要素を連動的に作動させ得るような仕組みで）トリガーするよう予め仕組まれていると主張するのである。例えば，状況が個体にとって新奇なものであると評価された場合には，ただ一側面だけの要素，顔の表情ならそれだけが（眉の引き上げ，あるいは目や口や鼻孔の拡張といった形で）変化するのではなく，同時に発声や姿勢や運動など，他の側面の要素も同期・連動してそれぞれ変化し，全体としてある特定のパターンを構成するのだという（身体の筋活動は部分的な変化を見せ，声は一瞬途切れたり息の吸い込みがあったり，また姿勢は顔を上げ全体的に背筋を伸ばした格好になるなど）（表11.1）。
　しかも，それぞれの評価基準に沿って発動された要素群（ここではこれを「評価―反応セット」と呼ぶことにしたい）は，他の評価基準に由来する別の要素群（「評価―反応セット」）と累積的に融合する性質を有しているらしい。第3章の図3.1では，顔の表情において，評価基準ごとのチェックが1つ加わるごとに，顔の特定部位の動きが付加されていくというシェラーの仮定（Scherer, 1992, 1994）を示したが，実のところ，そうした機序は顔の表情のみに止まらず，シェラーの理論モデルでは，それと連動して，発声，身体姿勢，筋活動，認知活動，行為といった他側面においても同様に，種々の要素の漸加的集積が行われると措定されるのである。こうしたシェラーの発想からすれば，それこそ，それぞれの評価基準に予め結びついた複数要素の変化パターン，すなわち「評価―反応セット」こそが生体にとって普遍的なのであり，まさに情動の基体と呼び得るものということになるのであろう。そして，現実場面の1回1回の情動とは，5次元の評価結果それぞれに由来する「評価―反応セット」（前項の喩で言えば小チーム）が，さらに漸加的に寄せ集まった結果あるいはエピソード（前項の喩えで言えば全体としてのレスキュー隊）ということになると考えら

表 11.1 各評価基準の評価結果から予測される（表出行動に関する）構成要素の運動的な発動の例（Scherer, 1992 に基づき作成）

評価次元	各評価基準での評価の質	全般的筋活動	行為システム				
			顔	声	（手などの）身体運動	姿勢	移動
新奇性	新奇	部分的変化	眉やまぶたのつり上げ、口や鼻孔を開く	息を止める、息を吸う	中断・停止	背筋を伸ばし頭を上げる	停止
	既知	無変化	無変化	無変化	無変化	無変化	無変化
快一不快	快	微妙に減少	口や鼻孔などを開きぎみ（機嫌のよさそうな顔）	開口音（響きのよい声）	求心性の動き	受容的な姿勢	接近
	不快	増大	口や鼻孔などを閉じぎみ（機嫌の悪そうな顔）	狭窄音（押しつぶしたような声）	遠心性の動き	委縮した姿勢、閉鎖的な姿勢	回避、距離を置く
目標や欲求との一致—不一致	一致	減少	リラックスした感じ	リラックスした声	楽な位置	ゆったりとした姿勢	静穏な状態
	不一致	増大	眉間にしわを寄せる	緊張した声	状況による	状況による	状況による
対処可能性	対処不可能（不必要）	低緊張	まぶたを下げぎみに する	弛緩した声	不活動あるいは活動を弱める	前かがみの姿勢	無活動あるいは活動低下
	高い対処能力	微妙に減少、頭部と頸部の緊張	歯をむき出しにし、口元を緊張させる	声量豊かなはっきりとした声	攻撃的で大きな動き	しっかりと安定した姿勢をとり、前の方に身を傾ける	接近
	低い対処能力	低緊張、運動部位の緊張	口を開く	か細い声	防御的な動き	いつでも動けるような態勢	素早く動くか、すくむ

第 11 章 情動の究極の基体とは何か　281

れるのである。

　図11.6に示したように，シェラー（Scherer, 1992）の考えでは，5つの評価基準（$x_1 \sim x_5$）に沿って，まず状況がチェックリスト的に評価される。そして，その結果として，個々の評価基準に予め対応した要素群（顔，発声，生理，運動などの要素変化のパターン）が個々独立に引き出される。さらには，5種の評価基準に由来してそれぞれ引き出された要素群（$x_1' \sim x_5'$）が累積的に組み合わさることによって，その時々の情動反応の全体像が規定されてくるのだと理解できよう（図11.7）。無論，このモデルでは，単にそれぞれの評価基準における評価結果の組み合わせということだけではなく，先にもふれたように，評価プロセスの中での認知や身体生理的要素等との再帰的あるいは相互作用的影響機序の介在も想定されているため，結果的に生み出される情動の全体的エピソードは，きわめて多様な様相を呈することが想定されるのである。

　そして，シェラーによれば，こうして発動された一連の要素群は，次のステップにおいて，統合的にその時々の特異な表象を構成することになり，それが独特の質感（feeling of qualia：クオリア）を生み出すことにつながるのだという[4]。さらに，シェラーは，そこに，文化の介在する情動概念が持ち込まれ，最終的に，カテゴリカルな主観的情感およびその言語化が生じることになるのだと仮定するのである（前掲図11.4）。

　こうしたシェラーの考え方に従うならば，情動は，その時々の状況の性質に完全に依存する形で，純粋にボトムアップ的に構成されるものということにはならない。それはある程度，内的プログラムに制約された，その時々の構成体ということになる。基本情動理論では，状況から1つのテーマが抽出された後，それに対応した内的プログラムがトップダウン的に情動の丸ごと全体に制約を課すということになる訳であるが，シェラーのモデルでは，内的プログラムの制約が及ぶのは個々の評価基準と各種要素間の結びつき，すなわち「評価―反

---

[4] シェラー（Scherer, 2009a, 2009b）は，感情現象の中核として，この独特の質感なるものとラッセルのコア・アフェクトを対比的に論じ，後者があくまでも（機序は不明だがなぜか）快―不快と生理的覚醒度の二次元空間上の一点として規定されるものであるに対し，前者は本質的に多数の次元値によって複雑に，ただし一定の法則性に従う形で規定されるものであるとし，情動の多様性やその発情機序の実態を説明するには，前者の方がはるかに理に適っていると主張している。

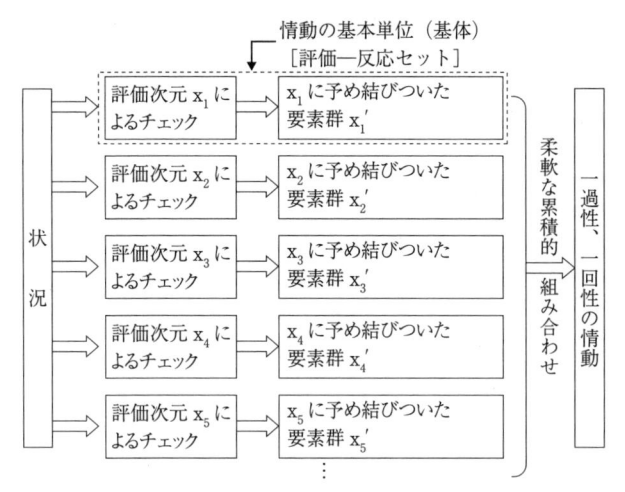

図11.6 コンポーネント・プロセス・モデルにおける情動の基本単位（基体）［評価―反応セット］（Scherer, 1992, 2009a に基づき作成）

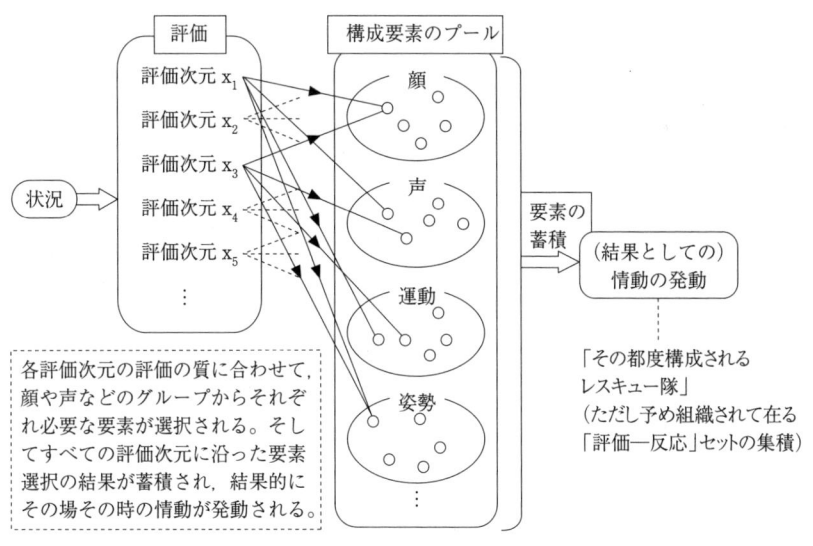

図11.7 コンポーネント・プロセス・モデルにおける情動の発動メカニズム（Scherer, 1992, 2009a に基づき作成）

応セット」のレベルまでである。そして最終的な情動の全体的構成に当たっては，内的プログラムの制約を離れて，外的要因たるその時々の状況の特質に依存するということになる。つまり，彼のモデルは，ボトムアップ型の機序とトップダウン型の機序の両者を兼ね備えているという点，すなわち情動の発動が，全的に外的状況に左右される訳ではなく（構成要素が全くランダムに寄せ集められる訳ではなく），部分的に内的プログラムの制約を受ける余地を残しているという点で，人間の情動の柔軟性や多様性をうまく説明するのみならず，その迅速性や効率性をもある程度整合的に説明し得るものと言えるのである。

11.2.3. コンポーネント・プロセス・モデルから見る情動の進化論

シェラーは，先述したような評価基準をヒトという種に普遍的なものと見なし，またその内のいくつかは他種と系統発生的連続性を有していると仮定している。別の言い方をすれば，ヒトは他種と同じ評価基準を共有しつつも，他種にはない，独自の評価基準を備えるに至った可能性があるということである。例えば，シェラー（Scherer, 1992）が5番目に挙げている社会的基準あるいは自己基準との合致という評価基準は，ヒトにおいて初めてそれが現出したとは言えなくとも，少なくともヒトにおいてその重要性が飛躍的に高まったという可能性は否定できないだろう（e.g. Ellsworth, 2007）。そして，それは，いわゆる日常言語で言うところの恥，罪悪感，誇りなどの自己意識的情動（→第8章）をヒトにもたらし，ヒトの情動生活を他種とは比較にならないほど複雑多様なものにしたと言えるのかも知れない。

情動は系統発生的に見て，どの時点まで遡れるかという問いに，単細胞生物と答える研究者は決して例外的ではない（e.g. Buck, 2007）。それというのは，その段階から既に，生体は，何らかの特定事象あるいは刺激に対して，正負いずれかの走性を示すからである。それを，快―不快あるいは近接―回避といった，評価基準の原初的現れと見ることも全くの過誤とは言えないのではないだろうか。情動の進化の歴史とは，実のところ状況評価の多次元化の歴史だったと言えるかも知れないのである（Nesse & Ellsworth, 2009）。生体は，長い進化の歴史において，評価基準の複数化・複雑化を成し遂げることで，また各基準にフィットした要素群を取り揃えることで，自らの適応度（生き残りや繁殖や

養育など）を高度に，また柔軟に保障し得るようになったのだと理解することも可能なのではないだろうか。

　第9章でもふれたように，基本情動理論では時に，各種情動を，言語や顔認知といった他の心的メカニズムと同様に，それが進化の過程で生み出された，特定のインプットに対して特定のアウトプットを効率的かつ高速に生み出す，いわゆる心的モジュールの一種と見なすことがある。この心的モジュールという発想の是非は措くとして，仮にこうしたものが進化の産物として存在するということであれば，情動におけるそれは，本当のところ，基本情動理論が言う基本情動なるもの，すなわち喜怒哀楽といったカテゴリカルな情動ではないのかも知れない。それは，むしろ，例えばエルスワース（Ellsworth, 2007）などが示唆するように，各種の評価基準そのもの，あるいはシェラーにおける「評価―反応セット」と見なすべきものと言えるのではないだろうか。

　確かに，日常，情動は事象の生起や変化に対して即時的に生じ，また瞬時に私たちの主観的情感を独特の質感を伴って埋め尽くしてしまうため，私たちの通常の認識のレベルにおいて，こうした評価基準や「評価―反応セット」はきわめて意識されにくいものとして在るのだと考えられる。そして，だからこそ，基本情動理論が仮定するように，経験的にきわめて顕在的なカテゴリカルな情動経験が，そのまま生物学的実体性の単位，すなわち情動の基体であると至極，素朴に思い込まれてきたという可能性は否めない。しかし，第9章でも見たように，基本情動そのものの実在性・実体性を裏づける証左は相対的に乏しく，かつ徐々に，その仮定を情動の実態からかけ離れたものと見なす論者が増えつつあるように思われる。無論，シェラーのコンポーネント・プロセス・モデルも，顔の表情や発声あるいは中枢神経および身体生理的変化などに関して，その妥当性を支持する証左を徐々に集めつつはある（Scherer, 2009a, 2009b）が，それが今後も厳しい検証作業にさらされるべきものとして在ることに変わりはない。だが，少なくともそれは，情動の生物学的基体およびその発動機序に関して，基本情動理論に代わり得る，最も有力なオルタナティヴとしての意味を有すると言えるのかも知れない。こうしたシェラーの理論モデルに想を得て，筆者は，種々の「評価―反応セット」こそが進化の産物たる情動の究極の基体であるということを現段階における暫定的な結論の1つにしておきたいと考える。

11.2.4. コンポーネント・プロセス・モデルから見る情動の文化論

　無論，上でふれたようにいくつかの評価基準およびそれに結びついた要素群，すなわち「評価—反応セット」がヒトという種に普遍的であるということは，結果的に現出する情動現象，とりわけ主観的情感に文化的差異が存在しないということをいささかも意味しない。たとえ，状況が，いかなる人によっても，潜在的に同じ評価基準のセットから評価されるにしても，どの基準に相対的により重きが置かれるのか，また，各基準の評価が結果的にどのような組み合わせになることが多いのかといったことには，それぞれの文化に特異な社会的状況，あるいは社会的目標・価値・信念，そして大概は，それらに適った社会化の影響が強く及ぶ可能性がある。そして，そこには自ずと，広汎なバリエーションが生まれる可能性が大きいと言えよう。評価結果の微妙な相違は，当然，それに結びついた要素群の累積の様相もまた違ってくることを意味する。そうなれば，情動に種々の文化間差が見出されるとしても，さほど不思議ではないことになろう。ちなみに，例えば，シェラーらは，相互協調的な目標の遂行に重きを置くこと，人の本性を基本的に善なるものと信じること，安全，調和，慈悲などに高い価値を見出すことなどの文化的特徴が，相対的に，一般的に言われるところの悲しみの生起を引き起こしやすくする一方で，相互独立的な目標の遂行に重きを置くこと，人の本性を基本的に悪しきものと信じること，達成，自己高揚，自律などに高い価値を見出す文化的特徴が，相対的に，一般的に言われるところの怒りの生起を引き起こしやすくすることなどを仮定している (Scherer & Brosch, 2009)。

　また，先にもふれたことにも重なるのだが，シェラー (Scherer, 2004, 2009a) は，情動プロセスに伴う感覚および情感などの内的状態を，3層に分けて把捉し，それを図11.8のようなベン図に表現している[5]。それによれば，Aの円は，

---

5) ダマシオ (Damasio, 1994, 1999, 2004) もまた，人の情動，あるいは情感を3つのレベルに分けて，理解しようとしている。それらは，純粋に身体・生理学的なものとして在る「情動の状態」(state of emotion)，その情動の状態が直接的にほぼ自動化された形で意識に上ったものとして在る「情感の状態」(state of feeling) あるいは「情動についての情感」(feeling of emotions)，その情感の状態に再帰的な意識が向けられた結果生じる，「情感が自覚された状態」(state of knowing the feeling) あるいは「情感についての情感」(feeling of feelings) のことであり，順にシェラーの言うA層，B層，C層にかなりのところ，概念的に重なるものと考えられる。

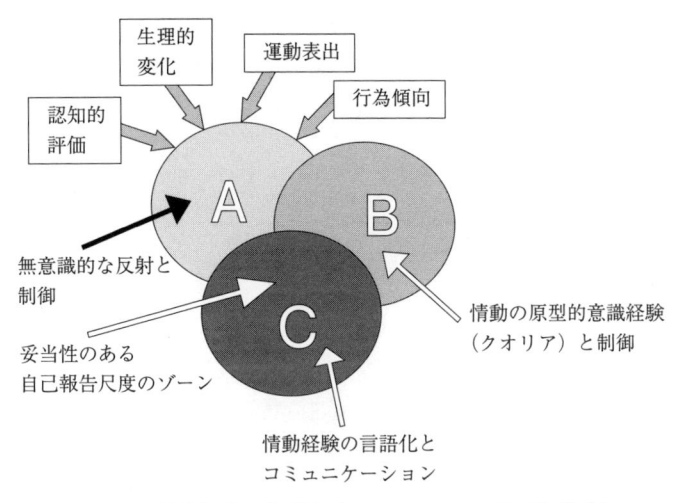

図 11.8 **情動経験の多層性**（Scherer, 2004 に基づき作成）

状況に対する認知的評価によって同期的に発動された一連の構成要素群のふるまいそのもの（生理的変化，運動表出，行為傾向など），あるいはそれを支える皮質・皮質下の中枢神経系の活動に関わるものであり，それは基本的に意識外のものとして在るという。そして，それに部分的に重なるのがＢの円で，それはＡの構成要素や神経系の活動に対する統合的な表象として在り，先にも述べたように意識の中にその時々の独特の質感（クオリア）をもたらすものと仮定されている。おそらく，少なくとも状況に対する認知的評価が一通り定まった後に継起する，ここまでのＡのすべておよびＢの少なくとも一部が，先の表現に帰れば，おそらくは，シェラーにおける情動の「普遍文法」と言い得るものということになるのだろう。それに対してＣの円は，Ｂの領域，そして部分的には直接的にＡの領域に，まさに様々な情動概念を持ち込んで，それを大概はカテゴリカルな主観的情感，あるいは特定の情動語に結びつけて経験するレベルということになるが，ここに至って，情動は，少なくともその主観的情感は，高度に「個別文法」化すると言えるのかも知れない。そして，このＣのレベルについて言えば，次元論者や社会構成主義者が主張するのとまさしく同じ意味で，情動概念を背後から支える文化の介在がある意味，不可避のものと仮定されるのである。

個々人の情動を捉える認知的枠組みは，それこそ社会・文化が作り上げた情動の素朴理論に規定され，ある程度の一貫性と整合性を有している可能性がある。社会化を通して，私たちは，本質的に多種多様な情動の中から，ある特定の情動のみをバイアスをもって特別視するに至り（→第10章における認知の精度が高い情動），逆にある一群の情動には殆ど特別な注意を払うことをしなくなるのかも知れない（→第10章における認知の精度が低い情動）。また，（生物学的実体には対応しなくとも）ある一貫した認知的基準をもって，無意識裡に，ある一群の情動を一まとめに知覚し，そしてまたある情動とある情動を異種のものとして経験するようになるのだと考えられる。その意味からすると，喜び，怒り，悲しみ，恐れといった日常言語の中に明確に存在する情動カテゴリーに関しては，たとえそれらが個別の定義的特性，あるいは特異な生物学的プログラムやハードウェア的構造を伴って実在していなくとも，私たちが，それらを意識的経験，あるいは主観的情感として，弁別的に感じているということは，ある程度，真実なのかも知れない。そして，ロッシュ（Rosch, 1973）の枠組みを借りて言うならば，そこには，そうした水平的なカテゴリー化のみならず，上位，基礎，下位といった垂直的なカテゴリー化も，あるいはまた，それぞれのカテゴリーにおけるプロトタイプも，文化特異な形で存在しているのだと考えられる（Shaver et al., 1987）。

　総べて言うならば，結局のところ，シェラーの理論モデルにおいては，社会・文化の影響が，一連の情動プロセスの中で，異なる2つのステップに及ぶと仮定されているということになる。すなわち，1つは，ヒト一般に共通普遍の評価基準に拠りながらも，生起する事象そのものおよび目標・価値・信念等の影響を本質的に受けざるを得ないものとして在る，その時々の全体的な評価結果のステップにおいてである。そして，もう1つは，潜在的な情動概念に従って，最終的に経験されることになる主観的情感や言語化のステップにおいてである（図11.9）。無論，シェラーの理論化の中には表立った言及はないが，これらの他に，第10章で見たような，情動の対他的な表出や行動に対する文化的影響も当然，想定される訳であり，総じて，情動は，それぞれの社会・文化に特異な事情を，必然的に様々な形で映し出すものということになるのである。

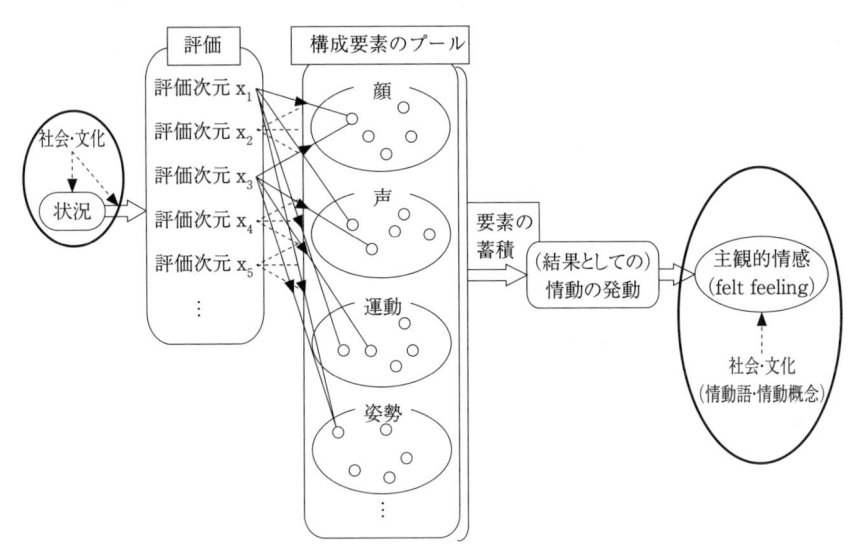

図 11.9　コンポーネント・プロセス・モデルにおける社会・文化の影響
（Scherer, 1992, 2009a に基づき作成）

11.3. 進化と文化——その織りなす綾

　さて，以上では，コンポーネント・プロセス・モデルから見る情動の進化的見方および文化的見方を示した訳であるが，それらをいかに整合的に結び合わせることができるのだろうか。上述したように，確かに情動に文化的差異は明瞭に認められる。しかし，くどいようであるが，そうした差異は，あくまでも共通のプラットフォームの上で，すなわち人一般にとって普遍的な評価基準および「評価—反応セット」の組み合わせという制約の中で生じるものとして在る。そして，現に生起してくる情動はきわめて多様ではあるが，その中には，進化的な情動の基体としての「評価—反応セット」を少なくともいくつかは必ず見出し得るはずなのである。そうした意味において，コンポーネント・プロセス・モデルは，情動の文化的特異性と通文化的近似性の両方を，かなりのところ整合的に説明し得るものと言えるのかも知れない。

　人の表情を例に取ってみれば，確かに第9章で見たように，基本情動理論で最も強力な論拠とされてきた情動表出の種内普遍性の仮定が今や様々な批判に

さらされてきている訳であるが，その批判の大半は，顔全体の表出パターン，すなわちゲシュタルトとしての表情に向けられたものであっても，それを構成する個々の筋運動の意味性をも否定するものでは必ずしもないと言うべきであろう（→第3章）。つまり，例えば，新奇な事象であるという認知的評価がまぶたのつり上げを引き起こしたり，何かの障壁・困難な状況の知覚が眉間のしわの動きを惹起したりするといったレベルまでは，ヒトという種に共通なものと考えることができ，従って文化的背景を異にする人同士でも，それらの知覚においては，互いに「似ている」と感じることだろうし，またそのレベルにおいては十分に（その動きの元となった認知的評価を察知できるという意味において）意思疎通が可能なのであろう。

　しかし，評価基準およびそれに結びついた要素群は潜在的に同じでも，評価結果の組み合わせまでは内的制約の及ばないところであり，結果的に，表情の全体的パターンまでが悉く同じになるとは限らない。顔の各部位の動きを見れば似ているということがあっても，その組み合わせが異なると，表情に対する全体的印象に関しては微妙にどこか「違う」と感じるということは十分に想定し得るのである。おそらく，表情に映される情動の真実は，文化的に似ているか違うかという二分法的な見方の中には端からなく，まさしく「似てもいるし違ってもいる」という見方の中にこそあるのだろう。そして，このことは，当然のことながら，表情のみならず，情動のすべての側面に関して言い得るはずである。

　また，私たちが，現実に経験する情動の中に，きわめて生起頻度が高いものとそうでないものが存在することは事実かも知れない。そして，ある社会・文化の中で，頻繁に生じる評価の組み合わせパターンがあるとすれば，その結果としての情動が自ずと人の強い関心を引きつけ，カテゴリカルに把捉された上で，ある短い言語表現をもって表されることは別段不思議なことではないだろう。シェラーは，こうした生起頻度がきわめて高く，結果的に，特定のラベル＝情動語を貼りつけられることになる一群の情動を「最頻的情動」（modal emotion）と呼んでいる（Scherer, 1984a, 1994, 2009a, 2009b）が，当然のことながら，生起頻度の高さは，そうした情動が，殆どの場合，私たちのきわめて重要な適応上の問題に深く関係していることを含意しているものと言える。そうし

た意味からすれば、そこに貼りつけられる情動語は、最も優先的に処理すべき事態に対して当てられた「タグ」のようなもの (Brosch et al., 2010) とも言えるのかも知れない。タグがあれば、重要事項に関して人相互における効率的なコミュニケーションが可能になり、そのことによって、さらに私たちは適応上の恩恵に与り得ることになるのだろう。

　ただし、ここで注意すべきは、こうした最頻的情動には、文化の壁を超えて、ヒト一般に共通するものも十分にあり得るということである。すなわち、少なくとも生物としてのヒトは、常にではないにしても、大概は、己の適応度 (fitness)（遺伝子の維持・拡散）に絡む動機づけに駆られる存在であり、生存や成長、配偶や繁殖あるいは家族形成や養育といったところには自ずと強い関心を寄せざるを得ないものとして在る。当然のことながら、ヒトの誰もが、例えば、自らの生命を脅かすような危機には自然と注意を引きつけられ、そこからの逃避に強く動機づけられるだろうし、また自身の生命の維持に関わる必須の栄養素があれば、特に空腹時には、その確保に強く駆り立てられるものなのである。また、第8章や第9章でもふれたように、私たちヒトが、高度に社会性を拡張する中で進化を遂げてきた生き物であるとすれば、互恵性を始め、関係性の構築・維持あるいは破壊などは、純粋に社会的適応という枠に留まらず、殆どそのまま個体の生物学的適応にも深く絡むものと言い得よう。従って、そこにもまた、かなりのところ、ヒト一般に共通する関心や動機づけが存在することになり、結果的に、それらに絡む重要な事態には、ヒトの誰もが、社会・文化の違いによらず、情動的に反応することになるのだと考えられる。

　すなわち、当然、すべてではないにしても、頻繁に経験され表出される情動には、かなりのところ、私たちヒトの本性に根ざした種内普遍性あるいは通文化的共通性が想定されるということであり、そして、その帰結として情動の括り方（情動概念や情動カテゴリー）にも、多様な文化間で、一定の重なりが認められる可能性が高いということである。シェラー (Scherer, 2009a, 2009b) は、最頻的情動が特に上位カテゴリーや基礎カテゴリーに割りつけられている場合が多いとしているが、少なくとも、快—不快という上位次元において、また喜び、悲しみ、怒り、恐れといった情動を経験し言語化する基礎次元において、私たち人間は、そう大差ない情動の概念表象の枠組みを有していると言えるの

かも知れない。

　進化論者のグールド（Gould, 1989）によれば，私たちの日常に染みこんだ種々の分類やカテゴリーは，ただ，生活上の混乱を避けるために存在するのではなく（次元論者などが言うように恣意的なものではさらさらなく），あくまでも自然の秩序の基盤に関する理論として在るのだという。この枠組みに依拠して言えば，私たちが日常，口にする様々な情動語もまた，何らかの自然の秩序の，少なくともその一端にはふれているということになるのだろう。ただし，その自然の秩序とは，基本情動理論で言う，いわゆる基本情動なるものでは必ずしもないのだと考えられる。むしろ，それは，私たちヒトが種々の適応に絡んで結果的にどうしても頻繁に発動せざるを得なくなる最頻的情動と言うべきものではないのだろうか。実のところ，基本情動と言われてきたものは，おそらくは多くの場合，最頻的情動と言い換えられて然るべきものなのかも知れない。基本情動理論が強調するように仮に基本情動なるものに，かなりのところ通文化的共通性が認められるにしても，それは，それら自体が生物としてのヒトに生得普遍に組み込まれて在るが故にではなく，あくまでも，結果的に発動される，その時々の情動の最頻性において広く人間一般に近似性があるからなのだと言い得よう。

　かのように，進化と文化という糸は，織りなす綾のごとく，複雑に，しかし，決してランダムではなく，ある一定の「理(ことわり)」（＝法則性や原理）に沿いながら，私たちの日常的な情動の経験や表出を色鮮やかに織り合わせているのだと考えられる。本書では，その織り合わせ方に，従来とは異なる視座を多少とも持ち込み，その解明を企図した訳であるが，それが十分に了解を得られるものなのかどうか，それはすべて読者の読み解くところに委ねたいと想う。

第11章のむすびとして

　本章では，本書の各所でふれてきた現代の3つの代表的な理論的系統を，同じ土俵の上に置き，その情動の基体や情動の発動機序に関して，相互にどのような重なりとずれを有しているかについて理論的な検討を行った。その上で，認知的評価理論の可能性に着目し，その中でもシェラーによるコンポーネント・プロセス・モデルが，現在のところ，情動の性質や成り立ちも含め，その

全体像を最も整合的に説明し得るのではないかと考えた。そして，あくまでも筆者の私論ではあるが，情動の基体を「評価―反応セット」と見なすことによって，情動の進化的基盤と文化的基盤とを最も矛盾なく整合的に了解することが可能になるのではないかと結論した訳である。

　情動の基体に関する仮定ということに関して言えば，基本情動理論と，認知的評価理論や構成主義的情動論との差異が最も際立ったものとして在ると言い得る。しかし，最近シェラーは，情動発生における認知的評価の役割にも精細な目を向け，柔軟な情動の発動機序や情動ファミリーなるもの（それぞれの情動カテゴリーがゆるやかな家族的類似性によって成り立っている）などに関して新たな理論的付加を行うことで，基本情動以外の複雑な情動にも視野を広げつつある，現今の基本情動理論に関しては，徐々に自身の理論的立場との対立点が薄まってきているという認識を示し始めている（Scherer, 2009a, 2009b）。むしろ，彼の批判の矛先は，ラッセルやバレットなどによる次元論あるいは構成主義的情動論に対して尖鋭化している感があり，彼は，それが結局のところ情動プロセス全体ではなく主観的情感（feeling）に関する理論化に過ぎないこと，またコア・アフェクトなるものの実体性やそれが発生する機序に関して理論的仮定がきわめて曖昧で不透明であることなどを槍玉に挙げて厳しく論難している（Scherer, 2009a, 2009b）。特に，後者については自らも関与して，様々な言語圏における情動語に関する綿密な実証的検討を行い，情動語や情動概念のレベルでも，ラッセルやバレットが言う二次元（感情価と生理的覚醒）のみでは到底，説明しきれないこと，少なくとも四次元は仮定する必要があることなどを明らかにしている（Fontaine *et al.*, 2007）。

　もっとも，近年の基本情動理論の動向に親近性を寄せるようになってきているとは言っても，それが最も重視する情動の進化的基盤に関しては，シェラーの理論的仮定は未だ乏しいという感が否めない。実のところ，シェラー自身の記述の中には認知的評価と系統発生との関連について多少の言及はあるものの（Scherer, 1984, 2009a, 2009b），表立って情動の進化的基盤をコンポーネント・プロセス・モデルに沿って精細に考究している訳ではない。その意味で，本章での筆者の試論は，それを進化と文化に関連づけて拡張的に議論しようとするものであったが，その試みにはやや勇み足のところがあったかも知れない。しか

し，その理論的発展性を考えると，今後，必ずや補われなくてはならない方向性であると筆者は確信している。シェラーは少なくともこの四半世紀に亘って自身の理論の洗練化とそれを裏づける実証的知見の探索とを連綿と続けてきている（Scherer, 2009a, 2009b）が，それは未だ決して完成体として成ってはいない。そして，無論，筆者のシェラーの理論に基づいた情動の進化論・文化論も，まだ最初の一歩を踏み出したに過ぎない。ただ，こうした方向性が，今後の情動研究には必須不可欠なものであるということを確言して，本章の結びとしよう。

終　章

　エラスムス（Erasmus, 1511/2006）によれば，この世を統べる大神ジュピターは，1対24の割合で，理性を人の頭に，情動を人の身体全体に配したという。人の愚かさのすべては後者に由来するところであり，前者が常に監視の目を光らせていなければ，人は容易に獣に堕してしまうというのである。しかし，第1章にも記したように，エラスムスは，痴愚神モリアに，それが真っ赤な嘘偽りであり，実は，情動が駆り立てる，一見，愚行とおぼしきものの中にこそ，人にとっての真の幸福や徳が潜んで在ることを高らかに謳わせるのである。本書が企図したのは，ある意味，この痴愚神モリアの言が，現今の心理学的知見に照らして見た時に，どこまで妥当なものと言い得るのかを確かめることだったと言えるのかも知れない。本書の目的は，「情の理」，すなわち情動に潜んで在る理知（条理や理法）を，情動がもたらす合理的な機能性と，情動を支える秩序だった法則性という2つの視座から見極め，論究することであった。

　第Ⅰ部の「情がもたらす理」が目的としたところは，情動がこれまでどのように見なされてきたかを概観した上で，近年の機能的・合理的情動観に着目し，現に，種々の情動がどのような意味で，いかなる合理的な機能性を私たちにもたらしていると言い得るのかを，生物学的視点，社会的視点，発達的視点などから，幅広く解明することであった。また，情動の本質が，正負両面併せ持った両刃性の中にあることを論じ，だとすれば，情動の適応的なあり方は，そこに潜んで在る機能性を最大化するようなものであるべきであり，そして，その観点からこそ，近年，議論の喧しい「情動的知能」なるものが再概念化される必要性があることを説くことであった。
　まず第1章で試みたのは，情動が，西欧哲学から心理学へと至る歴史の中で，また心理学そのものが展開する中で，どのように認識されてきたのか，すなわち情動観の変遷を辿ることであった。そこで明らかになったことは，古代で言

えばアリストテレス (Aristotle), 近世で言えばスミス (A. Smith) やヒューム (D. Hume) など, いくつかの例外はあったものの, 長く, その基調として在ったのは, プラトン (Plato) 以来の, 情動を理性の対極に配置し, 混沌・不条理の象徴と見なす, 非合理的・反機能的な情動観であり, 心理学も, とりわけ行動主義を中心に, それを暗黙裡に踏襲してきたということである。その上で, しかしながら, 近年, 特に心の構成に対する進化論的見方が進む中, 情動に対する見方は大きく変じつつあり, 今や, それは, 基本的に, 確かな法則性に支えられて生起し, 人の生物学的および社会的な適応を高度に支えるものと見なされるに至っていることを示した。さらに, 第1章では, 様々な感情現象の概念的整理を行った上で, 論の中心となる情動 (emotion) を, 事象に対する認知的評価によって立ち上がり, 特異な主観的情感, 生理的変化, 表出的特徴, 行為傾向といった複数の構成要素が絡み合いながら発動される一過性の反応であると定義づけた。

　第2章では, 情動の合理的な機能性として, どのようなものが理論的に想定されるかについて, それを大きく, 個体内機能と個体間機能とに分けて論じた。前者については, 特に, 心理的動機づけと身体的変化から成る適切な行為の準備・発動機能と, それに伴って生じ, またそれを支えることにもなる重要事象の迅速な学習機能などが注目されることを示した。一方, 後者については, 他個体との関係性の構築・維持, あるいは分断等に深く関わるコミュニケーション機能と, 他個体との利害バランスの調整に関わる再較正機能などを, 特に重要な働きをなすものとして仮定した。また, ポジティヴな情動に関して, 報酬的刺激への近接およびその維持の他, 回復器・防衛器としての機能や拡張・構築機能などが考えられることに言及した。

　第3章では, 情動のコミュニケーション機能に再度, 刮目し, 人の表情が, いかなる原理に支えられて在り, またそれは人と人との関係において, どのような情報のやりとりを可能ならしめるかについて考察を行った。ダーウィン (C. Darwin) 以来, 表情に関しては, 長く, 潜在的な情動状態が外に漏れ出したものという見方が強かったが, 必ずしも常にそうあるとばかりは言えず, それは時に他者の存在を前提として初めて顕在的に現れ, 意識的に自身の意図を他者に伝達しようとするものでもある可能性が示唆された。また, 表情が情

動に関する情報を発信するとしても，それは基本情動理論が仮定するように，ゲシュタルトとしての表情が，喜び，怒り，悲しみ，恐れといった，ある個別のカテゴリカルな情報を放っているとは必ずしも言い切れず，次元論的立場では，表情が快—不快と生理的覚醒度の情報を発するに過ぎないという可能性が想定されていることを，また構成要素的アプローチ（コンポーネント・プロセス・モデル）では，顔の様々な部位の動きが多重に情動状態に関わる情報を同時発信するという見方が提示されていることを示した。

　第4章では，情動の個体発生的起源と発達プロセスおよびその機序に関して，情意理解の発達などにも視野を広げながら概説し，その上で，今度は，日常的に発動される種々の情動がいかに子どもの関係性の構築や，ひいてはパーソナリティの形成に関わり得るかについて論考を行った。情動の発達に関しては，無論，その生得的基盤は存在するものの，各種の情動そのものが出生直後から既に完成体として在る訳ではなく，それは認知や運動あるいは自己や自己意識等の発達に伴いながら，漸次的に現出するものであることを論じた。また，子どもは，同種たる他者存在に感応し，またその他者を感応させる中で，様々な社会的刺激を受けて，情意理解を含めた多様な社会的能力を獲得するに至るというプロセスが想定されること，さらに，個々の子どもの経験，表出する情動の種類や頻度の偏りが，養育者を初めとする他者との関係性の展開に深く関わり，それが子どもの個性やパーソナリティの形成に一部関与する可能性があることを論じた。

　第5章では，情動を，合理的か否か，機能的か否かという視座から，二分法的に判じるのは，基本的に誤っており，情動は正負両面併せ持った両刃の剣として理解されるべきものであることを論じた。ただし，それは，情動には機能的に働く場合もあれば，反機能的に転ずる場合もあるというような意味ばかりではなく，むしろ，情動の機能的なところが反機能的でもあり，合理的なところが非合理的でもあるという意味で把捉されなければならないことを主張するものであった。情動を惹起させた当該事象との関連で言えば合理的であっても，先行のあるいは後続の活動との関連であれば，それらの遂行を阻害するという意味で，非合理的ということになるし，また，今ここという短期的視点をもって見れば多分に嫌忌的で破壊的な情動経験でも，長期的視座を取って見れば，

結果的にそれが，例えば他者との利害バランスの調整などに正に寄与していることが想定されるのである。そもそも，恐れにしても，怒りにしても，ネガティヴな情動は，心理的安寧を崩すという意味では非合理であるが，人が生き残り，生物学的適応度を維持し，拡大していく上では必須不可欠であり，その意味では合理的と言えるのである。さらに，時間や種々の資源に恵まれた状況からすれば，それこそ浅はかとしか言い得ないような行為選択を情動が強いたとしても，現にその情動が生起した，それこそ時間的にも資源的に切羽詰まった状況との関連で言えば，その行為選択がベストであるということも少なくはないはずなのである。

　第Ⅰ部の最後に第6章で扱ったのは，近年，注目の度が著しい情動的知能の問題であった。それは，一見，今まで過小視されてきた情動の役割を再評価するものと見え，本論の立場と軌を一にするようにも考えられたが，実のところ，その研究や応用の中心は，情動に対する理知，すなわち情動に対して認知を働かせ，それを正確に理解すること，そしてまた徹底的に制御・管理することについてであった。この章では，現今の情動的知能研究が抱える様々な問題点を批判的に論じた上で，本来，情動的知能は，情動に潜んで在る理知を適切に活用するという視座から再概念化される必要性を訴えた。それに関連して，本来，情動的知能に関しては，中庸の適応性を説いたアリストテレス的な見方を適用することが基本的に妥当であること，また，その適否は1つの課題との関連ではなく，むしろ全人格，全生活的視点から判断されるべきであること，さらに，その適応的なあり方は決して1つではなく，個々人の気質や情動的特性によって，様々な形を取り得るものと把握されなくてはならないものであることを論じた。その上で，情動に潜在して在る理知を活かすという意味での情動的知能は，オープンな情動的環境の中で，正負様々な情動を濃密に経験する中で，初めて培われ得るものであることを主張した。

　第Ⅱ部の「情動をささえる理」で目指したのは，1回1回の情動の発動にどのような機序が関係しているのか，そこにいかなる法則性を見出し得るのかを解明し，さらに，私たちの多様な情動が，進化的にどのように準備され，また文化的にどのように特異性を備えるに至るのかを考察した上で，情動の究極の

基体が何かについて筆者なりの試論を行うことであった。そして，情動の進化論と文化論の対立を超えて，情動の成り立ちに関して1つの統合的な見方を提示することを企図したのである。

　まず第7章で試みたのは，情動の発動機序に関して，これまで心理学の歴史の中で，どのように仮定されてきたかを概観し，特に，その代表的な理論である認知的評価理論の現代的動向を探ることであった。心理学の歴史の中では，情動の身体性への着目が先にあり，それこそ心理学の祖たるジェームズ（W. James）が，末梢神経説を唱えて以来，それをめぐって，様々な議論がなされてきた訳であるが，そこでの基本的な関心は，身体的変化と主観的情感の関わりをいかに捉えるかということであった。ジェームズ的な見方は，ある意味，ダマシオ（A. Damsio）によるソマティック・マーカー仮説などの中に今なお活きていると言うべきであるが，現今の議論の中心は，事象に対する認知的評価が，その後の，主観的情感や身体的変化を含めた情動反応をいかに引き起こすかということに移り変わってきており，今では，事象に対する評価が，低次と高次，少なくとも同時並行的な二重過程として理解される必要があることなどが熱く議論されているようであった。また，情動生起には，評価を介さない機序も含め，多様なパスが存在し得る可能性があることにも言及した。

　第8章では，種々の情動の経験や表出に，自己や自己意識がいかに関与し得るかについて掘り下げて論じ，特に高度に人間的であると言い得る自己意識的情動に関して論考を行った。情動は，基本的に，事象が自身の利害関心に絡むか，絡むとすればいかに関わるかといった認知的評価によって発生するものであり，その意味では，ほぼすべての情動に自己が関与していると言い得た。しかし，少なくとも人間の情動の中には，自己に再帰的な意識を向けることに端を発して生じてくる，自己反省的情動や自己意識的情動があり，とりわけ，後者が私たちの社会生活において枢要な働きをなしていることが考えられた。また，それは，基本的には他者との関係性や集団の存在を前提として生起してくるものであり，そこには何らかの社会・文化的な規範や基準等が不可避的に介在し，さらには，他者との様々な社会的比較の過程などによって多様に分岐し得るものであることが考察された。

　第9章の目的は，情動の進化的基盤を探ることであった。ダーウィン以来，

情動を生物の系統発生の歴史の中で生み出された進化の産物と見なす考え方は，情動理論全体の中で，1つの主要な立場をなしてきたと言い得るが，殊に，近年における進化心理学の進展は，その見方を強力に後押しし，そして，現今の合理的情動観を支える屋台骨になっていることはほぼ確かなことであると推察された。進化心理学は，ヒトの祖先が繰り返し遭遇したであろう様々な適応上の難題に対して，それぞれ個別の心的モジュールが進化してきたことを前提視するものであるが，基本情動理論は，暗黙裡にこの仮定に基づいていると考えられ，そこでは，喜び，怒り，悲しみ，恐れといった各種情動が，適応のために必要となる多様な心身の要素が予めパッケージ化されたものと理解されていた。しかし，この基本情動理論には，そもそも基本情動とは何かということも含め，理論的に訝しいところが少なくはなく，情動の進化的構成という考え方を堅持するにしても，この理論とは別種の新たな説明の枠組みが必要であることが示唆された。

　第10章では，しばしば情動の進化論的見方の対極に位置づけられる，情動の社会的構成ということに関して批判的吟味を行った。情動の比較文化的研究に関わる先行研究を概観・整理した上で，情動の社会構成主義者が，文化特異的な情動あるいはその欠落としているものが，身体や脳神経なども含めた情動の丸ごと全体に関わるものではないということを指摘し，文化が情動を構成するということがいったい何を意味するのかについて，情動語や情動概念の構成，そしてそれに基づいて経験されることになる主観的情感の生成ということを中心に，議論を行った。また，しばしば，対立的に捉えられることの多い情動の進化的見方と文化的見方であるが，それぞれが自説の論拠としているところには大きな離齬があり，どちらかを是とし，どちらかを非とすることはきわめて不毛なことであり，それらを整合的に結び合わせるための新たな見方の必要性が説かれた。

　最終の第11章では，それまでの第Ⅱ部全体の議論を受けて，そもそも，情動の基本的単位を，日常語として在る喜び，怒り，悲しみ，恐れといったカテゴリカルなものと見なす，私たちにとって，ある意味，当たり前とも言い得る考え方を抜本的に訝り，それらに代わる情動の究極の基体とは何かを模索する試みをなした。まず，現代の代表的な情動理論である，基本情動理論，次元論

も含めた社会構成主義的情動論，そして認知的評価理論，それぞれが仮定する情動の生起機序に関して比較検討を行った。その上で，基本情動理論に関しては，そこで基本情動とされるものの実体性の根拠が希薄であること，また構成主義的理論，殊に次元論に関しては，1回1回の情動の特異性に関して，快―不快と生理的覚醒度の差異しか認めず，私たちの情動経験の多くが，基本的には社会や文化の影響を強く受けた恣意的なラベリングによって成り立っているという仮定に論拠が乏しいことを，問題視した。その上で，認知的評価理論の一種として在る，シェラー（K. Scherer）のコンポーネント・プロセス・モデル（構成要素的アプローチ）が仮定する，ある特定評価と，それに結びついて特異的に発動されるよう仕組まれた，心身の様々な構成要素のセット（「評価―反応セット」）こそが情動の究極の基体と見なされるべきものであり，1回1回の情動は，その時々の状況に対する複数次元からの評価によって，その都度，惹起され寄せ集められた，複数の「評価―反応セット」の束であると見なす考え方が現時点において最も妥当であるとの私見を示した。そして，様々な「評価―反応セット」それ自体は，まさに進化の産物としてヒトに共通普遍のものとして在るが，その1回1回の寄せ集めのあり方や，結果的に頻繁に生じることになる寄せ集めのパターン，そしてその概念化や情動語によるラベリングには，社会・文化の影響が強く及ぶのであり，そこに情動の文化的特異性が生じる可能性があることを試論して章を結んだ。

　本書が「情の理」をどこまで的確に見極めることができたか，それを現時点で判じることはできない。ただ，情動の機能性と法則性に関わる主要な論点を整理し，情動研究のこれからのあり得べき道筋を幾ばくかは指し示すことができたような気がする。ただ，本論を一通り書き終えて，改めて痛感するのは，情動を実証的研究の俎上に載せることが，原理的な意味でいかに難しいかということである。
　例えば，第5章で情動の両刃性について議論を行ったが，ネガティヴ情動の今ここでの嫌忌性や非合理性は様々な観測を通して検証し得ても，それが長期的な意味で個人の適応性や適応度にいかに正の効果を及ぼし得るかを実証的に明らかにすることはきわめて困難と言わざるを得ない。確かに，進化生物学等

で頻繁に用いられるコンピュータ・シミュレーションなどは，どのような情動的ふるまいをする個体が，長い時間経過の中で，いかに生き残り，繁殖に成功する確率が高いかを解明し得るだろうし，現にそうした研究は既に相当数，行われている。しかし，それはあくまでも傍証でしかなく，現実の情動の発動が種々の生活の文脈において，いかにして個体の適応・不適応を分けることになるかを直接的に明らかにするものでは当然ない。また，若年期に測定された情動的特性や気質あるいは写真に映った顔の表情などが，その後の個々人の健康や長寿傾向あるいは幸福感や人生満足度などをいかに予測し得るかという縦断的および疫学的な研究も少数ながら行われ，一定の成果を挙げてはいる。しかし，情動的特性や写真の表情などの背後には，当然のことながら，パーソナリティのような個人の安定した属性の関与が想定される訳であり，それによる影響を排して，情動そのものの経験や表出が有する効果を取り出すことは至難の業であると考えられる。

　また，シェラー（K. Scherer）が，情動およびそれに伴う感覚および主観的情感などの内的状態を3つの円の重なりとして表現していることは第11章でもふれた通りであるが（前掲図11.8），現代の情動研究はその内のA円とC円の間で引き裂かれて在ると言えるのかも知れない。A円，すなわち身体レベルの情動そのものについては，近年，その進展が著しい種々の脳機能画像法によるものも含め，飛躍的にミクロレベルの研究が蓄積されてきていることは周知の通りである。情動の脳神経学的あるいは生理学的な基盤の解明は，情動研究の全体の中で，今後，最もその成果が期待されるところであり，その方向性そのものに疑念を差し挟む余地はないものと考えられる。一方，C円，すなわち言語化された情動に関しては，従来，心理学が最もそれに依拠して研究を進めてきたところであり，これまでの情動理論の多くは，多かれ少なかれ，人が自他の情動状態を言語化したデータに基づいて構築されてきたと言っても過言ではない。オーソドックスな方法ということにはなるが，情動の主要側面の1つに主観的情感がある限り，このC円に不可避的に関わらざるを得ないという事情は，今後も変わるところがないであろう。

　問題なのは，A円とC円の間をつなぐはずのB円，すなわち，その時々に生じた身体ベースの情動に伴って在るはずの独特の内的感覚あるいは質感（ク

オリア)のようなものを，現今の心理学の手法では，殆ど把捉し得ないということである。Ａ円に対する近接は，概して，ヒトに標準的に備わった神経生理学的機序の究明に心血を注ぐ傾向があり，必然的に，それは進化の産物としての情動を強く印象づけることにつながるだろう。一方，Ｃ円に対する近接では，社会・文化の影響を強く被った情動概念や情動語というフィルターを通したデータを扱わざるを得ない訳であり，そこから相対的に多く，情動の文化相対性の側面が見えてくるとしても，何ら不思議ではないのである。本来であれば，Ｂ円のレベルを介して，Ａ円のレベルとＣ円のレベルとを慎重につなぐ作業が必要になる訳であるが，それが原理的に困難であることが，第9〜11章で述べたような情動の進化論と文化論との間の深刻な亀裂を招来しているとも考えられるのである。とはいえ，近年の情動研究における知見の蓄積には瞠目すべきものがあり，今後の情動研究の行方は決して暗いものではないように思われる。Ｂ円のレベルについても，情動そのものに伴うクオリアを直接的に把捉することは困難でも，例えば，近年，急速に発展しつつある潜在的情報処理の研究パラダイムなどに従えば，その性質の一端を垣間見ることがやがて可能となるかも知れない。

　そうした情動研究の明るい未来を，筆者は，無論，祈念して止まない訳であるが，しかし，様々な知見が多く集積されればされるほど，本来，その理論的な整理と統合のための慎重な作業が必須不可欠になると強く考えるものでもある。だが，再三，繰り返してきたように，情動は，脳，身体，認知，情感，表情，行為傾向など，実に多様な要素から成るものであり，そして，得てして，それぞれの要素のレベルに狭く閉じた議論が先行しがちになるため，そこに，それこそ「群盲，象を撫ず」のような悪しき状態が生じてしまうことになるのだろう。本書が試みたのは，情動という「象」の全体像を俯瞰し，少しでも整合的に理解しようとすることであった。もっとも，本書は，そうした理論的作業の入り口にようやく立ったということに過ぎない。それを䭾と自覚して，ひとまずは，この拙き試論の筆を置くこととしたい。

引用文献

Abu-Lughod, L. (1986). *Veiled sentiments*. Berkeley, CA: University of California Press.
Ackerman, B. F., Abe, J. A. A., & Izard, C. E. (1998). Differential emotions theory and emotional development: Mindful of Modularity. In M. F. Mascolo & S. Griffin (Eds.), *What develops in emotional development?* (pp. 85-106). New York: Plenum Press.
Adolph, K. E., Eppler, M. A., & Gibson, E. J. (1993). Development of perception of affordances. In C. Rovee-Collier & L. Lipsitt (Eds.), *Advances in infancy research, Vol.8* (pp. 50-97). Norwood, NJ: Ablex.
Allen, N. B., & Badcock, P. B. T. (2006). Darwinian models of depression: A review of evolutionary accounts of mood and mood disorders. *Progress in Neuro-Psychopharmacology and Biological Psychiatry, 30*, 815-826.
Alloy, L., & Abramson, L. Y. (1988). Depressive realism: Four theoretical perspectives. In L. Alloy (Ed.), *Cognitive processes in depression* (pp. 223-265). New York: Guilford Press.
Archer, J. (1992). *Ethology and human development*. Hertfordshire, UK: Harvester Wheatsheaf.
アリストテレス (Aristotle). (1971). ニコマコス倫理学 (上) (高田三郎訳). 岩波文庫.
アリストテレス (Aristotle). (1973). ニコマコス倫理学 (下) (高田三郎訳). 岩波文庫.
Armon-Jones, C. (1989). *Varieties of affect*. Toronto, Canada: University of Toronto Press.
Arnold, H., & Elias, M. J. (2006). *The educator's guide to emotional intelligence and academic achievement: Social-emotional learning in the classroom*. Thousand Oaks: Corwin Press.
Arnold, M. B. (1960). *Emotion and Personality, Vol.1, Psychological aspects*. New York: Columbia University Press.
Astington, J. W. (1993). *The child's discovery of the mind*. Cambridge: Harvard University Press.
Averill, J. K. (1980). A constructivist view of emotion. In R. Plutchik & H. Kellerman (Eds.), *Emotion: Theory, research, and experience, Vol.1* (pp. 305-339). New York: Academic Press.
Averill, J. R. (1982). *Anger and aggression: An essay on emotion*. New York: Springer-Verlag.
Aviezer, H., Hassin, R. R., Ryan, J., Grady, C., Susskind, J., Anderson, A., Moscovitch, M., & Bentin, S. (2008). Angry, disgusted, or afraid?: Studies on the malleability of emotion perception. *Psychological Science, 19*, 724-732.
Axelrod, A. (1997). *Complexity of cooperation: Agent-based models of competition and collaboration*. Princeton, NJ: Princeton University Press.
Badcock, P. B. T., & Allen, N. B. (2003). Adaptive social reasoning in depressed mood and depressive vulnerability. *Cognition and Emotion, 17*, 647-670.
Bagozzi, R. P., Verbecke, W., & Gavino, J. C. Jr. (2003). Culture moderates the self-regulation

of shame and its effect on performance: The case of salespersons in the Netherlands and the Philippines. *Journal of Applied Psychology*, **88**, 219-233.

Baldwin, D. A., & Moses, L. J. (1996). The ontogeny of social information gathering. *Child Development*, **67**, 1915-1939.

Bard, P. (1928). A diancephalic mechanism for the expression of rage with special reference to the sympathetic nervous system. *American Journal of Physiology*, **84**, 490-513.

Bar-On, R. (1997). *The Bar-On Emotional Quotient Inventory (EQ-I): A test of emotional intelligence*. Toronto, Canada: Multi-Health Systems.

Baron-Cohen, S. (1995). *Mindblindness: An essay on autism and theory of mind*. Cambridge, MA: The MIT Press.

Baron-Cohen, S. (2001). Theory of mind and autism: A review. In L. M. Glidden (Ed), *International review of research in mental retardation: Autism, vol. 23* (pp. 169-184). San Diego, CA: Academic Press.

Barrett, K. C., & Salovey, P. (Eds.) (2002). *The wisdom in feeling: Psychological processes in emotional intelligence*. New York: Guilford Press.

Barrett, L. F. (2005). Feeling is perceiving: Core affect and conceptualization in the experience of emotion. In L. F. Barrett, P. Niedenthal, & P. Winkielman (Eds.), *Emotion and consciousness* (pp. 255-284). New York: Guilford Press.

Barrett, L. F. (2006a). Are emotions natural kinds? *Perspectives on Psychological Science*, **1**, 28-58.

Barrett, L. F. (2006b). Solving the emotion paradox: Categorization and the experience of emotion. *Personality and Social Psychology Review*, **10**, 20-46.

Barrett, L. F. (2009). The future of psychology: Connecting mind to brain. *Perspectives on Psychological Science*, **4**, 326-339.

Barrett, L. F., Lindquist, K. A., Bliss-Moreau, E., Duncan, S., Gendron, M., Mize, J., et al. (2007). Of mice and men: Natural kinds of emotions in the mammalian brain? A response to Panksepp and Izard. *Perspectives on Psychological Science*, **2**, 297-311.

Barrett, L. F., & Wager, T. D. (2006). The structure of emotion: Evidence from neuroimaging studies. *Current Directions in Psychological Science*, **15**, 79-83.

Bartsch, K., & Wellman, H. M. (1995). *Children talk about the mind*. New York: Oxford University Press.

Bastian, V. A., Burns, N. R., & Nettlebeck, T. (2005). Emotional intelligence predicts life skills, but not as well as personality and cognitive abilities. *Personality and Individual Differences*, **39**, 1135-1145.

Bateson, G., & Mead, M. (1942). *Balinese character*. New York: Academy of Sciences.

Batki, A., Baron-Cohen, S., Wheelwright, S., Connellan, J., & Ahluwalia, J. (2000). Is there an innate gaze module? : Evidence from human neonates. *Infant Behavior and Development*, **23**, 223-229.

Baumann, N., Kaschel, R., & Kuhl, J. (2005). Striving for unwanted goals: Stress-dependent discrepancies between explicit and implicit achievement motives reduce subjective well-being and increase psychosomatic symptoms. *Journal of Personality and Social Psychology*, **89**,

781-799.
Baumann, N., Kaschel, R., & Kuhl, J. (2007). Affect sensitivity and affect regulation in dealing with positive and negative affect. *Journal of Research in Personality*, **41**, 239-248.
Bavelas, J. B., & Chovil, N. (1997). Faces in dialogue. In J. A. Russell & J. M. Fernández-Dols (Eds.), *The psychology of facial expression* (pp. 334-346). Cambridge, UK: Cambridge University Press.
Bechara, A., Damasio, A. R., Damasio, H., & Anderson, S. (1994). Insensitivity to future consequences following damage to human prefrontal cortex. *Cognition*, **50**, 7-12.
Beer, J. S. (2007). Neural systems for self-conscious emotions and their underlying appraisals. In J. L. Tracy, R. W. Robins, & J. P. Tangney (Eds.), *The self-conscious emotions: The theory and research* (pp. 53-67). New York: Guilford Press.
Bejjani, B., Philippe, D., Isabelle, A., Lionel, T., Anne-Marie B., Didier D., Philippe C., Bernard P., Yves S., & Yves, A. (1999). Transient acute depression induced by high-frequency deep-brain stimulation. *The New England Journal of Medicine*, **340**, 1476-1480.
Bell, C. (1806). Essays on the anatomy of expression in painting. ベル, C. (2001). 表情を解剖する (岡本保訳). 医学書院.
Belsky, J., Rovine, M., & Taylor, D. G. (1984). The Pennsylvania infant and family development project, Ⅲ. The origins of individual differences in infant-mother attachment: Maternal infant contributions. *Child Development*, **55**, 718-728.
Benedict, R. (1946). *The chrysanthemum and sword*. Boston: Houghton Mifflin.
Berkowitz, L. (1990). On the formation and regulation of anger and aggression: A cognitive-neoassociationistic analysis. *American Psychologist*, **45**, 494-503.
Berkowitz. L. (2000) *Causes and consequences of feelings*. Cambridge: Cambridge University Press.
Berkowitz, L., & Harmon-Jones, E. (2004). Toward an understanding of the determinants of anger. *Emotion*, **4**, 107-130.
Bertenthal, B. I. (1993). Perception of biomechanical motions by infants: Intrinsic image and knowledge-based constraints. In C. Granrud (Ed.), *Carnegie symposium on cognition: Visual perception and cognition in infancy* (pp. 175-214). Hillsdale, NJ: Erlbaum.
Bertenthal, B. I., Campos, J., & Barett, K. (1984). Self-produced locomotion: An organizer of emotional, cognitive, and social development in infancy. In R. Emde & R. Harmon (Eds.), *Continuities and discontinuities in development* (pp. 175-210). New York: Plenum Press.
Bion, W. R. (1962). *Learning from experience*. London: Heinemann.
Blair, J., Mitchell, D., & Blair, K. (2005). *The psychopath: Emotion and the brain*. Malden, MA: Blackwell.
Blass, E. M., Lumeng, J., & Patil, N. (2006). Influence of mutual gaze on human infant affect. In R. Flom, K. Lee, & D. Muir (Eds.), *Gaze-following: Its development and significance* (pp. 113-141). London: Lawrence Erlbaum Associates.
Bless, H., & Fiedler, K. (1995). Affective states and the influence of activated general knowledge. *Personality and Social Psychology Bulletin*, **21**, 766-778.
Bloom, P. (2011). *How pleasure works*. New York: W. W. Norton & Company.

Blumberg, M. S. (2005). *Basic instinct: The genesis of behavior.* New York: Thunder's Mouth Press.
Bokhorst, C. L., Bakermans-Kranenburg, M. J., Fearon, R. M. P., van IJzendoorn, M. H., Fonagy, P., & Schuengel, C. (2003). The importance of shared environment in mother-infant attachment security: A behavioral genetic study. *Child Development,* 74, 1769-1782.
Bower, G. H. (1981). Mood and memory. *American Psychologist,* 36, 129-148.
Bowlby, J. (1969). *Attachment and Loss: Vol.1, Attachment.* New York: Basic Books. (revised edition, 1982).
Bowlby, J. (1973). *Attachment and Loss: Vol.2, Separation.* New York: Basic Books.
Bowlby, J. (1988). *A secure base: Parent-child attachment and healthy human development.* New York: Basic Books.
Brackett, M. A., & Mayer, J. D. (2003). Convergent, discriminant, and incremental validity of competing measures of emotional intelligence. *Personality and Social Psychology Bulletin,* 29, 1147-1158.
Briggs, J. L. (1970). *Never in anger: Portrait of an Eskimo family.* Cambridge, MA: Harvard University Press.
Brightman, V. J., Segal, A. L., Werther, P., & Steiner, J. (1977). Facial expression and hedonic response to taste stimuli. *Journal of Dental Research,* 56, B161 (Abstract).
Brody, N. (2004). What cognitive intelligence is and what emotional intelligence is not. *Psychological Inquiry,* 15, 234-238.
Brosch, T., Pourtois, G., & Sander, D. (2010). The perception and categorisation of emotional stimuli: A review. *Cognition and Emotion,* 24, 377-400.
Bruner, L. J. (1986). *Actual Minds, Possible Worlds.* Cambridge, MA: Harvard University Press.
Buck, R. (1979). Measuring individual differences in the nonverbal communication of affect: The slide-viewing paradigm. *Human Communication Research,* 6, 47-57.
Buck, R. (1984). *The communication of emotion.* New York: Guilford Press.
Buck, R. (2007). The evolutionary bases of social and moral emotions: Dominance, submission, and true love. In J. P. Fogas, M. G. Haselton, & W. von Hippel (Eds.), *Evolution and the social mind: Evolutionary psychology and social cognition* (pp. 89-106). New York: Psychology Press.
Buitelaar, J. K. (1995). Attachment and social withdrawal in autism: Hypotheses and findings. *Behaviour,* 132, 319-350.
Buss, D. (2000). The evolution of happiness. *American Psychologist,* 55, 15-23.
Buss, D. (2008). *Evolutionary psychology: The new science of the mind.* New York: Allyn & Bacon.
Buss, D. M., & Schmidr, D. P. (1993). Sexual strategy theory: An evolutionary perspective on mating. *Psychological Review,* 100, 204-232.
Butterworth, G. (2001). Joint visual attention in infancy. In G. Bremner & A. Fogel (Eds.), *Blackwell handbook of infant development* (pp. 213-240). Oxford: Blackwell.
Butterworth, G., & Jarrett, N. (1991). What minds have in common is space: Spatial mecha-

nisms serving joint visual attention in infancy. *British Journal of Developmental Psychology*, 9, 55-72.
Cacioppo, J. T., Berntson, G. G., Larsen, J. T., Poehlmann, K. M., & Ito, T. A. (2000). The psychophysiology of emotion. In M. Lewis & J. M. Haviland-Jones (Eds.), *Handbook of emotions* (2nd edition, pp. 173-191). New York: Guilford Press.
Cacioppo, J. T., Petty, R. E., Losch, M. E., & Kim, H. S. (1986). Electromyographic activity over facial muscle regions can differentiate the valence and intensity of affective reactions. *Journal of Personality and Social Psychology*, 50, 260-268.
Cacioppo, J. T., Petty, R. E., & Morris, K. J. (1985). Semantic, evaluative, and self-referent processing: Memory, cognitive effort, and somatovisceral activity. *Psychophysiology*, 22, 371-384.
Campos, J., Campos, R., & Barett, K. (1989). Emergent themes in the study of emotional development and emotion regulation. *Developmental Psychology*, 25, 394-402.
Campos, J., Hiatt, S., Ramsay, D., Henderson, C., & Svejda, M. (1978). The emergence of fear on the visual cliff. In M. Lewis & L. Rosenblum (Eds.), *The origins of affect* (pp. 149-182). New York: Wiley.
Campos J. J., & Stenberg, C. R. (1981). Perception, appraisal and emotion: The onset of social referencing. In M. E. Lamb & L. R. Sherrod (Eds.), *Infant social cognition: Empirical and theoretical considerations* (pp. 273-314). Hillsdale, NJ: Erlbaum.
Camras, L. A. (1991). Conceptualizing early infant affect: View II and reply. In K. Strongman (Ed.), *International review of studies on emotion, vol.1* (pp. 16-28, 33-36). New York: Wiley.
Camras, L. A. (1992). Expressive development and basic emotions. *Cognition and Emotion*, 6, 269-283.
Camras, L. A. (1994). Two aspects of emotional development: Expression and elicitation, In P. Ekman & R. J. Davidson (Eds.), *The nature of emotion* (pp. 347-355). Oxford, England: Oxford University Press.
Camras, L. A., & Fatani, S. (2008). The development of facial expressions: Current perspectives on infant emotions. In M. Lewis, J. Haviland-Jones & L. F. Barrett (Eds.), *Handbook of Emotions* (3rd edition, pp. 291-303). New York: Guilford Press.
Cannon, W. B. (1927). The James-Lange theory of emotion: A critical examination and an alternative theory. *American Journal of Psychology*, 39, 106-124.
Carstensen, L. L., & Charles, S. T. (1994). The salience of emotion across the adult life span. *Psychology and Aging*, 9, 259-264.
Carstensen, L. L., Mayr, U., Pasupathi, M., & Nesselroade, J. R. (2000). Emotional experience in everyday life across the adult life span. *Journal of Personality and Social Psychology*, 79, 644-655.
Carroll, J. B. (1993). *Human cognitive abilities: A survey of factor-analytic studies*. New York: Cambridge University Press.
Cartwright, J. (2001). *Evolutionary explanations of human behavior*. London: Routledge.
Caruso, D., & Wolfe, C. (2004). Emotional intelligence and leadership development. In D. V. Day, S. J. Zaccaro, & S. M. Halpin (Eds.), *Leader development for transforming organiza-

tions: *Growing leaders for tomorrow* (pp. 237-263). Mahwah, NJ: Lawrence Erlbaum Associates.

Caspi, A., Elder, G. H., & Bem, D. J. (1988). Moving away from the world: Life-course patterns of shy children. *Developmental Psychology*, 24, 824-831.

Cassia, V. M., Turati, C., & Simion, F. (2004). Can a nonspecific bias toward top-heavy patterns explain newborns' face preference? *Psychological Science*, 15, 379-383.

Cassidy, J., Parke, R. D., Butkovsky, J., & Braungart, J. M. (1992). Family-peer connections: The roles of emotional expressiveness within the family and children's understanding of emotions. *Child Development*, 63, 603-618.

Chovil, N. (1997). Facing others: A social communicative perspective on facial desplays. In J. A. Russell & J. M. Fernández-Dols (Eds.), *The psychology of facial expression* (pp. 321-333). Cambridge, UK: Cambridge University Press.

Clore, G. L., & Ortony, A. (2000). Cognitive in emotion: Never, sometimes, or always? In L. Nadel & R. Lane (Eds.), *The cognitive neuroscience of emotion* (pp. 24-61). New York: Oxford University Press.

Clore, G. L., & Ortony, A. (2008). Appraisal theories: How cognition shapes affect into emotion. In M. Lewis, J. M. Haviland-Jones & L. F. Barrett (Eds.), *Handbook of Emotions* (3rd edition, pp. 628-642). New York: Guilford Press.

Cohen, S., Alper, C. M., Doyle, W. J., Treanor, J. J., & Turner, R. B. (2006). Positive emotional style predicts resistance to illness after experimental exposure to rhinovirus or influenza A virus. *Psychosomatic Medicine*, 68, 809-815.

Cole, P. M. (1985). Display rules and the socialization of affective displays. In G. Zivin (Ed.), *The development of expressive behavior: Biology-environment interactions* (pp. 269-290). New York: Academic Press.

Cole, P. M. (1986). Children's spontaneous control of facial expression. *Child Development*, 57, 1309-1321.

Cole, P. M., & Tan, P. Z. (2007). Emotion socialization from a cultural perspective. In J. E. Grusec & P. D. Hastings (Eds.), *Handbook of socialization: Theory and research* (pp. 516-542). New York: Guilford Press.

Cooper, G., Hoffman, K., Powell, B., & Marvin, R (2005). The Circle of Security intervention: Differential diagnosis and differential treatment. In L. Berlin, Y. Ziv, & M. Greenberg (Eds.), *Enhancing early attachments* (pp. 127-151). New York: Guilford Press.

Cornelius, R. R. (1996). *The science of emotion*. Upper Saddle River, NJ: Prentice Hall. コーネリアス, R. R. (1999). 感情の科学——心理学は感情をどこまで理解できたか (齊藤勇監訳). 誠信書房.

Cosmides, L., & Tooby, J. (1992). Cognitive adaptations for social exchange. In J. Barkow, L. Cosmides, & J. Tooby (Eds.), *The adapted mind: Evolutionary psychology and the generation of culture* (pp. 163-228). New York: Oxford University Press.

Cosmides, L., & Tooby, J. (1997). Dissecting the computational architecture of social inference mechanisms. In G. Bock & G. Cardeco (Eds.), *Characterizing human psychological adaptations* (Ciba Symposium No. 208, pp. 132-156). Chichester, UK: Wiley.

Cosmides, L., & Tooby, J. (2000). Evolutionary psychology and the emotions. In M. Lewis & J. M. Haviland-Jones (Eds.), *Handbook of emotions* (pp. 91-115). New York: Guilford.

Cotton, J. L. (1981). A review of research on Schachter's theory of emotion and the misattribution of arousal. *European Journal of Social Psychology*, 11, 365-397.

Cummings, E. M. (1994). Marital conflict and children's functioning. *Social Development*, 3, 16-36.

Damasio, A. R. (1994). *Descartes' error: Emotion, reason, and the human brain*. New York: Putnam. ダマシオ, A. (2000). 生存する脳 (田中光彦訳). 講談社.

Damasio, A. R. (1999). *The feeling of what happens: Body and emotion in the making of consciousness*. New York: Harcourt Brace.

Damasio, A. R. (2003). *Looking for Spinoza: Joy, sorrow, and the feeling brain*. New York: A Harvest Book.

Damasio, A. R. (2004). Emotions and feelings: A neurobiological perspective. In A. Manstead, N. Frijda, & A. Fischer (Eds.), *Feelings and emotions: The Amsterdam Symposium* (pp. 49-57). New York: Cambridge University Press.

Danner, D., Snowdon, D. A., & Friesen, W. V. (2001). Positive emotions in early life and longevity: Findings from the nun study. *Journal of Personality and Social Psychology*, 80, 804-813.

Darwin, C. (1872). *The expression of the emotions in man and animals*. Chicago: University of Chicago Press. ダーウィン, C. (1931, 1991 復刊). 人及び動物の表情について (浜中浜太郎訳). 岩波書店.

Daum, I., Markowitsch, H. J., & Vandekerckhove, M. (2009). Neurobiological basis of emotions. In B. Röttger-Rössler, & H. J. Markowitsch (Eds.), *Emotions as bio-cultural processes* (pp. 111-138). New York: Springer.

Davidson, L. M., Inslicht, S. S., & Baum, A. (2000). Traumatic stress and posttraumatic stress disorder among children and adolescents. In A. J. Sameroff., M. Lewis, & S. M. Miller (Eds.), *Handbook of Developmental Psychopathology* (2nd Edition, pp. 723-737). New York: Plenum Press.

Davidson, R. J. (1992). Prolegomenon to the structure of emotion: Gleanings from neuropsychology. *Cognition and Emotion*, 6, 245-268.

Davidson, R. J. (1998). Affective style and affective disorders: Perspectives from affective neuroscience. *Cognition and Emotion*, 12, 307-330.

Davidson, R. J. (2003). Seven sins in the study of emotion: Correctives from affective neuroscience. *Brain and Cognition* 52, 129-132.

Davies, P. T., & Cummings, E. M. (1994). Marital conflict and child adjustment: An emotional security hypothesis. *Psychological Bulletin*, 116, 387-411.

Dawda, D., & Hart, S. D. (2000). Assessing emotional intelligence: Reliability and validity of the Bar-On Emotional Quotient Inventory (EQ-i) in university students. *Personality and Individual Differences*, 28, 797-812.

Dawkins, R., & Krebs, J. R. (1978). Animal signals: Information and manipulation. In J. R. Krebs & N. B. Davis (Eds.), *Behavioral ecology: An evolutionary approach* (pp. 282-309).

Oxford: Blackwell.

Dawson, G., Meltzoff, A. N., Osterling, J., Inaldi, J., & Brown, E. (1998). Children with autism fail to orient to naturally occurring social stimuli. *Journal of Autism and Developmental Disorders*, 28, 479-485.

DeCasper, A. J., & Spence, M. J. (1986). Prenatal maternal speech influences newborns' perception of speech sounds. *Infant Behavior and Development*, 9, 133-150.

Decety, J. (2012). Neuroscience of empathic responding. In S. L. Brown, R. M. Brown, & L. A. Penner (Eds.), *Moving beyond self-interest: Perspectives from evolutionary biology, neuroscience, and the social sciences* (pp. 109-132). New York: Oxford University Press.

Demos, J. (1988). Shame and guilt in early New England. In C. Z. Stearns & P. N. Stearns (Eds.), *Emotion and social change: Toward a new psychohistory* (pp. 69-86). New York: Holmes & Meier.

Denham, S. A. (1998). *Emotional development in young children*. New York: Guilford Press.

Denham, S. A., & Burton, R. (2003). *Social and emotional prevention and intervention programming for preschoolers*. New York: Kluwer Academic/Plenum Publishers.

Dennett, D. (1984). Cognitive wheels: The frame problem of AI. In M. A. Boden (Ed.), *The Philosophy of Artificial Intelligence* (pp.141-170). New York: Oxford University Press.

Dennett, D. (1996). *Kinds of minds*. New York: Basic Books.

De Raad, B. (2005). The trait-coverage of emotional intelligence. *Personality and Individual Differences*, 38, 673-687.

Descartes, R. (1649). *On the passions of the soul.* デカルト, R. (2008). 情念論（谷川多佳子訳）．岩波文庫．

de Sousa, R. (2011). *Emotional Truth*. New York: Oxford University Press

Deutscher, G. (2010). *Through the language glass: Why the world looks different in other languages*. New York: Metropolitan Books.

De Waal, F. B. M. (1996). *Good natured*. Cambridge, MA: Harvard University Press.

Dewey, J. (1909). *Moral principles in education*. Boston: Houghton Mifflin.

Diamond, S. A. (1999). *Anger, madness, and the daimonic: The psychological genesis of violence, evil, and creativity*. New York: State University of New York Press.

Dickerson, S. S., Gruenewald. T. L., & Kemeny, M. E. (2004). When the social self is threatened: Shame, physiology, and health. *Journal of Personality*, 72, 1191-1216.

Dimberg, U. (1982). Facial reactions to facial expressions. *Psychophysiology*, 19, 643-647.

Dimberg, U. (1988). Facial erectomyography and the experience of emotion. *Journal of Psychophysiology*, 2, 277-282.

Dix, T. (1991). The affective organization of parenting: Adaptive and maladaptive processes. *Psychological Bulletin*, 110, 3-25.

Dixon, T. (2001). The psychology of the emotions in Britain and America in the 19th century. *Osiris*, 16, 288-320.

Dodge, K. A., & Garber, J. (1991). Domains of emotion regulation. In J. Garber & K. A. Dodge (Eds.), *The development of emotion regulation and dysregulation* (pp. 3-11). Cambridge, UK: Cambridge University Press.

Doherty, M. J. (2009). *Theory of mind: How children understanding others' thoughts and feelings*. New York: Psychology Press.
土居健郎 (1971). 甘えの構造. 弘文堂.
Duffy, E. (1941). An explanation of "emotional" phenomena without the use of the concept "emotion". *Journal of General Psychology*, 25, 283-293.
Duffy, E. (1957). The psychological significance of the concept of "arousal" or "activation". *Psychological Review*, 64, 265-275.
Dunbar, R. I. M. (1996). *Grooming, gossip, and the evolution of language*. Cambridge, MA: Harvard University Press.
Edelstein, R. S., & Shaver, P. R. (2007). A cross-cultural examination of lexical studies of self-conscious emotions. In J. L. Tracy, R. W. Robins, J. P. Tangney (Eds.), *The self-conscious emotions: The theory and research* (pp. 194-208). New York: Guilford Press.
Eibl-Eibesfeldt, I. (1973). The expressive behaviour of the deaf-and-blind-born. In M. von Cranach & I. Vine (Eds.), *Social communication and movement* (pp. 163-194). London: Academic Press.
Eid, M., & Diener, E. (2001). Norms for experiencing emotions in different cultures: Inter and intra national differences. *Journal of Personality and Social Psychology*, 81, 869-885.
Eisenberg, N., Cumberland, A., Spinrad, T. L., Fabes, R. A., Shepard, S. A., Reiser, M., *et al.* (2001). The relations of regulation and emotionality to children's externalizing and internalizing problem behavior. *Child Development*, 72, 1112-1134.
Eisenberg, N., & Fabes, R. A. (1992). Emotion, regulation, and the development of social competence. In M. S. Clark (Ed.), *Review of personality and social psychology, Vol. 14. Emotion and social behavior* (pp. 119-150). Newbury Park, CA: Sage.
Eisenberg, N., Fabes, R. A., & Guthrie, I. K. (1997). Coping with stress: The roles of regulation and development. In S. A. Wolchik & I. N. Sandler (Eds.), *Handbook of children's coping: Linking theory and intervention* (pp. 41-70). New York: Plenum Press.
Eisenberg, N., Fabes, R. A., Guthrie, I. K., & Reiser, M. (2000). Dispositional emotionality and regulation: Their role in predicting quality of social functioning. *Journal of Personality and Social Psychology*, 78, 136-157.
Eisenberg, N., Sadovsky, A., Spinrad, T. L., Fabes, R. A., Losoya, S. H., Valiente, C., *et al.* (2005a). The relations of problem behavior status to children's negative emotionality, effortful control, and impulsivity: Concurrent relations and prediction of change. *Developmental Psychology*, 41, 193-211.
Eisenberg, N., Spinrad, T. L., Fabes, R. A., Reiser, M., Cumberland, A., Shepard, S. A., *et al.* (2004). The relations of effortful control and impulsivity to children's resiliency and adjustment. *Child Development*, 75, 25-46.
Eisenberg, N., Valiente, C., Spinrad, T. L., Cumberland, A., Liew, J., Reiser, M., *et al.* (2009). Longitudinal relations of children's effortful control, impulsivity, and negative emotionality to their externalizing, internalizing, and co-occurring behavior problems. *Developmental Psychology*, 45, 988-1008.
Eisenberg, N., Zhou, Q., Spinrad, T. L., Valiente, C., Fabes, R. A., & Liew, J. (2005b). Relations

among positive parenting, children's effortful control, and externalizing problems: A three-wave longitudinal study. *Child Development*, 76, 1055-1071.

Ekman, P. (1972). Universals and cultural differences in facial expressions of emotion. In J. Cole (Ed.), *Nebraska symposium on motivation, 1971* (pp. 207-283). Lincoln, NE: University of Nebraska Press.

Ekman, P. (1973). *Darwin and facial expression: A century of research in review*. New York: Academic Press.

Ekman, P. (1982). *Emotion in the human face*. New York: Cambridge University Press.

Ekman, P. (1984). Expression and the nature of emotion. In K. R. Scherer & P. Ekman (Eds.), *Approaches to Emotion* (pp. 329-343). Hillsdale, NJ: Erlbaum.

Ekman, P. (1992). An argument of basic emotions. *Cognition and Emotion*, 6, 169-220.

Ekman, P. (1999). Basic emotions. In T. Dalgleish & T. Power (Eds.), *The handbook of cognition and emotion* (pp. 45-60). New York: Wiley.

Ekman, P. (2003). *Emotions revealed: Recognizing faces and feelings to improve communication and emotional life*. New York: Times Books/Henry Holt and Co.

Ekman, P., & Friesen, W. V. (1971). Constants across cultures in the face and emotion. *Journal of Personality and Social Psychology*, 17, 124-129.

Ekman, P., & Friesen, W. V. (1975). *Unmasking the face: A guide to recognizing emotions from facial clues*. Englewood Cliffs, NJ: Prentice-Hall.

Ekman, P., & Friesen, W. V. (1978). *Investigator's guide to the Facial Actiln Coding System*. Palo Alto, CA: Consulting Psychologists Press.

Ekman, P., & Friesen, W. V. (1986). A new pan-cultural facial expression of emotion. *Motivation and Emotion*, 10, 159-168.

Ekman, P., Friesen, W. V., & Ancoli, S. (1980). Facial signs of emotional experience. *Journal of Personality and Social Psychology*, 39, 1125-1134.

Ekman, P., Levenson, R. W., & Friesen, W. V. (1983). Autonomic nervous system activity distinguishes among emotions. *Science*, 221, 1208-1210.

Elfenbein, H. A., & Ambady, N. (2002). On the universality and cultural specificity of emotion recognition: A meta-analysis. *Psychological Bulletin*, 128, 205-235.

Elfenbein, H. A., Beaupré, M., Lévesque, M., & Hess, U. (2007). Toward a dialect theory: Cultural differences in the expression and recognition of posed facial expressions. *Emotion*, 7, 131-146.

Ellthworth, P. C. (1991). Some implications of cognitive appraisal theories of emotion. In K. T. Strongman (Ed.), *International review of studies on emotion, Vol.1* (pp. 143-161). New York: Wiley.

Ellthworth, P. C. (1994). Sense, culture, and sensibility. In S. Kitayama & H. R. Markus (Eds.), *Emotion and culture: Empirical studies of mutual influence* (pp. 23-50). Washington, DC: American Psychological Association.

Ellthworth, P. C. (2007). Appraisals, emotions, and adaptation. In J. P. Forgas, M. G. Haselton, & W. von Hippel (Eds.), *Evolution and the social mind* (pp. 71-88). New York: Psychology Press.

Ellthworth, P. C., & Smith, C. A. (1988). From appraisal to emotion: Differences among unpleasant feelings. *Motivation and Emotion*, 12, 271-302.
Elster, J. (1999). *Strong feelings: Emotion, addiction, and human behavior*. Cambridge, MA: MIT Press.
遠藤利彦（1993）．情動とその制御．無藤隆（編），現代発達心理学入門（pp. 82-98）．ミネルヴァ書房．
遠藤利彦（1995a）．乳幼児期における情動の発達とはたらき．麻生武・内田伸子（編），講座生涯発達心理学2　人生への旅立ち（pp. 129-162）．金子書房．
遠藤利彦（1995b）．社会性の生物学的基盤──心理進化論的アプローチ．聖心女子大学論叢, 84, 3-63.
遠藤利彦（1996a）．喜怒哀楽の起源──情動の進化論・文化論．岩波書店．
遠藤利彦（1996b）．感情の生物学的基盤を問う．土田昭司・竹村和久（編），感情と行動・認知・生理──感情の社会心理学（pp. 1-27）．誠信書房．
遠藤利彦（1997）．悲しみとは何か，いかに発達するか．松井豊（編），悲嘆の心理（pp. 9-51）．サイエンス社．
遠藤利彦（1998）．乳幼児の情緒の表出と理解．教育と医学, 46, 821-828.
遠藤利彦（2000a）．表情を解体する──構成要素的アプローチから見る表情の本性．心理学評論, 43, 177-198.
遠藤利彦（2000b）．瞬時センサーとしての情動──情動の心理学．海保博之（編），瞬間情報処理の心理学（pp. 68-87）．福村出版．
遠藤利彦（2001a）．発達における情動と認知の絡み．高橋雅延・谷口高士（編），感情と心理学（pp. 2-40）．北大路書房．
遠藤利彦（2001b）．喜怒哀楽を感じる・喜怒哀楽を表す──情動の心理学．山口裕幸（編），心理学リーディングス──素朴な日常世界の心理学（pp. 19-49）．ナカニシヤ出版．
遠藤利彦（2001c）．基本情動理論．山本真理子・外山みどり（編），社会的認知の基礎知識（pp. 172-175）．北大路書房．
遠藤利彦（2001d）．感情をコントロールする力の発達．児童心理, 762, 40-44.
遠藤利彦（2002a）．情動と体験の内在化．須田治・別府哲（編），社会・情動発達とその支援（pp. 29-44）．ミネルヴァ書房．
遠藤利彦（2002b）．乳幼児の情動の表出と理解．教育と医学の会（編），こころの発達をはぐくむ（pp. 23-35）．慶應義塾大学出版会．
遠藤利彦（2002c）．感情はどう育つか．児童心理, 774, 117-123.
遠藤利彦（2002d）．発達早期における情動の役割．教育と医学, 50, 29-37.
遠藤利彦（2005a）．発達心理学の新しいかたちを探る．遠藤利彦（編），発達心理学の新しいかたち（pp. 3-52）．誠信書房．
遠藤利彦（2005b）．総説──視線理解を通して見る心の源流．遠藤利彦（編），読む目・読まれる目──視線理解の進化と発達の心理学（pp. 10-66）．東京大学出版会．
遠藤利彦（2005c）．アタッチメント理論の基本的枠組み．数井みゆき・遠藤利彦（編），アタッチメント──生涯にわたる絆（pp. 1-431）．ミネルヴァ書房．
遠藤利彦（2005d）．解題──感情の普遍性と合理性をめぐって．ディラン・エヴァンズ（著）・遠藤利彦（訳），一冊でわかる感情（pp. 177-193）．岩波書店．

遠藤利彦（2005e）．感情に潜む知られざる機能とは．科学，75，700-706．
遠藤利彦（2005f）．感情的知性をどう育むか．教育と医学，53(11)，18-27．
遠藤利彦（2006a）．感情．海保博之・楠見孝監修・遠藤利彦他（編），心理学総合事典（pp. 304-334）．朝倉書店．
遠藤利彦（2006b）．「正当な怒り」の発達．児童心理，847，17-22．
遠藤利彦（2007a）．アタッチメント理論とその実証研究を俯瞰する．数井みゆき・遠藤利彦（編），アタッチメントと臨床領域（pp. 1-58）．ミネルヴァ書房．
遠藤利彦（2007b）．感情の機能を探る．藤田和生編，感情科学の展望（pp. 3-34）．京都大学学術出版会．
遠藤利彦（2008a）．共同注意と養育環境の潜在的連関を探る．乳幼児医学・心理学研究，17，13-28．
遠藤利彦（2008b）．感情と動機づけ研究の「これから」に寄せて．上淵寿（編），感情と動機づけの発達心理学（pp. 233-253）．ナカニシヤ出版．
遠藤利彦（2008c）．発達心理学における実践研究の立ち位置——理論と実践を往還する．臨床心理学研究，9，44-49．
遠藤利彦（2008d）．感応する心——視線と表情が発するもの．電子情報通信学会・信学技報（IEICE Technical Report），HCS2008-32，13-18．
遠藤利彦（2009a）．喜怒哀楽を感じる心——感情心理学入門．繁枡算男・丹野義彦（編），心理学の謎を解く——初めての心理学講義（pp. 97-128）．医学出版．
遠藤利彦（2009b）．情動は人間関係の発達にどうかかわるのか——オーガナイザーとしての情動，そして情動的知性．須田治（編），情動的な人間関係の問題への対応（pp. 3-33）．金子書房．
遠藤利彦（2009c）．自己と感情——その進化論・文化論．有光興記・菊池章夫（編），自己意識的感情の心理学（pp. 2-36）．北大路書房．
遠藤利彦（2010a）．アタッチメント理論の現在——生涯発達と臨床実践の視座からその行方を占う．教育心理学年報，49，150-161．
遠藤利彦（2010b）．感情と情意理解の発達．市川伸一，現代の認知心理学5 発達と学習（pp. 129-169）．北大路書房．
遠藤利彦（2010c）．彷徨する「情動的知能」——その行方を占う．教育と医学，58(10)，83-90．
遠藤利彦（2012a）．アタッチメントから見た「甘え」．小林隆児・遠藤利彦（編），甘えとアタッチメント——理論と臨床．遠見書房．
遠藤利彦（2012b）．発達心理学における発達障害論（自閉症論）——環境の関与をいかに捉え得るか．臨床心理学，12，345-347．
遠藤利彦・小沢哲史（2000）．乳幼児期における社会的参照の発達的意味およびその発達プロセスに関する理論的検討．心理学研究，71，498-514．
遠藤利彦・佐久間路子・徳田治子・野田淳子（2011）．乳幼児のこころ——子育ち・子育ての発達心理学．有斐閣．
Engel, G. L., Reichsman, F. K., & Viederman, M. (1979). Monica: A 25-year longitudinal study of the consequences of trauma in infancy. *Journal of the American Psycho-analytic Association*, 27, 107-126.

Engelen, E., Markowitsch, H. J., von Scheve, C., Röttger-Rössler, B., Stephan, A., Holodynski, M., & Vandekerckhove, M. (2009). Emotions as bio-cultural processes: Disciplinary debates and an interdisciplinary outlook. In B. Röttger-Rössler, & H. J. Markowitsch (Eds.), *Emotions as bio-cultural processes* (pp. 23-53). New York: Springer.

Erasmus, D. (1511). *Praise of folly.* エラスムス, D. (2006). 痴愚神礼賛 (渡辺一夫・二宮敬訳). 中公クラシックス.

Evans, D. (2001). *Emotion: The science of sentiment.* New York: Oxford University Press. エヴァンズ, D. (2005). 一冊でわかる感情 (遠藤利彦訳). 岩波書店.

Evans, D. (2004). The search hypothesis. In D. Evans & P. Cruse (Eds.), *Emotion, evolution and rationality* (pp. 179-192). Oxford: Oxford University Press.

Evans, D., & Cruse, P. (Eds.) (2004). *Emotion, evolution and rationality.* New York: Oxford University Press.

Farroni, T., Massaccesi, S., & Simion, F. (2002). Can the direction of the gaze of another person shift the attention of a neonate? *Giornale Italiano di Psicologia*, 29, 857-864.

Fearon, R. M. P., van IJzendoorn, M. H., Fonagy, P., Bakermans-Kranenburg, M. J., Schuengel, C., & Bokhorst, C. L. (2006). In search of shared and nonshared environmental factors in security of attachment: A behavior-genetic study of the association between sensitivity and attachment security. *Developmental Psychology*, 42, 1026-1040.

Fehr, E., & Fischbacher, U. (2003). The nature of human altruism. *Nature*, 425, 785-791.

Fehr, E., & Gaechter, S. (2002). Altruistic punishment in humans. *Nature*, 415, 137-140.

Fehr, B., & Russell, J. A. (1984). Concept of emotion viewed from a prototype perspective. *Journal of Experimental Psychology: General*, 113, 464-486.

Ferguson, E. D. (2000). *Motivation: A biosocial and cognitive Integration of motivation and emotion.* New York: Oxford University Press.

Fessler, D. M. T. (1999). Toward an understanding of the universality of second order emotions. In A. L. Hilton (Ed.), *Biocultural approaches to the emotions* (pp. 75-116). New York: Cambridge University Press.

Fessler, D. M. T. (2007). From appeasement to conformity: evolutionary and cultural perspectives on shame, competition, and cooperation. In J. L. Tracy, R. W. Robins, & J. P. Tangney (Eds.), *The self-conscious emotions: The theory and research* (pp. 174-193). New York: Guilford Press.

Field, T. M., Cohen, D., Garcia, R., & Greenberg, R. (1984). Mother-stranger face discrimination by the newborn. *Infant Behavior and Development*, 7, 19-25.

Fischer, A. H., Manstead, A. S. R., & Mosquera, P. M. R. (1999). The role of honor-related vs. individualistic values in conceptualizing pride, shame, and anger: Spanish and Dutch cultural prototypes. *Cognition and Emotion*, 13, 149-179.

Flack, W.F., Laird, J.D., & Cavallaro, L. A. (1999). Separate and combined effects of facial expressions and bodily postures on emotional feelings. *European Journal of Social Psychology*, 29, 203-217.

Flavell, J. H. (2004). Development of knowledge about vision. In D. T. Levin (Ed.), *Thinking and seeing: Visual metacognition in adults and children* (pp. 13-36). Cambridge, MA: The

MIT Press.

Fleeson, W., & Gallagher, P. (2009). The implications of Big Five standing for the distribution of trait manifestation in behavior: Fifteen experience-sampling studies and a meta-analysis. *Journal of Personality and Social Psychology*, 97, 1097-1114.

Fonagy, P. (2001). *Attachment theory and psychoanalysis*. London: Other Press. フォナギー, P. (2008). 愛着理論と精神分析 (遠藤利彦・北山修監訳). 誠信書房.

Fonagy, P., Gergely, G., Jurist, E., & Target, M. (2002). *Affect regulation, mentalization, and the development of the self*. New York: Other Press.

Fontaine, J. R. J., Scherer, K. R., Roesch, E. B., & Ellsworth, P. E. (2007). The world of emotions is not two-dimensional. *Psychological Science*, 18, 1050-1057.

Forbes, E. E., & Dahl, R. E. (2010). Pubertal development and behavior: Hormonal activation of social and motivational tendencies. *Brain and Cognition*, 72, 66-72.

Forgas, J. P. (2001). Affective intelligence: The role of affect in social thinking and behavior. In J. Ciarrochi, J. P., Forgas, & J. Mayer (Eds.), *Emotional intelligence in everyday life: A scientific inquiry* (pp. 46-66). Philadelphia: Psychology Press.

Foster, D. J., & Wilson, M. A. (2006). Reverse replay of behavioral sequences in hippocampal place cells during the awake state. *Nature*, 440, 680-683.

Fox, E., Lester, V., Russo, R., Bowles, R. J., Pichler, A., & Dutton, K. (2000). Facial expressions of emotion: Are angry faces detected more efficiently? *Cognition and Emotion*, 14, 61-92.

Fraiberg, S. (1971). Separation crisis in two blind children. *Psychoanalytic Study of the Child*, 26, 355-371.

Frank, R. H. (1988). *Passions within reason*. New York: Norton. フランク, R. H. (1995). オデッセウスの鎖――適応プログラムとしての感情 (山岸俊男監訳). サイエンス社.

Frank, R. H. (2003). Adaptive rationality and the moral emotions. In R. J. Davidson, K. R. Scherer, & H. H. Goldsmith (Eds.), *Handbook of Affective Sciences* (pp. 891-896). New York: Oxford University Press.

Frank, R. H. (2004). Introducing moral emotions into models of rational choice. In A. Manstead, N. Frijda, & A. Fischer (Eds.), *Feelings and emotions: The Amsterdam Symposium* (pp. 422-440). New York: Cambridge University Press.

Fredrickson, B. L. (1998). What good are positive emotions? *Review of General Psychology*, 2, 300-319.

Fredrickson, B. L. (2001). The role of positive emotions in positive psychology: The broaden-and-build theory of positive emotions. *American Psychologist*, 56, 218-226.

Fredrickson, B. L., & Branigan, C. (2005). Positive emotions broaden thought-action repertoires: Evidence for the broaden-and-build model. *Cognition and Emotion*, 19, 313-332.

Fredrickson, B. L, & Levenson, R. W. (1998). Positive emotions speed recovery from the cardiovascular sequelae of negative emotions. *Cognition and Emotion*, 12, 191-220.

Freeland, E. M. (2009). *Emotional intelligence and personality*. Saarbrücken: Vdm Verlag.

Freeland, E. M., Terry, R. A., & Rodgers, J. L. (2008). Emotional intelligence: What's in a name? In J. Cassady & M. A. Eissa (Eds.), *Emotional intelligence: Perspectives on educational and positive psychology* (pp. 93-117). New York: Peter Lang Publishing.

Freeman, N. H., & Lacohee, H. (1995). Making explicit 3-year-olds' implicit competence with their own false beliefs. *Cognition*, 56, 31-60.
Freud, S. (1917). *Vorlesungen zur einführung in die psychoanalyse.* フロイト, S. (1977). 精神分析入門（上）（下）（高橋義孝・下坂幸三訳）．新潮文庫．
Fridlund, A. J. (1991). Sociality of solitary smiling: potentiation by an implicit audience. *Journal of Personality and Social Psychology*, 60, 229-240.
Fridlund, A. J. (1992a). Darwin's anti-Darwinism in "The expression of the emotions in man and animals". In K. Strongman (Ed.), *International review of studies on emotion, Vol.2* (pp. 117-137). Chichester, UK: Wiley.
Fridlund, A. J. (1992b). The behavioral ecology and sociality of human faces. In M. S. Clark (Ed.), *Review of personality and social psychology, Vol.13* (pp. 90-121). Newbury Park, CA: Sage.
Fridlund, A. J. (1994). *Human Facial Expression: An evolutionary view.* New York: Academic Press.
Fridlund, A. J. (1997). The new ethology of human facial expressions. In J. A. Russell & J. M. Fernández-Dols (Eds.), *The psychology of facial expression* (pp. 103-132). Cambridge, UK: Cambridge University Press.
Frijda, N. H. (1969). Recognition of emotion. In L. Berkowitz (Ed.), *Advances in experimental social psychology, Vol.4* (pp. 167-223). New York: Academic Press.
Frijda, N. H. (1986). *The emoitons.* New York: Cambridge University Press.
Frijda, N. H. (1988). *The laws of emotion. American Psychologist*, 43, 349-358.
Frijda, N. H. (2006). *The laws of emotion.* Hillsdale, NJ; Lawrence Erlbaum.
Frijda, N. H. (2007). What emotions might be?: Comments on the comments. *Social Science Information*, 46, 433-443.
Frijda, N. H., Manstead, N., & Fischer, A. (Eds.) (2004). *Feelings and emotions: The Amsterdam Symposium.* New York: Cambridge University Press.
Frijda N. H., & Scherer K. R. (2009). Emotion definition (psychological perspectives). In D. Sander & K. R. Scherer (Eds.), *Oxford companion to emotion and the affective sciences* (pp. 142-143). Oxford, UK: Oxford University Press.
Frijda, N. H., & Tcherkassof, A. (1997). Facial expressions as models of action readiness. In J. A. Russell & J. M. Fernández-Dols (Eds.), *The psychology of facial expression* (pp. 78-102). Cambridge, UK: Cambridge University Press.
Frith, C. D., & Frith, U. (1999). Interacting minds: A biological basis. *Science*, 286, 1692-1695.
福田正治（2003）．感情を知る——感情学入門．ナカニシヤ出版．
福田正治（2006）．感じる情動・学ぶ感情——感情学序説．ナカニシヤ出版．
Fung, H. (1999). Becoming a moral child: The socialization of shame in Chinese children *Ethos*, 27, 180-209.
Gallagher, W. (1996). *I.D.: How heredity and experience make you who you are.* London: Random House.
Gardner, H. (1983). *Frames of mind: The theory of multiple intelligences.* New York: Basic Books.

Gardner, H. (2006). *Multiple intelligences: New horizons*. New York: Basic Books.
Gilbert, A. N., Fridlund, A. J., & Sabini, J. (1987). Hedonic and social determinants of facial displays to odors. *Chemical Senses*, 12, 355-363.
Gilbert, D. T., & Wilson, T. D. (2000). Miswanting: Some problems in the forecasting of future affective states. In J. P. Forgas (Ed.), *Feeling and Thinking: The role of affect in social cognition* (pp. 178-200). New York: Cambridge University Press.
Ginsburg, G. P. (1997). Faces: An epilogue and reconceptualization. In J. A. Russell & J. M. Fernández-Dols (Eds.), *The psychology of facial expression* (pp. 349-382). Cambridge, UK: Cambridge University Press.
Gnepp, J., & Chilamkurti, C. (1988). Children's use of personality attributions to predict other people's emotional and behavioral reaction. *Child Development*, 59, 743-754.
Goetz, J. L., & Keltner, D. (2007). Shifting meanings of self-conscious emotions across cultures. In J. L. Tracy, R. W. Robins, J. P. Tangney (Eds.), *The self-conscious emotions: The theory and research* (pp. 153-173). New York: Guilford Press.
Goldberg, S. (2000). *Attachment and development*. London: Arnold.
Goldsmith, H. H. (1993). Temperament: Variability in developing emotion systems. In M. Lewis & J. M. Haviland (Eds.), *Handbook of emotions* (pp. 353-364). New York: Guilford Press.
Goleman, D. (1995). *Emotional Intelligence: Why it can matter more than IQ*. New York: Buntam Books.
Goleman, D. (1998). *Working with emotional intelligence*. New York: Bantam Books.
Goleman, D. (2001). Emotional Intelligence: Issues in paradigm building. In C. Cherniss & D. Goleman (Eds.), *The emotionally intelligent workplace* (pp. 13-26). San Francisco, CA: Jessey-Bass.
Goleman, D. (2006). *The social intelligence: The new science of human relationships*. New York: Random House Large Print.
Gonzaga, G. C., Keltner, D., Londahl, E. A., & Smith, M.D. (2001). Love and the commitment problem in romantic relations and friendship. *Journal of Personality and Social Psychology*, 81, 247-262.
Gopnik, A. (2010). *The philosophical baby: What children's minds tell us about truth, love, and the meaning of life*. New York: Farrar, Straus and Giroux.
Gottman, J. M., Katz, L. F., & Hooven, C. (1997). *Meta-emotion: How families communicate emotionally*. Mahwah, NJ: Erlbaum.
Goudall, J. (1986). *The chimpanzees of Gombe: Patterns of behavior*. Boston: Bellknap Press of the Harvard University Press.
Gould, J. (1989). *Wonderful life: The Burgess Shale and the nature of history*. New York: Norton.
Gray, J. A. (1990). Brain systems that medicate both emotion and cognition. *Cognition and Emotion*, 4, 269-288.
Griffiin, S., & Mascolo, M. F. (1998). On the nature, development, and function of emotions. In M. F. Mascolo & S. Griffin (Eds.), *What develops in emotional development?* (pp. 3-28).

New York: Plenum Press.
Griffiths, P. E. (1997). *What emotions really are: The problem of psychological categories.* Chicago: The University of Chicago Press.
Grubb, W. L., & McDaniel, M. A. (2007). The fakability of Bar-On's Emotional Quotient Inventory Short Form: Catch me if you can. *Human Performance*, 20, 43-59.
Gruenewald, T. L., Dickerson, S. S., & Kemeny, M .T. (2007). A social function for self-conscious emotions: The social preservation theory. In J. L. Tracy, R. W. Robins, & J. P. Tangney (Eds.), *The self-conscious emotions: The theory and research* (pp. 68-87). New York: Guilford Press.
Gunnar, M. (2005). Attachment and stress in early development. In C. S. Carter, L. Ahnert, K. E. Grossman *et al.*, (eds.), *Attachment and bonding: A new synthesis* (pp. 245-255). Cambridge, MA: MIT Press.
Güth, W., Schmittberger, L., & Schwarze, B. (1982). An experimental analysis of ultimatum bargaining. *Journal of Economic Behavior and Organization*, 3, 367-388.
Haidt, J. (2003). The moral emotions. In R. J. Davidson, K. S. Scherer, & H. H. Goldsmith (Eds.), *Handbook of affective sciences* (pp. 852-870). Oxford: Oxford University Press.
Haidt, J. (2005). *The happiness hypothesis: Finding the modern truth in ancient wisdom.* New York: Basic Books.
Haidt, J., & Keltner, D. (1999). Culture and facial expression: Open-ended methods find more expression and a gradient recognition. *Cognition and Emotion*, 13, 225-266.
Hansen, C. H., & Hansen, R. D. (1988). Finding the face in the crowd: An anger superiority effect. *Journal of Personality and Social Psychology*, 6, 917-924.
Harker, L. A., & Keltner, D. (2001). Expressions of positive emotion in women's college yearbook pictures and their relationship to personality and life outcomes across adulthood. *Journal of Personality and Social Psychology*, 80, 112-124.
Harré, R. (1986). *The social construction of emotions.* Oxford: Basil Blackwell.
Hatfield, E., Cacioppo, J. T., & Rapson, R. L. (1994). *Emotional contagion.* Cambridge: Cambridge University Press.
Haviland, J., & Lewicka, M. (1987). The induced affect response: 10-week old infants' responses to three emotional expressions. *Developmental Psychology*, 23, 97-104.
Haviland, J. M., & Walker-Andrews, A. S. (1992). Emotion socialization: A view from development and ethology. In V. B. Van Hasselt & M. Hersen (Eds.), *Handbook of social development: A lifespan perspective* (pp. 29-49). New York: Plenum Press.
Hebb, D. O., & Williams, K. (1946). A method of rating animal intelligence. *Journal of General Psychology*, 34, 59-65.
Heelas, P. (1984). Emotions across cultures: Objectivity and cultural divergence. In S. Brown (Ed.), *Objectivity and cultural divergence* (pp. 21-42). Cambridge, UK: Cambridge University Press.
Heelas, P. (1986). Emotion talk across cultures. In R. M. Harré (Ed.), *The social construction of emotions* (pp. 234-266). Oxford, UK: Basil Blackwell.
Heelas, P. (1996). Emotion talk across cultures. In R. Harré & W. G. Parrott (Eds.), *The emo-

tions (pp. 171-199). London: Sage.

Heine, S. J., Lehman, D. R., Markus, H. R., & Kitayama, S. (1999). Is there universal need for positive self-regard? *Psychological review*, 106, 766-794.

Helgeson, V. S., & Fritz, H. L. (1999). Cognitive adaptation as a predictor of new coronary events after percutaneous transluminal coronary angioplasty. *Psychosomatic Medicine*, 61, 488-495.

Hermans, H. J. M. (1996). Voicing the self: From information processing to dialogical interchange. *Psychological Bulletin*, 119, 31-50.

Herrnstein, R. J., & Murray, C. (1994). *The bell curve: Intelligence and class structure in American life*. New York: Free Press.

Hess, U., Banse, R., & Kappas, A. (1995). The intensity of facial expression is determined by underlying affective state and social situation. *Journal of Personality and Social Psychology*, 69, 280-288.

Higgins. E. T. (1987) Self-discrepancy: A theory relating self and affect. *Psychological Review*, 94, 319-340.

Hill, E. L., & Frith, U. (2003). Understanding autism: Insights from mind and brain. In U. Frith & E. Hill (Eds.), *Autism: mind and brain* (pp. 1-19). New York: Oxford University Press.

Hinde, R. A. (1982). *Ethology: Its nature and relations with other sciences*. Oxford: Oxford University Press.

Hinde, R. A. (1985a). Expression and negotiation. In G. Zivin (Ed.), *The development of expressive behavior: Biology-environment interactions* (pp. 103-116). New York: Academic Press.

Hinde, R. A. (1985b). Was "the expression of the emotion" a misleading title? *Animal Behaviour*, 33, 985-992.

Hobson, R. P. (2002). *The cradle of thought: Exploring the origins of thinking*. London: Macmillan.

Hobson, R. P. (2005). What puts the jointness into joint attention. In N. Eilan, C. Hoerl, T. McCormack, & J. Roessler (Eds.), *Joint attention, communication, and other minds: Issues in philosophy and psychology* (pp. 185-204). Oxford: Oxford University Press.

Hood, B. M., Willen, J., & Driver, J. (1998). Adult's eyes trigger shifts of visual attention in human infants. *Psychological Science*, 9, 131-134.

Howe, D. (2005). *Child abuse and neglect: Attachment, development and intervention*. Hampshire, UK: Palgrave Macmillan.

Howell, S. (1981). Rule not words. In P. Heelas & A. Lock (Eds.), *Indigenous psychology: The anthropologies of the self* (pp. 133-143). San Diego, CA: Academic Press.

Hume, D. (1739). *A treatise of human nature*. ヒューム, D. (2010). 人性論 (土岐邦夫・小西嘉四郎訳). 中公クラシック.

Humphrey, N. (1986). *Inner eye*. London: Farber & Farber.

Iacoboni, M. (2008). *Mirroring people: The new science of how we connect with others*. New York: Farra, Straus and Giroux.

Isabella, R. A. (1993). Origins of attachment: Maternal interactive behavior across the first

year. *Child Development*, 64, 605-621.
Isabella, R. A., Belsky, J., & von Eye, A. (1989). Origins of infant-mother attachment: An examination of interactional synchrony during the infant's first year. *Developmental Psychology*, 25, 12-21.
Isen, A. M. (1984). Toward understanding the role of affect in cognition. In R. Wyler & T. Srule (Eds.), *Handbook of social cognition* (pp. 179-235). Hillsdale, NJ: Lawrence Erlbaum.
Isen, A. M. (1987). Positive affect, cognitive processes, and social behavior. In L. Berkowitz (Ed.), *Advances in experimental social psychology, Vol. 20* (pp. 203-253). New York: Academic Press.
Isen, A. M., Daubman, K. A., & Nowicki, G. P. (1987). Positive affect facilitates creative problem solving. *Journal of Personality and Social Psychology*, 52, 1122-1131.
Isen, A. M., Niedenthal, P. M., & Cantor, N. (1992). An influence of positive affect on social categorization. *Motivation and Emotion*, 16, 65-78.
Izard, C. E. (1971). *The face of emtion*. New York: Appleton-Century-Crofts.
Izard, C. E. (1977). *Human Emotions*. New York: Plenum Press.
Izard, C. E. (1991). *The psychology of emotions*. New York: Plenum Press.
Izard, C. E. (1993). Four systems for emotion activation: Cognitive and noncognitive processes. *Psychological Review*, 100, 68-90.
Izard, C. E. (1997). Emotions and facial expressions: A perspective from Differential Emotions Theory. In J. A. Russell & J. M. Fernández-Dols (Eds.), *The psychology of facial expression* (pp. 57-77). Cambridge, UK: Cambridge University Press.
Izard, C. E. (2001). Emotional intelligence or adaptive emotions? *Emotion*, 1, 249-257.
Izard, C. E., Trentacosta, C., King, K., Morgan, J., & Diaz, M. (2007). Emotions, emotionality, and intelligence in the development of adaptive behavior. In G. Matthews, M. Zeidner, & R. Roberts (Eds.), *The science of emotional intelligence: Knowns and unknowns* (pp. 127-150). New York: Oxford University Press.
Jakobs, E., Manstead, A. S. R., & Fischer, A. H. (1999) Social motives, emotional feelings, and smiling. *Cognition and Emotion*, 13, 321-345.
James, W. (1884). What is an emotion? *Mind*, 9, 188-205.
James, W. (1890). *The principles of psychology*. New York: Holt.
James, W. (1894). The physical basis of emotion. *Psychological Review*, 1, 516-529.
Jenkins, J. H. (1994). Culture, emotion, and psychopathology. In S. Kitayama & H. M. Markus (Eds.), *Emotion and culture: Empirical studies and mutual influences* (pp. 309-335). Washington, DC: American Psychological Association.
John, O. P. (1990). The Big Five factor taxonomy: Dimensions of personality in the natural language and in questionnaires. In L. Pervin (Ed.), *Handbook of personality and research* (pp. 66-100). New York: Guilford Press.
John, O. P., & Gross, J. J. (2004). Healthy and unhealthy emotion regulation: Personality processes, individual differences, and lifespan development. *Journal of Personality*, 72, 1301-1334.
Johnson, K. J., & Fredrickson, B. L. (2005). "We all look the same to me": Positive emotions

eliminate the own-race bias in face recognition. *Psychological Science*, 16, 875-881.
Johnson, M. H. (1999). Developmental cognitive neuroscience. In M. Bennett (Ed.), *Developmental psychology: Achievements and prospects* (pp. 147-164). Philadelphia, PA: Psychology Press.
Johnson, M. H., & Morton, J. (1991). *Biology and cognitive development: The case of face recognition*. Oxford: Blackwell.
Johnson-Laird, P. N., & Oatley, K. (1989). The language of emotions: An analysis of a semantic field. *Cognition and Emotion*, 3, 81-123.
Johnson-Laird, P. N., & Oatley, K. (1992). Basic emotions, rationality, and folk theory. *Cognition and Emotion*, 6, 201-224.
Johnston, V. S. (1999). *Why we feel*. New York: Perseus Books. ジョンストン, V. S. (2001). 人はなぜ感じるのか？（長谷川眞理子訳）. 日経 BP 社.
Jones, C. C., Collins, K., & Hong, H. W. (1991). An audience effect on smile production in 10-month-old infants. *Psychological Science*, 2, 45-49.
Jones, C. C., & Raag, T. (1989). Smile production in older infants: The importance of a social recipient for the facial signal. *Child Development*, 60, 811-818.
Joseph, R. M., & Tager-Flusberg, H. (1997). An investigation of attention and affect in children with autism and Down syndrome. *Journal of Autism & Developmental Disorders*, 27, 385-396.
Kagan, J. (1992). Temparamental contributions to emotion and social behavior. In M. S. Clark (Ed.), *Emotion and social behavior* (pp. 99-118). Newbury Park: Sage.
Kagan, J. (1998). Is there a self in infancy? In M. Ferrari & R. J. Sternberg (Eds.), *Self-awareness: Its nature and development* (pp. 137-147). New York: Guilford Press.
Kant, I. (1793). *Critique of judgment*. カント, I. (1964). 判断力批判（上）（下）（篠田英雄訳）. 岩波文庫.
Kanwisher, N. (2000). Domain specificity in face perception. *Nature neuroscience*, 3, 759-763.
Kappas, A. (2006). Appraisals are direct, immediate, intuitive, and unwitting...and some are reflective... *Cognition and Emotion*, 20, 952-975.
Karmiloff-Smith, A. (1996). Annotation: The extraordinary cognitive journey from foetus through infancy. *Annual Progress in Child Psychiatry and Child Development 1996*, 5-31.
Keating, C. F., & Heltman, K. R. (1994). Dominance and deception in children and adults: Are leaders the best misleaders? *Personality and Social Psychology Bulletin*, 20, 312-321.
Keltner, D. (1996). Facial expressions of emotion and personality. In C. Magai & S. H. McFadden (Eds.), *Handbook of emotion, adult development, and aging* (pp. 385-401). San Diego: Academic Press.
Keltner, D. (2009). *Born to be good: The science of a meaningful life*. New York: W. W. Norton & Company.
Keltner, D., & Buswell, B. N. (1997). Embarrassment: Its distinct from and appeasement functions. *Psychological Bulletin*, 122, 250-270.
Keltner, D., & Gross, J. (1999). Fuctional accounts of emotions. *Cognition and Emotion*, 13, 467-480.

Keltner, D., & Haidt, J. (1999). Social functions of emotions at four levels of analysis. *Cognition and Emotion*, **13**, 505-521.
Keltner, D., & Haidt, J. (2001). Social functions of emotions. In J. Mayne & G. A. Bonanno (Eds.), *Emotions: current issues and future directions* (pp. 192-213). New York: Guilford.
Kitayama, S., & Markus, H. R. (Eds.) (1994). *Emotion and culture: Empirical studies of mutual influence*. Washington, DC: American Psychological Association.
Kitayama, S., Markus, H. M., & Kurokawa, M. (2000). Culture, emotion, and well-being: Good feelings in Japan and the United States. *Cognition and Emotion*, **14**, 93-124.
Kleiman, A. (1989). *The illness narrative: Suffering, healing, and the human condition*. New York: Basic Books.
Klinberg, O. (1938). Emotional expression in Chinese literature. *Journal of Abnormal and Social Psychology*, **31**, 517-520.
Kobayashi, F., Schallert, D. L., & Ogren, H. A. (2003). Japanese and American folk vocabularies for emotions. *Journal of Social Psychology*, **143**, 451-478.
小林洋美・橋彌和秀(2005). コミュニケーション装置としての目——グルーミングする視線. 遠藤利彦(編), 読む目・読まれる目——視線理解の進化と発達の心理学 (pp. 69-91). 東京大学出版会.
Konner, M. (2010). *The evolution of childhood: Relationships, emotion, mind*. New York: Belknap Press of Harvard University Press
Koole, S. L. (2009). The psychology of emotion regulation: An integrative review. *Cognition and Emotion*, **23**, 4-41.
Krack, P., & Vercueil, L. (2001). Review of the functional surgical treatment of dystonia. *European Journal of Neurology*, **8**, 389-399.
Kraut, R. E., & Johnson, R. E. (1979). Social and emotional messages of smiling: An ethological approach. *Journal of Personality and Social Psychology*, **37**, 1539-1553.
Krumhuber, E. G., & Scherer, K. R. (2011). Affect bursts: Dynamic patterns of facial expression. *Emotion*, **11**, 825-841.
Kubota, Y., Sato, W., Murai, T., Toichi, M., Ikeda, A., & Sengoku, A. (2000). Emotional cognition without awareness after unilateral temporal lobectomy in humans. *Journal of Neuroscience*, **20**(RC97), 1-5.
Kuhl, J. (2000). A functional-design approach to motivation and self-regulation: The dynamics of personality systems interactions. In M. Boekaerts, P. R. Pintrich, & M. Zeidner (Eds.), *Handbook of self-regulation* (pp. 111-169). San Diego, CA: Academic Press.
Kuppens, P., Van Mechelen, I., Smits, D., & De Boeck, P. (2003). The appraisal basis of anger: Specificity, necessity and sufficiency of components. *Emotion*, **3**, 254-269.
Lagattuta, K. H., & Thompson, R. A. (2007). The development of self-conscious emotions: Cognitive processes and social influences. In J. L. Tracy, R. W. Robins, & J. P. Tangney (Eds.), *The self-conscious emotions: Theory and research* (pp. 91-113). New York: Guilford Press.
Laird, J. D. (1974). Self-attribution of emotion: The effects of expressive behavior on the quality of emotional experience. *Journal of Personality and Social Psychology*, **29**, 473-486.
Landis, C. (1929). The interpretation of facial expression in emotion. *Journal of General Psy-*

chology, 2, 59-72.
Landy, F. J. (2005). Some historical and scientific issues related to research on emotional intelligence. *Journal of Organizational Behavior*, 26, 411-424.
Lange, C. G. (1885). Om sindsbevaegelser: Et psyko-fysiologisk studie. Copenhagen: Jacob Lunds. Reprinted in C. G. Lange & W. James (Eds.), I. A. Haupt (Trans.) *The emotions*, (1922). Baltimore: Williams and Wilkins.
Langlois, J. F., & Roggman, L. A. (1990). Attractive faces are only average. *Psychological Science*, 1, 115-121.
Larsen, R. J., & Ketelaar, R. (1991). Personality and susceptibility to positive and negative emotional states. *Journal of Personality and Social Psychology*, 61, 132-140.
Lazarus, R. S. (1982). Thoughts on the relations between emotion and cognition. *American Psychologist*, 37, 1019-1024.
Lazarus, R. S. (1984). On the primacy of cognition. *American Psychologist*, 39, 124-129.
Lazarus, R. S. (1991). *Emotion and adaptation*. Oxford: Oxford University Press.
Lazarus, R. S. (1994). The stable and the unstable in emotion. In P. Ekman & R. J. Davidson (Eds.), *The nature of emotion: Fundamental questions* (pp. 79-85). Oxford: Oxford University Press.
Lazarus, R. S. (1999). The cognition-emotion debate: A bit of history. In T. Dalgleish & M. Power (Eds.), *Handbook of cognition and emotion* (pp. 3-19). Chichester, UK: Wiley.
Lazarus, R. S., Averill, J. R., & Opton, E. M. Jr. (1970). Toward a cognitive theory of emotions. In M. B. Arnold (Ed.), *Feelings and emotions* (pp. 207-232). New York: Academic Press.
Lazarus, R. S., & Lazarus, B. N. (1994). *Passion and reason: Making sense of our emotions*. New York: Oxford University Press.
Leary, M. R. (2007). How the self became involved in affective experience: Three sources of self-reflective emotions. In J. L. Tracy, R. W. Robins, J. P. Tangney (Eds.), *The self-conscious emotions: The theory and research* (pp. 38-52). New York: Guilford Press.
Lebra, T. S. (1983). Shame and guilt: A psychocultural view of the Japanese self. *Ethos*, 11, 192-209.
LeDoux, J. E. (1994). Emotional processing, but not emotions, can occur unconsciously. In P. Ekman & R. J. Davidson (Eds.), *The nature of emotion: Fundamental questions* (pp. 291-292). Oxford: Oxford University Press.
LeDoux, J. E. (1996). *The emotional brain*. New York: Simon and Schuster.
LeDoux, J. E. (2000). Emotion circuits in the brain. *Annual Reviews in Neuroscience*, 23, 155-184.
LeDoux, J. E. (2002). *Synaptic self*. New York: Viking.
Leekam, S. R. (2005). Why do children with autism have a joint attention impairment? In N. Eilan, C. Hoerl, T. McCormack, & J. Roessler (Eds.), *Joint attention, communication, and other minds: Issues in philosophy and psychology* (pp. 205-229). Oxford: Oxford University Press.
Leekam, S. R., Lopez, B., & Moore, C. (2000). Attention and joint attention in preschool children with autism. *Developmental Psychology*, 36, 261-273.

Leff, J. P. (1973). Culture and the differentiation of emotional states. *British Journal of Psychiatry*, 123, 299-309.

Leppänen, J. M., Tenhunen, M., & Hietanen, J. K. (2003). Faster choice-reaction times to positive than to negative facial expressions: The role of cognitive and motor processes. *Journal of Psychophysiology*, 17, 113-123.

Leslie A, M. (2005). Developmental parallels in understanding minds and bodies. *Trends in Cognitive Science*, 9, 459-462.

Levenson, R. W. (1999). The intrapersonal functions of emotion. *Cognition and Emotion*, 13, 481-504.

Levenson, R. W., Ekman, P., & Friesen, W. V. (1990). Voluntary facial action-generates emotion-specific autonomic nervous system activity. *Psychophysiology*, 27, 363-384.

Levenson, R. W., Ekman, P., Heider, K., & Friesen, W. V. (1992). Emotion and autonomic nervous system activity in the Minangkabau of West Sumatora. *Journal of Personality and Social Psychology*, 62, 972-988.

Leventhal, H., & Scherer, K. R. (1987). The relationship of emotion to cognition: A functional approach to a semantic controversy. *Cognition and Emotion*, 1, 3-28.

Levy, R. I. (1984). Emotion, knowing, and culture. In R. Shweder & R. LeVine (Eds.), *Culture theory: Essays on mind, self, and emotion* (pp. 214-237). Cambridge, UK: Cambridge University Press.

Lewis, M. (1991). Ways of knowing: Objective self-awareness or consciousness. *Developmental Review*, 11, 231-243.

Lewis, M. (1992). *Shame: The exposed self*. New York: Free Press.

Lewis, M. (1995). Aspects of self: From systems to ideas. In P. Rochat (Ed.), *The self in infancy: Theory and research* (pp. 95-115). Amsterdam: Elsevier.

Lewis, M. (1997). The self in self-conscious emotions. In J. G. Snodgrass & R. L. Thompson (Eds.), *The self across psychology* (pp. 119-142). New York: The New York Academy of Sciences.

Lewis, M. (1999). The role of the self in cognition and emotion. In T. Dalgleish & M. Power (Eds.), *Handbook of cognition and emotion* (pp. 125-142). New York: Wiley.

Lewis, M. (2007). Self-conscious emotional develoment. In J. L. Tracy, R. W. Robins, & J. P. Tangney (Eds.), *The self-conscious emotions: Theory and research* (pp. 134-149). New York: Guilford Press.

Lewis, M. (2008a). The emergence of human emotions. In M. Lewis & J. M. Havilland-Jones, L. F. Barrett (Eds.), *Handbook of emotions* (3rd edition, pp. 304-319). New York: Guilford Press.

Lewis, M. (2008b). Self-conscious emotions: Embarrassment, pride, shame, and guilt. In M. Lewis, J. M. Haviland-Jones, & L. F. Barrett (Eds.), *Handbook of emotions* (3rd edition, pp. 742-756). New York: Guilford Press.

Lewis, M., Alessandri, S., & Sullivan, M. W. (1990). Violation of expectancy, loss of control, and anger in young infants. *Developmental Psychology*, 26, 745-751.

Lewis, M., Alessandri, S., & Sullivan, M. W. (1992). Differences in shame and pride as a function of children's gender and task difficulty. *Child Development*, 63, 630-638.

Lewis, M., Sullivan, M. W., Stanger, C., & Weiss, M. (1989). Self development and self-conscious emotions. *Child Development*, 60, 146-156.

Lewkowicz, A. B. (2006). *Teaching emotional intelligence: Strategies and activities for helping students make effective choices*. Thousand Oaks: Corwin Press.

Li, J., & Fischer, K. W. (2007). Respect as a positive self-conscious emotion in European and Chinese. In J. L. Tracy, R. W. Robins, J. P. Tangney (Eds.), *The self-conscious emotions: The theory and research* (pp. 224-242). New York: Guilford Press.

Li, J., Wang, L., & Fischer, K. W. (2004). The organization of Chinese shame concepts. *Cognition and Emotion*, 18, 767-797.

Lindquist, K., Barrett, L. F., Bliss-Moreau, E., & Russell, J. A. (2006). Language and the perception of emotion. *Emotion*, 6, 125-138.

Lindquist, K. A., Wager, T. D., Kober, H., Bliss-Moreau, E., & Barrett, L. F. (2012). The brain basis of emotion: A meta-analytic review. *Behavioral and Brain Sciences*, 35, 121-143.

Lingis, A. (2000). *Dangerous emotions*. Berkeley, CA: University of California Press.

Lutz, C. (1988). *Unnatural emotions: Everyday sentiments on a Micronesian atoll and their challenge to Western Theory*. Cambridge, UK: Cambridge University Press.

Lutz, C., & White, G. (1986). The anthropology of emotions. *Annual Review of Anthropology*, 15, 405-436.

Lutz, T. (1999). *Crying: The natural and cultural history of tears*. New York: Norton.

MacCann, C., Matthews, G., Zeidner, M., & Roberts, R. D. (2003). Psychological assessment of emotional intelligence: A review of self-report and performance-based testing. *The International Journal of Organizational Analysis*, 11, 247-274.

MacMillan, M. (2000). *An Odd Kind of Fame: Stories of Phineas Gage*. New York: A Bradford Book.

Magai, C. (1996). Personality theory: Birth, death, and transfigulation. In R. D. Kavanaugh, B. Zimmerberg, & S. Fein (Eds.), *Emotion: Interdisciplinary perspectives* (pp. 171-201). Mahwah, NJ: Erlbaum.

Magai, C. (2008). Long-lived emotions: A life course perspective on emotional development. In M. Lewis, J. Haviland-Jones, & L. F. Barrett (Eds.), *Handbook of Emotions* (3rd edition, pp. 376-394). New York: Guilford Press.

Magai, C., Distel, N., & Liker, R. (1995). Emotion socialization, attachment, and patterns of adult emotional traits. *Cognition and Emotion*, 9, 461-481.

Magai, C., & Haviland-Jones, J. (2002). *The hidden genius of emotion*. New York: Cambridge University Press.

Magai, C., & McFadden, S. (1995). *The role of emotion in social and personality development: History, theory, and research*. New York: Plenum Press.

Malatesta, C. Z. (1990). The role of emotions in the development and organization of personality. In R. A. Thompson (Ed.), *Socioemotional development: Nebraska symposium on motivation, 1988* (pp. 1-56). Lincoln, NE: University of Nebraska Press.

Malatesta, C. Z., Culver, C., Tesman, J. R., & Shepard, B. (1989). The development of emotional

expression during the first two years of life. *Monographs of the Society for Research in Child Development*, 54 (1-2, Serial No.219).
Malatesta, C. Z., & Wilson, A. (1988). Emotion cognition interaction in personality development: A discrete emotions, functionalist analysis. *British Journal of Social Psychology*, 27, 91-112.
Mandler, G. (1975). *Mind and emotion*. New York: John Wiley & Sons.
Mandler, G. (1984). *Mind and body*. New York: Norton.
Marcus, G. (2009). *Kluge: The haphazard evolution of the human mind*. New York: Houghton Mifflin.
Marin, G., Gamba, R. J., & Marin, B. V. (1992). Extreme response style and acquiescence among Hispanics: The role of acculturation and education. *Journal of Cross-Cultural Psychology*, 23, 498-509.
Markus, H. R, & Kitayama, S. (1991). Culture and the self: Implications for cognition, emotion, and motivation. *Psychological Review*, 98, 224-253.
Markus, H. R., & Kitayama, S. (1994a). The cultural construction of self and emotion: Implications for social behavior. In S. Kitayama & H. R. Markus (Eds.), *Emotion and culture: Empirical studies of mutual influence* (pp. 89-130). Washington, DC: American Psychological Association.
Markus, H. M., & Kitayama, S. (1994b). The cultural shaping of emotion: A conceptual framework. In S. Kitayama, & H. R. Markus (Eds.), *Emotion and culture: Empirical studies and mutual influences* (pp. 339-351). Washington, DC: American Psychological Association.
Marvin, R., Cooper, G., Hoffman, K., & Powell, B. (2002). The Circle of Security project: Attachment-based intervention with caregiver-pre-school child dyads. *Attachment & Human Development*, 4, 107-124.
Matsumoto, D. (1991). Cultural influences on facial expressions of emotions. *Southern Communication Journal*, 56, 128-137.
Matsumoto, D., Consolacion, T., Yamada, H., Suzuki, R., Franklin, B., Paul, S., Ray, R., & Uchida, H. (2002). American-Japanese cultural differences in judgements of emotional expressions of different intensities. *Cognition and Emotion*, 16, 721-747.
Matsumoto, D., Kasri, F., & Kooken, K. (1999). American-Japanese cultural differences in judgements of expression intensity and subjective experience. *Cognition & Emotion*, 13, 201-218.
Matthews, A. (1993). Biases in emotion processing. *The Psychologist: Bulletin of the British Psychological Society*, 6, 493-499.
Matthews, G., Zeidner, M., & Roberts, R. D. (2002). *Emotional Intelligence: Science and Myth*. London: The MIT Press.
Matthews, G., Zeidner, M., & Roberts, R. D. (2004). Seven myths about emotional intelligence. *Psychological Inquiry*, 15, 179-196.
Matthews, G., Zeidner, M., & Roberts, R. D. (2007). Measuring emotional intelligence: Promises, pitfalls, solutions? In A. D. Ong & M. Van Dulmen (Eds.), *Handbook of methods in positive psychology* (pp. 189-204) . Oxford: Oxford University Press.

Matthews, G., Zeidner, M., & Roberts, R. D. (2011). *Emotional intelligence 101*. New York: Springer.
Matthews, G., Zeidner, M., & Roberts, R. D. (2012). Emotional intelligence: A promise unfulfilled? *Japanese Psychological Research*, 54, 105-127.
Mayer, J. D. (2001). A field guide to emotional intelligence. In J. Ciarrochi, J. P. Forgas, & J. D. Mayer (Eds.), *Emotional intelligence in everyday life: A scientific inquiry* (pp. 3-24). New York: Psychology Press.
Mayer, J. D., & Salovey, P. (1993). The intelligence of emotional intelligence. *Intelligence*, 17, 433-442.
Mayer, J. D., & Salovey, P. (1997). What is emotional intelligence? In P. Salovey & D. Sluyter (Eds.), *Emotional development and emotional intelligence: Implications for educators* (pp. 3-31). New York: Basic Books.
Mayer, J. D., Salovey, P., & Caruso, D. R. (2000). Competing models of emotional intelligence. In R. J. Sternberg (Ed.), *Handbook of human intelligence* (2nd edition, pp. 396-420). New York: Cambridge University Press.
Mayer, J. D., Salovey, P., Caruso, D. R., & Sitarenios, G. (2003). Measuring emotional intelligence with the MSCEIT V2.0. *Emotion*, 3, 97-105.
Mayne, T. J. (2001). Emotions and health. In T. J. Mayne & G. A. Bonanno (Eds.), *Emotions: Current issues and future directions* (pp. 361-397). New York: Guilford Press.
McCrae, R. R. (2000). Emotional intelligence from the perspective of the big-five model of personality. In R. Bar-On & J. D. A. Parker (Eds.), *The handbook of emotional intelligence* (pp. 263-276). San Francisco: Jossey-Bass.
McCrae, R. R., & Costa, P. T. (1985). Updating Norman's "Adequate Taxonomy" intelligence and personality dimensions in natural language and in questionaires. *Journal of Personality and Social Psychology*, 49, 710-721.
McCrae, R. R., Costa, P. T., Jr., Ostendorf, F., Angleitner, A., Hrebrikova, M., Avia, M. D., et al. (2000). Nature over nurture: Temperament, personality, and lifespan development. *Journal of Personality and Social Psychology*, 78, 173-186.
McCullough, M. E. (2008). *Beyond revenge: The evolution of the forgiveness instinct*. San Francisco: Jossey-Bass.
McDougall, W. (1908). *An introduction to social psychology*. London: Methuen.
McDougall, W. (1923). *Outline of psychology*. New York: Scribner.
Mead, G. H. (1934). *Mind, self, and society from the standpoint of a social behaviorist*. Chicago: University of Chicago Press.
Meins, E. (1997). *Security of attachment and the social development of cognition*. Hove, UK: Psychology Press.
Meins, E., Fernyhough, C., Wainwright, R., Gupta, M. D., Fradley, E., & Tuckey, M. (2002). Maternal mind-mindedness and attachment security as predictors of theory of mind understanding. *Child Development*, 73, 1715-1726.
Meltzoff, A. N. (2005). Infants' understanding of people and things: From body imitation to folk psychology. In J. L. Bermundez, A. Mercel, & N. Eilan (Eds.), *The body and the self*

(pp. 43-69). Cambridge, MA: MIT Press.

Meltzoff, A. N., & Gopnik, A. (1993). The role of imitation in understanding persons and developing a theory of mind. In S. Baron-Cohen, H. Tager-Flusberg, & D. Cohen (Eds.), *Understanding other minds: Perspective from autism* (pp. 335-366). New York: Oxford University Press.

Menon, U., & Shweder, R. A. (1994). Kali's tongue: Cultural psychology and the power of "shame" in Orissa, India." In S. Kitayama & H. Markus (Eds.), *Emotions and culture* (pp. 241-284). Washington, DC: American Psychological Association.

Mesquita, B. (2001). Culture and emotion: Different approaches to the question. In T. J. Mayne & G. A. Bonanno (Eds.), *Emotions: current issues and future directions* (pp. 214-250). New York: Guilford.

Mesquita, B. (2003). Emotions as dynamic cultural phenomena. In R. J. Davidson, K. R. Scherer, H. H. Goldsmith (Eds.), *Handbook of affective sciences* (pp. 871-890). Oxford: Oxford University Press.

Mesquita, B., & Frijda, N. H. (1992). Cultural variations in emotions: A review. *Psychological Bulletin*, 112, 179-204.

Mikulincer, M., Shaver, P. R., & Pereg, D. (2003). Attachment theory and affect regulation: The dynamics, development, and cognitive consequences of attachment-related strategies. *Motivation and Emotion*, 27, 77-102.

Mineka, S., & Cook, M. (1993). Mechanism involved in the observational conditioning of fear. *Journal of Experimental Psychology: General*, 122, 23-38.

Modell, J. (1988). Meanings of love: Adoption, literature, and Dr. Spock, 1946-1985. In C. Z. Stearns & P. N. Stearns (Eds.), *Emotion and social change: Toward a new psychohistory* (pp. 151-191). New York: Holmes and Meier.

Moll, J., de Oliveira-Souza, R., & Zahn, R. (2008). The neural basis of moral cognition: Sentiments, concepts, and values. *Annals of the New York Academy of Sciences, 1124 (The Year in Cognitive Neuroscience, 2008)*, 161-180.

Moors, A. (2009). Theories of emotion causation: A review. *Cognition and Emotion*, 23, 625-662.

Morris, J. A., Öhman, A., & Dolan, R. J. (1998). Modulation of human amygdala activity by emotional learning and conscious awareness. *Nature*, 393, 467-470.

Morris, J. A., Öhman, A., & Dolan, R. J. (1999). A subcortical pathway to the right amygdala mediating "unseen" fear. *Proceedings of the National Academy of Science*, 96, 1680-1685.

Moses, L. J., Baldwin, D. A., Rosicky, J. G., & Tidball, G. (2001). Evidence for referential understanding in the emotions domain at twelve and eighteen months. *Child Development*, 72, 718-735.

Mumme, D. L., & Fernald, A. (2003). The infant as onlooker: Learning from emotional reactions observed in a television scenario. *Child Development*, 74, 221-237.

Mundy, P., Fox, N., & Card, J. (2003). EEG coherence, joint attention and language development in the second year. *Developmental Science*, 6, 48-54.

Mundy, P., & Neal, R. (2001). Neural plasticity, joint attention, and a transactional social orienting model of autism. In L. Glidden (Ed.), *International Review of Research in Mental Retardation*, 23, 139-168.

Murphy, K. R. (2006). Four conclusions about emotional intelligence. In K. R. Murphy (Ed.), *A critique of emotional intelligence: What are the problems and how can they be fixed?* (pp. 345-354). Mahwah, NJ: Lawrence Erlbaum Associates.

Murphy, K. R., & Sideman, L. (2006). Fadification of emotional intelligence. In K. R. Murphy (Ed.), *A critique of emotional intelligence: What are the problems and how can they be fixed?* (pp. 283-299). Mahwah, NJ: Lawrence Erlbaum Associates.

Naab, P. J., & Russell, J. A. (2007). Judgments of emotion from spontaneous facial expressions of New Guineans. *Emotion*, 7, 736-744.

長滝祥司 (2008). 感情はいかなる意味で身体に還元可能か——自然化の新たな方法にむけて. 長滝祥司・柴田正良・美濃正 (編), 感情とクオリアの謎 (pp. 51-72). 昭和堂.

Nasby, W., & Yando, R. (1982). Selective encoding and retrieval of affectively valent information: Two cognitive consequences of children's mood states. *Journal of Personality and Social Psychology*, 43, 1244-1253.

Neisser, U. (1988). Five kinds of self-knowledge. *Philosophical Psychology*, 1, 35-59.

Neisser, U. (1993). The self perceived. In U. Neisser (Ed.), *The perceived self: Ecological and interpersonal sources of self-knowledge* (pp. 3-21). Cambridge, UK: Cambridge University Press.

Neisser, U. (1994). Self-narrative: True and false. In U. Neisser & R. Fivush (Eds.), *The remembering self: Construction and accuracy in the self-narrative* (pp. 1-18). Cambridge, UK: Cambridge University Press.

Neisser, U. (1997). Self and self concept. In U. Neisser & D. A. Jopling (Eds.), *The conceptual self in context: Culture, experience, self-understanding* (pp. 3-12). Cambridge, UK: Cambridge University Press.

Nesse, R. M. (1990). Evolutionary explanations of emotions. *Human Nature*, 1, 261-283.

Nesse, R. M. (2005). Natural selection and the regulation of defenses: A signal detection analysis of the smoke detector principle. *Evolution and Human Behavior*, 26, 88-105.

Nesse, R. M. & Ellsworth, P. C. (2009). Evolution, emotions, and emotional disorders. *American Psychologist*, 64, 129-139.

Ngai, S. (2007). *Ugly Feelings*. Cambridge, MA: Harvard University Press.

Niedenthal, P. M., Krauth-Gruber, S., & Ric, F. (2006). *Psychology of emotion: Interpersonal, experiential, and cognitive approach*. New York: Psychology Press.

Nietzsche, F. (1887). *On the genealogy of morals*. ニーチェ, F. (1964). 道徳の系譜 (木場深定訳). 岩波文庫.

Nisbett, R. E. (2009). *Intelligence and how to get it: Why schools and cultures count*. New York: Norton and Company.

Nowak, M. A., Page, K., & Sigmund, K. (2000). Fairness versus reason in the ultimatum game. *Science*, 289, 1773-1775.

Nussbaum, M. C. (2003). *Upheavals of thought: The intelligence of emotions*. Cambridge, UK: Cambridge University Press.

Oakley, B., Knafo, A., Madhavan, G., & Wilson, D. S. (Eds.) (2012). *Pathological altruism*. New York: Oxford University Press.
Oatley, K. (1992). *Best laid schemes: The psychology of emotions*. Cambridge, UK: Cambridge University Press.
Oatley, K. (2004). *Emotions: A brief history*. Malden, MA: Blackwell Publishing.
Oatley, K., & Duncan, E. (1992). Incidents of emotion in daily life. In K. T. Strongman (Ed.), *International review of studies on emotion* (pp. 250-293). Chichester: Wiley.
Oatley, K., & Duncan, E. (1994). The experience of emotions in daily life. *Cognition and Emotion*, 8, 369-382.
Oatley, K., & Jenkins, J. M. (1996). *Understanding emotions*. Oxford: Blackwell.
Oatley, K., & Johnson-Laird, P. N. (1987). Toward a cognitive theory of emotions. *Cognition and Emotion*, 1, 29-50.
O'Connor, T. G. & Croft, C. M. (2001). A twin study of attachment in preschool children. *Child Development*, 72, 1501-1511.
Öhman, A. (2000). Fear and anxiety: Evolutionary, cognitive, and clinical perspectives. In M. Lewis & J. M. Haviland (Eds.), *Handbook of emotions* (2nd edition, pp. 573-593). New York: Guilford.
Öhman, A., Lundqvist, D., & Esteves, F. (2001). The face in the crowd revisited: A threat advantage with schematic stimuli. *Journal of Personality and Social Psychology*, 80, 381-396.
Öhman, A., & Wiens, S. (2004). The concept of an evolved fear module and cognitive theories of anxiety. In A. S. R. Manstead, N. Frijda, & A. Fischer (Eds.), *Feeling and emotions: The Amsterdam symposium* (pp. 58-80). Cambridge, UK: Cambridge University Press.
Omdahl, B. L. (1995). *Cognitive appraisal, emotion, and empathy*. Marwah, NJ: Lawrence Erlbaum.
大村裕・大木幸介・堀哲郎 (1992). 欲望・感情の脳. 読売新聞社.
Orley, J. H. (1970). *Culture and mental illness*. Nairobi, Kenya: East Africa.
Ortony, A., Clore, G., & Collins, A. (1988). *The cognitive structure of emotions*. Cambridge, UK: Cambridge University Press.
Ortony, A., & Turner, T. J. (1990). What's basic about basic emotions? *Psychological Review*, 97, 315-331.
Oster, H., Hegley, D., & Nagel, L. (1992). Adult judgements and fine-grained analysis of infant facial expressions: Testing the validity of a priori coding formulas. *Developmental Psychology*, 28, 1115-1131.
Osterling, J., & Dawson, G. (1994). Early recognition of children with autism: A study of first birthday home videotapes. *Journal of Autism & Developmental Disorders*, 24, 247-257.
Palmer, B., Gignac, G., Manocha, R., & Stough, C. (2005). A psychometric evaluation of the Mayer-Salovey-Caruso Emotional Intelligence Test Version 2.0. *Intelligence*, 33, 285-305.
Parker, K. J., Buckmaster, C. L., Schatzberg, A. F., & Lyons, D. M. (2004). Prospective investigation of stress inoculation in young monkeys. *Archives of General Psychiatry*, 61, 933-941.
Parkinson, B. (1995). *Ideas and Realities of Emotion*. London: Routledge.

Parkinson, B., Fischer, A. H., & Manstead, A. S. R. (2005). *Emotion in social relations.* New York: Psychology Press.

Parrott, G. W. (2007). Components and the definition of emotion. *Social Science Information,* 46, 419-423.

Pascal, B. (1670). *Pensées.* パスカル, B. (2001). パンセ (1)(2) (前田陽一・由木康訳). 中公クラシックス.

Pascalis, O., de Haan, M., & Nelson, C.A. (2002). Is face processing species-specific during the first year of life? *Science,* 296, 1321-1323.

Patterson, G. R. (1982). *Coercive family process.* Eugene, OR: Castalia Press.

Pavlova, M., Krägeloh-Mann, I., Sokolov, A., & Birbaumer, N. (2001). Recognition of point-light biological motion displays by young children. *Perception,* 30, 925-933.

Pelphrey, K. A., Morris, J. P., Michelich, C. R., Allison, T., & McCarthy, G. (2005). Functional anatomy of biological motion perception in posterior temporal cortex: An FMRI study of eye, mouth and hand movements. *Cerebral cortex,* 15, 1866-1876.

Pérez, J. C., Petrides, K. V., & Furnham, A. (2005). Measuring trait emotional intelligence. In R. Schulze & R. D. Roberts (Eds.), *Emotional intelligence: An international handbook* (pp. 181-201). Ashland, OH: Hogrefe & Huber Publishers.

Petrides, K. V., & Furnham, A. (2001). Trait emotional intelligence: Psychometric investigation with reference to established trait taxonomies. *European Journal of Personality,* 15, 425-448.

Petrides, K.V., & Furnham, A. (2003). Trait emotional intelligence: Behavioural validation in two studies of emotion recognition and reactivity to mood induction. *European Journal of Personality,* 17, 39-57.

Petrides, K. V., Furnham, A., & Mavroveli, S. (2007). Trait emotional intelligence: Moving forward in the field of EI. In G. Matthews, M. Zeidner, & R. D. Roberts (Eds.), *The science of emotional intelligence: Knowns and unknowns* (pp. 151-166). New York: Oxford University Press.

Pinker, S. (2002). *The blank slate: The modern denial of human nature.* London: Allen Lane. ピンカー, S. (2004). 人間の本性を考える——心は「空白の石版」か(上)(中)(下)(山下篤子訳). 日本放送出版協会.

Planalp, S. (1999). *Communicating emotion: Social, moral, and cultural processes.* Cambridge, UK: Cambridge University Press.

Plomin, R. (1990). *Nature and nurture: An introduction to human behavioral genetics.* Pacific Grove, CA: Brooks/Cole.

Plutchik, R. (1980). *Emotion: A psychoevolutionary synthesis.* New York: Harper & Row.

Plutchik, R. (1984). Emotions: A general psychoevolutionary theory. In K. R. Scherer & P. Ekman (Eds.), *Approaches to emotion* (pp. 197-219). Hillsdale, NJ: Erlbaum.

Plutchik, R. (2002). *Emotions and life: Perspectives from psychology, biology, and evolution.* Washington, DC: American Psychological Association.

Pollak, S. D., Cicchetti, D., Hornung, K., & Reed, A. (2000). Recognizing emotion in faces: Developmental effects of child abuse and neglect. *Developmental Psychology,* 36, 679-688.

Pollak, S. D., & Tolley-Schell, S. A. (2003). Selective attention to facial emotion in physically abused children. *Journal of Abnormal Psychology*, 112, 323-338.
Pope, L. K., & Smith, C. A. (1994). On the distinct meanings of smiles and frowns. *Cognition and Emotion*, 8, 65-72.
Printz, J. J. (2004). *Gut reactions: A perceptual theory of emotion*. Oxford: Oxford University Press.
Quinn, P. C., Yahr, J., Kuhn, A., Slater, A. M., & Pascalils, O. (2002). Representation of the gender of human faces by infants: a preference for female. *Perception*, 31, 1109-1121.
Racine, T. P., & Carpendale, J. I. M. (2007). The role of shared practice in joint attention. *British Journal of Developmental Psychology*, 25, 3-25.
Rao, N., McHale, J. P., & Pearson, E. (2003). Links between socialization goals and child-rearing practices in Chinese and Indian mothers. *Child Development*, 12, 475-492.
Reddy, V. (2005). Feeling shy and showing off: Self-conscious emotions must regulate self-awareness. In J. Nadel & D. Muir (Eds.), *Emotional development* (pp. 183-204). New York: Oxford University Press.
Reisenzein, R. (1983). The Schachter theory of emotion: Two decades later. *Psychological Bulletin*, 94, 239-264.
Reisenzein, R. (2000). Exploring the strength of association between the components of emotion syndromes: The case of surprise. *Cognition and Emotion*, 14, 1-38
Renninger, K. A., Hidi, S., & Krapp, A. (1992). *The role of interest in learning and development*. Hillsdale, NJ: Lawrence Erlbaum Associates.
Repacholi, B. M., & Gopnik, A. (1997). Early reasoning about desires: Evidence from 14- and 18-month-olds. *Developmental Psychology*, 33, 12-21.
Repacholi, B. M., Slaughter, V., Pritchard, M., & Gibbs, V. (2003). Theory of mind, Machiavellianism, and social functioning in childhood. In B. Repacholi, B. & V. Slaughter (Eds.), *Individual Differences in Theory of Mind: Implication for typical and atypical development* (pp. 67-97). New York: Psychology Press.
Richardson, K. (2000). *Developmental psychology: How nature and nurture interact*. London: Macmillan Press.
Richardson, R. F. (2006). *The psychology and pedagogy of anger*. New York: Kessinger.
Ridgeway, D., Waters, E., & Kuczaj, S. A. (1985). Acquisition of emotion-descriptive language: Receptive and productive vocabulary norms for ages 18 months to 6 years. *Developmental Psychology*, 21, 901-908.
Ridley, M. (1996). *The origins of virtue*. Oxford: Felicity Bryan. リドレー, M. (2000). 徳の起源（岸由二監修・古川奈々子訳）. 翔泳社.
Rizzolatti, G., Fadiga, L., Gallese, V., & Fogassi, L. (1996). Premotor cortex and the recognition of motor actions. *Cognitive Brain Research*, 3, 131-141.
Rizzolatti, G., & Sinigaglia, C. (2008). *Mirrors in the brain: How our minds share actions and emotions*. New York: Oxford University Press.
Roberts, R. D., Schulze, R., & MacCann, C. (2008). The measurement of emotional intelligence: A decade of progress? In G. J. Boyle, G. Matthews, & D. H. Saklofske (Eds.), *The Sage*

handbook of personality theory and assessment, Vol.2.: Personality measurement and testing (pp. 461-482). Thousand Oaks, CA: Sage Publications.

Roberts, R. D., Schulze, R., O'Brien, K., MacCann, C., Reid, J., & Maul, A. (2006). Exploring the validity of the Mayer-Salovey-Caruso Emotional Intelligence Test (MSCEIT) with established emotions measures. *Emotion*, 6, 663-669.

Roberts, R. D., Zeidner, M., & Matthews, G. (2001). Does emotional intelligence meet traditional standards for an intelligence?: Some new data and conclusions. *Emotion*, 1, 196-231.

Roberts, R. D., Zeidner, M., & Matthews, G. (2007). Emotional intelligence: Knowns and unknowns. In G. Matthews, M. Zeidner, & R. D. Roberts (Eds.), *Science of emotional intelligence: Knowns and unknowns* (pp. 419-474). Cambridge, MA: Oxford University Press.

Rochat, P. (2001). *The infant's world*. Cambridge, MA: Harvard University Press.

Rosaldo, M. Z. (1980). *Knowledge and passion: Ilongot notions of self and social life*. Cambridge, UK: Cambridge University Press.

Rosch, E. H. (1973). Natural categories. *Cognitive Psychology*, 4, 328-350.

Rosch, E., Mervis, C. B., Gray, W. D., Johnson, D. M., & Boyes-Braem, P. (1976). Basic objects in natural categories. *Cognitive Psychology*, 8, 382-439.

Roseman, I. J. (1984). Cognitive determinants of emotions: A structural theory. In P. Shaver (Ed.), *Review of personality and social psychology 5: Emotions, relationships, and health* (pp. 11-36). Beverley Hills, CA: Sage.

Roseman, I. J. (2004). Appraisals, rather than unpleasantness or muscle movements, Are the primary determinants of specific emotions. *Emotion*, 4, 145-150.

Rothermund, K., Voss, A., & Wentura, D. (2008). Counter-regulation in affective attentional bias: A basic mechanism that warrants flexibility in motivation and emotion. *Emotion*, 8, 34-46.

Russell, B. (1930). *Conquest of happiness*. ラッセル, B. (1991). 幸福論（安藤貞雄訳）. 岩波文庫.

Russell, J. A. (1991). Culture and categorization of emotions. *Psychological Bulletin*, 110, 426-450.

Russell, J .A. (1994). Is the universal recognition of emotion from facial expression? A review of the cross-cultural studies. *Psychological Bulletin*, 115, 102-141.

Russell, J. A. (1995). Facial expressions of emotion: What lies beyond minimal universality? *Psychological Bulletin*, 118, 379-391.

Russell, J. A. (1997). Reading emotions from and into faces: Resurrecting a dimensional- contextual perspective. In J. A. Russell & J. M. Fernández-Dols (Eds.), *The psychology of facial expression* (pp. 295-320). Cambridge, UK: Cambridge University Press.

Russell, J. A. (2003). Core affect and the psychological construction of emotion. *Psychological Review*, 110, 145-172.

Russell, J. A., & Fernández-Dols, J. M. (1997). What does a facial expression mean? In J. A. Russell & J. M. Fernández-Dols (Eds.), *The psychology of facial expression* (pp. 3-30). Cambridge, UK: Cambridge University Press.

Saarni, C. (1999). *The development of emotional competence*. New York: Guilford Press.

Saarni, C., Mumme, D. L., & Campos, J. J. (1998). Emotional development: Action, communication, and understanding. In W. Damon & N. Eisenberg (Eds.), *Handbook of child psychology (5th ed.), Vol.3* (pp. 237-309). New York: Wiley.

Sala, F. (2002). *Emotional Competence Inventory (ECI): Technical Manual.* Boston: Hay/Mcber Group.

Salovey, P. & Mayer, J. D. (1990). Emotional Intelligence. *Imagination, Cognition, and Personality,* 9, 185-211.

Salovey, P., Mayer, J. D., Goldman, S. L., Turvey, C., & Palfai, T. P. (1995). Emotional attention, clarity, and repair: Exploring emotional intelligence using the Trait-Meta-Mood Scale. In J. W. Pennebaker (Ed.), *Emotion, disclosure, and health* (pp. 125-154). Washington, DC: American Psychological Association.

Sander, D., Grandjean, D., & Scherer, K. R. (2005). A systems approach to appraisal mechanisms in emotion. *Neural Networks,* 18, 317-352.

Sanefuji, W., Ohgami, H., & Hashiya, K. (2006). Preference for peers in infancy. *Infant Behavior and Development,* 29, 584-593.

Sangrigoli, S., & De Schonen, S. (2004). Recognition of own-race and other-race faces by three-month-old infants. *Journal of Child Psychology and Psychiatry,* 45, 1219-1227.

Sapir, E. (1921). *Language: An introduction to the study of speech.* New York: Harcourt, Brace.

Scaife, M. & Bruner, J. S. (1975). The capacity for joint visual attention in the infant. *Nature,* 253, 265-266.

Scarr, S. (1992). Developmental theories for the 1990s: Development and individual differences. *Child Development,* 63, 1-19.

Schachter, S., & Singer, J. E. (1962). Cognitive, social, and physiological determinants of emotional state. *Psychological Review,* 69, 379-399.

Scheff, T. J. (2003). Shame in self and society. *Symboric Interaction,* 26, 239-262.

Scherer, K. R. (1984a). On the nature and function of emotion: A component process approach. In K. R. Scherer & P. E. Ekman (Eds.), *Approaches to emotion* (pp. 293-317). Hillsdale, NJ: Erlbaum.

Scherer, K. R. (1984b). Emotion as a multicomponent process: A model and some cross-cultural data. In P. Shaver (Ed.), *Review of personality and social psychology, Vol.5* (pp. 37-63). Beverly Hills, CA: Sage.

Scherer, K. R. (1986). Vocal affect expression: A review and a model for future research. *Psychological Bulletin,* 99, 143-165.

Scherer, K. R. (1992). What does a facial expression express? In K. T. Strongman (Ed.), *International review of studies on emotion, Vol.2* (pp. 139-165). New York: Wiley.

Scherer, K. R. (1994). Affect bursts. In S. H. M. Van Goosen, N. E. Van de Poll, & J. A. Sergeant (Eds.), *Emotions: Essays on emotion theory* (pp. 161-193). Hillsdale, NJ: Lawrence Erlbaum.

Scherer, K. R. (1997). The role of culture in emotion-antecedent appraisal. *Journal of Personality and Social Psychology,* 73, 902-922.

Scherer, K. R. (1999). Appraisal theories. In T. Dalgleish & M. Power (Eds.), *Handbook of cognition vs. emotion* (pp. 637-663). Chichester: Wiley.

Scherer, K. R. (2001). Appraisal considered as a process of multilevel sequential checking. In K. R. Scherer, A. Schorr, & T. Johnstone (Eds.), *Appraisal processes in emotion: Theory, methods, research* (pp. 92-120). New York: Oxford University Press.

Scherer, K. R. (2004). Feelings integrate the central representation of appraisal-driven response organization in emotion. In A. Manstead, N. Frijda, & A. Fischer (Eds.), *Feelings and emotions: The Amsterdam Symposium* (pp. 136-157). New York: Cambridge University Press.

Scherer, K. R. (2005). What are emotions? And how can they be measured? *Social Science Information*, 44, 695-729.

Scherer, K. R. (2007). Componential emotion theory can inform models of emotional competence. In G. Matthews, M. Zeidner, & R. Roberts (Eds.), *The science of emotional intelligence: Knowns and unknowns* (pp. 101-126). New York: Oxford University Press.

Scherer, K. R. (2009a). Emotions are emergent processes: They require a dynamic computational architecture. *Philosophical Transactions of the Royal Society, Biological Sciences*, 364, 3459-3474

Scherer, K. R. (2009b). The dynamic architecture of emotion: Evidence for the component process model. *Cognition and Emotion*, 23, 1307-1351.

Scherer, K. R., & Brosch, T. (2009). Culture-specific appraisal biases contribute to emotion dispositions. *European Journal of Personality*, 23, 265-288.

Scherer, K. R., Clark-Polner, E., & Mortillaro, M. (2011). In the eye of the beholder? Universality and cultural specificity in the expression and perception of emotion. *International Journal of Psychology*, 46, 401-435.

Scherer, K. R., & Ellgring, H. (2007a). Are facial expressions of emotion produced by categorical affect programs or dynamically driven by appraisal? *Emotion*, 7, 113-130.

Scherer, K. R., & Ellgring, H. (2007b). Multimodal expression of emotion: Affect programs or componential appraisal patterns? *Emotion*, 7, 158-171.

Scherer, K. R., & Wallbott, H. G. (1994). Evidence for universality and cultural variation of differential emotion response patterning. *Journal of Personality and Social Psychology*, 66, 310-328.

Scherer, K. R., Wallbott, H. G., & Summerfield, A. B. (1986). *Experiencing emotion: A cross-cultural study*. Cambridge, UK: Cambridge University Press.

Schieffelin, B., & Ochs, E. (1986). Language socialization. *Annual Review of Anthropology*, 15, 163-191.

Schore, A. N. (2001). Effects of a secure attachment relationship on right brain development, affect regulation, and infant mental health. *Infant Mental Health Journal*, 22, 7-66.

Schuder, M. R., & Lyons-Ruth, K. (2004). "Hidden trauma" in infancy: Attachment, fearful arousal, and early dysfunction of the stress response system. In J. D. Osofsky (Ed.), *Young children and trauma: Intervention and treatment* (pp. 69-104). New York: Guilford.

Schupp, H. T., Öhman, A., Junghofer, M., Weike, A. I., Stockburger, J., & Hamm, A. O. (2004). The facilitated processing of threatening faces: An ERP analysis. *Emotion*, 4, 189-200.

Seligman, M. (2002). *Authentic happiness: Using the new positive psychology to realize your potential for lasting fulfillment.* New York: Free Press.

Seligman, M., & Csikszentmihalyi, M. (2000). Positive psychology: An introduction. *American Psychologist,* **55,** 5-14.

Sen, A. (1982). *Choice, Welfare, and Measurement.* Cambridge, MA: MIT Press.

Shallice, T., & Burgess. P. (1991). Higher-order cognitive impairments and frontal lobe lesions in man. In H. S. Levin, H. M. Eisenberg, & A. L. Benton (Eds.), *Frontal lobe function and dysfunction* (pp. 125-138). London: Oxford University Press.

Shaver, P. R., Schwartz, J., Kirson, D., & O'Connor, C. (1987). Emotion knowledge: Further exploration of a prototype approach. *Journal of Personality and Social Psychology,* 52, 1061-1086.

Shaver, P. R., Wu, S., & Schwartz, J. C. (1992). Cross-cultural similarities and differences in emotion and its representation. In M. S. Clark (Ed.), *Emotion* (pp. 175-212). Thousand Oaks, CA: Sage Publications.

Shiota, M. N., Campos, B., Gonzaga, G. C., Keltner, D., & Peng, K. (2010). I love you but ...: Cultural differences in complexity of emotional experience during interaction with a romantic partner. *Cognition and Emotion,* 24, 786-799.

Shiota, M. N., & Kalat, J. W. (2011). *Emotion* (2nd edition). New York: Wadworth.

Shipman, K. L., & Zeman, J. (1999). Emotional understanding: A comparison of physically maltreating and nonmaltreating mother-child dyads. *Journal of Clinical Child Psychology,* **28,** 407-417.

Shweder, R. A. (1993). The cultural psychology of the emotions. In M. Lewis & J. M. Haviland (Eds.), *Handbook of emotions* (pp. 417-431). New York: Guilford Press.

Shweder, R. A. (2004). Deconstructing the emotions for the sake of comparative research. In A. S. R. Manstead, N. Frijda, & A. Fischer (Eds.), *Feeling and emotions: The Amsterdam symposium* (pp. 81-97). Cambridge, UK: Cambridge University Press.

Shweder, R. A., & Haidt, J. (2000). The cultural psychology of the emotions: Ancient and new. In M. Lewis & J. M. Haviland-Jones (Eds.), *Handbook of emotions* (pp. 397-414). New York: Guilford.

Shweder, R. A., Haidt, J., Horton, R., & Joseph, C. (2008). The cultural psychology of emotions: Ancient and renewed. In M. Lewis, J. M. Haviland-Jones, & L. F. Barrett (Eds.), *Handbook of emotions* (pp. 409-427). New York: Guilford Press.

Siemer, M., & Reisenzein, R. (2007). The process of emotion inference. *Emotion,* 7, 1-20.

Sigmund, K. (1995). *Games of life: Explorations in ecology, evolution, and behaviour.* New York: Penguin.

Sigmund, K., Fehr, E., & Nowak, M. A. (2002). The economics of fair play. *Scientific American,* **January 2002,** 83-87.

Simion, F., Regolin, L. & Bulf, H. (2008). A predisposition for biological motion in the newborn baby. *Proceedings of the National Academy of Sciences of the United States of America,* 105, 809-813.

Skinner, B. F. (1948). *Walden two.* Englewood Cliffs, NJ: Prentice-Hall. スキナー, B. F.

(1983). ウォールデン・ツー——森の生活：心理学的ユートピア（宇津木保訳）．誠信書房．
Slater, A., Bremner, G., Johnson, S. P., Sherwood, P., Hayes, R., & Brown, E. (2000). Newborn infants' preference for attractive faces: The role of internal and external facial features. *Infancy*, 1, 264-274.
Slaughter, V., & McConnell, D. (2003). Emergence of joint attention: Relationships between gaze following, social referencing, imitation, and naming in infancy. *Journal of Genetic Psychology*, 164, 54-71.
Slaughter, V., & Repacholi, B. (2003). Introduction: Individual differences in theory of mind: What are we investigating? In B. Repacholi & V. Slaughter (Eds.), *Individual differences in Theory of Mind: Implication for typical and atypical development*. (pp. 1-12). New York: Psychology Press.
Smith, A. (1759). *The theory of moral sentiments*. スミス，A．(2003)．道徳感情論（上）（下）（水田洋訳）．岩波文庫．
Smith, A. (1789). *An inquiry into the nature and causes of the wealth of nations*. スミス，A．(2000)．国富論（1）（2）（水田洋・杉山忠平訳）．岩波文庫．
Smith, C. A. (1987). The informational structure of of the facial expression of emotion. *Dissertation Asbstructs International*, 47, 4002B. (University Microfilms No. 87-00, 820)
Smith, C. A. (1989). Dimensions of appraisal and physiological response in emotion. *Journal of Personality and Social Psychology*, 56, 339-353.
Smith, C. A., & Kirby, L. D. (2004). Appraisal as a pervasive determinant of anger. *Emotion*, 4, 133-138.
Smith, C. A., & Lazarus, R. S. (1993). Appraisal components, core relational themes, and the emotions. *Cognition and Emotion*, 7, 233-269.
Smith, C. A., McHugo, G. J., & Lanzetta, J. T. (1986). The facial muscle patterning of posed and imagenary-induced expressions of emotion by expressive and nonexpressive posers. *Motivation and Emotion*, 10, 133-157.
Smith, C. A., & Scott, H. S. (1997). A componential approach to the meaning of facial expressions. In J. A. Russell & J. M. Fernández-Dols (Eds.), *The psychology of facial expression* (pp. 229-254). Cambridge, UK: Cambridge University Press.
Smith, E. R., & Neumann, R. (2005). Emotion processes considered from the perspective of dual process models. In L. F. Barrett, P. M. Niedenthal, & P. Winkielman (Eds.), *Emotion and consciousness* (pp. 287-311). New York: Guilford Press.
Smith, R. H. (2000). Assimilative and contrastive emotional reactions to upward and downward social comparison. In J. Suls & L. Wheeler (Eds.), *Handbook of social comparison: Theory and research* (pp. 173-200). New York: Kluwer Academic/ Plenum Publishers.
Smith, R. H., & Kim, S. H. (2007). Comprehending envy. *Psychological Bulletin*, 133, 46-64.
Smith, R. H., Webster, J. M., Parrott, W. G., & Eyre, H. L. (2002). The role of public exposure in moral and nonmoral shame and guilt. *Journal of Personality and Social Psychology*, 83, 138-159.
Sollier, P. (1894). Recherches sur les rapports de la sensibilite et de l'emotion. *Revue Philosophique*, 37, 241-266.

Solomon, R. C. (1976). *The passions*. Notre Dame, IN: University of Notre Dame Press.
Solomon, R. C. (2003). *What is an emotion: Classic and contemporary readings?* (2nd edition). New York: Oxford University Press.
Solomon, R. C. (2004a). *Not passion's slave*. New York: Oxford University Press.
Solomon, R. C. (2004b). *Thinking about feeling: Contemporary philosophers on emotions*. New York: Oxford University Press.
Solomon, R. C. (2004c). On the passivity of the passions. In A. S. R. Manstead, N. Frijda, & A. Fischer (Eds.), *Feeling and emotions: The Amsterdam symposium* (pp. 11-29). Cambridge, UK: Cambridge University Press.
Solomon, R. C. (2007). *True to our feelings: What our emotions are really telling us*. New York: Oxford University Press.
Solomon, R. C. (2008). The philosophy of emotions. In M. Lewis, J. Haviland-Jones, & L. F. Barrett (Eds.), *Handbook of Emotions* (3rd edition, pp. 3-16). New York: Guilford Press.
Solomon, R. S. (1978). Emotions and anthropology: The logic of emotional world views. *Inquiry*, 21, 181-199.
Soussignan, R. (2002). Duchenne smile, emotional experience, and autonomic reactivity: A test of the facial feedback hypothesis. *Emotion*, 2, 52-74.
Sowell, E. R., Thompson, P. M., Tessner, K. D., & Toga, A. W. (2001). Mapping continued brain growth and gray matter density reduction in dorsal frontal cortex: Inverse relationships during post-adolescent brain maturation. *Journal of Neuroscience*, 21, 8819-8829.
Spinoza, B. (1677). *Ethics*. スピノザ, B. (1951). エチカ：倫理学（上）（下）（畠中尚志翻訳）. 岩波文庫.
Spirada, C. S., & Stich, S. (2004). Evolution, culture, and the irrationality of the emotions. In D. Evans & P. Cruse (Eds.), *Emotion, evolution and rationality* (pp. 133-158). Oxford: Oxford University Press.
Sroufe, A. (1996). *Emotional development: The organization of emotional life in the early years*. Cambridge, UK: Cambridge University Press.
Stein, N. L., & Levine, L. J. (1989). The causal organization of emotion knowledge: A developmental study. *Cognition and Emotion*, 3, 343-378.
Sternberg, C. R., & Campos, J. J. (1990). The development of anger expression in infancy. In N. L. Stein, B. Leventhal, & T. Trabasso (Eds.), *Psychological and biological approaches to emotion* (pp. 297-310). Hillsdale, NJ: Erlbaum.
Sternberg, R. J. (1985). *Beyond IQ: A triarchic theory of human intelligence*. Cambridge, MA: Cambridge University Press.
Sternberg, R. J. (1999). The theory of successful intelligence. *Review of General Psychology*, 3, 292-316.
Sternberg, R. J. (2007). *Wisdom, intelligence, and creativity synthesized*. New York: Cambridge University Press.
Stearns, P. N. (1989). *Jealousy: The evolution of an emotion in American history*. New York: New York University Press.
Stearns, P. N. (2006). *American fear: The causes and consequences of high anxiety*. New York:

Routledge.
Stearns, P. N. (2008). History of emotions: Issues of change and impact. In M. Lewis, J. M. Haviland-Jones, & L. F. Barrett (Eds.), *Handbook of Emotions* (3rd edition, pp. 628-642). New York: Guilford Press.
Stearns, P. N., & Stearns, C. Z. (1985). Emotionology: Clarifying the history of emotions and emotional standards. *American Historical Review*, 90, 813-836.
Stearns, C. Z., & Stearns, P. N. (1986). *Anger: The struggle for emotional control in America's history*. Chicago: University of Chicago Press.
Stepper, S., & Strack, F. (1993). Proprioceptive determinants of emotional and non-emotional feelings. *Journal of Personality and Social Psychology*, 64, 211-220.
Stipek, D. (1998). Differences between Americans and Chinese in the circumstances evoking pride, shame, and guilt. *Journal of Cross-Cultural Psychology*, 29, 616-629.
Strack, F., Martin, L. L., & Stepper, S. (1988). Inhibiting and facilitating conditions of the human smile: A non-obtrusive test of the facial feedback hypothesis. *Journal of Personality and Social Psychology*, 54, 768-777.
Strongman, K. T. (2003). *The psychology of emotion: From everyday life to theory* (5th edition). New York: Wiley.
Stuewig, J., & Tangney, J. P. (2007). Shame and guilt in antisocial and risky behaviors. In J. L. Tracy, R. W. Robins, & J. P. Tangney (Eds.), *The self-conscious emotions: The theory and research* (pp. 371-388). New York: Guilford Press.
Symons, L. A., Hains, S. M. J., & Muir, D. W. (1998). Look at me: Five-month-old infants' sensitivity to very small deviations in eye-gaze during social interactions. *Infant Behavior & Development*, 21, 531-536.
多田洋介 (2003). 行動経済学入門. 日本経済新聞社.
髙野陽太郎 (2008). 「集団主義」という錯覚——日本人論の思い違いとその由来. 新曜社.
Tangney, J. P. (1999). The self-conscious emotions: Shame, guilt, embarrassment, and pride. In T. Dalgleish & M. Power (Eds.), *Handbook of cognition and emotion* (pp. 541-568). New York: John Wiley and Sons.
Tangney, J. P., & Dearing, R. L. (2002). *Shame and guilt*. New York: Guilford Press.
Tangney, J. P., Stuewig, J., & Mashek, D. J. (2007). What's moral about the self-conscious emotions? In J. L. Tracy, R. W. Robins, & J. P. Tangney (Eds.), *The self-conscious emotions: The theory and research* (pp. 21-37). New York: Guilford Press.
Taylor, S. E., & Brown, J. D. (1988). Illusion and well-being: A social psychological perspective on mental health. *Psychological Bulletin*, 103, 193-210.
Terracciano, A., Costa, P. T. Jr., & McCrae, R. R. (2005). Personality plasticity after age 30. *Personality and Social Psychology Bulletin*, 32, 999-1009.
Tett, R. P., Fox, K. E., & Wang, A. (2005). Development and validation of a self-report measure of emotional intelligence as a multidimensional trait domain. *Personality and Social Psychology Bulletin*, 31, 859-888.
Thomas, L. E. (2002). *Comparisons of maternal eye-gaze deprivation: Responses of 3-month-old infants to three episodes of maternal unavailability*. Dissertation Abstracts Internation-

al: Section B: The Science & Engineering, Vol.63 (5-B), Dec 2002, 2627. US: Univ. Microfilms International.
Thompson, R. A. (1990). Emotion and self-regulation. In R. A. Thompson (Ed.), *Socioemotional development: Nebraska symposium on motivation, 1988* (pp. 367-467). Lincoln, NE: University of Nebraska Press.
Thompson, R. A. (2011). The emotionate child. In D. Cicchetti & G. I. Roisman (Eds.), *The origins and organization of adaptation and maladaptation* (pp. 13-53). Hoboken, NJ: John Wiley & Sons.
Thorndike, E. L. (1920). Intelligence and its use. *Harper's Magazine*, 140, 227-235.
Tinbergen, N. (1951). *The study of instinct*. Oxford: Clarendon Press.
Tipples, J., Atkinson, A. P., & Young, A. W. (2002). The eyebrow frown: A salient social signal. *Emotion*, 2, 288-296.
戸田正直 (1992). 感情：人を動かしている適応メカニズム．東京大学出版会.
Tomasello, M. (1993). On the interpersonal origins of self-concept. In U. Neisser (Ed), *The perceived self: Ecological and interpersonal sources of self-knowledge. Emory symposia in cognition* (pp. 174-184). New York: Cambridge University Press.
Tomasello, M. (1995). Joint attention as social cognition. In C. Moore & P. J. Dunham (Eds.), *Joint attention: Its origins and role in development* (pp. 103-130). Hillsdale, NJ: Lawrence Erlbaum Associates.
Tomasello, M., Kruger, A. C., & Ratner, H. H. (1993). Cultural learning. *Behavioral and Brain Sciences*, 16, 495-552.
Tomkins, S. S. (1962). *Affect, imagery, and consciousness: Vol.1: The positive affects*. New York: Spring-Verlag.
Tomkins, S. S. (1963). *Affect, imagery, and consciousness: Vol.2: The negative affects*. New York: Spring-Verlag.
Tomkins, S. S. (1982). Affect theory. In P. Ekman (Ed.), *Emotion in the human face* (2nd edition, pp. 353-395). Cambridge, UK: Cambridge University Press.
Tomkins, S. S. (1991). *Affect imagery consciousness: Vol.3. The negative affects: Anger and fear*. New York: Springer.
Tomkins, S. S. (1992). *Affect imagery consciousness: Vol.4. Cognition: Duplication and transformation of information*. New York: Springer.
Tomkins, S. A. (1995). *Exploring affect: The selected writings of Silvan S. Tomkins (edited by E. V. Demos)*. Cambridge, UK: Cambridge University Press.
友野典男 (2006). 行動経済学──経済は「感情」で動いている．光文社新書.
Tooby, J., & Cosmides, L. (1990). The past explains the present: Emotional adaptations and the structure of ancestral environments. *Ethology and Sociobiology*, 11, 375-424.
Tooby, J., & Cosmides, L. (2008). The evolutionary psychology of the emotions and their relationship to internal regulatory variables. In M. Lewis, J. M. Haviland-Jones, & L. F. Barrett (Eds.), *Handbook of Emotions* (3rd edition, pp. 114-137). New York: Guilford Press.
Tracy, J. L., & Robins, R. W. (2004). Show your pride: Evidence for a discrete emotion expression. *Psychological Science*, 15, 194-197.

Tracy, J. L., & Robins, R. W. (2006). Appraisal antecedents of shame and guilt: Support for a theoretical model. *Personality and Social Psychology Bulletin*, 32, 1339-1351.

Tracy, J. L., & Robins, R. W. (2007a). Self-conscious emotions: Where self and emotion meet. In C. Sedikides & S. J. Spencer (Eds.), *The self* (pp. 187-209). New York: Psychology Press.

Tracy, J. L., & Robins, R. W. (2007b). The self in self-conscious emotions: A cognitive appraisal approach. In J. L. Tracy, R. W. Robins, & J. P. Tangney (Eds.), *The self-conscious emotions: The theory and research* (pp. 3-20). New York: Guilford Press.

Tracy, J. L., Robins, R. W., & Lagattuta, K. H. (2005). Can children recognize pride? *Emotion*, 5, 251-257.

Triandis, H. C. (1989). The self and social behavior in differing cultural contexts. *Psychological Review*, 96, 506-520.

Trivers, R. L. (1985). Social evolution. Menlo Park: Benjamin Cummings. トリヴァース, R. L. (1991). 生物の社会進化（中嶋康裕・福井康雄訳）. 産業図書.

Tsai, J. L., Knutson, B., & Fung, H. H. (2006). Cultural variation in affect valuation. *Journal of Personality and Social Psychology*, 90, 288-307.

Turati, C., Simion, F., Milani, I., & Umilta, C. (2002). Newborns' preference for faces: What is crucial? *Developmental Psychology*, 38, 875-882.

Turner, J. H. (2000). *On the origins of human emotions: A sociological inquiry into the evolution of human affect*. Palo Alto, CA: Stanford University Press.

Turner, T. J., & Ortony, A. (1992). Basic emotions: Can conflicting criteria converge? *Psychological Review*, 99, 566-571.

Tversky, A., & Kahneman, D. (1981). The framing of decisions and the psychology of choice. *Science*, 211, 453-458.

内田亮子 (2006). 人類はどのように進化したか——生物人類学の現在. 勁草書房.

Valdimarsdottir, H. B., & Bovbjerga, D. H. (1997). Positive and negative mood: Association with natural killer cell activity. *Psychology and Health*, 12, 319-327.

Vecera, S. P., & Johnson, M. H. (1995). Gaze detection and cortical processing of faces: Evidence from infants and adults. *Visual Cognition*, 2, 59-87.

Vernon, P. A., Petrides, K. V., Bratoko, D., & Schermer, J. A. (2008). A behavioral genetic study of trait emotional intelligence. *Emotion*, 8, 635-642.

Vouloumanos, A., & Werker, J. F. (2004). Tuned to the signal: The privileged status of speech for young infants. *Developmental Science*, 7, 270-276.

Vuilleumier, P., Armony, J. L., Clarke, K., Husain, M., Driver, J., & Dolan, R. J. (2002). Neural response to emotional faces with and without awareness: Eventrelated fMRI in a parietal patient with visual extinction and spatial neglect. *Neuropsychologia*, 40, 2156-2166.

Vygotsky, L. S. (1984/1999). *Collected works of L. S. Vygotsky, vol. 6*, Kluwer Academic/Plenum Publishers. ヴィゴツキー, L. S. (2006). 情動の理論——心身をめぐるデカルト, スピノザとの対話（神谷栄司他訳）. 三学出版.

Wagner, H. L., MacDonald, C. J., & Manstead, A. S. R. (1986). Communication of individual emotions by spontaneous facial expression. *Journal of Personality and Social Psychology*, 50, 737-743.

Wallbott, H. G., & Scherer, K. R. (1995). Cultural determinants in experiencing shame and guilt. In J. P. Tangney & K. W. Fischer (Eds.), *Self-conscious emotions: The Psychology of shame, guilt, embarrassment, and pride* (pp. 465-487). New York: Guilford Press.

Wallon, H. (1934). *Les origines du caractère chez l'enfant. Les préludes du sentiment de personnalité.* ワロン，H. (1965). 児童における性格の起源——人格意識が成立するまで（久保田正人訳）．明治図書出版．

Watson, D., & Clark, L. A. (1992). On traits and temperament: General and specific factors of emotional experience and their relation to the five factor model. *Journal of Personality*, 60, 441-476.

Weiner, B. (1986). *An attributional theory of motivation and emotion.* New York: Springer-Verlag.

Whorf, B. L. (1956). *Language, thought, and reality.* Cambridge, MA: Technology Press of the MIT.

Wiertzbicka, A. (1992). Talking about emotions: Semantics, culture, and cognition. *Cognition and Emotion*, 6, 285-319.

Wiertzbicka, A. (1994). Emotion, language, and "cultural scripts". In S. Kitayama & H. R. Markus (Eds.), *Emotion and culture: Empirical studies of mutual influence* (pp. 130-198). Washington, DC: American Psychological Association.

Wiertzbicka, A. (1999). *Emotions across languages and cultures: Diversity and universals.* Cambridge, UK: Cambridge University Press.

Wimpory, D. C., Hobson, R. P., Williams, J. M., & Nash, S. (2000). Are infants with autism socially engaged? A study of recent respective parental reports. *Journal of Autism and Developmental Disorders*, 30, 525-536.

Witherington, D. C., Campos, J. J., & Hertenstein, M. J. (2001). Principles of emotion and its development in infancy. In G. Bremner & A. Fogel (Eds.), *The Blackwell handbook of infant development* (pp. 427-464). Malden, MA: Blackwell.

Wood, B. L., Lim, J., Miller, B. D., Cheah, P. A., Simmens, S., Stern, T., Waxmonsky, J., & Ballow, M. (2007). Family emotional climate, depression, emotional triggering of asthma, and disease severity in pediatric asthma: Examination of pathways of effect. *Journal of Pediatric Psychology*, 32, 542-551.

Yik, S. M., Meng, Z., & Russell, J. A. (1998). Adults' freely produced emotion labels for babies' spontaneous facial expressions. *Cognition and Emotion*, 12, 723-730.

Yik, S. M., & Russell, J. A. (1999). Interpretation of faces: A cross-cultural study of a prediction from Fridlund's theory. *Cognition and Emotion*, 13, 93-104.

吉村仁（2009）．強い者は生き残れない——環境から考える新しい進化論．新潮選書．

Zahn-Waxler, C., & Radke-Yarrow, M. (1982). The development of altruism: Alternative research strategies. In N. Eisenberg (Ed.), *The development of prosocial behavior* (pp. 109-137). New York: Academic Press.

Zahn-Waxler, C., & Radke-Yarrow, M. (1990). The origins of empathic concern. *Motivation and Emotion*, 14, 107-130.

Zajonc, R. B. (1980). Feeling and thinking: Preferences need no inferences. *American Psycho-*

logist, 35, 151-175.

Zajonc, R. B. (1984). On the primacy of affect. *American Psychologist, 39*, 117-123.

Zajonc, R. B. (1985). Feeling and facial efference: A theory reclaimed. *Science, 228*, 15-21.

Zajonc, R. B. (1994). Evidence for nonconscious emotions. In P. Ekman & R. J. Davidson (Eds.), *The nature of emotion: Fundamental questions* (pp. 293-297). New York: Oxford University Press.

Zajonc, R. B. (2004). Exposure effects: An unmediated phenomenon. In A. S. R. Manstead, N. Frijda, & A. Fischer (Eds.), *Feeling and emotions: The Amsterdam symposium* (pp. 194-203). Cambridge, UK: Cambridge University Press.

Zeidner, M., Matthews, G., & Roberts, R. D. (2009). *What we know about emotional intelligence: How it affects learning, work, relationships, and our mental health.* Cambridge, MA: The MIT Press.

Zinck, A., & Newen, A. (2008). Classifying emotion: A developmental account. *Synthese, 161*, 1-25.

Zuckerman, M. (2009). Sensation seeking. In M. R. Leary & R. H. Hoyle (Eds.), *Handbook of individual differences in social behavior* (pp. 455-465). New York: Guilford Press.

Zumbahlen, M., & Crawley, A. (1996). *Infants' early referential behavior in prohibition contexts: The emergence of social referencing.* Paper presented at the meetings of the International Conference on Infant Studies, Providence, RI.

あとがき

　筆者は実のところ，少なくとも実証レベルでは，情動研究を専門とする者では必ずしもない。むしろ，発達心理学，殊に親子関係や家族関係およびその中での子どもの社会情動的発達に専門的に関わる者である。しかし，親子関係や家族関係は，ある意味，最も色濃く多様な情動が交錯する場として在る。情動への刮目なくしては，そうした関係性の中に潜む実に複雑で繊細な機微を読み解くことは到底できない。筆者が，情動そのものに深く理論的興味を覚えるに至ったのは，こうした認識が強くあったからに他ならない。情動それ自体の性質や機序を的確に理解できてこそ，真の意味で，親子関係や家族関係の本質にも迫ることができるのではないかと考えてきたのである。そして，そうした筆者の思惑を，その理論的作業の途上において中間的にまとめ，認（したた）めたものが本書ということになる。

　未だ道半ばということで本書に盛り込めなかったことも当然，きわめて多岐に亘る。とりわけ，筆者自身が発達研究の中で最も中核的な関心を抱くアタッチメントに関して，現代情動研究との理論的架橋を直接的に具現することができなかったことに関しては，正直なところ，実に忸怩たるものがある。アタッチメント，それは親子関係や家族関係のみならず，種々の人と人との親密な関係性の基底に横たわる，本源的な情動（制御）システムの一種と言い得るものである。しかし，筆者の内なる，情動全般に関する理論的地図の上で，その布置は未だ混沌として定まってはいないのである。生来的に懶惰ゆえ，その実現が果たしていつになるのか，甚だ覚束ないところではあるが，次なる目標の中心にその解明を掲げ，機会があればまた，それを何らかの形で世に問いたいと僭越ながら夢想する次第である。

　本書は，九州大学に提出された筆者の博士学位論文を加筆・修正したものです。ご多忙の中，この拙き論を査読し，貴重なご意見を多数お寄せくださった，九州大学の箱田裕司先生，山口裕幸先生，中村知靖先生，元九州大学で現

在中村学園大学の針塚進先生に，この場を借りて，心より御礼を申し上げます．また，引用文献リストや図表などの作成において辛抱強くお手伝いくださった藤女子大学の石井佑可子先生，山形大学の本島優子先生，東京大学大学院の高橋翠さん，加えて，聖心女子大学，九州大学，京都大学，東京大学と複数の職場を経巡る中で，筆者に情動に関して様々な着想を与えてくださったたくさんの先生方ならびに（元および現）学部生・大学院生の皆様，さらに，筆者が大学院在学中に人の情動の奥深さについてご教示くださった恩師である井上健治先生に深く感謝を申し上げたいと存じます．そして，末筆になりますが，本書の編集において多大なご尽力をいただきました東京大学出版会の後藤健介さんと小室まどかさんにも最大限の謝意を表します．誠にありがとうございました．

2013年7月

遠藤利彦

人名索引

あ行

アーノルド（M. B. Arnold）　177, 178, 272
アイゼンバーグ（N. Eisenberg）　157, 158
アリストテレス（Aristotle）　8, 125, 126, 131, 151-153, 159, 163, 169, 177, 296, 298
イザード（C. E. Izard）　61, 148, 158, 190, 192, 215, 218, 226, 228
ヴィゴツキー（L. S. Vygotsky）　175
エイヴァリル（L. S. Averill）　257, 267
エヴァンズ（D. Evans）　122, 125
エクマン（P. Ekman）　38, 59, 61, 69, 215-218, 224, 226, 228, 236, 251, 252
エラスムス（D. Erasmus）　9, 295
オートリー（K. Oatley）　7, 14
オーマン（A. Öhman）　183, 189

か行

カント（I. Kant）　10, 123
北山忍（S. Kitayama）　234, 245
キャノン（W. B. Cannon）　174, 175
クール（S. L. Koole）　155
ケルトナー（D. Keltner）　35, 39, 40, 220, 253
ゴールトン（F. Galton）　151, 152, 154, 159
ゴールマン（D. Goleman）　133-136, 138, 139, 143, 147
コスミデス（L. Cosmides）　42, 210, 211

さ行

ザイアンス（R. B. Zajonc）　49, 79, 182, 183, 187, 191
サロヴェイ（P. Salovey）　133, 137, 138, 140, 141, 143, 144, 146-148
シェーバー（P. R. Shaver）　254, 255
ジェームズ（W. James）　12, 63, 173-175, 177, 272, 273, 299

シェラー（K. R. Scherer）　70-72, 75, 77, 149, 151, 152, 180, 235, 274, 276, 277, 280, 282, 284-286, 288, 290-294, 301, 302
シャクター（S. Schachter）　175, 176, 213
ジョンソン-レアード（P. N. Johnson-Laird）　276
スキナー（B. F. Skinner）　13
スコット（H. S. Scott）　68, 69, 71
スピノザ（B. Spinoza）　9, 10, 177
スミス（A. Smith）　10, 47, 296
スミス（C. A. Smith）　68, 69, 71, 72, 75-77, 198
スミス（R. H. Smith）　181, 205, 206
ソロモン（R. C. Solomon）　7, 241

た行

ダーウィン（C. Darwin）　12, 24, 36, 37, 54-57, 59, 72, 103, 212, 219, 259, 296, 299
ダマシオ（A. R. Damasio）　10, 19, 32-34, 123, 156, 163, 175, 286, 299
チョムスキー（N. Chomsky）　264, 265, 270
デカルト（R. Descartes）　9, 10, 175, 177, 212
デューイ（J. Dewey）　132
トゥービー（J. Tooby）　42, 210, 211
トムキンス（S. S. Tomkins）　227
トリヴァース（R. L. Trivers）　42, 43

な行

ナイサー（U. Neisser）　200
ニーチェ（F. Nietzsche）　11, 97
ネッセ（R. M. Nesse）　119

は行

バーオン（R. Bar-On）　139, 141-143
パーキンソン（B. Parkinson）　61, 64
ハイト（J. Haidt）　35, 39, 220, 253

349

バレット（L. F. Barrett）　268-270, 293
バロン - コーエン（S. Baron-Cohen）　91, 94
ヒューム（D. Hume）　10, 177, 296
フェール（E. Fehr）　45, 46
フェスラー（D. M. T. Fessler）　221, 223
フライダ（N. H. Frijda）　14, 22, 59, 72, 173, 251
プラトン（Plato）　8, 147, 151, 296
フリドランド（A. J. Fridlund）　60, 62
プルチック（R. Plutchik）　214
フレドリクソン（B. L. Fredrickson）　51, 52
フロイト（S. Freud）　12
ヘッブ（D. O. Hebb）　56, 57
ベネディクト（R. Benedict）　204
ベル（C. Bell）　55
ボアズ（F. Boas）　260
ボウルビィ（J. Bowlby）　164, 165
ホワイト（G. White）　245

ま行

マーカス（H. R. Makus）　234, 235, 243, 245, 255
マガイ（C. Magai）　104, 108, 111
マシューズ（G. Matthews）　145

マックレー（R. R. McCrae）　142
マツモト（D. Matsumoto）　236, 239
ミード（G. H. Mead）　63
ムーアズ（A. Moors）　20-22
メイヤー（J. D. Mayer）　133, 137, 140, 147, 148
メスキタ（B. Mesquita）　251
メルツォフ（A. N. Meltzoff）　97

や・ら・わ行

ラザルス（R. S. Lazarus）　79, 81, 178, 180, 182, 183, 187, 197, 198, 251
ラッセル（J. A. Russell）　61, 65, 66, 74, 218, 228, 229, 267, 268, 274, 293
ランゲ（C. G. Lange）　174
リアリー（M. R. Leary）　200, 201
ルイス（M. Lewis）　82, 83, 86-88, 203
ルッツ（C. Lutz）　242, 243, 245, 247, 249
ルドゥー（J. E. LeDoux）　188
レヴェンソン（R. W. Levenson）　27-29, 31, 128, 168, 190, 216
ロサルド（M. Z. Rosaldo）　242
ロッシュ（R. H. Rosch）　215, 288
ワーツビッカ（A. Wiertzbicka）　72, 73, 75
ワロン（H. Wallon）　175

事項索引

あ行

アージ理論（Urge Theory of Emotion） 211
アイコンタクト 95, 100
愛情（love） 13, 50, 218, 244
アジア系 249
アタッチメント 91, 109-111, 113, 158, 164, 165, 167
アパティア（apathia） 8
アフェクト（affect） 16-18
アフリカ 221, 238
甘え 18, 254
哀れみ（pity） 206
安全感（felt security） 112, 165, 166
安全の基地（secure base） 165
威嚇・誇示行動 221
怒り（anger） 43, 82-84, 113, 235, 241, 286
閾下（subliminal） 183, 185, 186
——知覚（subliminal perception） 35
生き残り支援機能 276
意思決定 34, 120, 122, 137, 163
イタリア 254, 255
遺伝か環境か 135
遺伝的決定論 134
遺伝率 111, 135
イド 12
意図（intention） 60, 61, 91
移動能力 85, 86
イファルク（Ifaluk）族 241-244, 255
イベント・フォーカリティ（event foculity） 234, 246, 249
意味的飽和 269
意味論的ネットワーク 254, 255
イロンゴット（Ilongot）族 242
インド 237, 253
インドネシア 255

ウェルビーイング（well-being） 123-125
内なる目（inner eye） 199
映し出し（mirroring） 98, 166
うつ病 242
エアー・クリブ 13
エスキモー 241
エスノセオリー 257
エモーショノロジー（emotionology） 260
エモーション・フォーカリティ（emotion foculity） 247, 249, 250
応急措置 29, 30, 58, 123
オーガナイザー（organizer） 103, 111, 118, 129
大風呂敷原理（one size fits all） 123
驕り（hubris） 203
恐れ（fear） 68, 84, 109, 110, 118, 157, 210, 211, 235
——モジュール（fear module） 118, 183-185
驚き（surprise） 19, 68, 84
オプティマイザー（optimizer） 126
オペラント 28
思いやり 162
オランダ 240, 255

か行

快（pleasure） 82
——－不快 66, 72, 267, 269, 270, 273, 282, 297, 301
外向性 104, 142
外在化型 158
解釈 17, 176
改悛 43, 44
階層構造 222, 254
階層的クラスター分析 254
解読（decode） 77, 238
概念的・命題的表象 188

351

概念的行為理論（Conceptual Act Theory） 268
概念的自己（conceptual self） 200, 201
概念的知識 269
回避型 109, 110
回避傾向 110
回復器（undoer） 50, 51, 296
解離 239
顔 52, 66, 91, 92
確実な避難所（safe haven） 165
拡張・構築（Broaden and Build） 51, 165, 296
火災報知器原理（smoke detector principle） 119
下垂体 165
価値づけ 239, 240
カテゴリー 68, 69, 215, 288
悲しみ（sadness） 82, 242, 286
カナダ 238, 240
神の見えざる手 44, 53
感覚追求パーソナリティ傾向（sensation-seeking personality） 157
感激 206
観察学習 114, 247
感謝 41, 42
癇癪 56
間主観的身体 258
感情 15
―― ―認知構造（affective-cognitive structure） 80, 215
感情価（affective valence） 19, 267, 270
感情人（Homo Emoticus） 44
感情労働 160
顔面筋 190, 192
顔面血流理論（facial efference theory） 64, 191
顔面フィードバック理論（facial feedback theory） 64, 190, 191, 213, 226
記憶 28, 32, 36, 52
記憶され想起される自己（remembered self） 200
気質（temperament） 18, 108, 145, 148, 159, 161, 249, 298, 302
気分（mood） 16-18, 190, 217
義憤 42, 45, 46
基本情動 23, 67, 80, 201, 212-215, 217, 219, 224, 225, 227, 229, 230, 233, 238, 252, 265-267, 273, 277, 285, 292, 293, 300, 301
――理論（Basic Emotion Theory） 9, 31, 38, 58, 61, 64, 65, 67, 68, 70, 74, 77, 80, 81, 190, 209, 212, 214, 215, 218, 224, 226, 228-230, 233, 251, 260, 264-266, 271, 272, 275, 277, 282, 285, 292, 297, 300, 301
義務論 123
虐待 106, 115
客体的な自己意識 88
客体としての私（me） 200
客観的身体 258
脅威刺激 185
共感（empathy） 41, 87, 160, 167, 196, 204-206
共感性 97, 98, 138, 139, 157, 160, 163
共感的受容 111
共感的喜び 48
共進化 61
競争（competition） 222
鏡像認知 86, 87
協調性 104, 223
共同注意（joint attention） 94, 100-102
恐怖症 127, 226
興味（interest） 19, 50, 82
共鳴動作 96
共有環境 111
協力（cooperation） 222
キレる 163
筋運動 290
緊急時マニュアル 214
緊急反応 126, 127
筋電図（EMG） 76
勤勉性 104
クオリア（qualia：質感） 19, 282, 285, 287, 302
苦痛（distress） 48, 49, 58, 82
クライアント中心療法 111

クルージ（kluge）　126
経験への開放性　104
経済人（Homo Economicus）　124
計算論的アプローチ　14
系統発生　225
啓蒙主義　10
ゲーム理論　120
ゲシュタルト　67, 69, 290, 297
結果論　123
結晶性知能　141, 149
原因・責任の所在　179, 198, 199
原因帰属　201
嫌悪（disgust）　82
言語化　288
言語的ラベル　257
言語発達　101
原初的評価　82
コア・アフェクト（core affect）　267-270, 273, 282, 293
語彙獲得　101, 102
行為喚起機能　35, 106
行為傾向（aciton tendency）　16, 20, 21, 24, 36, 59, 71, 81, 265, 277, 278, 296, 303
口角　73-76
交感神経　227
公共財ゲーム（public good game）　45
攻撃性　113
攻撃的行動　127
向社会性　158
向社会的行動　162
豪州　239
公正感　42
構成主義的情動論　264, 266, 268, 273, 274, 293
構成要素　65, 67-70, 75, 78, 193, 274, 276, 280, 297, 301
肯定的幻想（positive illusion）　152
後天的獲得可能性　135, 136
行動遺伝学　111, 135
行動経済学　44, 119
行動主義　13, 57, 296
行動抑制システム　227

幸福感　134, 140, 146, 147, 149, 150, 152, 155, 156, 302
合理主義　9
合理性　120, 121, 127, 129, 276
合理的情動観　27, 295, 300
誤帰属　176
互恵性　42, 43, 223, 291
心（mind）　14
　——の理論（theory of mind）　91, 94, 96, 159, 162
個人主義　240, 245
個体間機能　36, 40, 48, 296
個体内機能　27, 296
個体発生　225, 229, 297
古典的経済学　124
好み　182, 183, 187
個別文法　264, 265, 270, 274, 287
コミットメント（commitment）　43
コミュニケーション　35, 38, 55, 61, 99, 296
　——・コンピテンス　149, 152, 153
混合モデル（mixed model）　138-141
コンピュータ・シミュレーション　43, 46, 302
コンポーネント・プロセス・モデル　65, 69, 193, 274-277, 283-286, 289, 292, 293, 297, 301
困惑（embarrassment）　203, 220, 255

さ行

サーチ仮説　122
罪悪感　121, 196, 201-204, 221, 235, 255
ザイアンス—ラザルス論争　182, 186
再較正（recalibration）　42, 296
最後通牒ゲーム（ultimatum game）　44
再評価（reappraisal）　157
最頻的情動（modal emotion）　108, 290-292
サティスファイサー（satisficer）　126
サバイバル・セット　214
サピア—ウォーフ仮説　257
三項関係　100

ジェームズ―ランゲ説　10, 174
自我関与　179, 180, 198
視覚定位　100
視覚的断崖　85, 226
自我焦点の情動（ego-focused emotion）234
時間的に拡張された自己（temporally extended self）200, 223
シグナリング　21
刺激評価チェック（SEC: Stimulus Evaluation Checks）71, 278
次元論　65, 66, 74, 77, 193, 267, 271, 273, 274, 287, 292, 293, 297, 300, 301
自己　197, 198, 200, 234, 297, 299
自己意識（self-consciousness）　86, 87, 89, 198, 199, 205, 206, 297, 299, 196
――的情動　88, 89, 195-197, 199, 201, 202, 204, 206, 207, 219, 223, 237, 284, 299
自己覚知（self-awareness）　198, 200
自己効力感　109, 138, 146
自己再帰的な意識　195, 197, 202
自己知識（self-knowledge）　200
自己反省の情動（self-reflective emotion）201, 299
自己評価（self-evaluation）　87
視床下部　165, 174
視線　102
自然選択　30
視線追従　94, 102
視線方向検出装置　91
自然類（natural kind）　265, 266, 268
実践の能力　132
実存主義　11
嫉妬　42, 196
しっぺ返し戦略　42, 43
視床　174, 192
――扁桃神経回路　188, 199
私秘的自己（private self）　200, 201
自閉症　91, 94, 98
シミュレーション　97
市民性　140
シャーデンフロイデ（schadenfreude）　205, 206, 254
社会化　240, 241, 247, 249, 250, 286, 288
社会構成主義　73, 233, 251, 252, 256, 257, 260, 266, 267, 271, 287, 300, 301
――的情動論　→構成主義的情動論
社会性　96, 240
社会的アフォーダンス（social affordance）67
社会的威信（prestige）　222
社会的階層　133, 222
社会的解発子（social releaser）　58
社会的感性　79, 90-93, 98
社会的参照（social referencing）　36, 102, 103
社会的自己　202
社会的情動　23, 181, 219, 223
社会的な知能　132
社会的反応性　107
社会的比較（social comparison）　181, 204, 205, 299
社会的表示規制（social display rule）　59, 77, 153, 237, 252
社会的報酬　109
囚人のジレンマ　120
充足　50, 52
集団主義　240, 245
皺眉筋　35, 75
周辺システム　128, 129, 168
種間近似性　37, 214
主観の経験　81
主観的情感（feeling）　16, 18, 20-22, 27, 28, 30, 33, 60, 173, 174, 176, 191, 192, 218, 257-259, 265-267, 271, 273, 274, 277, 278, 282, 285-288, 293, 296, 299, 300, 302
主観的身体　258
種間普遍性　216
主体としての私（I）　200
種内共通性　37
種内相同性　214, 218
種内普遍性　216, 217, 219, 228, 289, 291
狩猟採集民　30, 57, 209, 210
純粋理性（規範的合理性）　129

情意理解　89, 93, 96, 97, 297
松果体　9
状況評価　284
条件づけ　211
情緒的不安定性　142
情緒的雰囲気（emotional climate）　112
情動（emotion）　15-18, 20, 23, 27, 35, 59, 86, 215, 253, 258, 259, 267, 274, 287, 288, 291, 293, 300, 303
　──的コンピテンス　→ EC
　──的自己概念　146
　──的障害（emotional disorder）　18
　──的態度（emotional attitude）　18, 217
　──的知識　145, 148
　──的知能　→ EI
　──的特性（emotional trait）　18, 156-158, 161, 217, 298, 302
　──的敏感性（emotional sensitivity）　157, 158
　──に対する理知　147, 148, 150, 153, 161, 298
　──に潜んで在る理知　147, 148, 150, 153, 156, 161, 168, 298
　──の2要因理論　175, 213
　──の活用（emotion utilization）　148
　──の生起頻度　233, 252
　──の促進　137, 143, 148
　──の知覚　106, 137
　──の中枢起源説　174
　──の末梢起源説　174
　──の漏れ出し　64
　──の両刃性　54, 117, 150, 295, 301
　──を通じた適応性（Emotion Adaptiveness）　148, 159
情動覚知　138, 143
情動カテゴリー　57, 62, 69, 72, 226, 230, 233, 249, 267, 268, 273, 288, 291
情動語　215, 253-255, 258, 259, 274, 287, 293, 300, 301, 303
衝動性　158, 159
情動制御　138, 145, 148, 153, 154, 158, 225

情動知識　160, 162
情動伝染（emotional contagion）　36, 86, 96
情動表出　12, 39, 56, 59, 80, 81, 86, 95, 98, 107, 109, 229, 236-238
情動誘発機能　35, 106
情動理解　137, 160, 167
生得的モジュール　91, 93
生得普遍主義　250
情報処理　21, 145, 303
情報付与　35, 106
将来展望　180, 198
自律神経系　126, 191, 216, 226, 248, 278
進化心理学　24, 47, 209, 300
進化的安定戦略（evolutionarily stable strategy）　43
進化的適応環境（EEA）　210
進化論　129, 214, 260
新奇性（novelty）　19, 70, 72, 82
神経─文化モデル（neurocultural model）　236, 251
神経症傾向（情緒不安定性）　104
神経生理的変化　277
信号検出　118, 210
人工類（human kind）　266, 268
人種効果　93
心身二元論　9
新生児　80
新生児模倣　96, 97
身体的変化　269, 299
心的性向（inclination）　10
心的モジュール　125, 209, 210, 285, 300
信念　286
心拍　85, 191, 216
心理化（mentalization）　166, 167
随伴性探索　84
スクリプト　113, 114, 244
ストア哲学　8, 10
ストリート・スマート（実践的賢者）　134
ストレス　140, 165, 166
ストレンジ・シチュエーション法　109
スペイン　235
西欧（西洋）　234, 235, 245

事項索引　355

制御　22, 148, 150, 155, 156
制御器（regulator）　150
制御コンピテンス　149, 151
生態学的自己（ecological self）　200
成長障害（failure to thrive）　107
生理的覚醒（arousal）　56, 66, 175-177, 198, 213, 217, 267, 269, 270, 273, 282, 297
生理的指標　81
生理的変化　16, 20, 22, 25, 27, 81, 259, 296
接近システム　227
セルフ・ディスクレパンシー　181
先行事象　117, 216, 233, 235, 246, 252
潜在記憶　188
全体的帰属（global attribution）　88, 203
先天的盲聾児　229, 230
前頭前野　199
前頭皮質　89
羨望（envy）　87
相互協調的自己　234, 243, 245
相互注視　94
相互独立的自己　234, 245
走性　284
双生児　135
創造性　137
素朴理論　69, 247, 248, 288
ソマティック・マーカー（somatic marker）　31, 33, 163, 175, 299
尊敬（respect）　206

た行

大頬骨筋　35, 73, 75
対自的な能力　132
大衆心理学　136
対照の原理（principle of antithesis）　220
対処可能性　70, 199
対人的自己（ineterpersonal self）　200
対他的な能力　132
大脳皮質　188
大脳辺縁系　188
台湾　239
他者　202, 204
他者意識　89
——的情動　204
他者焦点型情動（other-focused emotion）　234, 255
タテ社会　245
妥当性　141-143
タヒチ　242, 253, 256
単細胞生物　284
単純接触効果（mere exposure effect）　49, 183
チェオゥン（Chewong）族　253
知覚　13
知能　141, 144
注意活動　72
注意共有メカニズム　91
中核システム　128, 168
中国　235, 237, 239-241, 249, 254-256
中枢神経系　174, 216, 287
中庸（メソテース［mesotes］）　8, 151, 159, 169, 298
超自我　12
聴衆効果（audience effect）　62
懲罰　46, 47
直感　33, 34
チンパンジー　56, 57
罪（guilt）　41-43, 87, 88, 235
ディスオーガナイザー（disorganizer）　118
デーモン・プログラム（demon program）　31, 209
適応上の難題　30, 209, 210, 213, 300
適応性　146, 147, 149, 150, 155, 156, 160, 161, 195, 273, 301
適応的堅実性　119, 127
適応度（fitness）　24, 41, 58, 124, 129, 209, 284, 291, 298, 301
デフォルト処理機構　57, 214, 276
デュシェーヌ・スマイル（Duchenne smile）　191
てれ（embarrassment）　87, 203, 220, 255
同化　205
動機づけ　22, 28, 29, 71, 154, 240, 277
同種効果　93
同情（sympathy）　41, 160, 205, 206

闘争―逃走システム　227
道徳　23, 138, 163, 223, 240
東洋　234, 235, 245
特異的帰属（specific attribution）　88, 203
特性（trait）　138-141
特性的 EI　140-147, 149, 160
トレードオフ　47

な行

内在化型　158
内集団バイアス　238
内省機能（reflective function）　167
2×2モデル　138, 147
二重過程　186, 188, 299
二重焦点化（dual focus）　205
日本　234-236, 238, 240, 241, 255
人間主義　111
認識論　245
認知　13, 14, 114
　――の精度　255, 256, 288
認知革命　13
認知システム　122
認知的評価　10, 20, 22, 23, 25, 114, 186, 190, 198, 236, 269, 271, 273, 274, 278, 287, 290, 293, 296, 299
　――理論　177, 181-184, 186, 187, 192, 197, 202, 217, 264, 268, 270, 271, 273-276, 292, 299, 301
ネオ・ダーウィニアン　30, 57
ネガティヴな情動　28, 30
妬み　48, 196, 197, 204-206
熱情（passion）　7, 8
脳機能画像　81, 302
農業革命　200
脳損傷　32, 123, 156
能力（ability）　137, 138, 141
能力的 EI　140, 142-147, 149, 160
能力モデル　138-140

は行

パーソナリティ　103-105, 108, 111-114, 140, 142-145, 297, 302

バイオロジカル・モーション　90
ハイハイ　85
恥（shame）　87, 88, 196, 197, 201-204, 206, 221-223, 235, 239-241
バックワード・マスキング　185
パッケージプログラム　213, 230
はにかみ（shyness）　88
ハムレット問題　123
バリ島民　252
反機能的な情動観　147
反社会的人格　113, 160
比較行動学　58
引きこもり　127
被虐待児　105, 127
非共有環境　111
被験者間実験計画　228
被験者内実験計画　228
非合理的な情動観　7, 27, 296
皮質―扁桃神経回路　188, 199
微笑　109
悲嘆（grief）　42, 242
ビッグ・ファイヴ　141-143, 146
「人」刺激　90, 91, 93, 95, 96
非当事者的情動　48
人見知り　84
皮膚電気反射　186, 191, 216
悲鳴　56
評価（appraisal）　17, 19, 33, 67, 81, 149, 177-180, 183, 187-189, 192, 197-203, 210, 217, 225, 227, 246, 251, 268, 272, 276, 277
　――一反応セット　280, 282, 283, 285, 286, 289, 301, 293
評価基準　188, 271, 275, 277, 278, 280-282, 284-286, 288
評価コンピテンス　149, 152
表出　20, 22, 24, 81, 238, 296
表情　16, 27, 56, 57, 60, 63, 66, 102
　――のコミュニケーション起源説　59, 60
　――の情動起源説　55, 59
表象的他者　63
表情認識　59, 61, 218, 220, 224, 228

事項索引　357

平等主義的感覚　134
不安　121
フィールドワーク　241
フィニアス・ゲージ　32, 156
フィリピン　240
フォレ（Fore）族　38, 228
不快さ　70
副交感神経　227
服従・宥和行動　220
副腎皮質　165
符号化（encode）　77
不公正感　45
ブック・スマート（認知的賢者）　134
普遍文法　264, 265, 270, 271, 273, 274, 287
フラストレーション　166
プランニング　31-34, 163
フレーム問題　34
プロトタイプ　215, 254, 288
文化　241, 244, 250, 260
憤慨（resentment）　206
米国　234-239, 241, 254, 255, 260
扁桃体　174, 185, 211
防衛器　51
方言　237, 238
包容（containment）　98
北斗七星　268, 274
誇り（pride）　87, 196, 201-203, 220, 221, 235, 239, 240
ポジティヴ情動　27, 28, 49, 112, 296
ポジティヴ心理学　134
ホメオスタシス　27, 50, 165

ま行

末梢神経　174, 299
眉間　74-76
見せびらかし（showing-off）　88
ミナンカバウ（Minangkabau）族　191, 216
ミラーニューロン（mirror neuron）　47, 97, 98
無条件的肯定的配慮　111
目　74, 99
メタ言語　73

メタ情動構造（meta-emotion structure）　114
メタ表象　167
目標・利害関心　179, 180, 198
モジュール　93, 212, 213
モデリング　86
モニタリング　21
問題解決　137

や・ら・わ行

赦し（forgiveness）　41
養育　108, 115
養護の感情　53
抑うつ　42, 125, 127, 152, 192, 239
ヨコ社会　245
4枝モデル（four branch model）　137, 143, 147, 148
読み出し（readout）　58
喜び（joy）　50, 68, 82
楽観性　138
ラテン系　249
ラベリング　110
利害バランス　296, 298
リスク　119, 120
理性（reason）　7-9
利他性　160
利他的な罰（altruistic punishment）　46
霊長類　56, 99, 220, 221
レスポンデント　28
レディメイド・セット　123

欧文

EC（Emotional Competence）　149, 159
EI（emotional intelligence）　129, 131-145, 147-151, 153, 154, 156, 157, 159-164, 167, 168, 295, 298
EQ（情動指数）　133, 163
EQ-i　139, 141-143
"face in the croud" パラダイム　183, 184
HPAシステム　165
"if—then" 公式　251
IQ　132-136, 138, 140, 141

MEIS (the Multi-factor Emotional Intelligence Scale)　138, 140, 141, 143
MSCEIT (the Mayor-Salovey-Caruso Emotional Intellgence Test)　138, 141, 143
SEI (Survey of Emotional Intelligence)　145
TEIque (Trait Emotional Intelligence qustionnaire)　145
TMMS (Trait Meta-Mood Scale)　146

著者略歴
1986 年　東京大学教育学部卒業
1992 年　東京大学大学院教育学研究科博士課程単位取得退学
東京大学教育学部助手，聖心女子大学文学部講師，九州大学大学院人間環境学研究院助教授，京都大学大学院教育学研究科准教授を経て
現　在　東京大学大学院教育学研究科准教授　博士（心理学）

主要著書
『発達心理学の新しいかたち』（編著，誠信書房，2005 年）
『読む目・読まれる目』（編，東京大学出版会，2005 年）
『アタッチメントと臨床領域』（共編著，ミネルヴァ書房，2007 年）
『乳幼児のこころ』（共著，有斐閣，2011 年）
『心のかたちの探究』（共編，東京大学出版会，2011 年）
『発達科学ハンドブック 5　社会・文化に生きる人間』（共編，新曜社，2012 年）
『「甘え」とアタッチメント』（共編，遠見書房，2012 年）

「情の理」論
情動の合理性をめぐる心理学的考究

2013 年 8 月 27 日　初　版

［検印廃止］

著　者　遠藤利彦（えんどうとしひこ）

発行所　一般財団法人　東京大学出版会
代表者　渡辺　浩
113-8654　東京都文京区本郷7-3-1　東大構内
http://www.utp.or.jp/
電話 03-3811-8814　Fax 03-3812-6958
振替 00160-6-59964

組　版　有限会社プログレス
印刷所　株式会社ヒライ
製本所　誠製本株式会社

© 2013 Toshihiko Endo
ISBN 978-4-13-011140-9　Printed in Japan

JCOPY　〈(社)出版者著作権管理機構　委託出版物〉
本書の無断複写は著作権法上での例外を除き禁じられています．複写される場合は，そのつど事前に，(社)出版者著作権管理機構（電話 03-3513-6969，FAX 03-3513-6979，e-mail: info@jcopy.or.jp）の許諾を得てください．

読む目・読まれる目——視線理解の進化と発達の心理学
遠藤利彦［編］　A5判・242頁・3200円

他者に「読まれるもの」として発達し，相互理解のツールとして進化を遂げてきた「目」にまつわる心理学的研究の集成．

エモーショナル・ブレイン——情動の脳科学
ジョセフ・ルドゥー　松本元ほか［訳］　A5判・416頁・3400円

愛，恐怖，愉悦……ヒトはなぜ感情を感じるのか．その時，脳内のメカニズムはどのように働いているのか．情動の脳科学の最前線を第一人者が生きいきと描き出す．

感情：人を動かしている適応プログラム
戸田正直　四六判・320頁・2400円

曖昧で非合理的とされてきた感情について，進化・情報処理の側面から，状況に対処し適応的行動を選択するための合理的な「アージ」システムとして統一的にとらえようとする．

心のかたちの探究——異型を通して普遍を知る
鳥居修晃・川上清文・高橋雅延・遠藤利彦［編］　A5判・240頁・4400円

視覚，顔の認知，ことば，感情，発達，記憶，感性，学習……様々な領域で報告されてきた特異な事例に対する実験・調査は，心理学の発展に過去いかに貢献し，今後もしていくのか．

ここに表示された価格は本体価格です．ご購入の際には消費税が加算されますのでご了承ください．